教育实习的理论与实践研究

邓李梅　著

U0897587

光明日报出版社

图书在版编目（CIP）数据

教育实习的理论与实践研究 / 邓李梅著 . -- 北京 : 光明日报出版社 , 2020.6
ISBN 978-7-5194-5744-0

Ⅰ . ①教… Ⅱ . ①邓… Ⅲ . ①教育实习—研究 Ⅳ . ① G424.4

中国版本图书馆 CIP 数据核字（2020）第 086380 号

教育实习的理论与实践研究
Jiaoyu Shixi De Lilun Yu Shijian Yanjiu

著　　者：邓李梅

责任编辑：周文岚　　　　责任印制：曹　净
封面设计：贝壳学术　　　　责任校对：傅泉泽

出版发行：光明日报出版社
地　　址：北京市西城区永安路 106 号，100050
电　　话：010-63139890（咨询），010-63131930（邮购）
传　　真：010-63131930
网　　址：http://book.gmw.cn
E-mail：zhouwl@book.gmw.cn
法律顾问：北京德恒律师事务所龚柳方律师

印　　刷：北京厚诚则铭印刷技术有限公司
装　　订：北京厚诚则铭印刷技术有限公司
本书如有破损、缺页、装订错误，请与本社联系调换，电话 010-63131930

开　　本：170mm × 240mm　　　　印　　张：20
字　　数：392 千字
版　　次：2020 年 6 月第 1 版
印　　次：2020 年 6 月第 1 次印刷
书　　号：ISBN 978-7-5194-5744-0

定　　价：80.00 元

版权所有　　翻印必究

湖北师范大学邓李梅教授个人简介

邓李梅，女，1969 年 2 月生，湖北省松滋市人，中共党员，教育学硕士，教授，硕士生导师，校学术委员会委员、基础教育研究所所长，黄石市家庭教育研究会会长，湖北省级教师培训专家。

主要从事基础教育课程与教学改革、教育实习、师德师风研究，已在《教育研究与实验》《教育理论与实践》《高教发展与评估》等杂志发表论文 60 余篇，主编和参编教材 2 部。主持与参与教育部和省厅级课题 16 项，主持参与中小学校横向合作课题 15 项。主要从事硕士研究生《课程原理与流派》《中小学教学研究》《小学语文教学设计与案例研究》及本科生《教育学基础》《课程与教学论》《中外教育史》的教学。

曾指导学生多次获得湖北普通高校师范专业大学生教学技能竞赛一、二、三等奖，湖北省级优秀硕士学位论文奖，湖北省级优秀学士学位论文奖，2013 年度大学生优秀科研成果三等奖。2018 年 1 月，获得“全国第六届教育硕士专业学位优秀教师”称号。2018 年 2 月，《高师院校服务基础教育课程改革及师范生协同培养的“三位一体”模式探索》（证书编号：2018327）和《面向课例的中小学教师高效教学行为“提练”的实践探索》（证书编号：2018491）分别获得第八届湖北省高等学校教学成果二等奖和三等奖。2018 年 11 月，获得第三届全国全日制教育硕士小学教育专业教学技能大赛“优秀指导教师”称号，所指导硕士研究生 1 名获得教学技能大赛二等奖。2019 年 4 月获得湖北省第七届小学教育专业师范生技能竞赛“优秀指导教师”称号，所指导的小学教育专业本科生 1 名获课件制作二等奖。指导 3 名研究生分别获得国家奖学金。多次获得校级“综合优秀”“教学优秀”“优秀教案”“优秀实习指导教师”“教学先锋之星”“优秀班主任”“三育人先进个人”“优秀女工”“十大优秀师德标兵”“优秀共产党员”“传帮带先进个人”和“黄石市十佳优秀班主任”等称号。

内容简介

师范生是未来的人民教师，他们的综合素质如何，不仅关系到其自身的发展，还关系到我国基础教育整体水平的提高，因而教育实习的重要性越来越引起人们的关注。本书围绕“教学实习”分别从教育实习的界说与定位、教育实习的主体与客体、教育实习的意义与原则、教育实习的目的与方法、教育实习的条件与过程、教育实习的内容与管理、教育实习的评价与调查等层面做详细阐述和分析，从理论和实践两个维度为我国的教育实习工作提供借鉴和指导。

本书可供相关领域教师、研究人员、学生参考，对此领域感兴趣的读者也值得阅读。

序 言

教师和教师教育历来是各国学术界关注的主题，《世界教育年鉴》曾于1963年和1980年两度以教师和教师教育为主题。1996年第45届国际教育大会以“加强变化世界中教师的作用”为主题，再次强调教师在社会变革中的作用，并建议从以下四方面予以实施：一是通过给予教师更多的自主权和责任感，提高教师的专业地位；二是在教师的专业实践中运用新的信息和通信技术；三是通过个人素质和在职培养提高其专业性；四是保证教师参与教育变革，以及与社会各界保持合作关系。

为了应对世界教师教育变革的局势，我国高等教育改革正如火如荼、紧锣密鼓地开展。师范院校作为高等教育中具有特殊地位与作用的组成部分，作为基础教育的“工作母机”，加强自身的教育教学改革，以适应社会发展的需求，显得尤为重要。面对时代的呼唤与形势的需要，各师范院校的态度是积极的，他们正努力吸取近年来高等教育在教育思想与教育观念、教学内容与课程体系、教学方法与教学手段等方面已取得的改革成果，并积极借鉴国外师范院校成功的经验，踊跃进行教育教学改革。但是，作为师范院校教学计划中最具师范性的综合实践课程——教育实习，其改革的步伐严重滞后，许多师范院校，特别是地方师范院校，基本上还在沿用几十年来的老模式，严重制约着师范院校人才培养的质量，应当引起各师范院校的高度重视。

近年来，社会形势发生了翻天覆地的变化。1999年6月，《中共中央、国务院关于深化教育改革全面推进素质教育的决定》中指出“加强和改革师范教育，大力提高师资培养质量。调整师范学校的层次和布局，鼓励综合性高等学校和非师范类高等学校参与培养、培训中小学教师的工作，探索在有条件的综合性高等学校中试办师范学院”。这一决定的颁布与实施，标志着我国师范教育体系正由封闭走向开放。同时，随着教师资格制度的逐步健全与完善，以及师范院校分配制度改革的进一步深化，师范生就业压力大增。师范生的就业不仅存在着自身之间的竞争，更面临着综合性大学毕业生和社会在职人员的竞争，师范生已不能独享各级各类教师岗位。加上师范生在找工作的面试过程中和走上教师岗位后会面临许多教育教学实践方面的问题，因此如何保证师范生在竞争教师岗位上的优势和提高其教育教学能力，是当前摆在师范院校师生面前的共同现实问题。所以，应充分重视和大力加强具有师范特色，促进教师职业化、能力专业化的实践教学环节——教育实习工作。

师范生是未来的人民教师，他们的综合素质如何，不仅关系到其自身的发展，还关系到我国基础教育整体水平的提高，因此我们决不允许把一件不合格的教育产品输向社会。为进一步贯彻落实中共中央、国务院印发的《关于全面深化新时代教师队伍建设改革的意见》《中国教育现代化 2035》《关于深化教育教学改革全面提高义务教育质量的意见》以及《教育部关于加快建设高水平本科教育，全面提高人才培养能力的意见》（教高〔2018〕2 号）、《普通高等学校师范类专业认证工作指南（试行）》等文件精神，倡导“学生中心、产出导向、持续改进”的基本理念，实现职前培养与职后教育的融合应用，建设高素质专业化创新型教师队伍，师范院校必须创新人才培养模式，实现规模化教育与个性化培养的有机结合，建立促进学生综合素质和个性发展的教育体系。但是，作为师范院校，又该如何把好“质量”关呢？笔者认为，重视和抓好师范生的教育实习工作是其中的关键之一。教育实习不仅会拓宽师范生的专业知识面，而且会带动教育基本理论和基本职业技能的学习，从而提高师范生的实际工作能力和教师职业化、专业化水平。

虽然教育实习的重要性越来越引起人们的关注，然而师范生教育实习状况堪忧。近年来，教育实习在师范院校教育和教学中，在大学生的创新精神和实践能力的培养中发挥着重要作用。随着教育改革的进一步深入，原来教育实习的内容和形式、教育实习的管理体制等方面，进一步暴露出许多弊端，存在许多问题。例如，各地各校实习时间长短不一，实习内容多少有别；联系实习场所越来越困难；另外，有的院校对实习不重视，组织管理不规范；有的带队教师责任心不强，实习指导不力等。这些都说明当前教育实习工作中还存在许多不足，未能充分发挥教育实习应有的作用。所以，有必要对这些问题做深入的探讨和研究，并且有针对性地加以解决。

教师是一个职业性和专业性都很强的职业，因而教育实习的质量直接影响即将毕业的师范生的择业竞争能力和任教后的从业水平。研究师范院校教育实习工作既具有深化对这一工作本质的认识、丰富教育实习理论的理论意义，也具有为改革师范院校教育实习提供对策咨询、保障其教育实习运行的实践价值。

中小学教育教学过程是人才培养的一级学段，相关启蒙（Enlisting）教师的教育教学行为将影响受教育者一生。所以，师范院校毕业生的教育教学行为，对于基础教育的教育教学和学生的发展至关重要。

为什么京剧大师梅兰芳能以旦角享誉世界？为什么赵忠祥的《人与自然》播

音能让听众身临其境？为什么三峡大坝总设计师潘家铮院士比喻的“像呵护襁褓中的婴儿一样地精心于大坝工程”，能成就史无前例的世界超级优秀工程？……其“形”“神”并举，“行为”“语音”顾影相随的“肢体行为”与“心理行为”传授或表达，能让科学精当的教育教学行为不断演绎“教育艺术”的魅力与真谛！

大学(University)和宇宙(Universe)同一词根，无所不包。师范院校承担着“塑造人类灵魂”的大任，为未来的“基础教育启蒙者”启蒙，人民给予教育工作者的责任神圣而艰巨。然而，典型的“钱学森之问”与国家对大批“具有创新精神与实践能力”优秀人才的期待，都与基础教育息息相关。作为基础教育教师培养的“工作母机”，师范院校所开启的教育改革的实践探索方兴未艾，任重道远。

各级各类师范院校应把培养优秀的基础教育教师作为自身始终不渝的追求，大力倡导“学高为师，身正为范；健康为本，创新为魂”和“自强不息，厚德载物”的精神，以优录、优教、优异的人才，不断夯实基础教育师资培养基地，办人民满意、基础教育信赖的基础教师教育，锲而不舍地做强“教育母机”，成就“百年大计”，这既是所有师范院校全体教师和师范生义不容辞的责任，也是全国高等教育工作者的奋斗目标！我们要创造条件、充满信心、夯实能力来完成这项伟大工作。

目 录

第一章　教育实习的界说

第一节　从词源学上辨析

“教”“育”“实”“习”这四个字，在我国最早出现在甲骨文中，而且随着时代的发展和人们认识的深入，其含义也在不断发展与深化。

一、“教育”一词的变迁

（一）“教”字的渊源与发展

[illegible]（甲骨文）[illegible]（金文）[illegible]（小篆）教（楷体）

“教”是会意字。甲骨文左为“子”，两个“又”表示孩子在学算术，右边是一只手拿着一条教鞭。金文的形体与甲骨文相似，小篆线条化，隶变后楷书写作“教”。《说文·教部》：“教，上所施下所效也。从攴，从孝。凡教之同皆从教。”教，在上位的施教，在下位的仿效。由“攴”“孝”会意。大凡教的部属都从教。“教”的本义是教育、指导。如《礼记·学记》：“教也者，长善而救其失者也。”古代带有施行教化之意的文告一类的文体也称为“教”。这些教令是为了普及教化、让老百姓接受教育的。如萧统《文选》中有傅亮为南朝宋刘裕所作的《修张良庙教》。由“教育”又引申为“使”，如白居易的《琵琶行》：“曲罢曾教善才服，妆成每被秋娘妒。”①

（二）“育”字的渊源与发展

[illegible]（甲骨文）[illegible]（金文）[illegible]（小篆）育（楷体）

“育”是会意字。甲骨文上部是一个女子，下部是一个倒着的“子”，妇女生子之意。金文从“母”。小篆承接甲骨文、金文，隶变后楷书写作“育”。《说文·𠫓部》：“育，养子使作善也。从古，肉声。《虞书》曰：‘教育子。’”育，培养孩子使之做好人好事。从𠫓，肉声。《虞书》说：“教育孩子并使之成长。”“育”的本义为生育、生子。如《易·象学考》：“夫征不复，妇孕不育。”引申指养育、培植，如“封山育林”。又指教育、培养，如《孟子·告子下》：

---

① 张章主编：《说文解字》，中国华侨出版社 2012 年版，第 479 ～ 480 页。

“尊贤育才，以彰有德。”[1]

（三）教育的含义

最早将“教”“育”二字用在一起的是先秦时期思想家孟子。《孟子·尽心上》：“君子有三乐，而王天下不与存焉。父母俱存，兄弟无故，一乐也；仰不愧于天，俯不怍于人，二乐也；得天下英才而教育之，三乐也。”[2]其中，孟子谈到了君子有三大快乐，能得到天下优秀的人才进行教育，是第三大快乐。

1.教诲培育、教导

《孟子·尽心上》：“得天下英才而教育之，三乐也。”宋代无名氏《儒林公议》卷下：“今朕建学兴善，以尊士大夫之行，而更制革弊，以尽学者之才，其于教育之方，勤亦至矣。”《醒世恒言·三孝廉让产立高名》：“我当初教育两个兄弟，原要他立身修道，扬名显亲。”

2.培养人才、传播知识的工作，主要指学校教育

培养新生一代准备从事社会生活的整个过程，主要是指学校对儿童、少年、青年进行培养的过程。如沈从文在《从文自传·我所生长的地方》中写道：“拿起我这支笔来，想写点我在这地面上二十年所过的日子……也就是说我真真实实所受的人生教育。”[3]

二、“实习”一词的变迁

（一）“实”字的渊源与发展

（甲骨文）（金文）實（小篆）实（楷体）

“实”是会意字。金文从“宀”，从“贯”（钱财），屋中充满钱财之意。小篆承接金文而来。隶变后楷书写作“實”。汉字简化后写作“实”。《说文·宀部》：“實，富也。从宀，从貫。贯，货贝也。”（實，富裕。由“宀”、由“贯”会意。贯，表示货贝。）“实”的本义指充实、充满，如《史记·货殖列传》：“仓廪实而知礼节，衣食足而知荣辱。”用作动词，指使充满、使充实，如《汉书·食货志》：“薄赋敛，广蓄积，实仓廪。”又可以引申为真实、不虚，如《汉书·司马迁传赞》：“不虚美，不隐恶，故谓之实录。”[4]

（二）“习”字的渊源与发展

（甲骨文）（金文）習（小篆）习（楷体）

---

① 张章主编：《说文解字》，中国华侨出版社2012年版，第408页。

② （战国）孟轲：《孟子·尽心上》，杨伯峻、杨逢彬注译：《孟子》，岳麓书社2000年版，第232页。

③ 沈从文：《从文自传》，重庆出版社1986年版，第1页。

④ 张章主编：《说文解字》，中国华侨出版社2012年版，第192页。

“习”是会意字。甲骨文从“羽”，从“日”，日光下练习飞翔之意。小篆中，“日”字误变为“白”字。隶变后楷书写作“習”。汉字简化后写作“习”。《说文·習部》：“習，数飞也。从羽，从白。凡習之属皆从召。”“习”的本义是小鸟反复练飞。引申为反复练习、钻研，如《论语·学而》：“学而时习之，不亦说乎？”又引申为学习，如“修文习武”“习艺”。经过反复的接触和练习，人们必然会对事物熟悉，因此“习”又引申为对某事熟悉，如“习以为常”“习见”。①

（三）实习的含义

实习的含义是指把学到的东西或知识拿到实际工作中去应用，以提高工作能力或者指把学到的理论知识拿到实际工作中去应用，以锻炼工作能力。如化石《山村女接生员》中有一句：“实习时，她曾经在这样的产妇床边做过助手。”康濯《水滴石穿》第三章：“并且给她全面地介绍那东西的上下头尾，好像她是一个来这儿实习的学徒。”

第二节 从科学观上甄别

一、学术界的探讨

教育实习制度的实行是伴随着师范教育的产生而产生的。在西方，早在 17 世纪末叶，法国便已产生了少数训练教师的机构。随着城市人口和受教育人口的迅猛增加，教育得以普及，学校得以大量增设。19 世纪初叶，德国师范教育迅速发展，法国、美国、英国也不甘示弱，奋起直追。19 世纪末，我国许多新兴学校如雨后春笋般地发展起来，兴学设教导致师资匮乏成为亟待解决的问题。1897 年上海南洋公学师范院的诞生，成为我国师范教育的开始，正是应对时势发展的必然结果，同时，它又是借鉴西方的产物。近代中国南洋公学师范院及其附属小学“外院”的设置，便是仿袭日本师范学校的举措。1898 年，作为我国近代第一所新型的综合性大学——京师大学堂设立“师范斋”，效法西方经验，养成“教习人才”，很快成为清政府朝野上下的共识。此后，1902 年张之洞在武昌创设湖北师范学堂，成为我国公立、单设师范学校的开始。1903 年张謇创办通州（南通）师范学校，是我国私立师范学校的开端。

师范教育的起始与发展，促使教育实习提上日程。关于什么是教育实习，目前说法不同，没有完全统一的界定。顾明远教授在他主编的《教育大辞典》中指出，教育实习是“各级各类师范院校高年级学生到实习学校进行的教育、

① 张章主编：《说文解字》，中国华侨出版社 2012 年版，第 34 页。

教学专业实践的一种形式。包括参观、见习、试教、代理或协助班主任工作以及参加教育行政工作等"[①]。张念宏主编的《中国教育百科全书》指出，教育实习是"师范院校学生参加教育、教学实践的学习活动，是体现师范教育特点、培养合格师资的重要教育环节，是各级师范学校教学中不可缺少的组成部分"[②]。他在《教育学辞典》中还说，教育实习是"师范院校高年级学生到学校进行教育和教学专业训练的一种实践形式。……它是师范教育教学计划中的重要组成部分，是培养中小学教师的综合实践环节"[③]，等等。上述种种说法虽然在文字的表述上有所不同，但其基本精神则是一致的。概括起来说，教育实习是师范院校具有综合性的教育、教学专业实践活动。具体地说，它是按照国家教育部门颁布的师范教育教学计划，在教师指导下，师范生积极、主动、自觉地运用已获得的教育理论、专业知识和技能，在实习学校（主要指中小学和幼儿园）中，直接从事教育、教学和管理工作实践，提高自己的教育、教学和管理工作能力的教育活动。通过这一活动使实习学生进一步扩大和加深所掌握的专业知识，初步掌握从事教育和教学工作的实际能力，培养他们热爱教育事业的思想感情，增强从事教育工作的光荣感、责任感和事业心。

二、归纳得出的结论

从上述对教育实习概念的界定来看，我们可以清楚地得出如下几点结论[④]。

首先，教育实习是师范院校教学计划中的一个重要组成部分，是教育者特别是教师有目的、有计划、有组织地指导师范生积极自觉地学习怎样做教师的实践活动。虽然这种学习的场所、学习的内容、学习的方法和师范生在学习中所处的地位等都发生了明显的变化，但其使师范生成为一名合格的中小学教师的目的是没有变化的。因而，教育实习具有师范性的特点。

其次，教育实习是师范生集中进行教育和教学专业训练的一种实践形式。它有利于加强师范生理论和实践的联系，可以使师范生在从事教育教学工作实践的基础上，把对教育事业的感性认识和理性认识统一起来，从而加深他们对专业知识的理解，提高他们对教师工作重大意义的认识，并在教育教学实践中发展他们从师任教的才智。所以，教育实习具有实践性的特点。

最后，教育实习是师范院校培养合格中小学教师的综合实践环节。教育实习这种实践性的学习活动，不仅具有综合运用、综合考查和综合提高所学专业

① 顾明远主编：《教育大辞典》（第 2 卷），上海教育出版社 1990 年版，第 26 ～ 27 页。
② 张念宏主编：《中国教育百科全书》，海洋出版社 1991 年版，第 632 页。
③ 张念宏主编：《教育学辞典》，北京出版社 1987 年版，第 398 页。
④ 许高厚主编：《教育实习导论》，北京师范大学出版社 1995 年版，第 2 页。

的作用，而且能够培养师范生从事教育和教学工作的能力，加深和巩固他们的教育专业思想，使他们受到全面的锻炼。因而，教育实习具有综合性的特点。

这里特别要引起注意的是，在目前国际上以教师教育（teacher education）或教师培养（teacher training）取代师范教育的新形势下，我们在理解教育实习时，要站在比较宽泛的角度去看待。不只是从传统意义上把教育实习看作一个教学环节和毕业前的一次突击性的“实战演习”，更应把它看作一个教学实践过程。它是在大教育实习观指导下建立起来的大教育实习模式，是指师范生深入中小学中去，以“中小学教学模拟和实践课”为纲，从新生入学第一天起即实施和进行的一种全面和具体的教育实践活动，是对师范生的知识、能力、技能、技巧的全面考察、检验和锻炼，包括教师基本功训练、教育见习、教育调查、教材和教法研究、模拟教学、教学实践、教育实习等活动，采用小组训练、大班比赛、模拟实习和混编小分队等方式，课内教育实习和课外教育实习、集体教育实习和个体教育实习、校内教育实习和校外教育实习、有形教育实习和无形教育实习、教师“实习”和师范生实习的集合体，以基地实习为重点和终结评价的实践形式和综合实践环节。与其他知识课程一门一门结业不同，教育实习是师范生整个在校期间（包括寒暑假）都要不间断地进行的特别的实践教学过程，是师范生必不可少的包括教育职业教学技能训练、专业教学见习、课程设置与知识体系构建、教材教法研究等的教学实践过程。

第三节　从源流史上观照

教育实习是师范生运用在学校所学知识集中进行教育和教学专业训练的一种实践形式。它反映的是我国由古至今对于“知”与“行”关系问题的看法和观点。知行关系历来是中国古代思想家尤其是儒家学者特别关切的问题之一。“知”是指认识、知识、知觉；“行”指做和行动，即实践、践履、行为。关于知行关系的讨论涉及认识的来源、求知的途径和方法、验证知识的标准等多方面问题。从先秦到近代，哲学家对于知与行之先后、轻重、难易，各有所辩难，知行必须合一，却不言自明。在现代思想史上，孙中山、毛泽东等也都曾给以高度重视。

一、我国古代的知行学说

知与行并提始见于《尚书》。《尚书·说命中》：“非知之艰，行之惟艰。”这是我国古代朴素的知行观，发展成当今一个成语“知之非艰，行之唯艰”，其含义是懂得道理并不难，实际做起来就难了。

春秋战国时期，各家各派都对知识的来源和人们求得知识的方法和途径等问题进行了论述。孔子《论语·述而》中谈到有“生而知之者”“学而知之者”，其中“生而知之”可看作唯心主义先验论，“学而知之”可看作唯物主义经验论。孔子指出“吾非生而知之者，好古，敏以求之者也”，主张见闻与思索相结合和学以致用、言行一致的唯物主义经验论的道理，并把学习的过程归结为学、思、行三个紧密联系的环节。墨子把认识的来源归结为“闻之见之”，主张“口言之，身必行之”，在学与行的关系上，他更强调躬行实践的“行”的作用。孟子提出“不虑而知”“不学而能”“非由外铄”的良知良能说，并提出反省内求的方法。荀子提出“不闻不若闻之，闻之不若见之，见之不若知之，知之不若行之”，并提出外求、外积的求知方法，达到了先秦哲学对知行关系认识的最高成就。老子提出“不行而知”，所谓“真知”即心对宇宙本体的“道”的观点。《中庸》则在前人的基础上，对学习过程进行了高度的理论概括，这就是“博学之，审问之，慎思之，明辨之，笃行之”五个步骤。“博学”就是广泛地学习；“审问”即对博学中的内容详尽地设问置疑；“慎思”即对审问的内容谨慎思考；“明辨”即通过慎思而明辨真伪是非；“笃行”即将明辨的结论付诸切实的实行。这是一套环环相扣的学习和修身方法，包括了学、问、思、辨、行等几个主要环节。

两汉时期知行关系的讨论以董仲舒和王充为代表。有“汉代孔子”之称的著名学者董仲舒主张“不学而自知”“名在先，知在后”的知先行后的唯心主义知行观。东汉时期学者王充否认“生而知之”的观点，进而提出“学之乃知，不问不知”的“知物由学”的唯物主义经验论。

隋唐时，佛教哲学以其特有的方式讨论了知行问题，有重知轻行、知行并重、知行合一等不同主张。宋代程朱理学对这一问题进行了系统的探讨，其中程颐提出“知吾固有”“致知在格物”的观点，朱熹提出“知之愈明，则行之愈笃；行之愈笃，则知之益明”。他们认为格物致知，知先行后，行重知轻，知行相须互发，这是程朱理学的知先行后说。

明清时期更多的学者提出了他们关于知行学说的独到观点。一是明代王阳明的知行合一说。王阳明提出“心即理”“知行合一”“致良知”“知是行的主意，行是知的功夫；知是行之始，行是知之成”的观点。二是清初王夫之、颜元等人的行先知后说。王夫之认为“行先知后，知行并进，相互为用”“知行相资以为用”“知行并进而有功”“知行终始不相离”“行可兼知，而知不可兼行，君子之学，未尝离行以为知也”。王夫之说：“君子之学，未尝离行以为知也，必矣！”“知也者，固以行为功者也；行也者，不以知为功者也。”颜元认为“学问以用而见之得失，口笔之得者不足恃”，提出“格物致知”的“习行”观。

二、近现当代的知行学说

近代知行问题的讨论与社会政治思想密切联系，学者魏源、谭嗣同、章太炎等都提出了知行学说。魏源指出“行先知后，不行不能知”。谭嗣同主张“智慧生于仁”“知则出于以太”。孙中山先生提出知难行易说，他指出“行在知前”“先行后知”，认为“行”是致知的必由之路；其次是主张“知行并进，相资为用”，“知”对于行动有指导作用。

五四运动以后，马克思主义传入中国，以毛泽东为代表的马克思主义哲学家在辩证唯物主义基础上，对传统哲学的知行观进行了科学的总结。《实践论》是 1937 年 7 月毛泽东借用马克思主义的认识论观点揭露党内的教条主义和经验主义而写成的代表著作，是对中国哲学史上知行问题的科学总结。毛泽东对人类认识发展做了如下概括：“实践、认识、再实践、再认识，这种形式，循环往复以至无穷，而实践和认识之每一循环的内容，都比较地进到了高一级的程度。”这一言简意赅的概括从实践与认识的辩证关系上，揭示了人类认识不断深化的客观规律，揭示了人类认识是一个日新月异、永无止境的辩证过程。这一观点强调两点：一是人类认识世界的目的，只是改造世界；二是认识只有通过实践才能取得检验和发展。

中国传统哲学中的知行观由于受到当时社会条件的限制，难免带有历史的局限性。但从中国传统哲学中的知行观到现当代思想史上孙中山、毛泽东的科学总结的发展历程，都指明了知与行的关系：①知和行是不可分割的两方面。②知和行既相互区别，又彼此联系。③重视“知”的作用，更重视“行”的作用。④重视实际行动和勤于实践。知和行不是割裂的，也不存在哪个先哪个后的问题。“知”就是一种探索和学习，探索世界未知事物的本质，明晓里面的来龙去脉，学校的学习就是学生在教师的帮助下认识世界的过程。行就是将知的积累应用到现实世界的改造中，为社会创造财富的过程。

综上所述，人们从古至今对于知与行的性质、起源以及它们之间的难易、先后、轻重、分合关系所进行的探讨，形成了中国哲学特有的知行观。这方面的探讨经久不衰，不仅在中国哲学体系中被视为人类认知、价值和行为的基础，而且是世界哲学体系中无法回避的普世问题。

第二章　教育实习的定位

第一节　教育实习的定位

一、实习定位的意义

实习是在实际工作场地实践练习或者训练，是操作性的学习。南宋时期诗人陆游说过：“纸上得来终觉浅，绝知此事要躬行。”美国现代著名教育家杜威说过：“教育是生活的过程，而不是将来生活的预备。……学校作为一种制度，应当把现实的社会生活简化起来，缩小到一种雏形的状态。”①他们说的是同一个道理：任何人在进入任何职业领域之前，都需要在真实的环境中把学习的知识和技能加以演练、操作，这样才能在真实的体验中获得实实在在的感受，获取职业入门的资格。②教师职业作为一门专门职业，其从业人员必须经过长期的训练。

《中华人民共和国教师法》第一章第三条规定：“教师是履行教育教学职责的专业人员，承担教书育人、培养社会主义事业建设者和接班人、提高民族素质的使命。”这从法律上明确了教师的专业人员地位，并使得教师劳动具有的复杂性、示范性、创造性、专业性、知识性、多样性等特点更加深化。这不仅增加了这一行业规范性、科学性的要求，而且提升了对教育教学活动的艺术性、伦理性的要求。如果没有职前对于教育教学工作实践的感知和细节的体验，就难以满足教育工作越来越高的要求。特别是当今社会，越来越多的综合性大学非师范专业毕业生进入学校从事教育教学活动，尽管他们的学科专业知识面宽广和扎实，而且经过了教师专业资格笔试和面试环节，但由于纸上谈兵和实际操作的落差，许多人就显得措手不及，难以做到驾轻就熟、游刃有余。其主要原因在于他们在学习过程中没有身体力行地接触过真实的教育情境。而教育实习作为师范院校“准教师”毕业前夕演练的实践环节，是教育者特别是教师

---

① 王承绪、赵祥麟编译：《西方现代教育论著选》，人民教育出版社2000年版，第8页。

② 高鸿源等：《师范生教育实习指南》，北京师范大学出版社2013年版，第1～3页。

有目的、有计划、有组织地指导师范生积极自觉地学习怎样做教师的实践活动，是师范生集中进行教育和教学专业训练的一种实践形式，是师范院校培养合格中小学教师的综合实践环节。其定位具有举足轻重的作用，主要表现在以下方面。

（一）有利于师范院校重视教育实习工作

我国师范教育的创立始于近代。1896 年，梁启超发表《论师范》一文，主张自办师范教育，培养自己的师资。梁启超还提出："以师范学堂之生徒，为小学之教习，而别设师范学堂之教习，使课之以教术，即以小学堂生徒之成熟，验师范学堂生徒之成就。"[①] 这一论述实际上就是强调师范生到小学去实习实践。所以，《论师范》一文不仅是中国近代倡导师范教育的开始，而且是从理论上倡导教育实习的开端。我国教育实习制度的建立与发展，主要是以借鉴外国经验为主。1897 年，盛宣怀在上海创办了第一所专门培养师资的学校——南洋公学师范院，随之也产生了近代师范教育实习。南洋公学分为四院，其中师范院下设附属小学，"令师范生分班教之，比及一年，师范诸生，且学且诲，颇得知行并进之益"[②]。这一规定强调师范生分班进行教育实习一年，可以算是我国最早的教育实习。因此，上海南洋公学是中国最早包含大、中、小学和师范学校的教育机构，其附设师范院是中国师范教育的开始。1902 年清政府颁布的《钦定京师大学堂章程》规定师范馆的学习内容是第一学年学教育宗旨、第二学年学教育原理、第三学年学教育原理及学校管理、第四学年实习，正式确立了教育实习制度。1903 年清政府颁布的《奏定初级师范学堂章程》和《奏定优级师范学堂章程》更强调对师范生的教育理论训练和"教育演习"。1912 年颁布的《师范教育令》和 1913 年颁布的《师范学校规程》等文件明令师范学校设置附中、附小，规定"本科各科都要十分重视师范附设中学校、小学校实地练习。专修科、选修科学生最后学年亦如之"，这里的"实地练习"即教育实习。1916 年颁布的《修正师范学校规程》又规定，要增加教育实习时间，"教育实习时，除各科教授外，凡关于管理等事项规章应随时指导"，这种模式延续至今。[③]

中华人民共和国成立以来，我国的师范教育有了很大的发展，新的社会制度不仅为教育实习的发展创造了优越的条件，更是促进了教育实习制度的更大发展。尤其是 1978 年以后，随着实事求是思想路线的贯彻，师范教育及其教育

---

① 李友芝等编写：《中国近现代师范教育史资料》，人民教育出版社 1983 年版，第 133 页。
② 李友芝等编写：《中国近现代师范教育史资料》，人民教育出版社 1983 年版，第 153 页。
③ 北京师范大学等编著：《师范院校教育实习理论与实践》，西南师范大学出版社 1990 年版，第 4 页。

实习受到重视。教育部制订的师范院校教学计划就明确规定：四年制本科八周实习时间，三年制专科六周实习时间，二年制专科四周实习时间。可见，教育实习是师范教育贯彻理论联系实际、实现人才培养目标不可缺少的教学环节，是师范教育教学计划的有机组成部分，是师范教育学生的一门必修课，也是整个师范教育结构体系的重要支柱之一。

国家教委于 1986 年发布了《关于加强和发展师范教育的意见》，对加强教育科学课程和教育实践环节的改革提出了指导性意见。1993 年《中国教育改革和发展纲要》指出："高等教育要进一步改变专业设置偏窄的状况，拓宽专业业务范围，加强实践环节的教学和训练，发展同社会实际工作部门的合作培养，促进教学、科研、生产三者相结合。"随着这一纲要的颁布，教育实习更加引起了广大教育理论和实践工作者的普遍关注和重视。教育实习作为师范教育的重要组成部分，具有师范性、实践性、综合性和基础性的特点。因此，它无论是对即将成为人民教师的师范生来说，还是对师范院校教师来说，都具有十分重要的意义。

（二）有利于师范院校加快教育教学改革的步伐，以应对时代发展的迫切需要

面对日益深化的高等教育改革，师范院校作为在高等教育体系中具有特殊地位与作用的组成部分，作为基础教育的"工作母机"，加强自身的教育教学改革，以培养优秀教学人才从而促进社会发展，显得尤为重要。面对时代的呼唤与形势的需要，各师范院校正努力吸取近年来高等教育在教育思想与教育观念、教学内容与课程体系、教学方法与教学手段等方面取得的改革成果，积极借鉴国外师范教育成功的经验，积极进行教育教学改革。但是，作为师范院校教学计划中最具师范性的综合实践课程——教育实习，其改革的步伐严重滞后，许多师范院校，特别是地方师范院校，基本上还在沿用几十年来的老模式，严重制约着教师人才培养的质量，应当引起各师范院校的高度重视。因此，只有明确教育实习的定位，才能在准确定位的基础上找准改革与发展的方向，以应对时代发展的迫切需要。

（三）有利于师范院校学生自身成长，缓解就业压力

改革开放以来，社会形势发生了巨大变化。1999 年 6 月，《中共中央、国务院关于深化教育改革全面推进素质教育的决定》中指出："加强和改革师范教育，大力提高师范院校师资培养质量。调整师范学校的层次和布局，鼓励综合性高等学校和非师范类高等学校参与培养、培训中小学教师的工作，探索在有条件的综合性高校中试办师范学校。"该决定的颁布与实施，标志着我国师范教育体系正由封闭走向开放，由单一走向多元。与此同时，随着经济社会发展与人才需求结构的变化，师范生就业压力大增。第一，师范生的就业不仅存在着自身之间的竞争，更面临着综合性大学毕业生和社会在职人员的竞争，师范生已不能独享各级各类教师岗位。第二，师范生在找工作的面试过程中和走上教师岗位后都面临着职业能力问题。因此，如何保证师范生在教师岗位上的竞争优势及其教学能力优势，成为摆在各师范院校师生面前的共同现实问题。为此，如何加强具有师范特色、促进教师职业化能力和专业化的实践教学环节——教育实习，成为所有师范院校面临的紧迫问题。

（四）有助于深化对师范院校教育实习本质的认识，丰富教育实习理论

本质是事物固有的、决定该事物区别于其他事物的根本属性。教育实习是师范院校教育教学区别于中小学教育教学的质的规定性。在师范院校教育实习未引起注意之前，对教育实习的本质主要是从其社会属性方面来加以认识的。其中一种代表性的观点是，教育实习就是一个综合性的实践教学环节或毕业前的一次实战演习。然而，我们要思考的是：这种从社会本质层面揭示的教育实习本质是否科学？“认识上失之毫厘，实践上就差之千里。”对师范院校教育实习的这种片面的认识，导致我国师范院校长期忽视实践性教学环节，引发了较为严重的教育实习问题。可见，仅从教育实习的社会本质来理解教育实习的本质是片面的，教育实习的本质必然要从教育实习的教育本质中获得自身的规定性。

对于教育实习问题，不仅要弄清其社会根源，还要弄清其教育根源，并在弄清教育根源的基础上进行教学实践。所谓教育根源，即必须明确教育学意义上的教育实习目标、内容和管理。

（五）有利于整治师范院校教育实习所存在的问题，促进实习的良性运行和发展

马克思曾指出：“从来的哲学家只是各式各样地说明世界，但重要的乃在于改造世界。”马克思主义认识论强调理论与实践、认识世界与改造世界的统一，不仅研究如何以理论的方式观念地掌握世界，而且研究如何以实践的方式实际地掌握世界。因此，研究师范院校教育实习，目的不仅在于认识师范院校教育实习问题本身，更在于用所获得的认识“改造世界”，改革教育实习。

研究师范院校教育实习，首先要把握师范院校教育实习的现状和主要行为表现，形成对师范院校教育实习现象的完整认识。其次，研究师范院校教育实习，要弄清其社会政治、经济、文化等方面的制度根源，包括其教育方面的制度根源。最后，基于已弄清的各种根源，提出对策性的建议。这些对策建议在宏观层次有助于社会、政府制定促进教育实习发展的相关政策，在中观层次有助于学校制定纠偏措施和教育方案，在微观层次则可以为实习行为主体的实践提供理论支持。因而，师范院校教育实习问题的研究可以为教育实习的良性运行和发展打下良好的基础。

二、实习定位的理论依据

（一）建构主义理论

20 世纪 80 年代，西方兴起了建构主义心理学。建构主义心理学的创始人为瑞士著名心理学家皮亚杰（J. Piaget），后来在维果茨基（Vygotsky）、奥苏贝尔（Ausubel）、布鲁纳（Bruner）等人的推动下，这一理论得到充分的发展并形成了较为完整的体系。①

建构主义理论首先认为，知识不是由人从外部输入人的心灵的被动接受的反映，而是在人与外界相互作用的过程中主动建构的，是从人的心灵内部建立起来的。其次，知识并不是对现实准确的、客观的反映，它只是一种解释或假设，会随着人类认识的加深而不断变迁或更新，而非问题的最终答案。在具体的问题中，人们还需要针对具体的情境对知识进行重加工和再创造。而且每个人都从自己特定的经验背景出发来建构知识，给世界赋予意义。由于各人的经验背景不同，建构出来的知识也必然不同。另外，知识的建构并不是任意的建构。人们在建构知识的过程中要受当时社会文化因素的影响，并需要与他人进行合作协商，不断调整和修正自己的知识，这样才能更全面地了解世界。

在建构主义者看来，学生的学习是累积性的，因为一切新知识的建构都是建立在原有经验背景的基础上的。要使学生积极主动地进行知识建构，所学内容就必须与学生原有的经验及学生现实生活加强联系，要接近学生的现实生活情境，要选择真实性的任务并能反映现实世界中的真实情景，体现所学内容的实用性、多样性、趣味性和探究性。

建构主义重视建立有利于学习者主动探索知识的生成和发展情景，把教学过程看作“课程内容持续生成与转化、课程意义不断构建与提升的过程，是师生交往、积极互动、共同发生的过程”。学习是知识的建构，不是简单地由教师把知识传递给学生，而是学习者在一定的社会文化背景下借助他人的帮助，利用必要的学习资料，通过学习者意义建构的方式来获得的。建构主义理论认为教育就是赋予受教育者独立思考的能力，强调将自身经验带进学习过程，是积极的意义建构者和问题解决者。它既强调学习者的认知主体作用，又不忽视教师的主导作用。建构主义认为：教师是意义建构的帮助者、促进者，而不是知识的传授者与灌输者；学生是信息加工的主体，是意义的主动建构者，而不

---

① 王晓鑫：《试论基础教育新课改的心理学取向——建构主义心理学对新课程改革的影响》，《科教文汇》2008 年第 1 期。

是外部刺激的被动接受者和被灌输的对象。

（二）杜威的“从做中学”理论

美国现代著名的实用主义教育家杜威以“教育即生活”“教育即生长”“教育即经验的改造”为依据，提出了举世闻名的“做中学”教学理论基本原则。他指出，在“教室中……在仅是教科书和教师才有发言权的时候，那发展智慧和性格的学习便不会发生；不管学生的经验背景在某一时期是如何贫乏和微薄的，只有当有机会从其经验中做出一点贡献的时候，他才真正受到教育”[①]。杜威有句名言：“一个儿童要学习的最难的课程就是实践课，假如他学不好这门课程，再多的书本知识也补偿不了。”他的实用主义教学思想之一就是“从做中学”。西方的一句谚语“一磅的学理，不如一两的实行”说的也是这个道理。

杜威认为：传统的学校教育注重的是“从听中学”，传递的是人类长期积累的牢固知识，是关于“是什么”和“怎么做”的知识。但由于每个孩子生来就蕴藏着充满生机的冲动，有一种强烈的“做”的愿望和活动的兴趣，对活动具有强烈的好奇心，因此这类知识脱离了学生社会生活的实际而变得空洞乏味且不可掌握。在他看来，如果没有给学生“做”的机会，他们的学习就没有依托，必然会抑制他们的创造才能，阻碍学生的自然发展。[②]他反对“书本中心”“教师中心”，主张“在做事里面求学问”，学校课程的中心应是学生本身以生活化为主的社会活动，用他们的亲身经验获得知识。只有这样，学生才能突破课堂与学校的围墙，将学习延伸到课外、校外。

受杜威“从做中学”教育思想影响，教育实习就是面向师范生生活而设计的一项综合实践活动课。它能给予每个实习生一个相对自由而开放的空间，让他们自己去发现问题，自己动手去做，在做中学习、在做中掌握知识本领，使他们有机会亲自探索科学知识的奥秘。在这一综合实践活动过程中，实习生设计课堂教学，参与课堂观摩，以班主任的身份指导学生参加课外活动，围绕某一问题开展教育调查，撰写调研论文等，都会促使他们变被动学习为主动学习，形成一种自主、合作、探究的学习方式。这些“从做中学”举措，对缓解学生学习疲劳、激发学习兴趣、提高学生综合素质起到了不可低估的作用。

（三）自主学习理论

自主学习理论可以追溯到人本主义心理学家罗杰斯“以学生为中心”的

---

① 陈东卿：《杜威“从做中学”教学原则对美国学校教育的影响》，《教育情报参考》2009 年第 9 期。

② 张莹：《对杜威“从做中学”思想的解读》，《包头职业技术学院学报》2008 年第 4 期。

教学和学习思想。罗杰斯认为，教学的目的在于培养“全面发展的人”。他主张以学生为中心组织教学，促进学生自我学习、自我实现，培养学生的独立性、自主性和创造性。他强调随意教学，和谐师生情感，创造丰富多彩的教学情景，促进学生身心的全面发展。罗杰斯认为，教学方法就是促进学生学习的方法。

自主学习（Self-Regulated Learning，简称 SRL）指学习者在教师的指导下，对自己正在进行的学习活动进行主动、积极、自觉的计划、监控、评价、调整的过程。根据齐莫曼的自主学习理论，自主学习能力培养包括六方面内容。①自主安排学习内容的能力——会设定适合自己的学习目标，会根据情况自己安排学习内容。②时间管理能力——会合理安排学习和作业的时间，会合理分配学习时间，能够根据学习任务难度的不同分配不同时间。③运用和选择学习方法（或策略）的能力——会预习和复习的方法，会概括和分类学习内容等，会选择和运用适合自己的学习方法。④学习过程监控与调节能力——学习时能排除掉分心和干扰的事情，学习过程中检验自己做得对不对、时时监控自己的学习过程。⑤学习结果的评价与强化能力——对一天或一堂课的学习做总结并分析得失，会自我鼓励。⑥学习环境的控制能力——会向老师、同学和其他人请教问题，会到图书馆或网上查找学习资料，会迅速运用各种方法找到自己需要的资料。

第二节 教育实习的类型

教师是一种职业性和专业性都很强的职业，因而作为综合实践环节的教育实习的质量直接影响着即将毕业的师范生的择业竞争能力和任教后的从业水平。我国现行师范院校教育实习一般安排在大学三年级下学期或者四年级上学期，并且是集中性的一次进行。这种安排便于集中管理，但由于缺少反馈、强化和巩固环节，所以不利于培养学生多方面的能力，因此必须对此进行改革。

师范院校由于隶属关系、服务范围的不同，以及受不同地区教育发展状况、学校自身的特点和教育思想观念等因素的影响，我国目前还没有一个统一的师范院校教育实习模式。为了适应人才市场和市场经济的客观需求，以及国内外师范院校教育实习改革不断推进的步伐，在师范院校教育实习的实践探索中，伴随着教育实习内容的日益丰富，教育实习的类型也应呈现多样化的发展趋势，除了采取传统的教育实习方式，如集中蹲点实习、分散实习、全委托实习、顶岗实习等形式外，还可开辟一种能促进师范院校可持续发展的教育实习新模式，即分类实习制。

一、集中蹲点实习

集中蹲点实习是由指导教师带队，安排师范专业学生到中小学校，请优秀教师讲课，做专题报告，下课堂跟班实习，试教、听课、整理实习报告，等等。这一类实习一般是由院系来直接联系安排的。参加集中蹲点实习的学生，都是由指导教师和实习学校共同来确定统一的实习内容的。

一般来说，这种实习方式具体呈现方式有两种。其中一种是建立一个实习基地，然后由教师集中带队，让学生集中到中小学实习。这种实习方式，究其理论基础，是科学可行的。因为很多时候，实习的困难之处在于中小学不欢迎学生去进行实习活动，有些学校认为实习会干扰其正常的教学活动。而有实力和条件的学校和地区假如可以建立一个相对固定的教育实习基地，就能够解决实习困难的问题。我们传统实习模式的时间较短，一般来说只有三个月，并且很多科目一周的课程节数也很少，这就使得实习生不仅浪费了时间，也没有得到应有的锻炼。通过建立实习基地，可以将学生的实习过程贯穿于整个理论学习生活，有利于师范院校打破传统的封闭式教学模式，让学生充分践行“从做中学”的教育理念。但是这种形式的弊端在于：对于一些欠发达地区以及经费紧张的学校来说，建立实习基地将是一笔很大的开销，很有可能沦为一个无力承担或者无力维系的包袱。而指望当地教育部门给予部分资金的拨款，落实起来也是困难重重。同时，这种实习模式也只是让学生进行一次模拟实习，不能实打实地投入教学工作中去。

另一种形式就是确定定点实习学校。也就是师范院校的领导和教师与接纳实习生的中小学校进行联系，再由教师带队进行实习。这样做可以降低院校的教育实习成本，但同时我们也会发现，相对于固定实习基地，确定实习学校的人力成本更高，因为领导和教师要年年跑来跑去地联系实习学校，并且学校的食宿条件和教学质量良莠不齐。很可能到最后教育实习的计划性难以保证，并且学生的教学水平没有得到切实的提高。

集中实习的实习生由于第一次接触实习学校，对学校的环境与条件，教师的性格、水平与学历，班主任教师的师德与教育方法等均不熟悉，所以要想同指导教师及所带班级学生有较好的沟通，就必须花费较大的精力去了解、熟悉这些情况。但是，集中实习的同学，由于每天能见面，同学之间能互相交流，沟通彼此之间在教学、辅导等方面的体会，从而产生互相促进的竞争意识。①

---

① 王俊山：《谈集中实习和分散实习的利与弊》，《齐齐哈尔大学学报》（哲学社会科学版）1996 年第 2 期。

二、分散实习

分散实习，也称为“自主实习”，是学生实习期间师范院校不统一组织，由学生自己寻找、自主选择实习单位进行实习的一种方式。它是近年来因招生规模的不断扩大，高等教育在向大众化教育过渡的过程中逐渐形成的一种实习形式。分散实习学生可以回到自己的家乡，以家庭为中心，就近选择自己在上大学前就读的学校和自己喜欢的职业，或者在学校所在地自主选择实习单位，实习结束后向学校提交毕业实习手册和成绩。在交通食宿都方便的情况下，学生自身较有安全感，同时也能够集中精力来实习，减少实习生初入社会的不适感，从而获得良好的实习效果。

分散实习出现的主要原因是高校扩招，学生数量急剧上升，但相应的教育教学资源不能及时跟上，同时教育经费不能准时到位，造成学校集中实习模式出现困境，从而采取的一种无奈之举。另一个原因就是社会在进步，国家由以前的毕业统一分配模式转变为现在的学生和就业单位双向自主选择的就业模式，因此很多学校希望学生在上岗前能够进入学校，进行教学环境的熟悉以及教学进程的合理安排。基于这种情况的出现，为了保证高校的就业率，很多学校也会允许有就业意向的学生到就业学校去，提前进行教育分散实习。

在分散实习中，实习生的管理权和指导权被全权委托给了实习学校。师范院校则只需要组织巡查小组，对分散实习的学生进行定时的检查工作，阶段性地查验学生实习效果。这样做，就避免了集中实习中大量耗费人力、财力的窘境，同时也能较好地处理实习生的食宿问题，使实习生能够心无旁骛地进行实习工作，也不会影响到接收单位的正常教学工作。

但是这种方法也存在着一定的弊端。很多分散实习的学生是凭借人情关系联系实习学校，所以实习学校对实习生不会严格要求，甚至很多实习生连正常的教学工作都不参与，实习鉴定表也只是流于形式地填写。尽管有巡查小组，但是实习点大多数不集中，这给检查监督工作造成了困难。

分散实习中可供学生们利用的资源是非常多的，大学生们来自全国各地，分散实习时他们往往分散回到各自的家乡，利用省市的电视台、报社、杂志社、街道办事处、政府机关部门、银行、厂矿、中小学校以及其他各种各样的企事业单位，得到一对一的指导及一线工作的经历和锻炼。

分散实习虽然形式灵活且社会资源丰富，但由于其灵活性和不集中性，师范院校在实习管理上存在着较大的困难和不足。独立学院应该大力鼓励分散实习，同时加强对分散实习的管理力度，以提高学生的实践工作能力，并增强学生的就业竞争力，培养高素质应用型人才。

回中小学母校分散实习的实习生，除了所带班级学生是新的以外，对母校的环境、教师、领导等都比较熟悉，很容易适应实习环境和条件，能马上进入角色。在这方面回母校实习就优于集中实习。但分散实习的实习生，由于是单枪匹马地在实习学校从事教育教学工作，在实习过程中无人比较，遇到教学、辅导方面的问题找不到同伴交流，有时又迫于情面不好意思请教指导教师，只得自己硬着头皮去闯。在这一点上，集中实习明显优于分散实习。

三、顶岗实习

“顶岗”一词最早出现在20世纪80年代初，专指政府在事业单位挑选资历较低、能力较强的人去政府机关、工厂等挂职锻炼的做法，是栽培未来干部非常重要的方法。[①]顶岗实习是实习生在三个月至半年的比较长的时间内到幼儿园、中小学校、科研院所等实际工作岗位上，顶替这些单位到师范院校接受培训的教师的工作，或者承担这些学校缺少专任教师学科的教学工作。从其效果来说，顶岗实习是师范院校和实习学校实现双赢的有效途径。顶岗实习也包含师范院校与地方教育行政部门和地方学校合作，将学生的实习与教育部门的教师选拔结合起来，采用顶岗实习的方式考察即将毕业的大学生的实际教学能力和工作态度。

顶岗实习最早是在西南大学教育学院（原西南师范大学教育科学学院）开始实施的，其原型是由香港儿童救助基金资助、张诗亚教授主持的“小松树计划”提及的。该计划提供了“以流动促稳定”的新思路，即以贫困地区的中小学作为师范学校的教学实习基地，以一年为周期，不断派遣师范生前往实习。这一措施一方面可以解决师范生传统教育教学实习时间过短、上讲台少、脱离教育教学实习、师范生教学素质不高、教师专业化程度欠缺等问题，另一方面也可以解决农村师资不足的问题，实现了融师范生教育教学实习改革与农村师资队伍更新为一体，旨在改革师范生培养方式，积极地寻求一种更为系统、有效的教育实习模式。[②]2002年以来，张诗亚教授的科研成果带来了巨大的社会效益，特别是《关于中国农村贫困地区教育中推进“更新工程”的建议》被教育部采纳。教育部进而通过制定各项政策法规的形式来引导和规范师范院校及职业技术院校开展顶岗实习。特别是2010年，教育部在《国家中长期教育改革和发展规划纲要（2010—2020年）》中明确指出：“要以提高质量为重点，以服务为宗旨，以就业为导向，推进教育教学改革，实行工学结合、校企合作、顶岗实习的人

---

① 陶仁、杨其勇：《顶岗支教实习——地方高校师范人才培养新模式》，云南大学出版社2011年版，第134页。

② 石骏：《职业技术院校顶岗实习研究》，浙江大学出版社2013年版，第2页。

才培养模式。”

从师范院校的顶岗实习情况的具体实施来看，可以看到有三种模式比较常见。其中一种是“结合师范就业的顶岗实习”，还有就是“基于教师置换培训的顶岗实习”和“扶贫支教顶岗实习”。因为这种模式把顶岗实习和师范生的就业相挂钩，这样既提高了师范生的教学能力以及教学管理能力，也增强了师范生的就业竞争力。但因为顶岗实习的基地大多选在了教学环境艰辛、软硬件条件都比较差、师资力量不足的农村中小学校，所以很多师范院校的“顶岗实习”也叫作“支教”。

顶岗实习作为教育实习的一种新型方式，也会出现一些问题，比如实习生因为毕竟只在学校里学习了三年的理论知识，走上顶岗实习岗位后要全面地开展教育教学工作，有可能会不适应，不能完全担负起正式教师的工作，这样就有可能会影响到实习学校的教学流程以及学生的学习。再如，在顶岗实习过程中由于条件艰苦，很多实习生由于不具备吃苦耐劳的精神而选择中途放弃，这给实习的正常进行带来了一系列困扰。

我国农村义务教育办学质量提高的关键在教师，而农村学校恰恰缺乏大量高素质、高水平的教师，这已成为制约农村义务教育发展的主要因素，加强农村学校师资队伍建设刻不容缓。顶岗实习打破了传统师范院校的人才培养模式，大学生在校期间，用一学期时间到农村学校顶岗实习，增加了师范院校学生的实践教学环节，明确了师范院校办学的定位，对师范院校教育改革具有重要的意义，为农村学校师资队伍建设提供了值得借鉴的经验。这对于缓解贫困地区农村教师短缺、缩小城乡教育发展差距、促进农村义务教育发展、提高农村义务教育办学、促进社会主义新农村建设具有重要的意义。大学生通过半年的基层教学实践，可以锻炼在艰苦环境下的自下而上能力，增进对农村教育的感情，巩固为基础教育服务的思想，为自身的成长搭建良好的平台。同时，大学生给贫困地区带去了现代教育理念和先进的教学手段，为贫困地区的基础教育注入新鲜血液，促进了城乡教育的均衡发展。

四、网络实习

网络实习是一种新的实习方式，它是利用计算机系统，通过学校内部网，将各种文字、图片还有影音材料放在网上，让学生通过建立起来的网络实习资料馆进行课程实习，如现在很流行的微格教学法。微格教学创始人之一、美国教育学博士德瓦埃特·爱伦将微格教学定义为“一个缩小的、可控制的教学环境，它使准备成为或者已经成为教师的人有可能集中掌握某一特定的教学技能和教学内容”。微格教学这种实习模式实际上为实习的学生提供了一个集中的练习环境，它使教学过程以及实习过程从复杂走向简单，并能够使讲课者在短时间内获得大量的反馈意见。当然微格教学的模式并不是说教学过程还有教学内容只是一味地简化而不生动，相反，微格教学的时间一般都在 5 ~ 10 分钟，而这短短的时间就要求师范生将课堂 40 ~ 45 分钟的内容进行压缩，使得学生能够听懂并理解。我们还可以将这个教学过程进行录像，然后在课后进行小组讨论并分析。实习师范生能够通过这种方式反思自己在教学过程中出现的问题，是教学水平迅速上升的一种途径。

网络实习法由于信息量大，新知识和新理念的传播速度快，形式灵活多变，所以很受青年学生的欢迎。但这种模式的弊端就是，学生容易被网络信息迷惑，不知道如何挑选适合自己的实习材料，同时这种网络实习的过程容易让学生分心，从而使实习效果大打折扣。总的来说，随着计算机技术的发展、电气自动化的进步，条件优越的学校必然会越来越多地采用这种实习模式。

五、分类实习

为了适应人才市场和市场经济的客观需求，以及国内外师范院校教育实习改革不断推进的步伐，在师范院校教育实习的实践探索中，伴随着教育实习内容的日益丰富，教育实习的模式也应呈现多样化的发展趋势，除了采取传统的教育实习模式，如集中蹲点实习、分散实习、全委托实习、顶岗实习等形式外，还可开辟一种能促进师范院校可持续发展的教育实习新模式，即分类实习制。分类实习制是按照师范院校实习目标的要求，安排实习生在不同的时间和不同的机构进行不同类别实习的一种形式。其具体分类方式如下。①

（一）问题式实习

传统的教育实习往往着眼于讲课技能的训练，忽视了对师范生理论创新能力的培养。但在当前教育改革如火如荼地进行的形势下，特别是素质教育和基础教育新课程改革的大好时机，随着许多新的理念的提出，如终身教育、过程性目标、建构性学习、研究性学习、活动性教学与发展性评价等，我们有必要对这些新的理念和观念进行探讨和研究，实习生更应如此。而且，我们还应看到，应试教育对我国基础教育事业造成的负面影响是很严重的。当前追求升学率仍然主宰着学校的一切工作，以至于城乡不少中小学的课堂教学还是老样子：只注重书本知识的教学，忽视实际能力的培养；只注重课堂灌输，忽视启发学生；只注重提高考分，忽视提高素质；只注重智育，忽视德、智、体、美、劳全面发展等。另外，教育教学管理的不科学、学生厌学、教师厌教等各种各样的问

① 邓李梅：《论构建师范院校可持续发展教育实习新模式》，《黄石理工学院学报》（人文社会科学版）2008 年第 1 期。

题也很多。这些问题都值得我们长期深入中小学校做细致的观察、探讨和研究。问题式实习就是在这种新的形势下应运而生的一种实习模式。

问题式实习是指实习生在师范院校所属专业指导教师的帮助与指导下，以某所中小学校存在的突出问题和学校发展的实际需要为选题范围，通过一定的研究程序得出研究成果，并将研究成果直接用于指导中小学校实际状况改变的实习模式。这类实习要求学生有一定的理论知识储备，最好在大学三年级的师范生中展开，其具体做法如下。一是师范院校学生在专业指导教师的帮助与指导下，深入某所中小学校去发现其教育教学中存在的突出问题并对问题进行界定；二是分析问题的成因或症结；三是提出解决问题的设想和实施方案，并收集系统的证据说明教育措施的具体效果；四是对问题及其实施方案进行反思与讨论。这一模式重在培养师范院校学生理论联系实际的能力，以及提出问题、分析问题与解决问题的能力。这一模式在操作的过程中要注意以下几点：第一，研究课题应该主要来自中小学校实际面临的突出问题，这些问题有些是对学校发展直接起制约作用的，有些仅仅是局部范围的，尚未演化成突出矛盾。第二，实习生一定要经常深入中小学校收集并掌握第一手材料，对其教育教学发展的情况了如指掌。第三，研究应该遵循一定的程序，并能体现出研究的具体要求。第四，研究的结果应能指导中小学校教育教学的改进。

问题式实习需要实习生在教育实习的过程中，带着问题去思考并将一些新的理念内化为自身的知识。这一方面要求实习生把自己固有的教学观念和教学行为与新理念进行比较，改造自己的观念和行为；另一方面也需要实习生从实习对象——学生的实际出发，对新理论的实际运用做进一步的探索，如新课程倡导的“基于学生已有的经验，改变学生的学习方式，促进学生全面发展”的理念。这些崭新的理念只有通过中小学教学实践，才可能深刻地领会并灵活地运用。①

（二）调研式实习

20 世纪 50 年代以来，随着经济的发展、社会的进步和英美等国“教师即研究者”运动的兴起和发展，社会对教师的要求越来越高。师范生作为未来的教师，其研究能力自然而然地引起了社会的普遍关注。但是师范院校的传统培养模式使得师范生真正地深入基础教育教学第一线，直面学生进行调查研究的机会却不多。传统的教育实习只从听课、备课、讲课的角度出发，忽视了教育实习实际上是一次绝好的社会调研的机会，使教育实习单一地成了“实习”，没有在单位时间里创造出更高的劳动效率，而调研式实习却可以弥补这一缺陷。

---

① 教育部基础教育司编：《走进新课程》，北京师范大学出版社 2002 年版，第 6 页。

调研式实习，即将教育实习与社会调查（这里主要指教育调查）或完成某个教育科研课题相结合的形式，是在分科导师与其他相关导师的指导下，通过观察、列表、问卷、访谈、个案研究以及测验等科学方法，收集研究资料，从而对中小学教育现状做出科学的分析和认识，并能撰写一篇反映中小学教育改革状况的调研论文的一种实习模式。

调研式实习与问题式实习的区别是：前者重在反映中小学实施教育改革的良好现状，并最终以调查报告的形式推广应用其经验；而后者重在揭示中小学教育教学发展中存在的问题，并最终以论文的形式提出针对性的改进措施。教育实习和调研相结合，可以从大学第二学期开始，主要是对师范院校的实习基地或所在地的中小学的基础教育状况做跟踪调查，可以对实行素质教育、成功教育及新课程改革或其他改革的试点学校、试点班级做专题调研，收集第一手资料和数据，把握基础教育研究领域的主动权和发言权。通过调研式实习，可以使师范院校的教育实习适应基础教育改革的需要，使之成为教师教育的有机组成部分，使师范生的培养更贴近社会现实的要求。只有这样，我们才能为基础教育做出更大的贡献。①

（三）职业训练式实习

现在师范专业不再由国家统一分配，师范生要加入自主择业的行列。面对自由竞争的人才市场，师范生必须从自我发展的角度出发，主动参与社会竞争才能具备生存能力。职业训练式实习一般是针对那些毕业后有既定去向或有意向的师范院校四年级学生，在应聘单位和单位所在地教育行政部门的协同作用下，将他们“预分”到中小学校进行教育实习，接受培训和考察，把教育实习与毕业预分配结合起来的一种形式。②

职业训练式实习是一种使实习生由被动实习转向主动实习，调动实习生与实习学校双方的积极性的良好方法。首先，是从学生的利益与实际出发，充分利用现有资源，促使实习学校就地取“材”，对即将聘用的学生的综合能力进行实地考察。这一方面可缓解就业的压力和避免找工作的盲目性，给实习生营造一个竞争的环境；另一方面可使学生安心自身的教育实习工作，在教育实习中有所收获。其次，已签约的学生，可允许其到签约的学校实习，这有利于实习生明确责任，努力丰富教学理论，虚心学习，完善教学技能，提高自己的专业文化水平和思想道德修养。因此，这种实习模式对于实习单位和实习生来说

① 郑金洲等主编：《学校教育研究方法》，教育科学出版社 2003 年版，第 1 页。

② 崔干行：《教育实习》，广东人民教育出版社 2000 年版，第 26 页。

是一种双向性的，能增进了解的、明确权责的、互惠互利的实习模式。①

（四）服务式实习

在当前开放的时代，促进学生个体的社会化和德、智、体、美、劳全面发展，只凭师范院校的“小气候”是难以奏效的。这必须得到社会的支持和配合，形成一体化的社会环境，尤其是对师范院校学生来说，更有必要根据社会经济对劳动者素质方面的要求来确定教育实习的目标、内容、途径。

服务式实习就是这样一种适应社会发展需求，将教育实习与社会服务相结合的形式，是师范生在师范院校所派专业指导教师和学科教学教师的共同指导下，走出教室或学校，切合自身兴趣和特长参与诸如家教、理论宣传、新闻采访、社区服务等社区和社会实践活动，以获得直接经验和社会生活体验，增强其社会适应能力、社会参与意识、公民责任感及创新意识为主旨的一种实习模式。②这一模式是以服务社会和社区为宗旨，因此需要师范生具有较强的责任感和奉献精神。其具体操作方式是师范院校有系统地、有计划地经常组织学生利用所在学校的办学优势、空间优势及自身的文化优势举办社会或社区群众急需的各种文化补习班、扫盲班、艺术班、家庭教育班、幼儿学习班等和配合社会或社区进行人口普查、职业技术调查、“三下乡”等活动以及参与青年志愿者活动。这种实习活动对于实习生而言，可谓意义重大。

通过服务式实习，一是可拓展师范生的专业知识面，增长其直接经验，增进其社会适应能力；二是可使师范生融入现实生活，获得亲身感受，形成健康、进取的生活态度；三是可使师范生打破封闭的环境，主动积极地参与社会实践，增强其公民意识和责任感；四是能使师范生自觉地服务于社会，对他人、对社会富有爱心，并可亲近、关爱自然，懂得与自然和谐相处；五是使师范生增进自我了解，肯定自我价值，能发现自身的兴趣与专长。所以，重视并发挥社会或社区在个体教育中的作用，对于培养师范生的多方面能力是非常重要的。③

（五）教学案例引导训练式实习

教学案例分析能力是师范生必须具备的基本能力之一，因此作为师范院校应充分利用教育实习这一实践性的环节精心培养学生的这方面能力。教学案例引导训练式实习即把教育实习分解为不同的教学实践环节，通过开设教学实践课和利用高校与农村中小学寒暑假的时间差，对师范生进行的基本技能培训的

---

① 张隆华：《教育实习》，湖南教育出版社 1984 年版，第 32 页。

② 陈冀平主编：《高师教育实习新概念》，广东教育出版社 2003 年版，第 45 页。

③ 许高厚主编：《教育实习》，人民教育出版社 2001 年版，第 33 页。

一种实习形式。[①]

师范生的教学案例引导训练式实习类似医师的病例研究、律师的案例研究、军事学上的战例研究。其具体做法是把案例教学引入教学实践课，发挥教育调查的作用，让学生进行案例的收集、整理、分析与研究以及教学技能的演练，使学生亲自从实际教学中发现问题、分析问题与解决问题，并能从中提炼课堂教学的方法，省悟教育教学的规律，从而达到教育实习的目的。这一模式所开设的教学实践课，可从新生入校起，就给每人配发一套所学专业的中小学教材，固定每周一个下午为教学实践课时间，将学生分成若干实践小组，结合教学案例，创设教学情境，开展案例分析、讨论、演练等，对课堂教学环节进行剖析、实践。[②]

教学案例引导训练式实习首先应在师范院校的微格实验室安排学生观看示范性教学录像；其次是结合所看的教学录像开展讨论与分析，加深对教学技能的理解与掌握；最后是组织学生走出校园，利用师范院校与农村中小学寒暑假的时间差这一黄金时段安排学生深入农村中小学的教学实践中去见习和试实习。[③] 这是一种集教学与评价、理论与实践、实践与研究、观摩与展示自我于一体的具有极强针对性和明确目标的模式，可实现学生的主体地位与教师主导作用的和谐，从而把教育实习变成充满活力的学习、实践、研究活动，可极大地调动学生参与教学实践的积极性。[④]

综上所述，师范院校的可持续发展必须建立教育实习新模式，通过开辟教育实习与社会调查相结合、教育实习与社会服务相结合、教育实习与毕业预分配相结合、教育实习与专业实习相结合、教育实习与完成某部门的科研或工作任务相结合的新天地，既可避免传统教育实习中以一种形式代替另一种形式、以一种教育实习内容作为整个教育实习内容的弊端，又可适应人才市场和基础教育改革的客观需求，全面锻炼学生的专业技能与社会适应能力，创造出高效能的教育实习效果。而且，分类化、多样化的实习形式，还可以使师范生克服一次性教育实习的缺陷，从而系统连贯地训练学生的从师技能，增强师范生对教育工作的适应性。如果师范院校真正按此模式开展教育实习，效果将会十分显著。[⑤]

总之，随着国内外师范院校教育实习改革的不断推进，师范院校教育实习

---

① 成有信：《教育学》，高等教育出版社 1999 年版，第 14 页。

② 陈桂生：《到中小学去研究教育》，华东师范大学出版社 2003 年版，第 57 页。

③ 胡家会、张永忠：《构建面向 21 世纪高等师范院校教育实习模式》，《高等理科教育》1999 年第 6 期。

④ 余红君：《高师教育实习存在的问题及对策》，《职教论坛》2005 年第 14 期。

⑤ 徐志伟：《高师院校教育实习的回顾与展望》，《课程·教材·教法》1999 年第 2 期。

的模式也应不断丰富和完善。我国不同层次、不同类型的师范院校可立足现状，依据本校不同的性质、培养目标、师资状况以及师范生的身心发展特点和适应能力而创设出各具特色、能促进本校可持续发展的教育实习新模式。

第三节　教育实习的准备

教育实习工作是一个复杂的过程，实习前的准备工作对顺利完成实习任务具有重要意义。实习生应当在进入实习学校之前做好多方面的准备。一些比较纯粹的事务性准备可以在实习前期短时间内完成，而更多的素质和基本技能要求是在大学学习期间比较长的时间内持续、系统地准备的。在新课程改革的背景下，实习前期准备的重点在于师范生说课能力、微格试讲试教能力和教育科研能力的培养和提升。

一、师范生说课能力的培养

2001 年 6 月教育部颁发了《基础教育课程改革纲要（试行）》，2005 年教育部颁发了《基础教育新课程标准》，简称“新课标”，都是国家课程改革的基本纲领性文件，是国家对基础教育课程的基本规范和质量要求。新一轮课程改革对课程功能、课程结构、课程内容、教学方式、评价制度、课程管理等都进行了新的解读，从而对中小学教师的职业素养与从教能力有了全方位的新要求。

（一）师范生说课能力培养的意义

随着师范教育改革的不断深入，将课堂理论与教育实践有机结合，适应基础教育改革的要求，培养合格师资是师范教育改革的一项迫切任务。加强教学论课程的实践性，提高师范生的教学能力和科研能力，是目前广大教育教学工作者普遍关注的热点问题，而说课作为提高师范生综合素质和综合能力的新的有效途径，已成为师范教育教学改革的一项十分重要的内容。在新课程改革的背景下，教师以往的教学观念、教学方式将受到前所未有的挑战。这就需要教师自我加压，不断学习。说课能锻炼人、培养人，更是课程改革的需要。①

说课是教师在独立备课的基础上，把通过“浓缩”“提炼”后的教案通过“口头语言”表达出来，向同行叙说自己教学设计的思路、理论依据，然后由同行评议，达到互相交流、共同提高的一种活动。说课不等于上课。

说课是对课程的理解、备课的解说、上课的反思。说课活动由两部分组成，

---

① 郑兴泽：《说课在新课程改革中的作用》，《教育信息报》2004 年 8 月 22 日。

即解说和评说。重点在解说，它是以教师口头表达为主，以教育科学理论和教材为依据，针对师生的具体情况和课程特点，以同行为主要对象，在备课与上课的基础上所进行的教学研究系统。[①]它要阐明的问题是教什么、怎样教和为什么要这样教及其理论依据。评说则是针对解说而进行的评议、交流和研讨。

开展说课活动有利于提高师范生的教育理论水平，有利于提高其理解新课标和驾驭教材的能力，有利于提高其适应基础教育教学的能力和教研活动水平，有利于提高其语言组织能力和口头表达能力，促进其个人发展；有利于提高工作效率和教学质量，促进师生双向交流，从而保证课堂教学的顺利实施。可见，说课很大程度上影响和决定了师范生能力的发展，是师范生专业技能的一部分。并且，师范生说课活动的开展是和教育教学的改革息息相关的。

（二）师范生说课能力的基本要求

新一轮课程改革的创新与特别值得赞赏之处就在于：它将课程与教学有机地统一起来，使教学过程成为课程开发、创生、建构的过程，使教学过程成为挖掘、利用一切课程资源的过程，使教学过程成为师生充分展现其创造性、生命力和价值存在的过程。新标准教材在以往教材的基础上，更加着重学生思想方法的培养，注重创新思维能力以及实践能力的提高。要求学生通过实验操作解决问题，在解决问题中培养能力。这个特别之处对教师提出了新的要求，同时，这也是教师教育培养师范生时应该注意的。

1. 勇于开发课程资源

新课改要求在说课中扩展说课内容，要说课程资源的开发，如果不能及时地开发和转化课程资源，就会造成很多有价值的课程资源的闲置与浪费。有这样一个说法，美国的教师教学生画苹果时，提上一袋苹果，一人分一个，让学生看、摸、闻甚至咬上几口，然后开始画苹果。结果，大多数学生第一次画出来的像西瓜，第二次画出来的像梨，第三、四次画出来的才像苹果。而中国的教师教学生画苹果时，只带一支粉笔，先对全班学生讲画苹果的注意事项，然后在黑板上一笔一画地示范，学生照着老师的样板画出来。结果，所有的学生第一次画出来的就像苹果。比较而言，美国的学生虽然画得费劲且不大像苹果，但画出来的是生活中的苹果、自己的苹果。中国的学生虽然画得轻松且很像苹果，但画出来的是黑板上的苹果、教师的苹果。[②]这个例子活生生地展示了一个扼杀

---

① 彭涛：《说课理论与中学实践研究》，华中师范大学硕士学位论文，2005 年。

② 朱慕菊主编：《走进新课程——与课程实施者对话》，北京师范大学出版社 2002 年版，第 217 页。

学生创造能力的例子，说明针对同一个教学目标，两种不同的教学方法形成强烈反差。

2. 善于利用课程资源

对师范生的要求除了开发课程资源外，还应该有如何利用课程资源，使课程资源在最大程度上得到发挥。主要途径有以下几点：调查研究学生的兴趣类型、活动方式和手段，确定学生的现有发展基础和差异，为学生提供反馈资料，安排学生从事课外实践活动，总结和反思教学活动。当然，对于师范生而言，在校学习期间，没有条件实践，但是可以充分利用教育教学实习的实践锻炼。

3. 较强的语言运用能力

语言运用能力是对所有师范生都有的最基本的一个要求，普通话要标准，声音要洪亮，语言组织能力要强。在说课领域内，更是对语言有较高的要求，因为最常见的说课方式是口头阐述的，是否将自己的意思表达清楚、流畅、条理清晰、重难点突出等，都是评价说课的标准之一。切忌说课时使用“可能”“或许”“大概”等词语，这些词语是师范生说课时尚未准确理解教材内容，无法把握教学重难点问题的一种体现，不仅给听课者留下不好的印象，而且降低了说课技能训练的质量。

4. 较强的反思能力

反思是教师以自己所从事的职业活动为思考对象，对自己在职业中所做出的行为以及由此所产生的结果进行审视和分析的过程。教学反思被认为是“教师专业发展和自我成长的核心因素”。新课程非常强调教师的教学反思，教学反思会促使教师形成自我反思的意识和自我监控的能力。在说课中，反思也是必要的。在课后说课时反思自己上课时的不足，如教学目标的未达成或教学方法的失误、课程资源的开发情况等。这些都能够促进师范生在说课中不断进步。

5. 有效传递信息

教学过程是课堂教学的主旋律，也是说课内容的主要部分，是说课的出发点和落脚点，所以教学过程要说精。一是要说出课堂教学的整体思路和环节，一般包括复习、导入、新课讲解、知识应用与反馈练习。二是说出处理教材教法和学生实际之间联系的方法。为完成教学目标，教师如何合理地处理教材、采用哪些教学手段、如何安排师生互动过程，以及这样安排的目的和达到的效果等，都要一一说清。三是说出对每个环节、每个层次、每个步骤的设想和安排以及这样设想和安排的依据和预期效果。新课程标准特别强调培养学生的创新能力、操作能力、解决实际问题的能力与信息储备能力，思维方式上强调独立、探索、钻研，教师在设计教学环节时首先要考虑这些。其中“问题解决”教学程序、

“试验—观察—感性认识—理性认识”教学都能体现新课程的要求。四是说出教学中突出重点、突破难点、抓好关键的理由和方法。五是说出习题设计和板书设计的意图、目的和理论依据。课堂练习与作业是检查课堂教学效果和巩固课堂教学内容的手段，因此习题设计一定要准，既要体现该节课的教学目标，又要考虑到不同学生的接受能力，做到分层设计，区别对待。板书要醒目有序，说课时要说出板书的合理性。

（三）师范生说课的思路和内容①

说课是教师将隐性思维变成显性思维的过程，是分析与交流的过程，是其由重模仿、操作向重视理论研究转变的切入点。说课主要围绕“教什么、怎样教、为什么这样教”这三个问题进行，其类型包括示范性说课、研究性说课、评比性说课等。根据说课的目的、类型和听课者的要求，说课的思路和内容会有不同的变化，一般而言，说课的主要思路和内容有以下几方面。

1. 略说教材：剖析教学目标与内容的确定

（1）根据学科课程标准的要求，讲清本课题教材的主要内容及其与整本教材内容、单元或者章节教学内容之间的关系，所占地位与所起作用。

（2）说清本课时的具体教学目标及确立的依据。

（3）剖析教材编写的思路和结构特点，分析本课教学的重点和难点。

（4）说清教材中的练习设计及其设计意图。

2. 略说学生：剖析教学对象的具体情况

（1）说清本班学生目前的知识结构基础和能力特征。

（2）说清本班学生的身心发展特点，尤其是思维发展特点与教材内容编排之间的关系。

（3）说清培养学生学习能力的具体方法和途径及设计意图。

（4）说清激发和调动学生学习兴趣的办法。

3. 详说教法：剖析选择与运用教学方法的意图

（1）说清本节课主要采用的教学方法及选择这些方法的原因和目的。

（2）说清突出本节课教学重点和难点的具体做法。

（3）说清本节课主要采用的教学手段及其设计意图。

（4）说清板书设计及其设计意图。

4. 详说过程：剖析教学过程设计的意图

（1）说清整堂课的教学基本环节和设计思路。

（2）说清教学活动的安排和设计的理论依据。

---

① 高鸿源等：《师范生教育实习指南》，北京师范大学出版社 2013 年版，第 58 ～ 60 页。

（3）说清教学互动的安排和设计的理论依据。

（4）重点说清教学环节中教师教什么、怎样教和学生学什么、怎样学。

5. 略说得失：反思教学过程中出现的问题

课前说课重在说明教学设计过程中有疑惑的问题，课后说课则侧重说明实际教学与教学设计有出入的问题。特别是课后说课，要反思以下问题：

（1）说清教学过程中的关键事件及其处理办法。

（2）说清教学目标的达成情况及其原因。

（3）说清教学环节的开展情况及其与教学设计不一致的地方。

（4）重点说清以后教学中如何改进。

说课是在教学设计的基础上，教师将备课中形成的指导思想、教学思路和方法与同行、评委、专家进行交流的过程。对于说课者来说，应当有积极的心态，把说课看成集体会诊、点评指导、相互帮助的过程，个人成长的机会。说课中应注意以下问题：一是思路清晰、逻辑性强；二是结构合理、重点突出；三是注意说理、有个人的观点；四是采用研讨、商量性语言。总之，说课要使听者感到说课者能驾驭教材、优化设计，其所说操作可行、富有实效。

（四）师范生说课能力培养的现状透视

当前，我国师范院校适应时代与社会的要求，都比较重视对师范生的说课能力的培养。但在具体的操作中仍然存在不少问题，概括而言主要有以下方面。

1. 培养对象的个体性

目前，我国师范院校大都是以竞赛的方式开展说课，而不是以集体培养的方式进行。参赛者根据指定内容去独立地学习教育理论，钻研教材和大纲，准备教具、学具，撰写说课讲稿，并通过语言媒介展示在听者面前。而由于竞赛名额的限制性，其他人在这方面的投入就少得多，这样就形成了重个体性准备、轻普遍性投入的不良局面，只有极少数参赛的师范生能够从独立学习中体验到说课的乐趣和技巧，熟悉说课的流程，而更多的人没有这种机会，不利于提高师范生的整体素质。

2. 说课讲稿的难度系数太大

说课讲稿是说课的手段和方式之一，即书面说课。说课讲稿的内容一般包括说教材、说教法、说学法、说教学程序四方面。在教学论中规定，说课讲稿不仅要体现“教什么”和“怎样教”，更要体现“为什么这样教”的理论根据。[①]众所周知，师范生最初涉及说课，设计出一个“怎样教”的最佳方案非常不易，而要揭示出“为什么这样教”的理论根据就更难。因此，师范生要写出一份最

① 郑金洲：《说课的变革》，教育科学出版社 2007 年版，第 102 页。

佳说课讲稿，就要投入大量的时间和精力。如果各级各类学科的说课讲稿都这样写，由于耗时过多，很容易影响师范生对教学和说课的时间分配，对走上教师岗位后课前、课后说课有不良影响。

3. 信息传递的单向性

相关资料表明，大多数院校中开展的说课活动都是采取传统的说课模式。受传统的说课模式的制约，各级各类现场说课展示的信息传递大都呈现单向性。说课者滔滔不绝地讲，听说课者被动地听，气氛沉闷死板。这种“灌输型”的说课模式很难培养听说课者的主体精神。久而久之，说课效果会受到影响。

4. 说课形式的单一性

我们最常见到的说课是竞赛形式的，即评价性说课。而从作用上来划分说课的类型，除了评价性说课之外，还有检查性说课、示范性说课、研究性说课。各种说课形式都有各自的优点，检查性说课比较灵活，可以更加真实地考察师范生对说课的掌握情况；示范性说课可以展示优秀说课者的风范，并且让更多的人学习到别人的优点；研究性说课有利于对专门的问题进行深入的研究，加深师范生对知识的掌握深度。由于在校园中忽视了其他类型的说课，说课的功能没有得到好的发挥。

5. 说课内容的局限性

按照说课内容来划分的话，说课可以分为课时说课和单元说课，而校园中主要展开的是课时说课，即课前课后围绕正在进行的那一个课时的教学内容进行说课，对单元说课涉及很少。新课改要求教师整体意识、关联意识要增强，也就是对师范生提出的要求，而单纯课时说课斩断了课时之间的联系，这就需要单元说课来弥补。另外，在新课改和新的课程理念下，要求说课时要涉及教学理念、课程开发和课程资源的利用等内容，这些都还没有实施到位。

6. 系统的说课理论培养的欠缺

在现有的实际教学中，还没有将说课理论的重要性凸显出来，仅是局限于举办说课竞赛上，这就需要参赛的师范生自己去摸索说课的流程，这虽然可以锻炼大学生的自学能力，但是对于从未接触过说课的师范生来说，缺乏一个系统的学习思路，仍然需要有一个专门的教师指导、示范，从而由理论层面上升到实践层面。

通过对以上现状的描述，可以看出目前大多数师范院校所采取的是传统的说课模式，其弊端是显而易见的，并严重地影响到了师范生说课能力的提升，因此，必须采取相应的对策从根本上解决这一问题。

（五）师范生说课能力培养的策略

以上已谈到了当前大多数师范院校对师范生说课能力培养的现状，凸显了在培养师范生说课过程中存在的弊端，在此，针对以上存在的问题提出以下几条建设性的建议。

1. 在课堂教学中实行说课式的教学

在师范院校的课堂上，教师教学的方法可以有所改进。传统的说课有课前说课和课后说课，而说课的主体都是教师，这样的话就存在一个弊端：课前课程目标是说课者制定的，而掌握情况也是说课者自己感受到的，和实际情况就存在着一定的误差，而如果说在课堂中师生共同说课的话，失真性就比较小了。并且，在师范院校内采用得最多的是竞赛的方式，针对上面提出的说课培养的个体性，可以采用让师范生参与课堂说课的形式。让学生说课的范畴可以分为三方面：让学生围绕课题说说自己想要提出的问题和对题目的理解；让学生叙述一下自己打算通过何种方法掌握课程内容；让学生评价本节课上自己的收获、自我反思学习成效，同时提出存在的问题。这样一方面提升了师范生在课堂上的主体性，另一方面还使他们在课堂中熟悉说课的基本流程，一举多得。

2. 不同学科采用不同的说课讲稿规定，简化讲稿

众所周知，文科类的课堂大都是文字性的东西，讲起来很快，但是记录起来就很慢了，在说教材的时候，如果要逐一记录的话，会花费很多的时间，因而，可以在说教材这个层面简化一些，而着重强调学情，或者课程内容之间的联系，从而培养学生的联想能力。而理科教学举例比较多，在记录的时候就可以将例子一笔带过。总之，不同的学科采取不同的说课讲稿规定，突出重点就行了。

3. 进行及时的信息反馈

一次完整的说课活动可以按以下顺序进行：钻研教材—分析学情—确定学法—选择教法—设计教学过程—写出讲稿—说前演练—登台说课—评后修改—上课实践—总结提高。在这中间，“评”是非常重要的一个环节，并且要及时，这样才能让说课者在说课结束的第一时间认识到自己的不足，知道哪些地方还需要改进，是提高师范生说课能力和说课质量的重要环节。也有学者提出了一种新的说课技能的培养模式，即培训前的学习与研究—确定教学内容—编写说课提纲—说课—说课评价[①]，也强调了“评”的重要性。在这样一个模式的基础上，各个环节循环进行更能有效培养师范生的说课能力。

4. 开展多样化的说课活动

目前，中小学教师接触最多的是评价性说课，在同一层面的还有检查性说课、示范性说课、研究性说课。每一种形式的说课活动都有各自的优势。我们可以

① 万年庆、张本昀：《高校师范生说课技能的建立与培养》，《许昌学院学报》2007年第26期。

在学校开展以上多种形式的说课，利用检查性说课的灵活性督促学生不断地学习理论知识并且不断地自我练习；让专门的有经验的教师做示范，起到一个积极的作用；经常开展小组研究性说课，加深师范生知识的深度，提高他们的研究能力，全面提高师范生的说课能力。另外，还可以在教育实习中进行说课训练。在教育实习的准备阶段，可以让学生在备课的基础上，采取讨论的方法，在各自的实习小组中进行教研性说课。大家针对同一课题发表各自的见解，相互交流和启发。在此基础上，各小组推选一名实习生综合大家的意见，写出完整的说课稿，在全班或实习大组内进行说课，然后由实习学校所派指导教师与实习生共同分析、评议。

5. 扩展说课的基本内容

首先是从课时说课扩展到单元说课与课时说课相结合，这就需要院校花费更多的时间在师范生说课实践上，在开展课时说课的同时，让师范生熟悉所学学科的教材，然后有关联性地进行单元说课。其次是广义上的说课内容的扩展。正在进行的新一轮课程改革，是对我国教育教学的一次重大的改革，特别是在教学上，改革是全方位的。在说课的基本内容上，要添加教学理念的述说，添加课程开发和课程资源的利用。

6. 开设说课专门课程

普通话、教学论等师范生专业技能的课程都已经开设，而说课却只作为教学论中的一小部分出现，在教学论中的比重很小，而且只涉及了理论方面。因此，笔者认为说课应该独立出来作为一个专门的课程，三分之一的课时用来学习理论知识，三分之二的课时用来进行师范生之间的说课实践，循环式地进行说课，不断改进，再不断实践，并且在考核时也应将说课实践作为考核重点之一。

总之，说课是课堂教学的蓝图，是上好一节课的总体构思。师范生只有通过不断学习说课理论知识，积极投身说课能力培养的工作，才能提高自身的说课能力，并不断提高自身的整体素质，增强就业竞争实力，为早日成为合格乃至优秀的人民教师奠定扎实的基础。而在新课改背景下，培养师范生说课能力已成为师范院校和社会的重要任务，因此作为各级各类师范院校应将新课程改革的精神传达到位，培养师范生说课能力的环境组织到位，凸显师范生说课能力培养的实践贯彻到位，从而为新课改的实施尽一份力，为提高未来教育者综合素质和能力奠定坚实的基础。

二、师范生微格教学能力的培养

在新课程改革的要求下，教师由教学中的主角转向“平等中的首席”，从传统的知识传授者转向现代学生发展的促进者、课程的开发和建设者、教育教学的研究者的角色。教育改革的深入给即将走进基础教育第一线的师范生以更高职业素养的考验。当前教师职业就业竞争日趋激烈，师范生除了必须拥有过硬的专业知识之外，教师职业技能的提高和教学实践经验的丰富也显得尤为重要。而作为教师摇篮的师范院校，也同样渴望探索新的人才培养模式，迎接基础教育改革的挑战。为此，师范生走进中小学实习前所开展的微格教学工作是重中之重，必须予以重视和加强。

（一）实习前微格教学的特点

微格教学的英文为Microteaching，自1963年提出后，很快推广到世界各地。其创始人之一是美国教育学博士德瓦埃特·爱伦，他认为微格教学“是一个缩小了的、可控制的教学环境，它使准备成为或已经是教师的人有可能集中掌握某一特定的教学技能和教学内容”。微格教学在20世纪80年代中期引入我国，在我国被译为“微型教学”“微观教学”“小型教学”等，目前国内用得较多的是“微格教学”。微格教学是一种利用现代化教学技术手段来培训师范生和在职教师教学技能的系统方法。

微格教学的实施过程是以现代学习理论、教学理论、现代教育技术理论以及系统科学理论为指导的教学技能训练过程，它具有以下教学特征。

1. 学习目的明确，重点突出

微格教学实际上是提供一个练习环境，使日常复杂的课堂教学得以精简，并能使练习者获得大量的反馈意见。由于采用微型课堂的形式进行实践教学，所用时间短，学生人数少，只集中训练一两个教学技能，有利于使受训者明确学习目的，便于把精力集中放在重点上。

2. 信息反馈直观、形象、及时

微格教学并不意味着教学内容或者教学过程的简化不生动，其时间一般控制在5 ~ 10分钟，在这几分钟内要求教师或者师范生将平时40分钟的课堂内容在这几分钟内完整呈现并且使学生听懂、理解。由于采用现代信息技术对学生的行为进行记录，能及时准确地获取反馈信息，可大大提高训练的效率。

3. 理论与实践紧密结合

微格教学中的一系列实践活动可以使相关的教育教学、心理学理论得到具体的贯彻和应用。这种理论与实践紧密结合的教学方法提高了学生对教学法课程的学习兴趣。

4. 有利于学生主体作用的发挥

微格教学坚持以学生为主体，以指导教师为主导，以训练为主线的原则，这有利于学生主动性、主体性和创造性思维的培养。

微格教学是训练新教师、提高教学水平的一条重要途径。它是师范生在走向工作岗位之前的一个模拟实验。它通过用摄像机拍摄整个教学过程然后回放的形式，便于受训者了解教学理论的重要性，掌握自己在教学中的优缺点，为师范生掌握课堂教学技能，“零适应期”地完成角色转换，搭建了重要的专业理论与实践对接平台。

（二）实习前微格教学的程序

实习前期的微格教学是在微格教室以少数的学生为对象，在较短的时间内（5 ~ 20 分钟）尝试小型的课堂教学，可以把这种教学过程摄制成录像，课后再进行分析。微格教学的实施包括学习相关知识、确定训练目标、观摩教学示范、分析与讨论、编写教学设计（教案）、微格教学实践、教学评价反馈、修改完善教案等步骤。

1. 学习相关知识

微格教学是在现代教育理论指导下对教师教学技能进行模拟训练的实践活动。在实施模拟教学之前应学习微格教学、教学目标、教学技能、教学设计等相关的内容。通过理论学习形成一定的认知结构，利于以后观察学习内容的同化与顺应，提高学习信息的可感受性及传输效率，以促进学习的迁移。

2. 确定训练目标

在进行微格教学之前，指导教师首先应该向受训者讲清楚本次教学技能训练的具体目标、要求，该教学技能的类型、作用、功能，以及典型事例运用的一般原则、使用方法及注意事项。

3. 观摩教学示范

为了增强受训者对所培训的技能的形象感知，需提供生动、形象和规范的微格教学示范片（带）或教师现场示范。在观摩微格教学片（带）过程中，指导教师应根据实际情况给予必要的提示与指导。如若可能，应配合声像资料提供相应的文字资料，以利于对教学技能有一个理性的把握。

4. 分析与讨论

在观摩示范片（带）或教师的现场示范后，组织受训者进行课堂讨论，分析示范教学的成功之处及存在的问题，并就“假使我来教，该如何去做”展开讨论。通过大家相互交流、沟通，集思广益，酝酿在这一课题教学中应用该教学技能的最佳方案，为下一步编写教案做准备。

5. 编写教学设计（教案）

当被训练的教学技能和教学目标确定之后，受训者就要根据教学目标、教学内容、教学对象、教学条件进行教学设计，选择合适的教学媒体，编写详细的教案。教案中首先说明该教学技能应用的构想，还要注明教师的教学行为、时间分配及可能出现的学生学习行为及对策。

6. 微格教学实践

受训者首先要进行角色扮演，即受训者自己走上讲台讲演，扮演教师，为营造出课堂气氛，由小组的其他成员充当学生予以配合。其次，受训者在执教之前，要对本次课做一简短说明，以明确教学技能目标，阐明自己的教学设计意图。最后，开展完整的教学实践，讲课时间视教学技能的要求而定，一般5 ~ 10分钟。整个教学过程将由摄录系统全部记录下来。

7. 教学评价反馈

评价反馈是微格教学中最重要的一步。在教学结束后，指导教师必须及时组织受训人员重放教学实况录像或进行视频点播，并和受训者共同观看。首先由试讲人进行自我分析，反馈实践过程是否达到了自己所设定的目标，是否正确处理了本课题的教学，是否掌握了所培训的教学技能，指出有待改进的地方。然后指导教师和小组成员对其教学过程进行集体评议，找出不足之处，教师还可以对其需改进的问题进行示范，或再次观摩示范录像带（片），以利于受训者进一步改进与提高。

8. 修改完善教案

评价反馈结束后，受训者需修改、完善教案，再次实践。在单项教学技能训练告一阶段后，要有计划地开展综合教学技能训练，以实现各种教学技能的融会贯通。

（三）实习前微格教学存在的问题

实习前微格教学对于实习生而言意义重大，通过观察和调查，笔者发现微格教学存在的问题较多，主要有以下几方面。

1. 对教材内容处理的科学性欠佳

笔者在指导师范生开展微格教学的课堂观察中发现，几乎所有学生都能“把课上完”，从而完成教学该节课的教学任务，但有九成以上的学生几乎是“照本宣科”，难以体现对课程内容的“再开发”，少见有教学创新。比如，讲述的例题基本上都是按照课本上的解答过程；讲解时学生看着书上的答案可以很顺畅地回答教师所提出的问题；上课布置的练习题也是书本上的练习题，很多学生在家里或课后就已经完成，所以课堂操练时学生就无事可做，或者做一些与课堂无关的事情。这样既影响了班级课堂秩序，又影响其他同学。更需注意的是，当学生提出体现“发散性思维”或“创见”时，往往会被师范生所忽视。

2. 讲解时机把握不当

新课程改革强调坚决改变传统课堂中教师一讲到底的教学方式和“安静得连呼吸声都可以听到”的课堂气氛，突出学生课堂主人翁地位，鼓励学生的自主学习，但这并不是让教师减少讲解，关键时刻教师的精讲或者略讲是必不可少的。然而，有些师范生在微格教学时对讲解这一环节产生了“恐惧”心理，开始怕讲、忌讲，使讲解在课堂上遭遇了尴尬。这具体表现在以下方面：在学生学习遇到困难时，一味让学生小组讨论；当遇到学生答错的或是不能理解的问题时，让学生课下自主寻找答案；在教师提问，学生回答不出来，指点也不开窍时，往往直接告诉学生答案而不去和学生一起探讨问题本源。

例如，在语文阅读教学的课堂上，由于作者生活的年代离我们太远，作品中的语言全为古文，晦涩难懂，学生在阅读过程中比较容易产生迷茫抵触的情绪，这些困惑如果单靠学生间的相互讨论实在是不能解决问题的，但是有的师范生顾及新课程的理念，“放任”学生自主学习、合作学习，该讲解的时候没有讲到，有限的教学时间里，教师错过了最佳的讲解时机，学生也没学到应有的知识，课堂有限的45分钟就这样付诸东流。师范生认为这样的教法既有利于锻炼学生的自学能力，又有利于发挥学生的主体作用，还响应了新教学理念的号召。这是一种错误的理念，因为教师对教学内容的难点与重点以及学生的疑点等缺少必要的、及时的讲解，易使学生穷于应付并陷入狭隘、浅显甚至错误的理解之中。

新课改提倡教师给予学生足够的自主、合作、探究等学习活动的空间和时间，力求让学生主导课堂，通过教师的少讲、精读空出时间让学生参与各式各样的课堂活动，但这并不等于教师不讲。事实证明这种就事论事、流于表面的课堂讲解并没有让教师的课堂主导作用得到足够的发挥，这样的课堂也不可能让学生真正学到有价值的知识。①

3. *教学文本的深度挖掘不够*

新课程标准的三维目标中的一方面，即情感、态度、价值观关注的是学生掌握基本语言应用和写作能力的同时，其爱国主义情感和适应社会生活能力得到更进一步的发展，并且可以渐渐形成良好的价值观和积极的人生观。②然而从一些教学案例中发现，一些师范院校的实习生在向学生解读文本的时候，往往只注意到了对学生知识与技能目标的培养，情感、态度、价值观渗透得比较少。笔者通过查阅师范生在教育教学实习中的语文阅览课堂教学案例发现，部分实习生对于现当代散文的讲解过于简洁、浅显，成了寥寥数句“真理性”总结，传授给学生的知识与文章内在传递的价值观联系并不是很大。

以散文《背影》为例，很多师范生在讲解课文内容的时候，往往会分析文

---

① 何铸：《泸州高中语文新课改后的课堂教学现状与问题研究》，四川师范大学硕士论文，2013年。

② 张隆清：《新课程背景下语文课堂讲解教学探讨》，《新课程学习》2011年第5期。

段中的好词好句，但在对文章人文情怀的分析方面仅仅是干瘪瘪的几句“父亲对儿子的爱”，有的实习生甚至在讲解的过程中出现了偏差，对课文内在的教育价值和审美价值质疑。例如，“仅仅以父亲那矮胖的身子翻过栏杆给儿子买橘子和儿子坐上火车后流下的眼泪来表现父爱子、子爱父的文章在物欲横流的今天已经显得没有多少依据，父亲的形象似乎也不太符合我们所提倡的文明守礼”，如果学生受到这样的误导，仅就现代眼光、绝对的生活秩序来评价一篇文章，那么显然失去了这部作品的文学价值。解读和讲解任何一篇课文，都不能仅仅关注文章表面所表达的意思，而要去发现文章内在的情感规范和艺术美。

4. 教学形式模式化

新课改认为：“一个教师是否成熟的标志，就是看他是否具有课程意识，即课程再创造能力。”[①] 总而言之，就是在课堂中通过一些技巧使教学内容、教学方法得到创新、收到成效。比如，高中语文教材所选课文都是经典之作，但很多师范生在微格教学设计时仅仅局限于一本教学参考书，并将其奉为经典，习惯按照教学参考书上的教案来进行，其教学过程总是：①生字词的字音字义解释记忆。②作者作品的简单介绍。③文章段落的划分。④好句好段的赏析。⑤课文中心思想的总结概括。⑥单元文章写作特点的归纳讲解。这样导致语文课堂教学的基本模式经常是“换汤不换药”，无论什么题材的课文都被戴上了一顶“相同的帽子”，只要让学生明白文章的写作手法，知晓课文的中心思想就算是完成了教学任务，实习生根据“亘古不变”的教学参考书来教学，学生也在不断地袭旧中等待“被创新”。模式化教学大多都会将文本自身与历史背景、政治意义、社会影响等结合，这样做望文生义，硬性寻找时代主题，既不利于文本价值的解读，也不利于学生对知识的掌握。[②]

5. 教学语言生硬匮乏

师范生作为未来的教师是吃“开口饭”的，其语言能力至关重要。教师的语言要能博采相声语言幽默、戏剧语言形象生动和柜台语言甜美的一面，做到准确、简练、生动。比如，《语文课程标准》中强调“语文对激发学生审美意识具有重大的作用，而高中阶段学生的身心发展得比较完善，语文教学应该重视培养学生的情感”。而语文作为一门像建筑美般的课程艺术首先是通过教师用自己绘画美般的教学语言传递给学生，让学生通过语文发现生活中的美好，从而提高自身审美能力的。基于此，教师的课堂教学语言就十分重要。

---

① 黄桂林：《自主的课堂还需必要的讲解——语文课堂教学诊断》，《教学月刊·小学版》2006 年第 1 期。

② 于世文：《谈谈语文课堂教学的讲解和训练方法》，《徐州教育学院学报》1999 年第 4 期。

师范生是未来教育战线的主力军，其课堂教学应该充满高亢的热情，用形象且富有激情的语言让学生领略课文中的美。然而，有的实习教师在教授现当代散文时，常常会出现“卡词”现象。比如，在讲解散文的课堂上经常可以听到一些“万能”提问模式：这篇课文主要写了些什么，请同学们概括一下本文的思想内容；请阐释一下本文有哪些艺术特色；大家读完本文后从中明白了哪些具体的启示和感悟；等等。实习教师在面对情感细腻、语言丰富的散文时，也希望能够用比较贴切的语言更好地将文本中蕴含的情感和思想表达出来，可是在讲课的过程当中，往往会出现语竭词穷的时候，造成课堂教学不连贯、不顺畅。有的实习教师没有根据文本的特点，却一味地生搬硬套，教学语言枯燥乏味，学生很容易产生厌烦心理，从而失去学习积极性。

（四）实习前微格教学存在问题的原因

以上对实习生在微格教学过程中所存在的问题进行了剖析，问题层出不穷，其原因如下。

1. 课改理念的理解不到位

为了更好地贯彻实施新课改，师范院校每年都会组织学生进行培训，但是受各种主客观因素的影响，所起作用不大，师范生对新课程教学理念的认识依旧比较淡薄。新课改最大的改变就是学生学习方式的转变，然而不少师范生由于对自主、合作、探究学习方式的认识存在一些错误的理解，制约着教学中学习方式的实质性转变。

在具体的教学实施过程中，有的师范生以为教师“退居二线”，把大部分课堂时间留给学生，就是新课程改革所倡导的学习方式。而且，实习师范生最喜欢运用的就是小组合作探究活动，其做法是先把问题摆列出来，也不细加分析，就要求学生找组员“辩论”，某些师范生在微格教学中为了使课堂变得“丰富多彩”而组织学生“合作探究”。有些看似有价值的问题受到了学生的青睐，拉长了讨论的时间，在这一过程中师范生对于学生提出的问题却极少做出及时、必要的解答，这样易导致学生走神，游离小组讨论外。有的师范生分配给小组讨论的时间仅仅是一两分钟，走马观花，匆匆收场，学生根本没有时间消化这些问题，也没有及时获取学生的反馈，学生独立思考的能力根本无法得到培养，一节课下来，教师错失讲解良机，学生收效甚微。

2. 对文本的解读不够

有人描述实习前期师范生微格教学的设计方式是“拿来教参翻翻教案，打开网页找找课件”。在这一过程中，师范生备课的时间大多浪费在搜索和浏览上，真正用在分析教材、设计课堂教学活动上的时间并不多。他们习惯于将网络上所谓的优秀教学设计拿来套用，却没有分析其中的利弊，也没有结合自己的实际情况独立编写适合学生和自身特点的教学设计。有的师范生甚至完全照搬教学参考用书或模仿网上的教案来代替备课。这些舍本求末、滥竽充数、事倍功半的做法对于师范生教育教学能力的提升是有弊无利的。而且过多依赖他人的教学设计，缺少对教材的挖掘和对学情的分析，必然导致教学设计缺少针对性，从而影响教学内容的深层解读，出现对新课程提倡的三维目标把握不准，其教学也难以激发学生学习兴趣的困境。

3. 教材与教辅不配套

新课程改革过程中产生了各具地方特色的各科教材，一定程度上打乱了传统教材的编写顺序。现代的教材内容各具地方人文特色，贴近生活，教学内容大多结合社会热点，信息来源比较多样，师范生受自身经验限制却难以很快、很好地驾驭新教材。比如，高中语文教材中说明文往往是社科类，选自某些学术专著，专业性很强；文言文主要考查人物传记；古诗词以考查课外为主，多为描写和抒情方面的鉴赏；名句名篇是对初高中阶段诗词积累的考查；课文中的文言文的选择要么时代久远，要么寓意深刻。

另外，各科知识体系庞杂，要讲解的内容太多，“如何才能让学生在短短45分钟学到应有的知识”是每一位即将走上讲台的师范生绞尽脑汁思考的问题。加上与多种多样的新教材相配套的教辅资料要么比较少，要么相似度高，有些教辅资料基本是沿袭旧有的，重复的内容太多并且不具代表性，有的教学辅导用书甚至只是换个封面、换个名称，师范生如果在微格教学中仅仅只是借助单一的教学参考书、教学用书穷于应付的话，必然导致课堂上学生有索然无味、难以消化的感觉。

4. 语言素养的缺乏

各科教学法对教师的语言能力提出了较高的要求，特别是《中学语文教学法》一书中要求：“语文教师的语言不但要通俗易懂，还要具有情感上的感染力，进而使学生理解而且感动。”但从微格教学现状来看，师范生毕竟很少甚至没有上过讲台，缺乏教学经验，很难形成自己的教学语言风格，他们的教学用语中规中矩，平淡乏味。有些师范生受中小学应试教育和大学各科过关压力的影响，没有抽出更多的时间去解读即将任教科目的教学参考书之外的相关书籍，语言积累不够，导致语言素养的缺乏，成为制约师范生教学能力提升的“瓶颈”。

（五）实习前微格教学存在问题的解决对策

师范院校的师范专业毕业生作为未来教育战线的新生力量，必须做到吃透新课改理念，钻透教材和教学参考用书，提升语言素养，灵活采用教学方法，才能很好地适应素质教育的要求，才能使新课程改革顺利并有效地进行。

1. 落实最新课改理念，把握教学讲解时机

新课程标准提出“学生是学习和发展的主体”，要求各门课程“必须根据学生身心发展和各科学习的特点，关注学生的个体差异和不同的学习需求，爱护学生的好奇心、求知欲，充分激发学生的主动意识和进取精神，倡导自主、合作、探究的学习方式”①。针对许多师范生对新课改理念的理解不当，从而导致其课堂教学方法存在诸多问题和教学意识上的偏差殃及学生学习方法的状况，师范生认真钻研新课改理念是极其必要的。单就教学来讲，笔者认为讲解是每一个课堂必不可少的环节。

一般说来，当学生迷茫困惑时，教师该指点迷津就指点迷津，该启发诱导就启发诱导；当学生在讨论过程中产生争议时，教师就要对争议进行评判，才能澄清学生的模糊认识；当学生对作者背景不了解时，教师适时补充背景资料，有助于学生很好地掌握所学的知识、深化对知识的理解；当学生学习新知识时，教师就要发挥主导作用，向学生“传道、授业、解惑”。一般说来，介绍一个教学单元的学习任务，指出课文学习目的、范围、要点，为学生学习定向时，教师就必须讲；对有些作家作品，学生一无所知，但教学要求又必须了解时，教师就应该讲；课文的重点、难点、关键点，教师必须讲；学生面对提问不能答，启而不能发，教师需要进行点拨；讨论小结，自学归纳，复习知识，帮助学生系统归类，教师必须讲；课堂启发、过渡、疏导、提示、点拨、解惑、补充、布置作业等，教师必须讲。无论教学改革面向何方，教学手段如何先进甚至替代人的功能，讲授法仍是一种有用的、不可弃置的教学方法，关键是怎样抓住讲解时机，讲得恰到好处。

2. 优化教学三维目标，深入解读多元文本

微格教学要严格地根据教学目标进行。虽然师范生在教学设计中，把教学目标罗列得清晰、明白、具体，但在实际的课堂教学中，教师的讲解要突出教学目标却不是一件很容易的事。与传统的教学目标不同，新课程理念下的教学目标重视对学生进行情感、态度、价值观的渗透，而不仅仅是抓住学生知识与技能的提升不放。那么，教师应该在三维目标的引导下，深入解读文本，确保学生易于接受。首先，要学会从生活里获取知识，把知识与生活实际相结合，完善自身的知识结构。其次，师范生还应习惯从中小学生的角度去理解文本，把握学生的思维动向。最后，在丰富自己的人文素养的前提下，文本的解读可以从社会学、历史学等多角度解读，这样才能解读出新意、深度和宽度。

教材是知识的载体，是教师进行课堂教学的依据。多年来，“以本为本”

---

① 蒋艳：《教师的课堂讲解也会成为一种“对话”》，《语文教学之友》2008 年第 1 期。

是处理教材的基本原理，它限制了教师的思想，把教师禁锢在死框子里，影响了教师教学水平的提高。它更限制了学生的思维，制约了学生的发展。各科课程标准都强调：要根据学生的年龄特征和教学要求，从学生熟悉的情境和已有知识出发对教材进行适当调整，开展教学活动。因此，师范生在走上微格教学的讲台前应认真研读教材，准确把握教学目标，挖掘教材中有价值的因素，通过对教材内容的增、删、换、合、立等方式加以合理有效地处理，以达到良好的教学效果。新课程标准的重点是培养学生的创新精神和实践能力。为了很好地实现这一目标，师范生必须转变观念，放开手脚，在对教材及内容深度理解的基础上创造性地使用教材，体现“用教材教，而不是教教材”的新课程理念。

3. 链接教参与教材，创新教学方式方法

师范生在微格教学中要懂得变通之术，不能停在原地死守一章一法。目前，由于学生自身缺乏与文本、与作者的深入对话，自主探究能力不足，教师的教学仍是学生学习知识及释疑解惑的主要途径。① 因此，师范生在微格教学前一方面要深入研究教材、研究学生，从新课程改革下提倡的教学方式出发，自觉地作为一名研究者去钻研文本，进而参与开发校本课程的使命当中去。另一方面应该注重在理解教材的基础上，走到户外，结合生活经验丰富自己的视野。再者，师范生还应该打破对教学参考书、多媒体等用具的依赖，要创造性地使用教材，做到跳出文本的圈子和某一学科的疆域，从多个角度去发掘教材，生成新的内容。

在各科学习中师范生除了自己要自觉地利用各类资源外，还要善于引导学生自觉地利用相关的学科资源，特别是要充分利用四种资源。一是利用网络改变学习方式。网络环境下的学习具有明显的开放性，有利于构建一个以学生为中心的个性化学习环境，能够帮助学生自主地学习，改变教学中教师、学生、教材三者之间的关系，从而激发学生的学习积极性和主动性，体现出对学生个性的尊重。二是恰当地组织运用图文资源，即组织各种书籍、报刊等文字性资源和地图、教学挂图、漫画、画报、照片等图画性资源，从而丰富各科课程内容，满足学生不同的需求。三是恰当地组织运用音像资源。课堂教学中师范生可根据教学内容、学生的需要、音像资源的情况等，组织运用音像资源，展示教学内容。四是充分地利用当地的自然、人文景观，引导学生去观察调查，获取信息，让学生根据自己的学习方式，将自己学到的知识、技能恰如其分地运用于实践，在实践中巩固，在实践中锻炼，在实践中成长，在实践中拓展。

---

① 刘远：《高中语文课堂对话教学存在的问题及策略探究》，首都师范大学硕士论文，2013 年。

高明的教师，其教学方式方法的构成往往是丰富多彩、千变万化的，而且总是包含着体现其个性特色的独特性因素。每位师范生都应当恰当地选择和创造性地运用教学方式方法，要改变“填鸭式”“满堂灌”，以教代学、以讲代练的旧模式，尽可能地以启发学生探索等方式，使学生进行多样化、个性化的合作式学习，促使学生多动脑、多动手、多动口，充分调动学生的积极性，培养激发学生参与学习活动的兴趣。要善于创设良好的教学氛围，使学生始终处于积极的思维状态，这样学生就学得快、记得牢，有兴趣、有享受，让学生多了解生活、社会与人生，熟知自然界的现象。要多开展讨论、辩论、合作学习等有意义的活动，使学生丰富知识、增加阅历、培养情操、健全人格。要进行开放式教学，使师生平等、关系融洽，使学生大胆交流、敢于创新，要给学生自主学习、自主活动的空间，让学生能够猜想、变通、求异、创造。要提倡学生思考问题多、新、奇、活，要保护学生的奇特联想的热情，要有驾驭课堂教学的技能，放得开，收得拢，开关闭合，运用自如。

4. 提高教育教学技能，丰富课堂教学语言

课堂教学是一门较深的学问，它需要时刻保持敏锐的感觉，从生活中不断吸收新鲜的营养，以此来拓宽自己的教学视野。[①]师范生在大学学习期间，要有意识地提升自身的以下教学技能：一是导入技能，做到能自然引入课题，衔接恰当，密切联系新知识，引发学生兴趣。二是语言技能，做到普通话标准，声音洪亮，速度节奏与起伏恰当，朗读有情感；表达规范、条理性好；正确使用体态语言，目光、表情、动作恰当。三是讲解技能，做到讲解内容、方法与学生认知阶段相当；掌握事实、概念、原理、规律、应用等不同教学内容的讲述方法；善于引导学生把握事物的内在联系和规律，发展思维能力；使讲授具有科学性、教育性、启发性和艺术性。四是提问技能，做到能把握提问的动机和时机，表达清晰，内容明确，重点突出；提问后停顿，给予学生思考时间，提示恰当，帮助学生思考；对学生的回答能准确分析，客观评价，对学生的鼓励、批评适时恰当。五是强化技能，做到在教学重点、关键处运用强化技能；强化恰当、合适、自然、灵活，采用多种强化类型，引起学生注意力。六是媒体技能，做到课件设计在色彩、字体、模板的选择，图片、视频、超链接的运用以及与讲授内容的衔接上合理自然。七是板书技能，做到板书紧密联系教学，结构合理，内容恰当，重点突出；板书有条理、简洁、直观，规范整洁，大小适宜。八是变化技能，做到音量、音调变化，声音的速度、缓急和语言停顿恰当；面部表情、手势、头部动作、目光接触、身体移动等变化恰当自然。九是结尾技能，做到

① 周利梅：《高中语文课堂有效教学研究》，湖南师范大学硕士学位论文，2012 年。

结束阶段目的明确，内容与本章节联系密切，概括、表达清楚，时间紧凑；作业布置明确。十是组织技能，做到组织教学的语言运用明确、恰当，目光暗示与语言配合效果好；及时运用反馈、调整，师生互动和控制效果好，教学进程自然、活跃。

新课程的教材内容体现出学科之间的交叉与融合，涵盖的知识面十分广泛。[①]这就要求各专业师范生要像蜜蜂采摘花粉一样博采众长，努力扩大自己的知识面，开阔自身的知识视野。比如，高中语文教材《神奇的极光》《说“木叶”》《米洛斯的维纳斯》就需要教师掌握天文地理、美术生物等方面的知识。只有掌握足够全面的知识，师范生才能在微格试讲时更加准确有效地传递更多的知识。

随着学生身心特点的快速发展、学习方式的转变，师范生的教学技能需要在新的教学理念指导下丰富、发展和转化，要灵活、有效地进行教学语言的转换，以保证学生更为深入有效地学习。[②]有人说：教师的语言要博采众长，要吸收柜台语言甜美的一面，但要抛弃其迎合的一面；要吸收相声语言幽默风趣的一面，但要抛弃其调侃的一面；要吸收戏剧语言形象生动的一面，但要抛弃其跳跃的一面。因此，师范生的教学语言要做到通俗易懂，将教材上的书面语言转变成绝大多数学生都听得懂的听觉语言。师范生的语言要简洁幽默，能激发学生听讲的兴趣，杜绝教师一人“仰天长歌”、学生神思恍惚的不良局面。语言运用能力的提高是个日积月累、厚积薄发的过程，因此师范生要融语言运用于日常的阅读之中，在生活的各个环节中都渗透字词概念和语言的运用。[③]

5. 创设适宜教学情境，促进学生有效学习

德国一位教育学者有这样一个比喻：把一勺盐放在你面前，你根本难以下咽，而把这勺盐放入一锅汤中，你会觉得是那么美味。情境对于学习而言，如同盐与汤一般，学习就是那勺盐，而汤就是情境。只有学习，没有情境，学习是枯燥无味的；只有把学习置于具体的情境中，才能让学生享受到学习的乐趣。正如盐放入汤中后，人们才能享用到美味的汤一般。教师进行情境创设，如同厨师做汤一般，在于为学生做出怎样的一锅好“汤”来，让学生愿喝、爱喝、想喝“汤”。各科新课程标准无一例外地强调，“要让学生在具体生动的情境中学习，体验学习的乐趣”。因此，师范生应当深入研究教材，研究学生，研

① 戴艳：《课改背景下语文课堂互动教学策略研究》，四川师范大学硕士学位论文，2010年。

② 张美娟、王效芹：《中学语文新课程教师讲解语言的转化》，《读与写（教育教学刊）》2008年第5期。

③ 丁志华：《如何创建开放而有活力的高中语文课堂》，《科技创新导报》2013年第32期。

究自己，根据自身、学生的特点，结合教材实际，创设出合情合理的情境，促进学生的有效学习。

6. 举例贴切联系生活，课堂气氛融洽和谐

各科教材内容都是一些文本性的信息，抽象性常常是其最为基本的一个特性。帮助学生较好地理解与掌握抽象的概念与理论，是各科教学的一项基本任务。实现这个目标的一个基本手段就是恰当地举例——会举例，善于举例。这应当被看成每一位师范生必须具备的基本素质，也是新课程改革对教师提出的基本要求。

教学中精心设计的例子，可以有效地突破教学重难点，提高教学效率，帮助学生开阔思路，加速对新知识的吸收和消化，还能对课堂教学起一种“调味”作用，提高学生学习兴趣，活跃课堂气氛。甚至可以起到开启学生思维和提升智慧层次的作用。好的例子能调动学生学习的积极性，调节课堂气氛，帮助学生理解新知识，掌握新知识，启迪并活跃学生的思维，提高课堂教学效果，更展示了教师自身的业务素质。只要我们重视课堂中的举例设计，让每个例子都能“说话”，我们的课堂教学一定会更愉悦，学生学习也会更快乐。

7. 使用有效提问策略，质疑论辩活跃思维

微格教学中学生学习积极性的调动一方面要求师范生善于利用灵活多样的教学资源，另一方面还要求师范生应该依据不同的教学目标和学习目的有针对性地提出不同类型的问题。要将所提问题的类型、水平与教学目标和学生的认知发展水平匹配，并注意将提出问题、获取答案、有效理答这三个过程辩证地统一起来。在提出问题阶段，要根据不同的目的提出适宜且有效的问题；在获取答案阶段，要合理使用 3 ~ 10 秒钟的候答时间并使用随机叫答的技巧，使课堂参与最大化；在有效理答阶段，要学会使用追问、转问、澄清等技巧。只有在实践和反思的基础上，师范生有效提问的能力才能不断精进。

微格教学中提问时还要注意四点。一是预设性，即查阅大量的资料对本人要提出的问题或者学生要提出的问题做好充分的准备。二是清晰性，即使用简洁自然的、明确的、与学生认知水平相符合的语言，提问时仅包括学生在回答该问题时所需的词汇、术语和等待学生处理的信息。三是启发性，即要避免只问一些只有唯一答案或修饰性的（花哨的）判断性问题和叙述性问题，而应该多问一些激发学生积极思维的说理性问题和发散性问题。四是少量性，即尽量做到少而精。课堂提问的主要目的不在于检测学生对知识点的拥有量，而在于激发学生的学习主动性，所以问题的数量不宜过多。那些理解、记忆类问题，除去涉及为高认知水平问题做铺垫的记忆类知识外，大多数可略去不问。

微格教学中师范生要面向全体学生，注意每位学生问题意识的培养。既要

采用教师—学生、学生—教师这种纵向提问形式，也要采用学生—学生横向提问的形式，鼓励、激励学生之间相互质疑、讨论、辩论，如此才能构成一个师生“学习共同体”。因此，微格教学中，师范生不仅要善问善答，而且要重视和鼓励学生发现、提出问题。当然这里所说的问题不是教材中规定的问题，而是学生基于自身实践，经过观察思考之后提出的问题。

综上所述，在新课程改革的大环境下，为了更好地适应素质教育的需要，便于自己更加轻松地“教”，学生更加轻快地“学”，师范生必须践行自己的教学行动。他山之石，可以攻玉。针对目前微格教学的现状，作为未来的人民教师更应学习国外先进的教学经验，并结合学校和自身实际，采取一些行之有效的措施来提高教学质量。这要求每位师范生都要始终保持清醒的头脑和探讨的热忱。

三、师范生教育科研能力的培养

教育科研是提高教学质量的基本保障。尤其在当前基础教育新课程改革的背景下，“科研兴校”“科研兴教”“科研兴学”“教师即研究者”等新的教育理念，充分反映了教育科研在基础教育中的地位和作用。

（一）教师从事教育研究的渊源

教师从事教育研究源于将社会科学中的行动研究思想运用到教育中。早在19世纪末，国外许多实验学校就是教育科研的场所。1926年，英国教育家贝克汉姆在《教师的研究》（*Reach for Teacher*）一书中指出：“教师拥有研究机会，如果他们能够抓住这个机会，不仅能有力地和迅速地推进教学的技术，而且将使教师工作获得生命力与尊严。”贝克汉姆的思想为人们理解教师成为研究者的重要性提供了启示。

自20世纪50年代起，西方教育理论工作者就认识到教师从事教育科研的意义，他们提出教师即研究者，倡导教师不仅仅是教书的匠人，更要成为教育的研究者。到20世纪60年代，英国著名心理学家斯腾浩斯在其领导的人文课程计划中明确提出“教师即研究者”，呼吁“每一个教室都是实验室，每一个教师都是科学共同体的一员”，要让教师在自己的教育实践中检验外部研究人员的假设。

凯米斯在斯腾浩斯提出的“教师即研究者”的基础上也前进了一步，提出“教师即解放的行动研究者”。教师不是在专家的直接指导下展开研究，而是在教师自己的共同体指导下展开研究。

20世纪80年代以后，受英国、澳大利亚教育行动研究的影响和萧恩的“反思性实践者”观念的推动，美国才开始倡导教师从事教育研究。斯腾浩斯、埃利奥特和凯米斯等教育理论者不仅对教师的教育研究进行理论探索，而且身体力行地去中小学和教师合作“做”教育研究，并在高校“教”教师的教育研究。至今，教师的教育研究已经成为轰轰烈烈的国际运动。

自1949年以来，我国中小学教育实践中一直存在教师的教育科研。20世纪80年代初，在教育改革的推动下，教育行政部门倡导教师进行教育改革实验的探索，兴起“中小学教育科研”。2001年国家颁布的《国务院关于基础教育改革与发展的决定》第23条提出：广大教师要积极开展教育教学改革和教育科学研究。中小学教师应该从事教育科研，这已经逐步成为大家的共识。我国学者关于教师科研的研究成果颇丰，书籍文章都比较多，如顾春主编的《中小学教育研究》、金美福主编的《教师自主发展论》等。在学术期刊网上关于中小学教师教育科研的论文更是层出不穷。有的学者是对加强教师教育科研管理进行研究的，有的是从教师角度分析教育科研存在的问题，并提出建议的。不同学者从不同角度做过很多研究，这些研究有助于我们全面认识教师教育科研，为促进我国教师教育研究提供了宝贵的材料。

（二）实习生作为“准教师”从事教育科研的必要性分析

教师教育科研历来受到人们的重视，特别是我国新一轮课程改革启动以后，中小学教师开展教育科研显得尤为重要，它将极大地促进中小学教师素质的提高，推动新一轮课程改革的发展。而实习生作为“准教师”，其从事教育科研更是时代发展的要求。

1. 新课程改革的蓬勃发展

目前，在我国的基础教育领域内，新课程改革正蓬勃发展。此次课程改革是中华人民共和国成立以来课程改革变动最大、对我国中小学教育影响最为深远的一次变革。新课程改革对教师的各方面素质包括科研素质提出了更高的要求，同时也给教师教育科研带来了崭新的课题。“课程改革的希望在教师，教师可以说是课程改革成败的关键因素。”①时代呼唤“专家型”“研究型”教师的出现，只有那种“懂理论、敢实践、会研究、善总结”的高素质教师才算得上真正合格的教师，传统的那种教中无“研”、缺乏创新的“工匠式”教师已不适应新型教育的需要。面对新课程改革全新的设计思路、目标要求、内容体系及实施策略，教师从事教育科研，在科研中学习、运用新的东西是时代的必然要求。

2. “科研兴校”思想的进一步传播与巩固

教育科研是教育发展的第一生产力，教育科研“有一种凝聚力、开发力、

① 金美福：《教师自主发展论》，教育科学出版社2005年版，第8页。

引导力和提升力，是学校可持续发展的动力”①。在21世纪的今天，科研先导，科研兴校已成为众多学校校长及教师的共识。在应试教育的环境下，学校的优劣主要依据学生考试成绩的高低，而在素质教育普及的条件下，学校学生综合素质的提升，教师教学方法、教学水平的提高才是一所优秀学校的必备条件，而要达到这一点的基本条件是学校领导必须对科研给予充分的重视，因为只有走“教—研—教”这条科学之路，才能保证教师在结合教育教学实践的基础上，潜心研究，努力思考出真正适合学生、适合自身的教学方法，从而提高整所学校的办学水平。

3. 教师职业专业化的要求

时代呼唤“专家型”教师、“科研型”教师的出现，教师职业的专业化已成为一种趋势。教师是教育领域的实际工作者，通过开展应用型的教育研究，可以解决自己实际工作中遇到的问题，并在这个过程中不断提升自己的专业性，改变自身形象，使教师成为令人尊敬与羡慕的职业。正在进行的新课程改革所引发的新旧观念的冲突以及教师专业自主权的扩大，使教师更加有机会通过旨在改善或解决问题的教育研究，使自己更加专业起来。总之，教育科研是教师专业化发展的最佳途径。正如英国教育家贝克汉姆所说的：“教师拥有研究机会，如果他们能够抓住这个机会，不仅能有力地和迅速地推进教学的技术，而且将使教师工作获得生命力与尊严。”

（三）提升实习生教育科研能力的对策

为了更好地解决实习生作为“准教师”从事教育科研的现实问题，让他们真正融入中小学教育科研中，需要地方教育行政部门、中小学校及中小学指导教师三方共同努力，做到“三位一体”，相互促进。

1. 对中小学科研管理者的建议

（1）提高自身的素质，转变观念，明确科研管理的指导思想

中小学教育科研管理者主要是校长，教科室（处）主任、教务（导）主任，他们的教育思想、科研素质、能力直接影响学校科研的方向、进程及效益。为此学校科研管理者要坚持不断学习和运用教育理论，内化素质教育思想，树立现代教育观念，形成自己的教育个性；同时，要主动参加培训，重视走出去交流、参观，不断提高自己的科研管理能力和水平。中小学教育科研管理者，应该转变观念，克服应试教育的弊端，树立素质教育思想，以提高教师素质、促进学生全面发展为根本目的，明确教育科研管理指导思想，真正把教育科研放在学

① 高卫东：《“新课改”背景下非重点中学教师教育科研现状的调查与分析》，华东师范大学硕士论文，2005年。

校工作的先导地位，使学校工作、管理的改善逐步转到依靠教育科研上来。因此，要使中小学教育科研真正起到应有的作用，必须克服功利思想，端正科研态度。提高教师科研意识、科研能力可以采取“走出去、请进来”的办法。

（2）为实习生从事教育科研创造有利条件

良好的教育科研环境能产生一种巨大的力量，激励着实习生去开展各种研究实验。因此，必须为实习生从事教育科研创造必要的客观条件，保证他们从事教育科研必需的调查、实践、写作等活动的时间，从而激发他们从事教育科研的积极性。

教育主管部门和学校要为实习生从事教育科研创造一定的物质条件，要提供丰富的图书资料、科研设备，使教育科研有充足的物质与信息保证。要鼓励实习生开展行动研究。所谓行动研究是指实践者或实际工作者根据科研程序来研究和解决自己在教育实践中所遇到的实际问题的方法或策略。实习生行动研究重视个人发展的自我意识、个人的自我教育、个人的实践或职业能力。针对一些中小学教育教学实践与教育科研相脱节的弊端，我们应要求实习生把教育科研与他们的日常教育教学工作紧密结合起来，以教育教学中发现的问题作为科研课题，借以发挥教育科研对教育教学实践的指导作用，提升教育教学水平，使教育教学和教育科研形成一种良性互动的关系。

2. 对实习生的建议

（1）转变观念，增强科研意识，提高科研能力

当前制约着中小学教育科研的一个重要因素是传统观念的束缚。因此开展教育科研必须解决观念转变问题。为此，中小学校首先要营造浓厚的教育科研氛围，要让教师和实习生认识到从事教育科研是培养科学型、专家型教师，促进自身专业化发展和提高学校教育教学质量的内在要求，从而使他们转变“教书匠”的传统角色，确立“研究者”的现代角色。其次，学校还要让实习生认识到自己工作在教育教学第一线，他们成天与中小学生亲密接触，具备研究学生身心发展、学习与生活，积累丰富的第一手教育科研素材等许多从事教育科研的独特优势和有利条件，从而促使他们有充足的信心搞好教育科研，增强教育科研意识。

（2）匡正参与教育科研的目的

实习生开展教育科研活动，必须明确教育科研的目的和态度。如果把从事教育科研作为谋取名利的手段或者认为教育科研是一种额外的、附加在自己身上的负担，教育科研就不能正常、健康地开展，提高教育科研的实效只能是一句空话。要把教育科研作为提高自己教育教学水平、提升自身综合素质与能力的一项实实在在的活动去脚踏实地地做好。

（3）提高自身的教育科研素质

当前制约实习生从事教育科研的一个重要因素，是其教育科研素质不高，其中突出表现在教育理论素养欠缺，教育科研知识贫乏，缺乏参与教育科研的实践经验和情感体验，问题与研究意识也比较薄弱。因此，促进实习生教育科研发展的关键，是提高他们的教育科研素质，主要包括以下几方面：①大学学习期间构建和完善实习生从事教育科研所需要的知识结构。主要是帮助实习生学习和掌握教育理论及开展教育科研的基本知识和技能，提高他们的教育理论素养，并让他们了解和熟悉教育科研所必需的基本过程和基本研究方法等，改善他们从事教育科研的能力结构。②构建和完善实习生从事教育科研的能力结构。主要包括培养和提高实习生的选题能力，收集资料的能力，分析、综合、抽象和概括的能力以及语言表达能力等，让他们学会具体的教育科研操作过程。③丰富实习生参与教育科研的直接体验。当前主要应该以“校本研究”为切入点，借此丰富实习生开展教育科研的经验、体验和感受等，让他们热爱科研。④激发实习生的问题意识和研究意识。主要是还原教育的本来面目，体现教育科研的科学性和艺术性，使实习生从中激活问题与研究意识。

（4）对教育科研有正确的定位

首先，实习生应树立研究意识。实习生作为“未来的教师”，不仅仅是教育实践者，同时也应是教学过程的研究者。这是时代发展对所有教师提出的新要求。实习生应与时俱进，主动积极地参与和进行研究，并通过研究不断提高自己的教育教学能力和水平，以提高教育活动的科学性、有效性，更好地促进教师的发展。其次，要树立正确的教育研究意识，以一种积极、健康的心态来认识和看待教育实践及教育科研活动。实习生的教育研究，是其对自己教育教学活动的思考和探索，是在教育过程中，结合教育实践活动而进行的一种特定的研究，因此中小学校指导教师应有意识地把教育研究重心下移，强调研究对教育教学引导的针对性和时效性。最后，处理好教学与教研的关系。实习生应以教学为本，在教学中不断发现问题，针对问题搞科研，不然，教育就变成了无源之水、无本之木。同时教育教学与科研又是相辅相成的，科研也能有效促进教学，提高教学的科学性。实习生应把教学与科研有机结合起来，使二者相互促进，相得益彰。

综上所述，实习生作为“准教师”不只是燃烧自己照亮别人的蜡烛，而且是升华自我、完善自我、有着丰富创造力和生命力的个体。为了更好地适应素质教育的需要，实习生必须具备强烈的科研意识，并将这种意识转化为脚踏实地的实际行动。

第三章　教育实习的主体

第一节　实习主体的构成

教育过程中的主客体问题是教育理论界颇有争议的一个重要理论和实践问题。辩证唯物主义观点认为教育主客体的类型和层次应是多种多样的，其地位的区分既是确定的，同时又因条件的变化而不断变化，因此又是不确定的。教育实习主体主要是指实习生，而实习生在实习阶段的角色构成是不同的，因而由在不同场合的实习角色共同组成。总的来说，实习主体的构成主要包含实习学校的主体性体现、师范院校的主体性体现以及实习生的主体性体现。

一、实习学校的主体性体现

实习学校的主体性主要是指在学生实习期间，实习学校的领导和相关教师组织、领导实习生进行教育实习，培养和提高实习生的教育教学能力。而实习生的培养单位只是负责联络实习单位、指导学生实习工作等任务。师范院校与实习单位之间是一种平等的委托合同关系，实习单位是学校教学场所的延伸，学生根据教学计划到实习单位去实习，实际上是接受学校的委托。①而在学生教育实习的过程中，实习单位起着关键性作用，具体表现在以下几方面。

（一）常规教学的体验

实习生在师范院校这一培养单位以学生的身份接受理论知识的沐浴洗礼，无法体验到真正常规教学的特点。而实习学校结合本校实际情况开设的教研活动、公开课、活动课等教育事实，无不时刻感染着实习生，实习生在这样的教学情境下以教师的身份走进学生的世界，感受来自实习学校教育事实的洗礼，体验教育过程的复杂性、真实性，为今后的教育事业打下良好的基础。

（二）教学情境的感触

师范院校实习生对教师的地位与作用、对教师劳动的特点、对教师的职业道德等只停留在感性认识阶段，只是零碎、片面的记忆，甚至存在一些模糊、

---

① 徐银香：《“责任共担”视野下大学生实习法律制度的构建》，《现代教育科学》2014年第2期。

错误的认识，而实践证明学生只有经过有组织、有纪律的教育实习，才会获得正确认识。[①]在实习学校中，实习生在人数上处于绝对的劣势，课堂教学、实习学校的教师与学生、该校的校园文化，共同构成了一个信息丰富的教育环境，“场效应”非常明显。它比在师范院校中进行的说课、试讲更易于激发实习生分析问题、解决问题的能力，同时也使相关的能力得到培养与提高。另外，这种信息丰富的教育情境也产生了非常明显的“榜样效应”。无论是听课、备课、试讲还是登台讲课，实习生只要以既有的教学活动为基准，就能成为一个合格的“准教师”；作为班主任实习，只要实习生以指导教师为榜样，基本上就能成为一个合格的班主任；就实习指导教师而言，只要将实习生的教育教学工作纳入自己的教学计划即可，不需要“另起炉灶”，可以及时了解新的理念与教学方法，从而有更多的时间与精力指导实习生参与教学实践，提高教育教学能力。

二、师范院校的主体性体现

所谓师范院校的主体性是指实习生在校期间，特别是在实习前培训期间，培养单位组织专门教师教授学生相关教育学、心理学和教材教法等相关教师技能类课程，为学生在整个教育实习期间有效教授学生奠定基础。同时师范院校对联络实习单位、组织学生到实习单位实习等进行全面管理，向学生传授高尚的教师职业道德知识，传递先进的教育理念与心理学成果，使学生及时了解并掌握相关教育理念与心理学知识。在教授学生相关教育学、心理学知识成果的过程中注重与基础教育的结合，以促进其校本教育的形成。师范院校的主体性的特点表现为以下几方面。

（一）强化教育理论课程

师范院校开设的教育理论课程为学生在教育实习阶段打下了良好的理论基础，师范院校拥有较全面、丰富的教材，拥有雄厚的教师资源，拥有完整而系统的培训程序，这一切都为实习生在教育理念与方法方面的指导提供了良好的资源。另外，师范院校开设的教育学、心理学课程仅停留在理论层面的传授，学生无法真正感受教育学、心理学的学科魅力，而教育实习无疑弥补了这一漏洞。

（二）对实习学校的影响

师范院校在学术研究、教材教法改革方面具有较强的领导性，多数实习学校在一定程度上希望实习生的到来，为本校教师减轻一定的工作压力；期待师范院校派来能力强、素质高的指导教师，借此指导实习学校的教学及其管理组

① 盛忠兴主编：《教育实习学》，中南工业大学出版社 1990 年版，第 18 页。

织等方式方法的改革。例如，开设观摩课、实验课、指导课或是讲座，师范院校的教师在教学理念、教材教法等方面予以指导，不仅可以有效地将最新科研成果与实习学校的校本特色有机结合起来，促进中小学校教学水平的发展和教学改革的进行，还可以提高实习学校自身的发展水平及教师的教育教学能力。由此可见，在师范生教育实习阶段，师范院校对实习学校的影响是巨大的。

三、实习生的主体性体现

实习生的主体性体现是指在整个教育实习过程中，鼓励其能够独立思考、积极参与，促进实习生内在教育教学素质的发展，为其今后教育教学水平的提升奠定基础，以达到实习生自身教育教学能力发展的目的。[①] 通过实习，学生在中小学的教育教学工作的实践中，向中小学教师学习，巩固专业思想，热爱教育事业，培养良好师德，注重内在知识的提升。[②]

（一）学生从教能力的发展

在实习过程中遇到教学中的困难、问题及突发事件需要加以关注，共同解决问题，以此来提高实习生的综合能力和教学水平。在实习过程中，根据当地具体条件，学生根据自己的个性特长对自己直接创作和直接设计的成果进行必要的升华和整理，充分促进其主观能动性的发挥。实习生是在实习学校依据自己原有的知识与技能、对课程的需求以及根据学生特点和兴趣点，对课程内容进行必要的增删、添减，根据该校场地、器材等条件的限制，对自身在学习过程中的创新思维成果和学生在学习互动中的再生资源进行必要的加工、提炼，依次来发挥学生特长，满足其需求。教育实习的教学情境较强、时间短、教学对象水平差异大等因素，能够有效培养学生在教育实习过程中的教育教学能力，为今后从事教育事业打下良好基础。

（二）学生探究能力的发展

实习生在实习过程中，能够提升各方面综合能力，向有经验的教师学习和吸取教学经验，灵活处理教材。一名实习生能否在未来成长为优秀的教师，很大程度上不是他掌握了多少种教学方法和技能，而是他自己对教育教学活动的独特认识。基础教育新课程改革强调教师应当有“参与新课程的能力”和“反思研究的能力”，综合起来就是对教师教育教学研究能力的要求。这种要求应当在教师的职前教育阶段就体现出来。要关注师范生对从教体验的总结以及促使他们提出更多发人深省的问题，这些都能成为他们以后教育发展生涯的“基

---

① 李玉光：《试论师范院校教育实习的三种模式》，《嘉应学院学报》（哲学社会科学版）2004 年第 2 期。

② 盛忠兴主编：《教育实习学》，中南工业大学出版社 1990 年版，第 13 页。

础性内容”。一般来说，在培养师范生教育教学探究能力过程中应当注意三方面问题的解决：一是大胆假设，提出问题；二是运用所学教育学、心理学原理分析与解决问题；三是运用所学的专业基础知识分析与解决问题。[①]总之，在培养学生掌握教材教法的同时，更加注重学生对教育教学活动的认识。在培养学生教育教学能力的同时，注重学生教育科研创新能力的培养。在培养学生认识问题的同时，培养学生解决问题的方法与能力。

第二节　实习主体的角色

“角色”在《现代汉语词典》中的解释是：指演员扮演的剧中人物，也比喻生活中某种类型的人物和戏曲演员专业分工的类别。在20世纪20年代以前此词只是用于戏剧界，指演员在舞台上所扮演的人物类型及要完成的人物。直到1935年，“角色”一词才被美国的社会学家米德引用到社会心理学中，他认为角色的产生是因为个体在社会生活中占据了一定的社会地位，个体因为社会地位而产生相应的行为模式，如管理者角色、公众角色、家长角色等。个体在社会生活中所扮演的角色是随着个体进入不同的社交场合而改变的。在不同的社交情境下，个体会根据自己的社会生活经验判断自己的行为模式，即在理解社会角色的基础上，调节自己的行为模式，这种调节行为模式的过程称为角色扮演。角色扮演是个体为了适应社会而产生的积极行为，也是个体社会化的基础部分。[②]

在教育实习中，实习生到底扮演着怎样的角色呢？纵观整个实习过程，可以说实习生在实习中主要扮演着两种角色：学生和教师，即在高校和中小学校的指导教师面前，他们是学生；在中小学生面前，他们是教师。[③]因而，作为师范生这一实习主体来说，首先需要明确对本专业的角色特点的认知及认同，然后对角色定位及角色冲突的理解需增强，进而要明晰针对教育实习主体角色定位中存在的问题，最终做到教育实习主体角色的科学的转变，如此方能使教育实习中师范生这一主体的作用发挥得淋漓尽致。

一、实习主体的角色

教育实习主体——实习生的实习过程，大致可分为三个阶段：前期准备阶

---

① 徐银香：《“责任共担”视野下大学生实习法律制度的构建》，《现代教育科学》2014年第2期。

② 刘思良：《师范生实习中的角色定位及冲突——东北师范大学的个案研究》，东北师范大学博士硕士论文库，2012年。

③ 陈兰萍：《浅议教育实习中实习生的角色问题》，《渭南师专学报》1995年第10期。

段、实习教学和班主任阶段、总结提高阶段。在这三个阶段中，实习生的角色及特点也在逐步发生着变化。

（一）前期准备阶段

主要是实习生备课、试讲以及在实习点与该校师生初步接触的阶段。在这一阶段，实习生以学生的角色为主，因为怎样备课、如何上好一堂课、教材中问题的处理、是否需要直观教具、运用怎样的教学方法等，都需要指导教师的具体指点。所以实习生必须以一个摆正自己作为学习者的角色定位，认真、谦虚、细心地听取指导教师的安排与指导。

（二）实习教学和班主任阶段

实习教学和班主任阶段，主要是实习生讲课和开展班级工作的阶段。这一阶段，实习生充当着学生和教师的双重角色。一方面他们开始走上三尺讲台上课，向中小学生传授着专业科学知识，并帮助这些学生解决学习生活中遇到的难题，组织开展多种形式的班级活动，扮演着教师的角色；另一方面，实习生仍然以学生的角色听取指导教师对自己教育教学工作的意见和建议。

（三）总结提高阶段

总结提高阶段，主要是实习生较多独立地开展教学和班级工作的时期。随着教育实习的深入，实习生对教师角色有了初步的体验和感受，对教学和班主任工作也有了一定的了解和认识，再经过指导教师的点拨和启迪，他们能够主动大胆地把教育学和心理学的理论知识运用到教育教学工作中，积极观察、总结教育教学工作中的规律，思考存在的问题，并尝试性地独立处理解决，表现出了一定的灵活性和自主性。这个时期，实习生主要以教师角色为主。[①]

二、实习主体的角色特点

教育实习主体——实习生的角色既不同于在师范院校的角色，也不同于毕业后成为中小学教师的角色，其特点具体表现在以下几方面。

（一）双重性

在实习期间，实习生作为教育实习主体，在身份上首先就具有双重性。实习生对学生来说是教师也是教育者，他们通过教学活动促进学生成长；而对指导教师而言，实习生是学生，也是受教育者。因此，实习生在教育活动中既是教育者又是受教育者，是教育主体与教育客体的统一。其次，实习生在教育实习任务中也有双重性。一方面，实习生作为中小学校学生的教师来说，其主要教学任务就是要促进教学增长，如何让自己教得有效、学生学得有益，这是关

① 刘思良：《师范生实习中的角色定位及冲突——东北师范大学的个案研究》，东北师范大学博士硕士学位论文，2012 年。

键问题。并且，教学工作实习的具体任务就是要制订实习阶段个人的教学计划、编写教案、上课、布置与批改作业、考试命题及批发试卷、参与听课与评议、总结教学经验，以及深入了解实习学校学生的整体情况尤其是学习情况。这是实习生在教育实习过程中最为重要的任务。另一方面，实习生也是职前师范生，因为身份还是师范院校学生，他的教育实习任务是通过实践的形式将自己在大学阶段所学的理论知识加以运用，是对教学技能的锻炼和提高。由此可见，教育实习的双重任务统一于教育实习的过程中。

（二）**矛盾性**

实习生从师范院校到中小学校进行师范专业实习的过程，也是由学生向教师转变的过程。实习生在与教育实习客体——指导教师以及学生的交流中，在平衡理论与实践的过程中，在自我角色期望与现实角色行为的碰撞中，存在着角色转变上的冲突与矛盾。对于实习生来讲，这种矛盾性突出地表现在实习生与中小学校学生的关系协调上，以及与中小学校班主任教师关系的处理上。

（三）**边缘性**

作为刚进入实践场所的实习生来讲，在初入中小学校园时，由于身份和时间的特殊性，职前师范生在学校还有一定的学习任务，时间上是不固定的，而作为“前教师”，师范生的教师身份又略显尴尬。特别是在实习期间，尤其在实习前期，实习生还处于“旁观者”和“参与者”的身份状态，游离在真正的课堂之外，大多数时候是作为实习班级指导教师的学徒听他们讲课，在条件成熟的情况下，有机会的可参与中小学的实际教育教学中。

（四）**他主性**

他主性相对于自主性而言，一方面是指实习生作为“教师”“学生”这种对应性角色；另一方面是指实习生在中小学接受任务和扮演的角色受到中小学行政人员和指导教师的影响，很大程度上具有被动性、消极性、被控制性的特点。前者体现了实习生在角色适应中具有较强的人际依赖性，后者则反映了实习生作为教师身份合法性的缺失。因此在这种情况下，他主性的角色特点决定了实习生需要服从中小学的实习指导教师以及上级领导的规定，而这种被动的话语权缺失的状态和实习生期望值中的主动支配者的理想之间产生了矛盾。[①]

三、实习主体角色的类型及定位

学术界对教育实习主体的角色定位基本有了共同认识，实习主体角色定位的类型一共有 12 种。①知识的传授者。②学校管理的参与者。③教材的重新

---

① 王香平、李学翠：《高师校学前教育专业实习生角色特点与适应过程分析》，《幼儿教育（教育科学）》2009 年第 11 期。

组织者。④学习者。⑤家长代理人。⑥教师助手角色。⑦课堂活动的创造者。⑧心理咨询师。⑨同事角色。⑩教育科研的承担者。⑪ 学习方法的教授者。⑫ 学生的知心朋友。[①]

其实角色定位在社会发展的过程中是相对静止的，但是随着时代的发展又会被赋予新的意义，如教师在学校中的角色扮演不论时代如何变化，作为教育者这一角色是永远不会变的，是相对稳定的，并且随着时代的进步教师已经不仅仅是一名教师，更是学生的心理咨询师等。角色定位所指的是社会成员为适应社会角色要求，找到自己被群体所接纳和承认的社会位置，自己调整行为规范，使社会群体能接受以符合群体发展需要的行为实践及过程。师范生的角色定位就是要通过教育实习，在指导教师的帮助下，在自己的实践与锻炼过程中由学生角色顺利向教师角色转化，并能真正承担教师职责的过程。[②]

作为教育实习主体——实习生的角色塑造途径的有效形式是：一要塑造并形成正确的角色认同；二是具备必要的角色实践技能。师范生在实习过程中所扮演的是由一个学生向教师过渡的中间状态，要根据自身所处的社会地位及时调整角色。如果师范生不能将之调适适当，他将会在角色转换的过程中产生角色定位模糊和角色转换困难等问题。实习生如何对自己的角色进行科学的定位、如何面对角色冲突、如何平衡定位和矛盾冲突，这一切都显得十分重要。[③]

第三节　实习主体的定位

师范生实习过程中所担任的多重角色之间经常相互重叠又相互交叉，经历着角色之间的频繁转换，其间他们有对角色的期望，也有对角色的领悟以及对角色的实践过程。在适应这种角色的过程中，实习生如果不能协调角色间的对立，平衡其中的冲突，会产生角色定位不明晰的状况，进而导致陷入茫然无措的处境，要么一时很难融入教师角色，呈盲目被动状；要么过于主动，易遭到指导教师及领导的排斥，难以协调多方关系。这会直接影响教育实习的效率和效果。但总的来说，现行的实习模式中，实习生角色定位侧重于受教育者或是学习者、执行者，忽视了实习生的主动性，主要表现为不同主体定位偏差和不同阶段不

① 刘思良：《师范生实习中的角色定位及冲突——东北师范大学的个案研究》，东北师范大学博士硕士论文库，2012 年。

② 黄秀琼：《论师范生教育实习中的角色定位》，《四川师范大学学报》（社会科学版）2009 年第 6 期。

③ 程存归、朱钢国、杜林存：《高师实习生角色定位及角色冲突的情况调查研究——以浙江师范大学为例》，《教育教学论坛》2015 年第 4 期。

同定位。

一、实习主体定位中存在的问题

（一）师范院校对实习生的定位不精确

首先，师范院校将实习生定位为“受教育者”或“学习者”，置实习生于被动接受的地位。这种定位往往导致师范院校教师只关注实习生的专业技能方面的指导，忽略实习生对教师角色的需求，忽视对实习生角色规范方面的指导，不利于实习生的角色转变。其次，是指导教师定位偏差。师范院校的指导教师被赋予管理者和指导者的角色，他们是师范院校的代表，负责管理实习各项事务，如组织实习、管理纪律、监管实习任务的完成、评判实习成绩等，同时负责教学工作、班主任工作和教育调查工作指导。这种角色定位过于强调行政权力的特点，而不是一个民主的管理者和指导者，往往导致指导教师的绝对权威，于是实习指导教师和实习生之间陷入“领导者”和“被领导者”、“教育者”和“被教育者”的角色中，彼此之间缺乏平等的对话。

（二）实习学校定位不明确

实习学校把实习生当成“学习者”。首先，部分实习学校的指导教师把实习生仅仅看作“学习者”，是来向自己学习经验的，这种定位往往导致实习学校的指导教师担心实习生教学经验不足和能力差，会影响本校教学质量而尽量让实习生减少上课次数。另外还担心实习结束后在学生管理上与原班主任的管理特色形成反差，而不愿让他们深入班级实习班主任工作，实习生难以脱离教师、班主任“助理”的角色。其次，实习学校的利益顾虑。实习生参与学校教学或多或少会打乱正常的教学秩序，影响学校的教学管理，影响学校的升学率。在沉重的升学压力下，各实习学校对接受实习的事情能推则推，并没有充分将实习生活泼的思维、开阔的视野、创新的思想与中小学的课程教学改革和班主任管理工作恰当结合，造成实习生在实习过程中得到锻炼的机会并不多，不利于实习生的角色转变。

（三）实习生自身定位不准确

实习生由于刚从师范院校出来，还沉浸于学生的身份中而一时难以调节，一开始习惯于将自己定位为中小学生的“大哥大姐”。实习生也希望学生能像对待教师那样对待自己，但在实习中很难脱离“大哥大姐”的角色。这种角色虽有助于建立良好的师生关系，但也使得实习生倾向于以“讨好”的方式与中小学生相处，失去原则的坚持。由于实习指导教师对他们的实习成绩具有“生杀大权”，尤其在班主任实习工作中，不少实习生仅把自己当作执行者，指导教师怎么说自己就怎么教，在具体事情的处理上一味盲从与顺从，不敢做主。

当然，这种“学习者”“执行者”的定位，有利于实习工作计划的执行和落实，但它的缺陷也是显而易见的，容易造成实习生依赖性强、主动性和自觉性较差、不易发挥创造性。这种权威和朋友角色间的冲突，如果没有权威做前提，实习生往往无法驾驭课堂，无法保证教学工作的有效展开。但教师的权力运用过多，实习生虽能驾驭课堂，但又容易造成课堂气氛僵硬。这种既想不失其身份又要与学生维持朋友关系的两难处境所引发的角色冲突，往往导致实习生在“学习者”和“大哥大姐”两个极端角色之间左右为难，总想在二者之间寻找一个平衡点以缓解冲突带来的压力，但有时却事与愿违。[①]

二、实习主体角色的转变

角色转换则表示个体在进行了角色定位后，由特殊情境而定，从一个角色定位转变为另一个角色定位的动态过程。但如果角色定位不准确，产生角色模糊，那么角色转换就不可能顺利完成，产生角色转换困难进而产生激烈的角色冲突。[②]教育实习则是师范生实现角色转换的主要途径。师范院校作为培养教师的摇篮，师范生多是从学生到学生，而要从学生到教师，如果没有一个适应期，便难以保证师范生角色转换的顺利实现。教育实习，正是使师范生由学生到教师之间的一个必要的过渡环节。因而，通过以下策略能有效促进教育实习主体角色的转变。

（一）增强实习生的职业角色认同感

在教育实习过程中，随着师范生对教师角色的观察、体验、参与的逐渐深入，其职业意识、职业道德、职业智能结构也将逐渐形成、巩固和发展。一般而言，师范生在教育实习前，对教师角色是陌生的。尽管他们从理论上习得了一些职业意识、道德知识，但毕竟是“纸上谈兵”，并无实际体验，更奢谈实践经验。通过试教可以使师范生对教师职业道德规范的理解更为明确具体，对各种知识的需要感受更加实在，对教育工作的志趣和实际工作能力的认同更加真实，这就为他们毕业后走上教育工作岗位，尽快适应教师工作的需要创造了条件。可见，教育实习对于培养师范生的职业意识、提高其职业道德、完善其智能结构、实现其角色转换都具有重要的作用，这是师范院校的其他课程所无法替代的。[③]

（二）丰富实习内容，改革实习模式

为了适应人才市场和市场经济的客观需求，师范院校应立足现状，因地制

---

① 黄秀琼：《论师范生教育实习中的角色定位》，《四川师范大学学报》（社会科学版）2009 年第 6 期。

② 黄兆信：《高师实习生实习角色的转变》，《教育发展研究》2006 年第 11 期。

③ 刘初生等编著：《教育实习概论》，湖南教育出版社 2001 年版，第 17 ～ 18 页。

宜，根据学校的性质、培养目标、师资状况以及师范生的身心发展特点而采取适合本校特色的教育实习内容与形式。教育实习不仅要重视课堂教学，还应重视教育见习、模拟实习、班主任工作实习、教育调查、教研室组织工作等，使各种实习内容相互结合，通过不同的教育实习内容提高学生的教育教学实践能力。教育实习的形式也应多样化，除了采取传统的师范院校教育实习形式外，还应采取如集中蹲点实习、分散实习、全委托实习、顶岗实习等形式。另外，还可开辟教育实习与社会调查相结合、教育实习与社会服务相结合、教育实习与毕业预分配相结合、教育实习与专业实习相结合、教育实习与完成某部门的科研或工作任务相结合的新天地，从而全面锻炼学生的专业技能与社会适应能力。①

（三）调适实习生的角色冲突

实习生如果自我身份定位不当，往往会造成角色规范逾越或角色错位，引起角色冲突。近年来，指导教师普遍反映实习生班级管理能力薄弱，根本原因在于实习生未能充分认识自己“新教师”兼“大哥大姐”的双重角色，在“大哥大姐”与“新教师”角色发生矛盾而进行处理时，自我定位发生了偏差，从而导致实习生在班级管理中面对中小学生时，热情有余、理智不足，温柔有余、刚劲不足。显然，“大哥大姐气”过重，教师角色缺失是导致这一状况的主要原因。为此，实习指导教师在调适他们的冲突时，要强化实习生双重角色意识，要求他们区分场景，明确角色规范，充分认识到实习期间的身份，课堂上能履行教师的职责，在中小学生面前保持“教师尊严”和“教师威严”，不一味“怀柔”，保持师生之间的适当距离，课后扮演“大哥大姐”角色，成为学生的知心朋友。

反思有助于教师自身的成长，实习生应反思自己的形象和角色。通过反思，实习生可以逐渐把社会对教师的期望和要求转化为个体的心理需要，内化为自己的思想、行为体系，从而对教师角色的意义、价值有更为深刻的认识。为此，在实习中，实习指导教师应有计划地开展一些活动，如让实习生撰写实习日记、组织心得交流会等，引导他们进行反思。实习生需要反思的是，自己是否以合适的身份从指导教师身上获得了对一般常规教学的感知、分析和体验，指导教师是怎样机智灵活地处理突发事件的，自己是否以民主、平等、开放的态度对待学生，自己的行为举止是否符合教师角色要求，等等。②

---

① 邓李梅：《高等师范院校教育实习存在的问题及对策》，《湖北师范学院学报》（哲学社会科学版）2006 年第 5 期。

② 黄兆信：《高师实习生实习角色的转变》，《教育发展研究》2006 年第 11 期。

第四节 实习主体的素养

教育实习是师资培养方式发展到现代阶段的必然形态。师范生投身教育实习是一种有计划、有目的的行为，是一个有一定素质结构的专业工作者必须历经的一个过程。为了能够完成实习任务，实习生应当具有系统化的、动态化的素质。

一、实习主体的信息素养

在校培养信息素养是目前世界师范教育改革的焦点，世界各国都在师范教育课程中开设信息技术及其相关课程，并将其列为取得教师资格的必要条件。教育部师范司关于师范教育"十五"信息化建设的工作思路就是要以信息化带动师范教育体系的结构性变革。而"全面推进普及信息技术教育和现代教育技术应用，显著提高所有教师和实习生的信息素养"是着力实现的三个层面的目标之一。①

实习主体信息素养的内涵

实习主体的信息素养主要体现于他们在信息时代背景下开展学习时所表现出来的信息意识、信息知识、信息能力和信息道德。

1. 信息意识

实习生的信息意识就是指实习生处理信息的认识、思想、态度、观念的总和，具体表现为师范生对信息是否具有特殊的、敏锐的感受力和持久的注意力。在日常生活中遇到困难时是否意识到运用信息技术来解决，对未来具有一定的预测能力，能够预测到当前教育信息化对未来教师职业提出的新要求，能够预见到中小学课程改革和新课程的实施对未来教师的素质和能力的要求，并在自己的学习和生活中自发地培养和锻炼这方面的素质与能力，为未来的工作与发展做好准备。可以意识到信息对社会的重要作用和价值，能意识到信息对自己的学习和未来发展有重大的影响，并能够将感受、捕捉、分析、判断和吸收信息作为自觉的行动和内在需求。

2. 信息知识

实习生的信息知识是指实习生对信息学基本知识的认识和对信息源以及信息工具方面知识的掌握。信息知识是有关信息的本质、特性，信息运动的规

---

① http://www.ala.org/ala/aerl/aerlpubs/whitepapers/presidential.htm（访问时间：2008年3月5日）。

律、信息系统的构成及其原则、信息技术、信息方法等方面的基本知识，是一切与信息有关的理论、知识和方法。[①] 信息知识是信息素养的重要组成部分，是信息素养的基础。一般来说它包括以下几方面：①基本的文化素养。传统文化素养包括读、写、算的能力。进入信息时代之后，读、写、算的方式发生了巨大的变革，被赋予了新的含义，联合国教科文组织曾给“文盲”下了新定义：“文盲就是无法识别现代信息符号，难以应用计算机进行信息交流和管理的人，也就是不能进行数字化学习的人。”“具备基本文化素养的人可以同一时间在三个世界采取多种方式进行学习：一是经验世界，在做中学习；二是语言文字世界，向书本学习；三是虚拟现实世界，进行数字化学习。”[②] 信息时代的教师必须具备基本的文化素养，它是传统文化素养在新时代的发展。②信息的基本知识。包括信息的理论知识，对信息、信息化的性质，信息化社会及其对人类影响的认识和理解，信息的方法与原则，如信息分析综合法、系统整体优化法等。③现代信息技术知识。包括信息技术的基本原理如计算机原理、网络原理等，信息技术的作用，信息技术的发展及其未来等。实习生需要掌握扎实的信息知识，培养自身良好的信息素养，积极成为一个独立学习者，成为未来的合格教师。

3. 信息能力

信息能力是一种综合能力，是信息时代的基本能力。信息能力的含义分宏观和微观两个层面。宏观层面是一个国家生产信息产品与开发利用信息产品的综合能力。即通过高科技的信息技术与信息设备及处理信息的方法或途径来有效地运用全面、巨大的信息资源，合理与高效地组织和协调综合国力的各个要素之间的关系，从而提高国家综合国力和国际竞争力的能力；也涉及生产和开发、普及传统信息产品，如报纸、书刊、音像出版物等方面的能力。微观层面是指人们有效地利用信息设备和信息资源获取信息、加工处理信息以及创造信息的能力。信息能力是个多元化的概念，它包括信息技术的操作能力和运用信息技术解决问题的能力，对软件的应用、评价、开发的能力，对信息和信息资源的收集、开发、评价、利用、表达、创造的能力。[③]

4. 信息道德

信息道德是指在整个信息活动中，调节信息创造者、信息服务者、信息使用者之间相互关系的行为规范、社会准则和社会风尚的总和。[④] 在逐渐复杂的、

① 祝智庭主编：《信息教育展望》，华东师范大学出版社 2002 年版，第 215 ～ 219 页。

② 陈维维、李艺：《信息素养的内涵、层次及培养》，《电化教育研究》2002 年第 11 期。

③ 李艺、钟柏昌：《信息素养详解》，《课程·教材·教法》2003 年第 10 期。

④ http://www.ala.org/aerl/lintro.html（访问时间：2008 年 4 月 5 日）。

现实和虚拟的信息环境中，实习生的信息道德水平直接影响信息素养的整体状况，信息道德决定信息素养，决定交流与传递目标应与社会整体目标协调一致，决定信息活动所应承担的相应的社会责任和义务，决定信息素养的发展方向，也是信息素养的重要组成部分。就其具体内容而言，主要包括遵守有关信息活动的道德规范和法律法规的自觉性，坚决抵制各种淫秽、迷信、谣言、欺诈和其他虚假信息，尊重他人的知识产权，尊重个人隐私，培养信息良知以及尊重基本人权，在信息活动中坚持公正、平等、真实原则，正当使用与合理发展信息技术，正确处理信息创造、信息传播、信息使用三类主体之间的关系等。①

二、实习主体的职业素养

对于实习主体来讲，仅有专业知识与教育学、心理学知识，而无较高水平的职业素养准备，很难较快地适应现实教学情境，更甚者会给自己以及所教的学生带来负面情绪影响，进而影响教学效果。

（一）职业素养的内涵

所谓职业素养，就是劳动者对社会职业了解与适应能力的一种综合体现，是指劳动者通过不断学习和积累，在职业生涯中表现并发挥作用的相关品质。②业界人士普遍认为，职业素养是一个人职业生涯成败的关键因素。

（二）教师职业素养的培养

1. 职业角色认同感的培养

作为教育实习主体，培养对他们职业角色的认同感非常重要。不同的职业对应着不同的身份，不同的身份对应着相应的社会角色期待，并对应着相应的职业道德，如人们对教师、医生、律师等职业角色就有着非常明确的社会期待。如果职业认同感强，相应的职业道德的认同与内化就较为容易，在学习专业知识时动机强，有较高的职业抱负及职业责任感。对大学生来讲，大学是学习知识与个人成长的重要阶段，形成对即将从事职业的认同感，形成与社会预期相符的动机、态度、情感、价值观及行为习惯是社会文化的要求，也是其社会化效果的体现，是为他们跨出校门，适应社会要求，融入社会做好准备。③

2. 专业知识与教育场景的对话能力的培养

这一环节采取的思路有两点。①在课堂上，设置一个环节——阅读共享，首先是教师通过讲故事的方式与学生共享，达到共鸣后再讨论，同时给学生提

---

① 陈维维、李艺：《信息素养的内涵、层次及培养》，《电化教育研究》2002 年第 11 期。

② 任雁敏：《大学生职业素养重要性及培养策略研究》，《教育与职业》2010 年第 17 期。

③ 唐红娟：《心理学教学中师范生教师职业素养培养思路与实践》，《和田师范学院学报》2012 年第 76 期。

供书目，一般经过三分之一学期的时间，就过渡到学生共享各自的观点与思想，每个班级都创建一个交流群，作为师生交流的平台，大家都把自己觉得有价值的东西上传、共享。通常情况下，在讲完一个重要的心理学原理、规律或知识点后，就会启动共享，进行心理学知识与教育场景对话能力的培养。②教育类经典影视作品观摩与体会共享。在课堂上选取经典影视作品，提前和学生就一些真实教育场景中的教育教学事件进行讨论，和相应的心理学原理与知识点结合起来，并形成一定的认识，再组织学生观摩内容和思想比较匹配的影视作品，观看完之后，再一起探讨学习后的收获。

3. 职业技能的实践获得的培养

教师职业技能的实践获得对于一个实习生毕业后迅速适应教育环境，迅速完成角色适应和角色转换非常重要。首先，在适当的时候向学生清楚说明这些技能对于一名实习生未来从事教育教学工作的重要性。其次，提出目标和改进方法，采用学生赞成的方式来落实提升这几方面能力，如学做课件或传统形式的备课、自己布置练习粉笔字和钢笔字的任务、互相检查落实等。最后，落实到实践课时，让学生在课堂上讲已经准备好的课，并按评课要求评课，同时结合专业所学理论进行讨论，如备课时知识点的安排和课堂授课形式要符合学生主要发展规律和特点等，并将这些和期末考试成绩中的平时考核相联系，使学生完成技能培养。

三、实习主体的专业素养

有人将教师专业素养定义为：从事教师职业所应具备的基本素质要求和品质，是基本胜任教育教学工作的教师必备的专业品质，其结构包括教育思想、知识结构、能力结构和专业情意。[①] 实习主体专业素养发展的内涵主要是通过专业训练，使实习主体具有教育专业知识和技能，并培养专业理念。实习生的专业素养包括以下三种。

（一）专业精神

专业精神具体可包括以下四方面：教育价值观、对教师职业的认同感、教育理想以及职业道德。教育价值观是指师范生对即将从事的教育工作价值的认识，即他们通过学习思考自己所选择、认可并始终确信的教育理念和遵循的教育思想，这其中就包括教育观、学科观、学生观等方面的内容。教育价值观是构成实习生专业精神结构最基础的要素，它表明了师范生对教育价值的基本看法以及所持的观点，是一种主体性的选择，对实习生今后的发展起着相当重要

① 经柏龙：《教师专业素质的形成与发展研究》，东北师范大学博士学位论文，2008 年。

的作用。对教师职业的认同感，主要是指实习生发自内心对教师这一职业的认同程度和喜欢程度。教育理想是指实习生认同教育价值观和教师职业感，最终形成的对教育事业的向往和对教师职业的追求，是实习生对自己通过学习和努力将来能够成为一个优秀教师的美好愿望，它为实习生提供了坚持学习奋斗的目标，是促使实习生不断学习、积极探索、不断促进自己专业发展的巨大动力，只有真正树立了远大的教育理想，师范生才会真正愿意投身到教育事业中。职业道德是指实习生应该具备的走上教师岗位后在教育工作中所必须遵循的道德规范和准则。要想成为一个优秀的人民教师，必须具备的师德素质包括以下四方面：第一，在对待教师这一职业所应具备的态度上，教师必须热爱所从事的教育事业，有强烈的进取精神和无私的奉献精神。第二，在对待学生的态度上，教师要关心学生、热爱学生，要能够树立正确的学生观。第三，在对待工作的态度上，教师要有竞争意识，更要有协作精神和团队精神。第四，在对待自己的态度方面，教师要严于律己，严谨治学，做到为人师表。

（二）专业知识

实习生专业知识包括：本体性知识，指师范生所学师范专业的学科专业知识，即本学科的知识和学科教学法知识等；条件性知识，指教育理论知识，即教育政策法规知识、教育学理论知识、现代教育技术知识和进行教育科学研究所必备的知识等，还包括关于学生的知识，即关于学生成长发展过程以及学生学习特点的知识等；实践性知识包括教学策略性知识和教育教学情境知识等。

（三）专业技能

教师专业技能的内容包括教育教学能力、教学反思能力、人际关系协调能力和教育研究能力。教育教学能力的内容包括：运用教材的能力、课堂教学设计能力、课堂教学实施能力、课堂管理能力、教学评价能力。只有不断地进行反思才会不断地进步，因此反思能力是一个优秀实习生必须具备的重要能力。想要成为一名优秀的人民教师就需要实习生对自己的教学进行持续不断的批判性反思，只有通过教学，不断地研究实际教学情境中所遇到的和未来在课堂上可能会遇到的各种不同的现象和问题，并一直对自己的教育教学行为进行反思，实习生才能更好地适应实际的教育教学环境，不断促进自己专业素养的发展。人际关系协调能力也是实习生应通过各种方法试图培养的一项能力，教师在教育教学过程中都会面临不同的对象，如所教的学生、学生家长、学校的其他教师和学校的领导。最基础的教育研究主要是指实习生在实习过程中可以依照自己的教学实际情况，从中体悟感受和认识。较高层次的教育研究是指实习生可以自己利用在学校学习的教育研究相关知识、掌握的教育研究方法，开展一些较为简单的教育行动研究。

四、实习主体的心理素养

所谓良好的心理素质，就是作为教师这种特殊职业所独有的心理品质，没有这样的品质，就不能成为一个合格的教师。[①] 对实习生来说，虽不能与合格教师等同，但也要具备一定的素质。

（一）良好的认知心理

良好的认知心理即敏锐的观察力、快速的记忆力、敏捷的思维力、高度的注意力。所谓敏锐的观察力是指实习生要敏锐观察课堂上学生的情绪状态，洞察学生行为的细微变化，能够识别学生的优点和闪光的思想。快速的记忆力是指实习生要有这样的技能：迅速记忆班上每位学生的姓名、性别、相貌，下次见面时就能准确地叫出他的名字来。敏捷的思维力是指实习生要有独立分析问题的能力，还要有解决问题的能力。而且这些能力要求迅速、敏捷，即迅速做出判断，马上进行解决。如何准确分析这些矛盾，妥善解决这些矛盾，除了周密的逻辑性外，还要求思维的敏捷性。高度的注意力是指注意范围较广，能够适当地分配自己的注意力。在课堂教学中，实习生能够做到一边讲课，一边管理学生们的课堂纪律。同时可以一边讲课，一边组织教学。

（二）积极的意向心理

积极的意向心理包括：良好的主导心境、积极的实习热情、坚强的实习意志、广泛的兴趣和爱好。良好的主导心境是顺利完成教育实习的重要条件，一个实习生对教育实习情绪高昂，满怀信心，就能认真备课，积极预讲，努力提高教学水平。积极的实习热情是指实习生要有对教育实习的热情才会主动地去完成教育实习的任务。而这种对教育实习的热情源于对教育事业清醒的、正确的认识和对教育事业的无比热爱。坚强的实习意志主要是指实习生要有高度的自觉性、坚强的自制力和顽强的坚持性。教育实习要求实习生把以往所学知识运用到实践中，学习教书育人的规律、原则和方法。广泛的兴趣和爱好是沟通师生之间的情感，达到相互了解、教学相长的良好途径。一个实习生要有广泛的兴趣与爱好，因为他面临的是一大群兴趣爱好各不相同的学生。这些学生有的爱唱歌，有的爱跳舞，有的爱打球，有的爱看书，有的爱画画。他们的兴趣爱好都渴望得到教师的支持与指导。

总之，实习主体素养与教育实习的成败息息相关，只有加强职前培养、职中锻炼和职后养成，才能促使师范生在成长为一名合格的人民教师后，再向优秀教师的行列迈进。

---

① 盛忠兴主编：《教育实习学》，中南工业大学出版社 1990 年版，第 48 ～ 52 页。

第四章　教育实习的客体

教育实习的主体是师范生培养院校和实习生，客体是教育实习基地，即中小学校和教育行政部门。主客体的相互协调是教育实习取得成效的关键。

第一节　实习客体的错位

篮球要有球场，演戏要有舞台，教育实习要有实习学校，这是无可厚非的。随着我国师范教育的快速发展，教师教育发生了较大的变化，一些院校教育实习基地的建设虽然逐渐受到了重视并且进行了一系列的改革和进展，但是从全国总体的现状来看，大多数的师范院校还是缺乏数量充足的或者是比较稳定、固定的教育实习基地。主要原因有以下三点：第一，教育行政部门对师范院校的实习基地缺乏政策性的支持，从而导致教育实习基地建设专项经费投入不足。第二，师范院校办学理念相对落后，并没有把师范生实践能力的培养放到应有的位置上，教育实习经费沿袭多年前的标准，并且增长的幅度也不是很大，远远不能够满足实习基地建设的要求。第三，从接待实习的客体来说，教育主管部门没有相应的政策把接待实习的任务确定为中小学校应当承担的一些本职工作，使得实习客体常常认为接待实习生是一种负担，会分散精力，打乱正常的教学秩序。他们甚至认为实习生的业务水平不是很高，不仅指导教师费力，教学效果差，同时还会严重影响实习学校的教学质量乃至升学率。同时，随着师范院校招生规模的不断增大，每年的实习生人数也不断增长，教育实习基地的扩建速度远远不能够满足师范生的实习需求。

一、实习基地缺乏与不稳定

从总体上来看，我国教育实习客体存在总体规模萎缩并且质量堪忧的问题。虽然当前我国各地高校已经相继加快了实习客体的建设速度，但是近年来高校扩招带来的实习生人数递增，导致实习基地的教学资源及硬件设施的人均使用量逐年递减。而且，师范院校和各类高校与基础教育学校，二者之间没有建立互惠互利的合作关系，教育实习基地也缺乏相应的法律保障，基本上只能依靠人情去维持彼此的关系，因而实习基地建设的质量和稳定性难以保证。从我国教育实习现状来看，大多数师范院校缺乏较稳定或者固定的教育实习基地。其一，由于传统的实习时间相对比较集中，大多数师范院校都在每年的秋季集中进行毕业前夕的教育实习。这样导致几所高校在同一时间到同一所中小学校实习，造成实习学校多头接待实习生，无法安排。其二，由于实习学校对教育实习采取排斥态度，担心如果接受实习会对自己学校的教学计划产生消极的影响，从而导致师范院校与实习学校难以建立一种良好的共生关系，并结为平等的伙伴。

当前，我国的教育实习体制中并没有明确主体和客体之间的责任和义务关系，同时也没有建立严格的制约机制，因此，师范生培养院校几乎承担了所有的实习工作，而中小学和教育行政部门不仅缺乏参与意识，而且对学生的实习活动表现出漠不关心的态度，责任意识、奉献精神和外在的一些制约机制的缺乏使许多指导教师将指导实习生作为边缘性的工作。指导教师责任意识的缺失，直接影响到教育实习的开展和成效的取得。有很多中小学校之所以不愿意接收实习生，还有一个重要的原因就是缺少激励。很多师范院校以承诺为中小学提供一定的师资培训、资源共享以及提升教师学历等为条件，确保实习基地能够接纳实习生。

二、实习基地理念认识不足

理念是行动的主导。如果理念落后，加上经费短缺，必然导致实习出现困境。师范院校主管部门的领导理念存在偏差，他们往往认为实习就是师范生去中小学观察，主要是看中小学的教师是如何上课的。这种看法往往会对一些教学师资较为落后的中小学校产生一些不良影响。同时，中小学校的一些教师和领导由于担心实习生的到来会影响到班级正常的教学秩序，没有认识到实习基地建设对于教师教育理念的更新和知识重构的价值，因此在实践工作中以消极的态度对待教育实习。高校与中小学校在落后的理念下的这种态度影响了实习基地的建设。

只有树立科学的理念，才能有正确的行动。教育实习基地目标理念是对其建设的重要性、基本运作规律的科学认识。现阶段，教育实习基地目标理念中始终是高校自身利益与需要占主导地位。长期以来，高校决策者比较注重教育实习基地的及时性，而忽视了其长期效应，主要是从实习生实践能力提升与发展的角度强调教育实习基地的重要性和基础性作用。这往往会忽视教育实习基地的特殊性及共生共存利益的取向。

三、实习基地管理松懈

职责不明、管理松懈一直以来都是制约师范院校教育实习质量的一个瓶颈问题。地方高校、基础教育学校及教育行政部门三方职责不明，管理松懈，并且遇到事情互相推诿，敷衍塞责，把实习基地的领导与管理看成高校的单方职责，难以达成“三方共管”的局面，直接导致教育实习基地实际管理上的松懈与杂乱无章。实习的组织、管理与评价存在诸多不确定性，尤其是教师与学生双方监督机制的缺失导致实习形式化。另外，实习形式简单、实习基地功能固化及实习评价单一是阻碍实习基地建设的又一重要因素。目前各地高校多以集中定点实习为主，因而时间较短，使得实习基地的功能固化。实习基地如果仅仅强化教育与教学的功能，却弱化管理、服务与反馈功能，实习的质量就更难保障。

目前，师范教育专业教育实习基地制度的规范化程度不高，缺乏具体的、可实施的详尽细则，导致教育实习基地相关工作没有统一、规范的标准和要求，同时也难以在实际工作中贯彻执行，无法达到制度化的目的。教育实习基地制度的建设反映了教育实习基地系统各个主体之间的关系，直接关系到教育实习基地各个主体功能的充分实现，是影响教育实习基地质量的一个重要的因素。

四、实习基地指导教师队伍建设不足

教育实习指导教师是一个实践型的团队，一般是由高校教师教育专业教师和实习基地优秀学科教师组成，双方所承担的任务不同，并且扮演不同的角色，共同负责实习生的专业发展。当前实习基地的指导教师方面存在着指导能力不足和指导积极性不高等问题。基地指导教师多数有着丰富的教育教学经验，但难以将自己作为专家型教师的知识经验、技能和智慧，通过有效的方式把隐性的知识变成显性的知识，成为实习生能够领会的知识和经验。由于实习基地的教师指导实习生与晋升职称无关，实习补助、津贴有限，因而指导教育实习的积极性并不太强烈，有些指导教师的责任性不强，往往是为了完成教育实习计划，仅仅布置实习任务，却很少对实习生进行有效的科学的指导与帮助。另外，有些指导教师担心实习生的介入会打乱自己早已形成习惯的工作安排，所以并没有为实习生提供锻炼的机会。

第二节　实习客体的界定

一、实习客体的概念

教育实习客体即实习基地学校，是能够提供真实的教育教学情境，训练、锻炼和培养师范生教育与教学技能技巧的实践场所，犹如医科院校的附设医院、理工科院校的附属工厂、农科院校的农场。没有这些赖以实践的医院、工厂、农场，

就难以培养出合格的医生、工程技术人员和农艺师来。同样，没有教育实习基地，也难以培养出合格的人民教师。教育实习基地不仅是高校教育见习、实习的主战场，更是提高学生教育教学技能和职业素养的理想场所。因此，搞好教育实习客体的建设是提高教师教育质量必不可少的环节。

二、实习客体的意义

教育实习基地建设是一项涉及面广、投入广、操作难度大的系统工作。因此，必须从思想上高度重视其建设的必要性。建设良好的实习客体，其意义有以下几点。

（一）教育实习基地是培养师范生教学和教育管理能力的物质承担者

教育实习的过程，实质上是师范院校课堂教学的组织形式在空间上的位置移动，将大学课堂教学场所转移到了中小学校。实习中各项指导原则，基本上都是以教育理论与专业理论为依据的，只有实习生将所学的教育专业理论与教育专业实践结合才能够促进其教育教学能力的发展。师范生是未来的中小学教师，在师范学校里一方面要学习专业知识，另一方面要学习传授知识的方法。师范生学到了知识并不是最终的目的，而应该运用恰当的方法将自己所学的知识传授给学生，这样才是最终的目的。只有经过教育实习，师范生的教学和班务技能才能得到锻炼，从而缩短师范生由学生到教师之间的距离。

（二）教育实习基地是师范生专业思想教育和职业道德教育的重要场所

教育实习既是培养师范生的教学和班务管理能力的智育过程，同时又是对学生进行巩固专业思想，检阅、熏陶和树立正确的职业道德观念教育的德育过程，是智育实习和德育实习的统一。任何一种教育都是智育和德育的统一，单纯的德育教育和单纯的智育教育都是不符合教育方针的。从教育实习的概念可以看出，把实习定位为教育实习，就是考虑到了教育实习的德育功能的问题。其次，从教育实习的内容来看，包括了德育实习的内容。教育实习主要包括教学、班务、学生思想教育和实习生师德自我教育四方面的内容。因此，教育实习能够使实习生正确认识合格中小学教师应具有的立德树人的品质和才能，在教书育人的工作和生活中积极向上的态度以及宽广的知识面与教育才能。

（三）教育实习基地是师范生道德品质提升的主要园地

教育实习基地对于促进实习生道德品质发展具有重要的价值意义。它主要表现在对师范生从事教育事业的专业思想方面的巩固作用、良好的职业道德方面的引导作用和文明的行为举止方面的熏陶作用三方面。首先，教育实习基地可以巩固师范生从事教育事业的专业思想。德育教育是一种环境感染下的教育，在大学课堂中仅仅对学生进行正面教育是不够的，只有让他们亲自去感受中小学的教育实践活动，他们才能产生对教师职业的真正感受和热爱。其次，教育实习基地可以引导师范生形成良好的职业道德。所谓职业道德，就是从事一定职业的人们在其特定的工作中或者劳动中的行为规范的综合。教师职业是一种良心职业，其备课、上课、批改作业、辅导学生都是在无人监督的条件下进行的，一切教学活动都要靠教师的职业道德信念来自我约束。教育实习中一般多选择热爱教师职业、业务素质强的高校和中小学教师担任指导工作，因此，指导教师的思想品行就成为专业道德教育的鲜活教材。最后，教育实习中指导教师的敬业精神会潜移默化地影响到实习生，因此，教育实习基地的德育功能还表现在对师范生形成文明的言行举止方面的良好的熏陶作用。师范生在大学里的身份是学生，道德修养方面除了接受学校教育之外，主要是依靠自我的教育来完成。当他们进入实习学校后，扮演着学生和教师的双重身份，言行举止是否文明，直接影响到自己的形象。

（四）教育实习基地是师范教育教学改革信息的窗口

“世界师范教育的层次结构大都经历了一个由初级到高级的发展过程。师范教育层次的递升与社会经济的发展程度和普及义务教育年限的延伸密不可分，师范教育的改革与发展与基础教育的改革与发展相辅相成。这一历史发展进程，虽然不可贸然超行，但是应顺势而为。”世界师范教育的师资培养模式每一次的变化，都与社会的生产力发展水平、政治经济制度、文化历史传统、人口环境等因素密切相关。因此，师资培养模式的改革，应从一定的社会历史条件出发，积极而慎重地开展。师范教育的最终目标是培养适销对路的中小学教师，中小学课程设置和教学计划的变更是社会发展对未来需求人才模式的一个指向标。通过教育实习基地，不仅可以了解到中小学教育的最新动态，同时也能够发现师范教育的薄弱环节，从而调整师范教学计划，改进教学方法，使师范教育同中小学教育的要求相适应。这样也有利于总结好的教育与教学经验，开展中小学教育研究。教育实习实践为实习生撰写毕业论文、专题报告提供了宝贵的素材，为实习生学习和积累教学经验与方法、研究中小学教育、认识中小学的生活提供了难得的材料。建立稳定的教育实习基地，为组织信息反馈系统提供了有利的条件，通过这一有效途径，师范院校可及时掌握毕业生的反馈信息，针对师范院校教育教学中的薄弱环节改进工作，可根据本地区教育事业的发展、中小学教学的需要制订发展规划、制定招生指标、修订教学计划、增删教学内容、开设选修课程，真正做到面向中小学校，促进教育教学质量的提升。

（五）教育实习基地是调动和发挥师范生积极性与创造性的关键处所

师范生到教育实习基地开展实实在在的教育与教学工作，这与大学校园的学习有很大不同。他们到实习基地实践，开展各项教育训练能够得到基地学校的支持与配合，以及基地学校指导教师手把手、面对面的指导与帮助。这一切都会激起实习生的积极性与创造性，促使他们在训练中发挥自己的聪明才智，从而促进实习任务的完成。在实习过程中，如何做好精心的教学设计准备、课堂上讲解时如何激发学生听讲的热情、如何提出引起学生深入思考的问题、学生回答问题后教师如何理答、教学中如何展现重点进行板书设计、师生之间如何互动合作以调动学生的积极性、作业的布置如何考虑学生的差异等，这一切都需要师范生做到学以致用，活学灵用，充分调动和发挥自身的积极性与创造性。一位有明确目标和远大理想的师范生还要考虑的是：教学中如何“面向每一个学生，特别是有差异的学生”、如何从教师灌输知识转变为引导学生自己省悟知识、如何从教师向学生发问转变为诱导学生自己提出问题、如何从题海战术应试训练转变为指导学生应用所学知识解决实际问题的训练、如何从教师直观演示转变为指导学生独立实践操作、如何从强制性的教学管理转变为科学民主的人本化管理。

（六）教育实习基地是保证教育质量的重要因素

从根本上说，师范生的职业素质不是“教”出来的，而是通过教育实习“做”出来的。实习基地是教育实习的主阵地，合格的实习基地是教育实习成功的重要保证。因此，建立相对稳定的教育实习基地已经成为各国教师教育实习中理论与实践联系的必由之路。教育实习不仅是师范生将所学的专业知识应用于教学实践的表现机会，也是对师范生的职业素质和师范院校教学质量的一个检验。若要保证教育实习任务的完成，不断提高师范院校教育教学的质量，必须建立一批稳固的教育实习基地，这是当前师范院校刻不容缓的任务，同时也是师范院校教育实习改革的必然选择。实习基地一般都是各方面比较规范的学校。建立稳固的教育实习基地可以使师范院校和中小学的指导教师积累指导经验，不断提高指导水平，从而形成一整套的措施，以确保教育实习指导工作做到全程化、系统化和规范化。在当前基础教育新课程改革的背景下，师范院校应主动、密切地与中小学校加强联系，积极地探索为基础教育服务的新途径，加快教学改革的步伐，从而培养更多合格的中小学优秀师资。中小学校也应该积极承担教育实习任务，加强与师范院校的双向互动，达到合作双赢的目标。

第三节　实习客体的选择

一、实习客体的选择

基于教育实习基地建设的重要意义，在选择和确定实习基地时必须认真考虑它应具备的条件，以符合教育实习的要求。因此，选择好教育实习基地，加强学生的教育教学实习工作，对于提高教育实习的质量具有十分重要的价值和意义。

（一）要选择教育教学质量较高、教师指导能力较强的学校

有较长的工作经历和丰富的教学经验的中小学教师，是实习生学习的榜样。如果这些中小学教师与师范院校的指导教师相互配合，热心地进行“传帮带”活动，对实习生进行严格的训练，那么将会收到良好的效果。一所基地学校教学质量高是由学校管理、教师队伍、两个文明建设、班级工作、团队工作等多方面因素决定的，这些方面在实习过程中都会给实习生以熏陶，使之受到比较严格、完备的训练。通过教学实践活动，把以传授理论知识为主的课堂教学环境，转换为直接获取实际工作经验和能力的实践环节，帮助实习生理解、巩固专业理论知识，增加其感性认识，提高其动手能力，从而达到理论联系实际、提高专业技能的目的，这是学生毕业后进入工作环境、获得知识技能的最好途径。

（二）选择教育教学秩序管理和运行良好的学校

教育实习基地要有较好的或正常的教育教学秩序，才能保证实习的顺利进行。实习生职业道德品质和综合素质的形成会直接影响他们步入社会工作岗位时的心态、工作的认知程度、责任心以及期望值等。实习生只有在校风校纪良好的学校才能学到更多的好思想、好作风、好品德，为未来做一名合格的教师打下较好的思想基础。师范院校应该对实习基地的硬件设施、技术支持、师资培训等方面加强支持力度，从而使实习客体和实习主体之间的关系更为融洽。因此，教育实习基地要有健全的教学规章制度、规范的管理方法、科学的管理手段以及先进的教学理念。要合理地持续建设自身，具有一定的地域优势、丰富的环境、信息与人力资源优势，使其能够保持应有的负载力，保证教育实习任务的完成。

（三）选择师资队伍整齐、教育教学手段完备的学校

教育实习的主要内容是教学实习，师范类实习生用科学和恰当的方法将自己在学校所学的理论知识运用到实习客体中的过程离不开指导教师的悉心指导。教育实习基地教学指导教师在教育实习中占有重要的地位。由于实习生本身缺少身临其境的实践活动，因此很难从一个师范生转变为教师。这就要求选择教育实习基地必须考虑实习学校的师资队伍状况，其教师队伍要做到爱国守法、爱岗敬业、关爱学生、教书育人、为人师表、终身学习，达到《中小学教师职业道德规范》的要求，要有较高的业务水平和掌握完备的现代化教学手段，具备较强的教学实习指导能力。

（四）教育实习基地应具有一定规模并有稳定性

教育实习基地要能够保证学生参加教育教学实习和社会实践活动，因此，实习基地应有稳定的场所，有明确的实践教学目的和内容。其场所、设施要能

够满足教学需要，具备学生实习、劳动保护和安全卫生等方面的条件，要能够做到“产、学、研”一体化相结合。一是办学规模大小与能否提供理想的教育实习环境成正比关系，办学规模越大，办学时间越长，学校硬件与软件条件越强，办学经验越丰富，师资队伍整体实力就越强。二是因为办学规模大小直接影响实习学校接收教育实习生的数量，因此，教育实习基地要保持适度的规模。

二、实习客体的建设

（一）附属中小学的建设

附属中小学是师范院校办学体制的一部分，是师范院校赖以实习的教学工厂、实验园地，是师范院校进行教育实习的基地。附属中小学的设置是由师范院校的培养目标决定的。它是师范院校重要的有机组成部分。

师范生在师范院校所学的各种理论知识需要与实践相结合，在实践中进行检验。师范生应具备的各种能力需要在实践中进行培养和训练，这种结合与检验、培养与训练的形式就是教育见习和教育实习，而师范院校用以教育见习和实习的主要基地就是附属中小学。因此，附属中小学是师范院校的教育实习工厂。

师范院校的培养目标是合格的中小学师资，必须研究中小学的教育规律，而教育科学研究的最根本方法是实验和调查，附属中小学是师范院校教育科学研究的合作者。通过对中小学教育规律的研究与探讨，既能够提高附属中小学的办学水平，又能够提高师范院校的科研水平。因此，附属中小学是师范院校的教育科研基地。

师范院校与附属中小学是一个有机的整体，附属中小学的建设是师范院校的一部分，附属中小学办得好坏是师范院校办学水平高低的重要标志之一。师范院校的领导应把附属中小学当成一个二级单位来办，切实抓好以下几项工作。

1. 组织建设

附属中小学的一切组织管理都应由师范院校负责。师范院校应选派得力干部担任附属中小学各级领导职务。附属中小学的校长应是师范院校校务委员会和实习指导委员会的成员。校务委员会和实习指导委员会要定期听取附属中小学的工作汇报，认真研究，做出决定。

2. 思想建设

师范院校的领导必须从思想上重视附属中小学的建设问题，明确其办学方向以及其在师范院校的地位、作用。附属中小学的各级领导必须认识到附属中小学与师范院校的有机整体关系，真正地把附属中小学办成师范院校的教育实验工厂和教育科研基地，办成区别于其他中小学的示范性学校。

3. 业务建设

师范院校必须在业务上给予附属中小学优先的扶持和培育。师范院校各系科应与附属中小学的有关教研组挂钩，一方面有计划地对口培训各科师资、提高附属中小学各教研组教师的业务水平，另一方面派教师到附属中小学校听课、参加教研活动、讲示范课、交流信息与指导业务。师范院校应负责培训附属中小学的实习指导教师，从教育理论、班级管理等方面给予系统的培训。师范院校还可以与附属中小学合作进行图书馆、化学实验室、生物实验室、语言实验室等建设。在人力、物力、财力等方面，师范院校应给予附属中小学必要的扶持，使附属中小学的各种设备比其他中小学更加充实和完善。

4. 科研基地建设

师范院校的教育重点是中小学的教育研究，而教育科研的基本方法是实验和调查。师范院校指导中小学注意积累各种材料、统计各种数据，为教育科研提供客观依据，并帮助附属中小学在实践中检验和推广教育科研成果。

（二）定点实习基地的建设

由于附属中小学一般不能满足师范院校实习的需要，而且目前我国有许多师范院校还没有设置附属中小学，因此，选择和建设一批定点实习学校是师范院校的一项十分重要的工作。

1. 选择标准方面

首先，实习基地的建设要相对集中。为了便于领导，互通信息，交流经验，减少困难，实习点不宜做得过宽、过于分散。其次，实习基地的建设要相对稳定。为了避免“只见点搬家，不见点开花”的现象，师范院校应认真选择实习点。一旦确定，就要与实习学校签订合同或者协议，保持稳定，加强联系，互利互惠。最后，实习基地的建设要相对合理。选择一批领导力量强、师资水平高、教学设备全、教学质量好、规章制度严的城市中小学作为实习基地是最为重要的。但是，基于我国国情，农村学校教育是教育事业的重要组成部分，要顾全大局，确定相当数量的农村中小学作为实习基地是十分必要的。此外，为了减轻一个地区的压力、不影响实习质量，要避免几所院校、几个系科同时安排在一个地区实习。

2. 定点实习基地

首先，要在定点实习基地培训指导教师。实习学校的原任教师、指导教师、原任班主任中，有的具有丰富的教学教育经验，但是缺乏教育学、心理学的相关理论知识，师范院校应该对他们进行培训，使这些教师在系统教育理论下发挥更大的作用，从而提高指导的质量。其次，要经常与定点实习基地交流情况。师范院校应把实习生的综合情况，对实习生进行专业教育、师范职业教育、师德教育等情况向实习学校介绍，听取实习学校的意见和建议以及要求等，在实习进行中有的放矢地进行指导。最后，要对定点实习基地扶持帮助。师范院校要在力所能及和创造条件的情况下，在人才培训、委托培养、提供教育信息、教育工作资料、教学设备、定向招生等方面，给实习学校必要的扶持和帮助，使实习学校成为名副其实的教育实习基地。

（三）定向实习基地建设

所谓定向实习，是指定向招生的师范生和统招生仍回到原地方，在其教育局领导下进行教育实习，这种实习基地的建设就是定向实习基地建设。这种实习基地的主要特点有以下三点。

1. 领导、实习学校、实习生高度重视定向实习基地建设

首先，实习当地领导的重视。由于实习生是从该地招进师范院校的学生，现在又回到本地实习，实习成绩的好坏，直接关系到该地的教育质量。由于当地教委特别看重该地的教育质量，因此，教育实习也引起了当地教育行政主管部门的特别重视。其主要表现为当地教委主动成立实习领导小组、派专人分管实习工作、主动确定实习基地、对实习学校严格要求等。其次，实习学校的重视。教育实习任务是该地的教委下达的，同时还提出了指导实习的具体要求，并派员直接领导。因此，实习学校特别重视实习指导工作。其表现为物色有经验的班主任为指导教师、选定较好的班级承担实习任务、成立实习领导小组、派人专门负责实习工作、领导亲自过问实习情况、不断改善实习条件等。最后，实习生的重视。实习生回到本地实习，很有可能是自己小学、初中、高中就读过的母校，该地的教委又有专人领导实习，无形当中就会有一种心理压力。因此，他们会从内心里暗自下决心，一定要搞好教育实习，并且自觉遵守实习纪律，认真备课、预讲和试讲，认真做班级工作，虚心学习等。

2. 减少人力、时间和材料的浪费

首先，定向实习一般要求师范院校实习指导委员会只要派本校主管实习的领导或者教师去各地方教委一次性联系教育实习的有关事宜，再由地方教委分派辖区内的中小学校接待实习任务，这样师范院校就可以减少到各地中小学校去多次联系的环节，减少往返奔波的时间。其次，由于是定向实习，各个专业的实习生都有，无法派教师具体指导，只好派视导员进行巡视，从而节约了大量的人力、物力、财力资源。

3. 能够使师范院校、用人单位以及家长放心

首先是师范院校放心。由于实习成绩的好坏直接关系到实习生能否毕业甚至就业的问题，实习生对教育实习必须高度重视。同时，实习生又是回到其户籍所在地进行实习，其成绩的好坏关系到该地区未来教师的质量问题，因此，

当地教委必须抓好教育实习工作，还有实习学校的认真指导。其次是用人单位放心。原分配的毕业生，虽然是定向学生或者本县的学生，但是通过师范院校的教育，又通过实习学校严格训练和教委的把关，这样的毕业生往往下得去、用得好、靠得住。因此，用人单位放心。最后是家长放心。由于让师范院校和用人单位放心了，那么家长也自然放心了。

虽然定向实习基地的优点较多，但是也有缺点。那就是实习基地过于分散，造成师范院校比较难控制。因此，为了加强定向实习基地的建设，要注意以下几点。

1. 统一认识，以加强思想建设

教育实习不仅是师范院校的事，更是国家的事业、全民的事业。师范院校质量高低、办得好坏，直接关系到整个国家的教育事业。所以，办好师范教育是全党、全国人民义不容辞的责任。因此，每个地区、每个学校都有承担师范生教育实习的义务，这是分内的事情。因此，加强思想建设，一定要坚持四项基本原则。

2. 健全组织，以加强组织建设

各地的教委要建立常设机构即教育实习领导小组，委派专人负责教育实习工作。开始实习时，由教育实习领导小组全权负责教育实习任务及日常工作的安排；实习工作开展中，由教育实习领导小组做好实习指导教师的委派、实习任务的督促完成和业务培训工作；实习工作结束后，由教育实习领导小组抓好教育实习总结、评价工作以及有关教育实习的调查研究，等等。实习基地也应该成立相应的组织，不要随意更换，以便积累经验，从而指导实习。

3. 组织培训，以加强业务建设

各地的实习学校是师范院校的教育实习点，师范院校有责任对实习学校的教师进行培训，以提高其业务素质。培训主要分为两种：一种是短期训练。比如，利用寒暑假举办教育学、心理学、教育实习学、教学法的讲座，以提高教育理论水平和教育艺术水平。另一种是业务进修。这需要经教委选拔与推荐教师参加成人高考，获取师范院校的入学资格后再在这类大学接受专业理论的学习和实践的陶冶，一般三到四年后可以获得学位证书、结业证书或者合格证。无论是哪一种形式，都要师范院校和地方教委能够协商一致，做到既合乎情理又不违背原则，这样既能提高当地师资的学历，又能促进教育实习的顺利进行，两全其美的事无论是哪个部门还是个人都是心甘情愿的。以上的这三项建设做好了、加强了，教育实习质量就有了充足的保证。

总之，实习基地的建设事关教育实习的成败，必须引起师范院校、当地教育行政部门、地方中小学校三方足够的重视和协同合作。

第五章　教育实习的意义与原则

第一节　教育实习的意义

师范院校作为培养教师的学校，是学生转变为教师的中转站，而“师范生和其他大学生的最大差异处，不在于学识之精通，而在于教材教法之娴熟”①。师范生是未来的人民教师，他们的综合素质如何，不仅关系到自身的发展，还关系到我国基础教育整体水平，因此，我们决不允许把一件不合格的教育产品输向社会。但是，作为师范院校，又该如何把好质量关呢？笔者认为，重视和抓好师范生的教育实习工作是其中的关键之一。教育实习不仅会拓宽学生的专业知识面，而且会带动教育基本理论和基本职业技能的学习，从而提高学生的实际工作能力和教师职业化、专业化水平。

任何国家的发展首先都要靠科技，“科技要发展，教育要先行”。因此，世界上每个国家都很重视教师的职前培训，其目的就是培养合格的教师。在我国，各级各类学校教师的职前培养即是师范院校学生在校期间所受的一切教育和训练。所以，如何切实地对师范院校的学生进行有效的职前培训，全面地提高他们的专业与职业素质将直接影响各级各类学校的教育教学质量。而教育实习作为职前培训的一个实践环节，是培养教师具备独立工作能力的一个重要环节，是师范生初步熟悉和适应真实的教育教学环境并在教育教学实践中学习运用所学教育学、心理学、教育教学法理论知识的一个十分重要的环节，是实现师范院校培养目标的综合实践环节和培养提高学生从师能力综合训练的重要阶段，是学生走上教育工作岗位的一次全方位的实战演练和必要铺垫，对于陶冶思想、培养能力、增长才干、锤炼素质具有重要的作用。教育实习的过程与质量，直接影响着毕业师范生到各级各类学校任教时的教育教学质量。因此，师范院校的教育教学实习虽只是其整个教学计划的一部分，是教师教育及其人才培养过程中的一个环节，但是其作用远远超出了高校自身，带有综合性的作用。因此，

① 刘初生等编著：《教育实习概论》，湖南教育出版社 2001 年版，第 16 页。

它无论是对即将成为人民教师的师范生来说，还是对师范院校和实习学校来说，都有着十分重要的意义。

一、教育实习是综合提高学生素质与能力的基本途径

近几年不少中小学校领导和教师在招聘的时候，有个直观的感受就是要真正选择能写出一手好字、表达能力强、形象气质佳的中意的师范院校毕业生确实有些困难。我国历来注重加大对师范院校的改革和扶持力度，把最优秀的学生吸引到师范院校来，把最有才华的学生培养成人民教师。为此，国家教育部对直属师范大学实行师范生免费教育，以此吸引优秀生源报考师范院校。这样做，确实颇有成效，但如果仅靠外力的推动，而师范院校自身不进行改革，从长远来看，收效不大。基于此，师范教育应加强实践课程的设置，增加学生见习和教学实习的时间，在教学实践中培养学生各方面能力。

教育教学需要不断地汲取他人的间接经验，更需要时常加强自身的实践、摸索、反思和总结。对于师范生来讲，教育实习是师范生理论联系实际的重要途径，是师范生综合运用所学知识、技能解决实际问题的过程，是师范生在具体真实的教育情境中感受由学生到教师的角色转换，逐渐培养教师的职业意识、职业情感、职业道德、职业技能以及职业能力的过程。通过教育实习，师范生可以领略一线优秀教师的文采风貌，可以感受一些前辈苦苦求索而终于走上讲台成为人师的酸甜苦辣，可以面对面地开展心与心的交流，可以捕捉来自教育前沿最新最可靠的信息。通过教育实习，师范生也可以亲睹教师们为准备一节课独具匠心、呕心沥血的心路历程，可以跟着各个层次的师长一起探索教育的奥秘，解读育人的原理，更可以躬身实践，登台试讲，饱尝为人师表的滋味。通过教育实习，师范生还可以照亮自己的生命、化解心中的郁结、张扬丰满的个性。教育实习可以成为教育的“实验室”、信息问题的“咨询所”、经验和真知的“交流中心”。因此，教育实习能够综合提高学生的素质，其具体表现在：教育实习能够全面地巩固学生所学的专业知识，将外在的书本知识转化为自我内在的知识；教育实习能够全面地提高学生的能力，包括教学能力、组织管理能力、思想政治工作能力、班主任工作能力、调查研究的能力、科学研究的能力；教育实习能够全面地提高学生的思想政治素质，即有利于全面培养学生的群众观点、劳动观点和唯物辩证法的观点，有利于坚定学生献身教育事业的信心和决心，有利于培养学生坚忍不拔地克服困难的精神，有利于提高学生学习的自觉性和主动性等。①

① 张建文：《关于加强与改进高师院校教育实习的思考》，《云南师大学报》2002 年第 3 期。

二、教育实习是师范院校自身发展的动力机制

师范院校教育的重要功能是为基础教育培养师资，是为基础教育服务的，这就决定了师范院校教育必须面向基础教育，必须立足于基础教育的所需、所困。然而相当长一段时期来，师范院校教育并没有形成为基础教育服务的强烈意识，基本处在一种封闭运行的、脱离基础教育需要的状态。具体表现为：其一，缺乏对当前和未来社会对中小学教师素质要求的研究，师范院校教育实际是在不了解基础教育的情况下，培养为基础教育服务的师资；其二，缺乏对基础教育诸如教育思想、课程体系、教学内容、教学手段、教学评估等问题的理论研究，未能很好地指导基础教育的改革发展；其三，缺乏对基础教育实践的主动进入，没有为提高基础教育的管理水平和教育质量提供积极的直接的服务。因此，师范院校教育不仅要通过研究基础教育来确定应向基础教育培养和输送什么样的师资，而且要积极研究基础教育在改革发展中出现的新问题，以其理论成果指导推进基础教育的改革发展，提高基础教育管理和教学的水平和质量。师范院校通过教育实习可以改变以往对基础教育相对封闭的办学模式，建立起积极主动为基础教育服务的开放办学观念，主动考虑基础教育的需要，自觉地将自己融入基础教育的体系中去，成为与基础教育彼此依赖、不可分割的重要一员。

教育实习能够充分地反映各级各类师范院校的办学质量，因为实习生的素质以及教育实习的质量，直接反映着师范院校的办学质量。在教育实习中，实习生从事的教育、教学实践活动，不仅是对师范院校办学方向和办学水平的一次集中检验，也是对师范生德、智、体等方面素质的一次综合检验。① 通过教育实习，各级各类师范院校才能衡量和检验其“产品”质量的高低和受社会欢迎的程度以及教育教学水平的高低，才能看到自己办学的成绩，发现存在的问题，找到克服困难的办法。师范院校的师生到中小学去实习，了解到中小学的基本情况，从而使学校进一步明确自身的办学方向、责任和义务。教育实习还是师范院校教师自身成长的基本途径，因为师范院校的教师经常到中小学去指导实习，不仅可以全面了解到中小学的情况，端正自己的教育教学思想，而且能够与社会实践相结合，扩大眼界，增长见识，从思想上得到锻炼。更重要的是，教育实习还为各级各类师范院校今后的教育教学改革，包括培养目标与规格、课程内容设置、教育教学手段和方式等提供现实的依据。

三、教育实习是推动实习学校教育教学改革的重要条件

各级各类师范院校的教育实习主要是在中小学校进行的，因此教育实习对

① 张建文：《关于加强与改进高师院校教育实习的思考》，《云南师大学报》2002 年第 3 期。

于推动实习学校教育教学改革将起到重要作用。[①]

第一，教育实习有利于中小学校发现自身办学中的薄弱环节。师范院校大批教师和学生经常到中小学去实习，能够帮助中小学发现办学中指导思想是否端正，发现中小学贯彻执行党的教育方针政策的情况，发现中小学的课程设置、课时安排、教学管理和思想政治工作等方面的情况，从而能使中小学看到自身办学中的薄弱环节。

第二，教育实习能够对中小学的教育教学工作产生积极的推动作用，主要表现在：师范院校的教师到中小学去指导实习，能够就中小学的办学方向、办学形式和教学管理等方面的问题提出积极的建议，能够促进实习学校的领导加强对学校的领导与管理，全面贯彻国家的教育方针，提高教育质量。目前各级各类师范院校由于建立了相对稳定的实习基地，还能在物质条件等方面为中小学提供适当的帮助。而且，大批师范院校的大学生到中小学去实习，可以激发实习学校学生学习的热情和求知欲望，有利于中小学生在积极的思考过程中掌握知识，发展能力，提高学习水平。实习生不但参与教学、协助原班主任工作，还能承担大量的课外活动的指导，有利于活跃中小学的气氛，给中小学校带来生机与活力。由于大学生和中小学生在年龄和性格等方面很接近，中小学生对来学校实习的大学生感到很新鲜，因而大学生们的工作能够起到中小学教师们所起不到的作用。

第三，中小学教师在指导大学生的实习过程中，能够得到积极的锻炼，不但能加强同高校的联系，提高自己的指导能力，还能增强自身的责任感和事业心，加强教学的研究和改革，进一步巩固专业知识和提高教学水平。可见，教育实习能够对中小学校的教学和教育改革产生积极的推动作用，所以那种认为教育实习只能给中小学校带来混乱和麻烦的观点和看法是不对的。

四、教育实习是实习生与用人单位直接相互了解的平台

当前高校毕业生就业工作的重要性和紧迫性越来越为人们所重视。尽管师范办学性质和办学特色使其成为教育系统用人单位的首选对象，师范生的总体就业形势近几年尚处于较好状态，但在高校毕业生总体就业形势日趋紧张的情况下，在国家已经允许任何符合规定条件的人都可以从事教师职业的局面下，师范院校的大学生也面临着就业的竞争与压力。因此，教育实习也应是师范生定位自己、推销自己的窗口。[②] 所以，师范生应抓住教育实习所提供的机会，定

---

① 张建文：《关于加强与改进高师院校教育实习的思考》，《云南师大学报》2002 年第 3 期。

② 周育国：《注重高师教育实习的“窗口”价值》，《中国教育与经济论坛》2002 年第 2 期。

位自己、展现自己、推销自己。可以说，由于教育实习是学生毕业前夕直接与未来岗位或潜在的用人单位接触的一个重要环节，是一个既能体验成长为教师的实践经验，又能获得在未来岗位或潜在的用人单位展现自己的平台的正式预演，从一定意义上讲，这使师范生获得了优于其他择业者的机会。尤其在市场经济条件下，用人单位有广泛的用人自主权，教育实习就使师范生实际上具有了先于他人的优先自荐权、选择权与被选择权。师范生应该非常清楚地意识到这个优先权，并把握这个机会，使潜在的用人单位变为现实的用人单位。所以说，一定的实习岗位，是每个即将毕业的师范生成功就业的"窗口"，通过这个"窗口"，发现自我，定位自己，实现自我。同时，师范院校应该为实习生与用人单位搭建相互了解的平台，为师范生就业提供优先选择与被选择的机会，要抓住教育实习这个得天独厚的机会来展现学校的实力，推销自己的学生，以此为传媒，让社会公众和用人单位更多地了解学校，提高学校的知名度，扩大学校的影响力，因此，各师范院校必须高度重视教育实习的"窗口"价值，让社会更多地了解自己，从而更好地提升自己。

总之，教育实习无论是对于师范院校还是对于实习学校的教育教学管理、改革和发展，无论是对于大学生的学习与提高、选择与就业，还是对于中小学生的学习与成长，都具有重要的促进和推动作用。因此，教育实习不仅是师范学校单方面的事，也是中小学校的光荣职责。同样，指导教育实习，不仅是高校教师的责任，也是中小学校教师应尽的义务。

第二节　教育实习的原则

教育实习作为师范院校的一项重要工作，在进行的过程中不能"脚踩西瓜皮"，随意进行，这一过程往往有一些基本的要求和规范。在教育实习过程中，必须遵循以下原则。①

一、综合性与基础性相结合的原则

教育实习是实习生在中小学校、幼儿园等基础教育的一线进行的一种综合性的教育实践活动。这种实践性的学习活动，不仅具有综合运用、考查和提高所学专业知识的作用，而且能够培养师范生从事教育和教学工作的能力，加深和巩固他们的教育专业思想，使他们受到全面的锻炼。因此在实习过程中它一方面要求实习生在基础教育的特殊氛围中围绕如何做一名中小学教师的基本要求，进行思想性、业务上的多项综合训练，是实习生心理的、思想性、知识的、

① 陈智慧：《高师教育实习的特点与指导原则》，《高等教育研究》1998 年第 2 期。

能力的各种因素综合作用的结果；另一方面实习的内容也是教学、班主任、教育研究、教育调查等各方面工作的协调配合。

二、理论性与实践性相结合的原则

教育实习是师范生集中进行教育和教学专业训练的一种实践形式，它具有突出的实践性。它要求实习生在从事教育教学工作实践的基础上，把对教育事业的感性认识和理性认识统一起来，并把自己所学的理论知识运用到中小学教育教学实际中去分析和解决所面临的现实问题。要做到理论联系实际，理论指导实践，理论用于实践以及实践检验理论，实践完善理论，实践创新理论，从而有效地加强理论与实践的结合。

三、计划性与灵活性相结合的原则

教育实习是师范院校教学计划中的一个重要组成部分，是教育者，特别是教师有目的、有计划、有组织地指导师范生积极自觉地学习怎样做教师的实践活动。因此，教育实习的任务、内容和时间及具体的实施办法要有统一的要求，必须有计划、有步骤、有针对性地进行，使整个教育实习过程具有明显的节奏感。但又在实习的场所、实习的内容、实习的方法上留有回旋的余地，有的学校还做了弹性规定，以便从各校实际和教育实习的具体情况出发，加以组织实施，从而保证教育实习更加科学规范。

四、自主性与合作性相结合的原则

教育实习是由实习生作为教师独立进行的综合性的教育实践活动。实习生作为教育实习的主体，具有相当的独立性或者自主性，他们要作为一名教师去独立地工作，并从中实现实习所要达到的目的。但另一方面在实习的过程中，要求师范院校与实习学校、师范院校的指导教师与实习学校的指导教师、实习指导教师与实习生以及实习生之间要加强合作与交流，以利于实习工作的顺利推行。

五、集中性与阶段性相结合的原则

从教师教育的全过程来讲，教育实习是集中在一定的时间内进行的，因此具有集中性。但从教育实习的全过程来讲，即从实习过程中的工作重点、客观情况、实习生工作的具体安排等方面来讲，它又具有明显的阶段性。一般来说，实习可分为动员准备、实习初期、实习中期、实习总结等几个阶段。

需要注意的是，在理解教育实习时，不应只是从传统意义上把教育实习看作一个教学环节和毕业前的一次突击性的“实战演习”，更应把它看作一个教学实践过程。它是在大教育实习观指导下建立起来的大教育实习模式，是指师范生深入中小学中去，以“中小学教学模拟和实践课”为纲，从新生入学第一天起即开始实施和进行的一种全面和具体的教育实践活动，是对师范生的知识、能力、技能、技巧的全面考察、检验和锻炼，包括教师基本功训练、教育见习、教育调查、教材和教法研究、模拟教学、教学实践、教育实习等活动，采用小组训练、大班比赛、模拟实习和混编小分队等方式，是课内教育实习和课外教育实习、集体教育实习和个体教育实习、校内教育实习和校外教育实习、有形教育实习和无形教育实习、教师“实习”和师范生实习的集合体，是以基地实习为重点和终结评价的实践形式和综合实践环节。与其他课程一门一门结业不同，是学生在校期间（包括寒暑假）都要不间断地进行的特别的实践教学过程，是包括教师专业技能训练、专业教学见习、课程设置与知识体系构建、教材教法研究等的教学实践过程。

第六章　教育实习的目的

第一节　实习目的的意义

教育实习的目的要受到我国教育目的的制约。教育目的是把受教育者培养成为一定社会需要的人的总要求，是学校教育所要培养的人的质量规格。它是根据一定社会的政治、经济、生产、文化科学技术发展的要求和受教育者身心发展的状况确定的。它反映了一定社会对受教育者的要求，是教育工作的出发点和最终目标，也是确定教育内容、选择教育方法、检查和评价教育效果的根据。它同样是确定教育实习目的的依据。[①]强调教育与生产劳动相结合一直以来既是马克思主义关于人的全面学说的根本观点，也是中华人民共和国成立以来实现教育目的的根本途径。1995年颁布的《中华人民共和国教育法》中表述为："教育必须为社会主义现代化建设服务，必须与生产劳动相结合，培养德、智、体等方面全面发展的社会主义事业的建设者和接班人。"因此，作为教育工作者，按照教育目的科学合理地定位教育实习目的，并使之具有发展性，对于认清教育实习的本质、明确教育实习的职能和职责、找准前进的方向是大有好处的。因为只有理性的自觉，才有可能在实践中做个自觉而清醒的教育者。

一、实习目的是教育实习工作的出发点和依据，也是归宿

教育实习目的是这一工作的出发点和依据，也是教育实习的归宿。因此，参照国外的做法，并结合我国师范院校的特点，我们必须对教育实习的目的进行合理定位，使之具有较强的针对性和可操作性。教育实习的目的主要是检验和培养学生的独立工作能力，这也是毕业生能否找到称心如意的职业的基本条件。所以，师范院校对实习生的要求以及安排的具体规定都应紧紧围绕这一中心目标，即完全按照对正式教师的要求，在真实的学校环境中通过实习来检验和培养实习生的独立工作能力。因此，在教育实习过程中应强调实习生必须认真贯彻两条基本原则：一是要求实习生全面从事一个教师实际应做的工作，按

① 王道俊、郭文安主编：《教育学》，人民教育出版社2009年版，第83页。

照对一个正式教师的要求来安排实习任务；二是强调学校真实而不是人为的环境，使实习生通过亲身的实践和体验，对学校的实际工作有真实的感受。根据这两条原则，各个地方和学校可针对自己的实际情况采取灵活多样的教育实习形式，从实习的要求和安排到实习的内容与措施都做具体的规定，从而提高未来教师的教育实践能力。

二、实习目的可以促使师范生达到合格教师的基本要求

在教育实习目的上，如果仅仅认为教育实习是为了检验学生所学知识，培养其实际工作能力，这种认识不仅是狭隘的，而且有可能阻碍教育实习的顺利进行。教育实习的最终目的是完成实习生由学生到教师的过渡，这种过渡是一个学生在知识上有了一定的储备、能力上已经有一定的提高之后，在心理、气质、精神状态上向教师和成熟个体跨越的一个中介和过渡，是一位“准教师”的“工作成人”的过程。[①] 通过实习，不仅能给实习生提供一个了解中小学、接触社会的机会，更能在实习的过程中通过从事作为一名中小学教师的工作的亲身体验和感受，提高他们的教育教学能力和社会适应能力，使他们在实习之后，从各方面看都应该像一名教师而不再是一名学生，为他们即将担任的教师角色有一个心理准备。因此，教育实习不能仅着眼于培养一位好教师，更要着眼于未来教师的整体成长和终身发展的需要，制定比较具体的教育实习目的与要求：①在实习中，自行活用及练习教育教学技巧，以求不断加强教育教学信心；②在分科导师与其他有关导师的指导下，吸取良好的教学经验及意见，使教法不断获得改进；③从历练中获得教育教学上的实际效益，并将体验所得的各项问题，寻求理论参证与解决办法；④通过教育教学实习与实地观察，体验学校组织及教师工作的实质。由此可见，通过教育实习，要使实习教师在认知、能力和情意等方面达到合格教师的基本要求。

三、实习目的可以搭建实习生与用人单位相互了解的平台

教育实习还应为实习生与用人单位的直接相互了解搭建平台，为师范生就业提供优先选择与被选择的机会。因此，教育实习也应是师范生定位自己、推销自己的窗口。[②] 总的来说，教育实习的目标定位应尽量将实习活动建立在实习学生的需要和兴趣基础之上，并应对实习生作为一名教师同时作为一名学习者有用。广泛的和各种各样的经历支持着未来教师的发展，这种支持不仅是一名称职的教师意义上的，也是一名有责任心的公民和个体意义上的。也就是说，实习

---

① 郑东辉、施莉：《国外教育实习发展概况及启示》，《高等师范教育研究》2003 年第 9 期。

② 韩延明：《大学教育现代化》（第一版），山东教育出版社 1999 年版，第 158 页。

的目的和原则不只是为将来的教学做准备，更考虑到教师作为一名个体的最佳成长。

第二节　实习目的的依据

一、人类认识发展规律的体现

人类的认识由感性认识和理性认识两方面组成。其中感性认识是认识过程的初级阶段和初级形式，是人们在实践基础上，由感觉器官直接感受到的关于事物的现象、事物的外部联系、事物各方面的认识，包括感觉、知觉和表象三种形式，其特点是直接性和具体性。理性认识是指人们借助抽象思维，在概括整理大量感性材料的基础上，达到关于事物的本质、全体、内部联系和事物自身规律性的认识，包括概念、判断、推理以及假说和理论等形式，其特点是它的间接性和抽象性。感性认识和理性认识的辩证关系：首先，理性认识依赖于感性认识，理性认识必须以感性认识为基础。其次，感性认识有待于发展和深化为理性认识。最后，感性认识和理性认识相互渗透，相互包含，二者的区分是相对的，人们不应该也不可能把它们截然分开。感性认识和理性认识是辩证统一的，其统一的基础就是实践。因此，感性认识和理性认识只有在实践的基础上统一起来，才能促进人类认识的发展。

二、辩证唯物主义认识论的基本观点

认识论是马克思主义哲学关于认识的来源、本质及其规律的学说。认识论作为辩证唯物主义的重要组成部分，是关于人类认识的来源、能力、形式、过程和认识真理性问题的科学理论。其中实践论把辩证法应用于认识论，强调人的认识是一个不断深化的能动的辩证发展过程。认识的辩证法，表现在认识和实践的关系上，认识来自实践，又指导实践，为实践服务。表现在认识过程中，人对世界的认识不是一次完成的，而是一个实践、认识、再实践、再认识的多次反复、无限深化、循环往复以至无穷的辩证发展过程。实践与认识的辩证关系为：一方面，实践决定认识，是认识的基础。这具体体现为：首先，实践是认识的来源。认识是人们在实践中借助一定的工具作为手段，使客观对象发生某种改变而获得的。其次，实践是认识发展的动力。认识产生于实践的需要，实践的发展为人们提供日益完备的认识工具，这些工具延伸了人类的认识器官，促使人类认识的发展。另外，实践锻炼和提高了人的认识能力。再次，实践是检验认识的真理性的唯一标准。要检验一种认识是否正确反映了客观事物，需要联结主观与客观的实践来检验。通过实践，人们把指导自己实践的认识和实

践所产生的结果加以对照，从而检验认识是否正确地反映了客观事物。最后，实践是认识的目的和归宿。认识从实践中来，最终还要回到实践中去指导实践。认识本身不是目的，改造世界是认识的目的和归宿。另一方面，认识对实践具有反作用。正确的认识能够指导实践取得成功，错误的认识会把人们的实践活动引向歧途。因此，辩证唯物主义认识论的基本观点要求以学习间接经验为主要任务的大学生，既要坚持实践第一的观点，积极投身实践，也要重视认识的反作用，发挥科学理论对实践的指导作用。

三、我国教育方针和目的的要求

我国教育方针和目的深受马克思主义关于人的全面发展学说的影响。马克思主义认为，自从人类进入阶级社会以后，教育便脱离了生产劳动，形成了脑力劳动与体力劳动的对立，这是一切阶级社会的共有特点。马克思主义关于人的全面发展学说认为人的全面发展是大工业生产的客观要求，同时大工业生产也为人的全面发展提供了可能性。社会生产力的高度发展是人全面发展的必要物质前提。社会主义生产关系给人的全面发展创造条件，共产主义条件下将使人的全面发展成为现实。教育与生产劳动相结合是造就全面发展的人的途径和方法。[①]

新中国成立以来关于我国教育目的的几次重要表述中都阐述了教育与生产劳动相结合的思想。1957年，毛泽东同志在《关于正确处理人民内部矛盾的问题》中指出："我们的教育方针，应该使受教育者在德育、智育、体育几方面都得到发展，成为有社会主义觉悟的有文化的劳动者。"1982年，《中华人民共和国宪法》第四十六条规定我国现阶段教育目的是："国家培养青年、少年、儿童在品德、智力、体质等方面全面发展。"1995年3月在《中华人民共和国教育法》中表述为："教育必须为社会主义现代化建设服务，必须与生产劳动相结合，培养德、智、体等方面全面发展的社会主义事业的建设者和接班人。"[②]2001年6月《国务院关于基础教育改革与发展的决定》强调："坚持教育必须为社会主义现代化建设服务，为人民服务，必须与生产劳动和社会实践相结合，培养德、智、体、美等全面发展的社会主义事业建设者和接班人。"教育与生产劳动相结合的思想具体体现在学校教育上，其主要内容包括：一是知识分子与工人农民相结合；二是脑力劳动与体力劳动相结合；三是理论与实践相结合；

---

① 马克思、恩格斯：《马克思恩格斯全集》（第93卷），人民教育出版社1972年版，第530页。

② 王道俊、郭文安主编：《教育学》，人民教育出版社2009年版，第101页。

四是知识与应用知识相结合。[①]《国家中长期教育改革和发展规划纲要（2010—2020年）》强调"创新人才培养模式"，要"注重知行统一。坚持教育教学与生产劳动、社会实践相结合。开发实践课程和活动课程，增强学生科学实验、生产实习和技能实训的成效"。

四、教学过程规律的体现

古希腊智者派认为，没有实践的理论和没有理论的实践都没有意义。19世纪瑞士著名教育家和教育改革家裴斯泰洛齐明确指出："你要满足你的要求和愿望，你就必须认识和思考。但是为了这个目的，你也必须行动。"19世纪中叶俄国最杰出的教育家乌申斯基更直截了当地指出："理论不能脱离实际，事实不能离开思想。"毛泽东以辩证唯物主义观点对人类认识发展做了如下概括："实践、认识、再实践、再认识，这种形式，循环往复以至无穷，而实践和认识之每一循环的内容，都比较地进到了高一级的程度。"这一概括，言简意赅，从实践与认识的辩证关系上，揭示了人类认识不断深化的客观规律，揭示了人类认识是一个日新月异、永无止境的辩证过程。因此，不管是基础教育还是师范教育的学生的主要任务都是学习间接经验和书本知识，但是书本知识的教学要注重以直接经验为指导，要从理论与实际的联系上去理解知识，注意运用知识去分析问题和解决问题，做到学懂会用、学以致用、活学灵用。

第三节　实习目的的定位

教育实习的目的是教育实习的出发点和依据，也是教育实习的归宿，它的定位将直接决定实习的内容、构成及管理等一切方面。西方各国都非常重视教育实习目标的合理定位，以确保实习的效果。在美国，教育实习的目标来自学生自己，这可通过对大学毕业班学生的调查问卷中反映出来。美国教育实习目标的有机组成部分是[②]：①熟悉和理解学生；②获得自信；③制订执行教学计划；④获得管理一个班级的可靠经历；⑤验证自己是否适合教师这一职业；⑥理解作为一名教师的责任；⑦更好地理解教师工作；⑧改善自己的教学观；⑨发展个性；⑩与其他教师共事的机会。而且，为了提高实习生的合作态度和对指导的理解与接受程度，美国还制定了22条指导原则，对实习指导人员和合作人员、大学指导教师、实习学校指导教师及实习生的要求以及实习学校的选择、实习

---

① 陶仁、杨其勇主编：《顶岗支教实习——地方高校师范人才培养新模式》，云南大学出版社2011年版，第76页。

② 郑东辉、施莉：《国外教育实习发展概况及启示》，《高等师范教育研究》2003年第9期。

活动的安排等都做了明确的规定。因此，为确保实习的效果，师范院校要在参照国外做法的基础上，主要根据我国的教育目的及师范院校自身的性质特点、办学特色、培养目标等，对作为教学计划的重要组成部分之一的教育实习目的及目标进行合理定位，并使之具有较强的针对性和可操作性。具体来说，教育实习的主要目的表现在以下几方面。

一、帮助实习生树立献身于教育事业的理想和牢固的专业思想

2007年教师节前夕，温家宝总理来到北京师范大学，跟首批免费师范生亲切座谈。在座谈会上，温总理说："师范大学和一般大学有共同点，也有不同点。一是师范大学学习的综合性更强。一般大学的学生学习重点在于知识本身的研究，为学问而学；而师范大学的学生学习还包括知识关系的研究，为教育而学。一般大学的学生可以'独善其身'，而师范大学的学生则要'兼善天下'。二是师范大学造就的应是堪称人师的教育家，要学为人师，行为世范。因此，对师范生的道德要求就更高。教育，不仅要言教，还要身教；不仅要立己，还要立人。为此，师范教育必须贯彻教学和科研相结合，学知识、教书、做人相结合。"温总理的一席话语重心长，意义深远，把学术性和师范性的矛盾放在了一般大学和师范大学的对比中进行了解读，强调学术性和师范性应该是师范学校的两翼，两只"翅膀"都强了，才能展翅高飞，担负起提高民族素质，实现国家、民族振兴的责任。

从事任何职业，都要对其有一定程度的喜爱，才能倾力干好。对教育事业的热爱，起源于对学生的了解、喜欢和热爱，生成于感受教育事业的乐趣，深化于在教育活动中发现自身的价值和体会在这一活动中的成就。通过教育教学实践，实习生可走进基础教育各级各类教育机构，通过与广大从事基础教育教学一线工作的教师和充满青春活力的中小学生接触，可潜移默化地被一位位朴素无华、勤奋耕耘、慈爱有为的教师的人格操守所感染，受到他们言传身教的影响，享受塑造和创造的乐趣。通过教育实习，可以受到忠诚于党的教育事业、热爱人民教师工作的思想教育以及深刻的职业道德教育和专业思想教育，认识人民教师所应担负的光荣而重大的工作任务，从而培养实习生从事教育工作的荣誉观、事业心和责任感，进一步树立献身于教育事业的思想、信心和理想，在认知、能力和情意等方面达到优秀教师的基本要求。

二、检验和培养实习生独立工作的能力，并完成由学生到准教师的过渡

《教育——财富蕴藏其中》说："如果一个儿童遇到的第一位教师是位未经过充分培训并且缺乏积极性的教师，那么他们未来进行学习的基础本身就缺

少坚固性。”[①] 因此，对于师范生而言，教育实习最直接的目的就是在毕业之前从短暂的中小学学校实践中培养独立工作的能力，准备好迎接未来工作和生活的挑战，尽可能快地融入职业生活和教师群体。近年来，随着国家教师教育的改革和有关政策的实施，非师范专业的毕业生进入教师岗位的人越来越多，尽管这些综合大学的毕业生也通过了教师资格证的笔试和面试，但与师范院校的毕业生相比，他们在教育教学工作的实践能力方面仍然有较大的落差，所以他们走上工作岗位后一般都难以适应本职工作。因此，加大对师范生以及非师范生职业的教育教学实践，是“砍柴之前”的“磨刀功”，是能够检验和培养从教人员独立工作能力的必要事项。

在教育实习的过程中，实习生通过将所学的理论、专业知识和基本技能综合地应用于教育教学实践，从而巩固、运用和检验所学的基础理论、基本知识和基本技能，获得基础教育教学的感性认识，进一步理解教育教学规律，可全面地培养和锻炼从事中小学教育及教学的独立工作能力。同时教育实习可帮助实习生深入基础教育第一线，向中小学名师学习，接受这些名师的传、帮、带，从实战中学习，在实战中成长，完成由学生到教师的过渡。这种过渡是一个学生在知识上有了一定的储备、能力上已经有一定的提高之后，在心理、气质、精神状态上向教师和成熟个体跨越的一个中介和过渡，是一位“准教师”的“工作成人”的过程。[②]

三、引导实习生以教育调查的方式学习和研究基础教育科学

通过教育实习可以引导实习生以教育调查的方式学习和研究基础教育科学，探索其规律，为培养适应教育体制改革和新课程改革需要的新型教师进行初步训练。实习生大学四年的生活大多是在象牙塔中度过的，他们的学习也是以理论知识为主，因此，对于即将踏上的工作岗位——中小学教师的生活和工作，即使他们有曾经作为中小学学生的经历，但对于教师这方面的了解只是片段和零碎的记忆。要想在未来的工作中有着凤凰涅槃、浴火重生的精神，必须经过切实的磨炼，而教育实习可以成为锻造他们的实践过程。

随着国家基础教育新一轮的课程改革（新课改）在全国推广，基础教育的理念发生了新的变化，对课程功能、课程结构、课程内容、教学方式、评价制度、课程管理等都有了新的理解，从而对中小学教师的职业素养与从教能力有了全方位的新要求，也给师范院校教师教育专业人才的培养提出了新的挑战。正因

① 国际21世纪教育委员会：《教育——财富蕴藏其中》，教育科学出版社1996年版，第139页。

② 周育国：《注重高师教育实习的“窗口”价值》，《中国教育与经济论坛》2002年第2期。

为学生的教师素质与从教能力对于师范院校人才培养如此重要，因此各师范院校已普遍重视学生的教师素质与从教能力的培养与训练。通过教育实习，不仅能给实习生提供一个走进中小学校去了解一线教师的生活、学习和工作情况以及了解教育教学改革、新课程实施与素质教育的落实情况并接触社会的机会，更能在实习的过程中通过文献收集、课堂观察、实证调查等多种形式对实习工作中所面临的困惑提出问题、分析问题并加以解决，提高实习生的教育教学能力、教育研究能力和社会适应能力。经过教育实习，师范专业的学生在教学经验厚实的各专业教师指导下进行教育教学训练，通过对有关基础教育课程改革内容的学习和自己的亲身感受，探询、思考教育和教学问题，不断磨炼、提高教师职业能力，在未来的就业竞争中才能获得优势，才能更好地成为适应教育体制改革和新课程改革需要的新型教师。

四、全面检验师范院校的办学思想、办学成效和培养规格

目前，世界各国都在进行教师教育的改革。就美国而言，1980 年以来就教师专业发展问题相继出台或发表了由民间或政府推出的一系列专题报告，如全美国家教育优异委员会于 1983 年发表的《国家在危急中：教育改革势在必行》、霍姆斯研究小组于 1986 年发表的《明天的教师》等。这些报告都明确指出教师是制约学校教育质量的关键。在这种背景下，整个社会对教师队伍素质的关切达到了空前的程度，政府和民间已经达成一种共识，即改革教师教育是提高基础教育质量的必要先决条件。所以，应从教师教育的改革入手，进而提高基础教育教师队伍的整体质量。教师教育改革成为教育改革的核心问题之一。

教师教育的改革要走在基础教育改革的前列。教师教育的改革效果如何，师范院校的办学思想、办学成效和培养规格如何，这些都可以通过教育实习加以检验。师范院校作为培养教师的摇篮，是学生转变为教师的中转站，而“师范生和其他大学生的最大差异处，不在于学识之精通，而在于教材教法之娴熟”。教育实习不仅会拓宽学生的专业知识面，而且会带动教育基本理论和基本职业技能的学习，提高学生的实际工作能力和教师专业化水平。师范院校通过教育实习可及时地获得反馈信息，不断地改进教育教学和管理工作，以提高自身的教学质量，更好更多地为各级各类教育机构培养合格人才。

第七章　教育实习的方法

教育实习是各级各类师范院校的学生到基础教育一线进行教育和教学专业训练的一种实践形式。[①]它是师范教育中理论联系实际原则的体现，同时也是实现培养目标的必备教学环节，是教学计划中的重要组成部分。教育实习的目的就是让学生将所学到的专业知识以及教学技能综合运用到教育教学实践中去，从而培养和锻炼学生从事教育教学工作的能力，并加深和巩固学生的专业思想，提升师范生的就业竞争力，满足人才市场的需求。

教育实习作为师范院校不可或缺的教学环节，是将课堂教学同社会实践相结合的重要路径，是学生人生角色转化的一个极其重要的过程。一般而言，教育实习实施的好坏关系到能否培养出满足市场需求的合格教师。但是现在许多师范院校存在着“重理论、轻实践”的发展误区，这和当前提高教育质量的要求相悖。因此，探求切实可行的教育实习方法，确保教育实习的质量，对于教学管理来说，是一个举足轻重的重要课题。随着时代的进步与发展，教育实习的方法也在与时俱进。

第一节　实习方法的作用

教育实习是一门重要的、必修的综合性实践课程，教育实习使得师范生可以在接触中小学校和幼儿园青少年儿童的过程以及在从事教学和德育工作中，能够从思想上、政治上及教学技能上得到全面的锻炼和提高。师范生在实习过程中，可以全面提高自己的专业知识及教学技能，培养自己独立完成教学计划和教学任务的能力，还可以加深自己献身教育事业的思想和理念。从这一点来说，教育实习是每个教师所必需的职前培训，是教师培养计划里十分重要的环节。[②]

① 许高厚主编：《教育实习》，人民教育出版社 2001 年版，第 3 页。

② 李玲：《高师学生教育实习：沿革、地位、作用》，《遵义师范学院学报》2006 年第 4 期。

一、帮助师范生熟悉教学环境与教育实践环节

教育实习的过程中，师范生穷于应付或者人在其位、不谋其职的情况普遍存在。比如，有些学生为了考研或者进入事业编制，就会提前进行自主实习，找到熟悉的实习单位开展自主实习，以减少实习时间，为考试做准备。而有的同学将实习看作可有可无的教学环节，对于实习抱着无所谓的态度，认为只要掌握了理论知识，教学只是一件很简单的事情。其实，观摩教师授课和自己上讲台讲课是不一样的。陆游曾有诗云："纸上得来终觉浅，绝知此事要躬行。"当走上讲台，拿起课本，在黑板上写下第一个字的时候，很多学生会觉得在大学里学的知识根本不够用，只有多听课和实践，多和学生进行沟通，多在指导教师的指导下练习，才能逐渐成长为能够独当一面的好教师。俗话说："实践出真知。"实习生作为初出茅庐的教师，如果他认为教学无非就是把书本上的知识装进学生的脑子中去，教师所起的作用只是"知识的搬运工"，这就大错特错了。越是看似简单的东西实践起来越是困难，因为简单的东西里蕴含着复杂事物的中心思想和主体脉络，很多新手就因为这样才会出现"一听就懂、一做易错"的现象。真正想要读懂书本知识，研究清楚课改思想，将各种冗杂的知识转换为个人的技能，就必须在教学实践也就是教学实习中琢磨出教育规律里所蕴含的深刻道理，丰富对教育实践中复杂问题的真实感受。[①]在实习过程中，实习生了解从教的具体流程，努力提高自己的教学技能和做班主任的技巧，并且通过实习真正感受教育的博大精深，为将来做一名优秀的教师打好基础。

二、帮助师范生培养专业思想与教育责任感

长久以来，很多师范院校的学生认为，教师这份职业，社会地位低下，工作量大而且辛苦，并且收入赶不上公务员，所以专业思想不坚定。很多同学在填报高考志愿和选择工作的时候，只是一味地听从家长和高中教师的意见，认为师范专业的录取分数线比较低，被学校录取的保险系数大。因此，增强师范生的专业思想，培养他们的良好道德品质和职业思想，是师范院校向社会输出优良师资的重要方式。

不论从事什么行业，只有欢喜和热爱，才会倾尽全力去做好。当师范生和学生打成一片，和学生相处愉悦，就会生发出对于教育事业的探求之情，就会满溢好奇去寻求更好的教学方法，从而激活自身的能力和价值。对于新教师来说，热爱自己的学生，热爱教师这个职业，努力去和学生进行沟通，了解学生的情感特点和行为习惯，感受探求教学规律的乐趣，有利于形成对教育事业的积极

① 刘初生等编著：《教育实习概论》，湖南教育出版社 2001 年版，第 17 ～ 19 页。

态度。很多实习生在这一过程结束以后，都对实习学校的教师还有学生念念不忘，并且立志从事教师这个职业，这说明实习能够增强学生对于教育工作的情感。

师范院校的目标是培养一个有着正确的世界观、人生观、价值观，热爱教育事业，有着教师职业道德和乐于奉献精神，自觉为社会主义现代化建设做贡献的合格教师。[①] 为了达到这个目标，我们所培养的学生不仅要有渊博的知识和较强的教育教学能力，还要有很高的政治思想素质和教师道德素养。教育实习正是实现师范院校培养目标在政治上的要求，巩固师范生的职业思想，增强师范生从事教师职业的心理和道德的有效途径。

通过教育实习的实践环节，如课堂教学、班主任工作及指导教师的言传身教等，都能够加深实习生对于教师这个职业的进一步认识，还可以使他们坚定自己的从业信念和职业观念。实习工作也能够让实习生接触到教师的一线工作，让他们真正了解教师工作的艰辛及崇高，亲身体验到教师心灵的纯洁与品格的高尚。广大教师为了年青一代的健康成长和祖国的未来而呕心沥血、不计名利的精神，都会鼓舞和激励实习生，让他们能够真切地明白教师在传播和继承人类文化知识、推动社会发展进程中的桥梁作用，以及在塑造学生心灵上的重要作用。因此，很多实习生都在实习结束后，对于教师是“辛勤的园丁”“太阳底下最光辉的职业”这些说法高度认同，感到“教师虽然是个辛苦的工作，可是这苦中也有很大的乐趣”，甚至认为“教书育人是人生最大的乐趣”。[②]

教育实习可以使实习生对我国的教育，特别是农村基础教育的现状以及发展趋势有深刻的认识，了解到农村地区精神文明建设的需要，坚定为社会主义新农村做贡献的决心。[③] 很多同学在进行顶岗实习以后，对于农村的教育有了全新的认识，他们中很多人选择报考农村的编制，立志在农村学校扎根，贡献自己的力量。[④]

总之，教育实习能够提高师范生对教育职业的认识和兴趣，也有助于增强学生的师德素养，激发师范生献身教育事业的崇高使命感。

三、帮助师范生深化专业知识与从师任教技能

一个合格的教师在工作能力和业务素质上应该做到：能够熟练地制订教学

---

① 赵春：《谈教育实习对提高师范生专业素质的作用》，《徐州教育学院学报》2007 年第 3 期。

② （捷克）夸美纽斯：《大教学论》，教育科学出版社 1999 年版，第 1 ～ 10 页。

③ 王永颜：《顶岗实习支教在教师教育一体化建设中的作用》，河北师范大学博士硕士论文文库，2010 年。

④ 袁江山：《顶岗实习对师范生专业素养发展影响研究》，西南大学硕士学位论文，2013 年。

计划、科学地设计课堂教学环节、编写优良的教学设计、合理地组织课堂教学、漂亮地设计教学板书、专业地听课评课等。师范院校对于师范生专业技能的培训大纲里包括普通话能力和教师专业语言口语表达、汉字的规范书写和书面表达、班主任工作、教学工作这四个部分。[①] 这些能力是体现教师师范专业性的重要指标，因为教师工作有着其特殊的独立性和复杂性，所以教师应该是一个有着全面能力的"多面手"。

教育实习是使师范生由纯理论学习的学生转换到教师身份的一个重要环节。它对于深化师范生的专业知识以及教育科学的基础知识，将理论知识变为教师任教的具体行为方式，使教育教学工作环节趋向规范，有着重要的作用。师范生的许多专业能力都是在实习过程中习得及提高的，并且在独立进行教学的过程中形成质变。

教育实习可以使师范生的理论知识由低级向高级、由感性向理性转化。师范生在学校里花费大量的时间和精力，系统地学习本专业的专项知识以及教育学、心理学、教学法的相关知识，但这些知识始终只是书本上印刷的"死"知识。要想将理论和实践相结合，就必须遵循马克思主义认识论的原理，亲自投身到教学活动的实践中去。只有通过教育实习的教育教学活动，加深师范生对理论知识的理解，巩固课堂所学，不完全、不完整的知识才会有所变化。

尽管师范生在大学生涯中学习了教学设计、微格试讲、微课教学等基本教学技能，但这些教学活动都只是纸上谈兵，必须经过"实战演习"，才能在面临现实问题时游刃有余地解决。

班主任工作也是每个实习生应该经历和掌握的一项基本技能。能否胜任班主任工作，和教学能力一样，是检验师范生实习是否合格的基本依据。班级作为学校进行品德教育以及教学工作的基本单位，是学校进行行政管理和教学活动的中心。而班主任作为班集体的领头人，其工作质量可以体现出一个班级的精神面貌和学生的发展方向，其能力也在很大程度上影响着每一个学生的健康成长。[②] 班主任的工作是管理一个有生气、有特色同时也有着复杂个性的学生群体，这一工作纷繁复杂。所以，这种工作能力必须在实习工作中培养。师范生在指导教师的带领下，以班主任的身份主持班级工作，运用所学制订班主任工作计划、处理班级日常工作、组织班委会相关工作等，是师范生可以快速成长的绝佳途径。在这一期间，实习生应该与学生一起生活、学习和工作。学生是

---

① 刘初生等编著：《教育实习概论》，湖南教育出版社 2001 年版，第 17 ～ 19 页。

② 吴丽君：《教育实习中应重视班主任工作的实习》，《张家口师专学报》（社会科学版）1997 年第 2 期。

教师的一面镜子，教师的一言一行、一举一动都会让学生有效仿的冲动，这也在客观上对师范实习生有一个鞭策作用，督促他们加强自己的职业道德修养、社会交往能力和人际关系处理能力，增进他们对专业知识进行钻研的动力。

总之，教育实习给师范生提供了一个绝佳的参与教学工作、培养从教能力、提高教师职业技能的平台，为顺利实现师范生由学生转变为专业教师奠定了良好的基础。

四、帮助师范院校检验教学效果与及时变革教学方法

师范教育是否合格、教育质量的优劣，都能通过教育实习的过程来判断。但我们也应该明确一点，就是教育实习作为师范生四年学习生涯中的一个重要环节，其本身就是一种学习，是师范生在成为正式教师过程中的重要一步。因此，从实习过程中所凸显的问题入手，找出师范教育过程中的不足，调整教学环节，进行教学改革，可以帮助师范生发现自己理论知识的短板，对自身进行有的放矢的调整与补充。

“实践是检验真理的唯一标准。”教育实习中，师范生从事的教育、教学的相关实践活动，是对师范院校的办学方针和办学内容的一次集中检验，也是对师范生自身德、智、体、美、劳等素质的综合检查。比如，实习生中暴露出专业思想不强、知识面狭窄、理论知识不能合理自如地运用、教师专业技能不足等问题。因此，师范院校应广泛开展“三字一话”的训练和“评课讲课”活动，还可以将学校教学从基本理论阶段就开始与以后的就业紧密联系，实实在在地训练学生。[①]

教育实习还能提升师范生的教育科研能力。当实习生走进中小学一线工作岗位时，可以获取第一手资料，钻研教学内容，改革教学方法，提高教学水平。

师范院校应注重汇总实习生的反馈信息，多组织学生开展社会实践工作和调研活动，应加强学生的思想教育，增强他们对于教师岗位的热爱之情。在课程设置上，新增与中小学对接的课程内容，加强学生教育教学技能的广泛训练，开设演讲、书法、音乐、美术欣赏等课程，使学生成为一个能够应对教学过程各种问题的“多面手”。这样，师范生才能尽早适应未来角色，由“我会学”转变为“我会教”。

教育实习是一面镜子，它能够反映出师范院校教育中的短板问题以及薄弱环节。学生在实习过程中的表现，能够反映出一所师范院校的办学方针、办学水平等。总之，教育实习作为教学中不可或缺的重要环节，是师范生成为合格

---

① 唐国风等：《强化师范生教育实习体系中的教师职业技能训练》，《遵义师范学院学报》2010 年第 2 期。

教师的重要保证。广大师范院校应该把握实习的机会，去锻造合格的教育人才。

第二节　实习方法的体系

一、准备阶段

教育实习是教学的重要环节，因此它的准备阶段很重要。教育实习的准备包括师范院校各个部门、教师、学生以及实习学校等为实习工作的正常开展而进行的各项具体活动。准备工作越充分详细，实习工作越能顺利开展，从而达到培养目的。

（一）建造合适的教育实习基地

实习学校的教学水平、师资力量还有管理力度都会直接影响师范生实习的质量。一个良好的实习环境，必然使实习效果锦上添花。实习之前，师范院校应该进行实地考察，将办学条件较好、办学水平相对较高的学校选定为实习基地。实习基地要相对稳定，师范院校甚至可以依据自身的办校特色，建造一个师资配备齐全、设备精细优良的实习基地。[①]

（二）选择合格的实习指导教师

韩愈说：“师者，传道授业解惑者也。”教师存在的意义，不只是手把手地“教什么”，相反，更为重要的是教会学生习得“怎么教”，懂得“授人以鱼不如授人以渔”的道理。

教育实习是指导教师和实习生进行的双向行动。这些指导教师既包括师范院校在正式实习之前给学生指派的指导教师，也包括师范院校派出的实习带队教师，还包括实习学校里任课的教师。指导教师要选定思想素质正、业务水平精、组织能力强、指导经验丰富的人来担任。[②]选定之后，要对指导教师进行集中、短期的培训，让他们明确学校的办学特点、了解学生的动态、摸清实习的目的任务、领悟指导教师的职责。这样才能更好地保证教育实习的顺利进行。

（三）进行充分的实习思想动员

为了保证教育实习的效果、明确教育实习的正确方向、提高教育实习的先进性，在实习开始之前，学校应该通过实习动员、专题讲座、系统学习各项规章制度等方式，从思想上对实习生进行教育，让实习生明确认识到教育实习的重要性。

---

① 周志太：《集中实习：意义与条件》，《网络财富》2008 年第 13 期。

② 熊金菊：《教育实习指导教师身份认同研究》，《天津师范大学学报》（基础教育版）2007 年第 4 期。

1. 应该使实习生认识到，自己所掌握的课本知识与实际运用有着很大的差距

课本知识学得好，不代表就能当好一名称职的实习教师。实习的过程其实是个人成长的优良途径，不仅能够提高个人的业务水平，还能够为将来的就业打好基础。同时思想动员还能提高教师职业道德水平，让学生进一步明确热爱教育工作、献身教育事业是一名教师的基本要求，热爱学生、诲人不倦是一名教师的基本素养，以身作则、躬身垂范是一名教师的重要特征。

2. 应该使实习生进一步了解国家的教育方针与政策

实习生应及时了解和掌握国家的教育方针和政策，更好更快地执行国家最新的改革动态和发展方向，为自觉引导中小学生开展德、智、体、美、劳的活动打好坚实基础。

3. 思想动员还能强化实习生的教师意识，增强从教的责任心

由于顶岗实习要指导学生去比较穷困的偏远山区，所以思想动员就显得很重要。要督促实习生具备克服困难的坚强意志、不怕苦不怕累的吃苦耐劳和脚踏实地的精神，并时刻用合格教师的标准严格约束自己，力求做一名优秀的实习教师。①

（四）提供丰富的实习物资贮备

“兵马未动，粮草先行”，充分的财物准备是教育实习能够顺利进行的基础保证。教育实习工作中不可缺少的一些物资准备包括办公实习费、交通费、指导教师劳务补助、实习生生活补助、相关的工具、教育实习手册、相关的教辅资料等。这些物资应该根据教育实习的实际要求，遵照专款专用、开源节流、勤俭节约的原则，由学校领导和财务部门经过统算核定以后，进行公开透明的发放。

在进行相关教辅资料采买之前，应该和对接学校进行沟通，在充分了解实习学校的相关情况后，再予以购买，以免铺张浪费。师范院校还应该定制符合听课记录习惯的听课记录本以及备课本，这样有利于实习生进行规范的讲课、听课、评课活动。有条件的学校还可以提供录像机、电脑等数码产品。录像机可以摄录下实习生的授课课堂，有利于实习生进行课后的观摩及反思。电脑作为信息化授课时代的必需品，有助于实习生的课前备课，有利于实习生查阅相关课程资料，更好地为实习服务。对于参加顶岗实习的学生来说，学校还应该帮助学生准备好相关的生活用具，如洗漱用品、床上用品、常备药品、常用轻便教具等，解除实习生的后顾之忧。与此同时，实习生应该记住要脱去不适合实习工作的衣着及首饰等。教师作为学生的榜样，一言一行都会影响到学生，

---

① 陈卉、付婷：《高职院校顶岗实习特点及管理措施的分析》，《湖北成人教育学院学报》2015 年第 3 期。

假如在打扮或者谈吐上不合时宜，会给学生留下较坏的影响。合理、尽快地“入乡随俗”可以使实习生更好地适应实习生活。

（五）做好严格的实习基础训练

教育实习是一种手段，它能够使实习生快速地掌握教学技能，迅速成长为能够独当一面的教师。假如在实习之前，不进行充分的基础训练，将会使实习任务的完成举步维艰，就不能达成实习目标。实习生教育教学实习和班主任工作的好坏，和他们在学校接受的教育实训有着直接关系，因此我们说，教育实习应该注重前期的基础训练。

1．梳理理论知识，用于指导实际

作为一名即将走上实习岗位的学生，应该按照教育实习的具体要求，将以前大学三年所学过的理论知识进行有序梳理，将专业课和基础公共课的内容进行复习，同时应该反复、大量地阅读，获取新知识，扩充知识领域，增加知识的深度和广度，为教育实习打下牢固的基础。师范院校应该加强学生的专业技能培训，可以从大一开始，每周开展一到两小时的讲课技能训练，每个学期完成一本钢笔字、一本毛笔字的任务，每个学期进行普通话技能比赛，制定“三字一话”过关考试制度，组织各种教师职业技能大赛。[①]还可以在学分选修上大量开设选修课，使大学生掌握一项以上的文体技能，同时开放选课范围，鼓励学生进行跨学科选课，拓宽知识面。另外，还可以让中小学课堂走进大学校园，请中小学的优秀教师举办讲座，提供一线经验；鼓励大学生走进校园，和中小学生亲密接触。[②]学校还可以就每个学科的不同特点进行中小学教材研讨活动，这样可避免实习过程中出现实习生对教材不熟悉的尴尬局面。

2．熟悉教材内容，掌握课程标准

师范院校讲授教学法的教师应该在教授课程的基础上，督促实习生进一步熟悉教材的内容，认真分析课程标准和教材大纲的基本要求，掌握相关教材的知识结构体系，帮助实习生选择适合教授学生和适合自己的教学方法。

3．开展模拟试讲，加强听评课训练

各个院系的领导和教师应该在实习之前组织实习生到微格教室集中进行模拟试讲、听课与评课的训练。实习生要以小组为单位，由本校指导教师布置具体的任务，练习编写完整的教学设计，掌握备课的方法，并且分小组进行讲课相关训练，如授课仪态、口语、板书、教法等，然后当堂进行评课，相互找出不足，

---

① 杨凯：《高师学生教师职业技能训练新模式的构建与实践》，《黑龙江高教研究》2008 年第 1 期。

② 许高厚主编：《教育实习》，人民教育出版社 2001 年版，第 62 ～ 70 页。

并在第二次训练中改进与提高。这样进行多次轮回后，实习生的各方面能力必然有较大的提升。

二、实施阶段

实施阶段作为教育实习实施过程中的中心环节，直接关系着教育实习的质量，并且影响着实习任务的完成进度。所以实施阶段是教育实习过程的重中之重。

（一）进行完备的教育实习见习

教育实习应该从实习生进入学校进行观摩开始，这样可以使学生迅速熟悉学校环境，了解学校教师及学生的基本情况，掌握基本的教学经验，为开展正式的实习工作进行心理上的准备，为开展班级工作打下基础。①

首先，他们会被安排与相关领导及指导教师见面。领导向实习生介绍学校的基本状况，特别要介绍国家的教育方针和目的、学校的定位和整体发展以及改革情况，还有学校的长远发展规划，让实习生做到心中有数。实习学校还应该对实习生提出具体要求，让学生明确实习的最终目的，要求实习生尊重中小学生和指导教师，要建立良好的师生关系，注重班主任工作的实习。

其次，将实习生按照学科专业进行分组，介绍各科教研组组长以及专业负责人和实习生见面，按照教学分配方案，安排实习生和带班教师见面，并进入班级进行学习。实习生在熟悉班级以后，接受具体的教学实习任务，与带班教师进一步讨论班级的具体情况及学习进度。

在和班级学生进行简单的班会交流后，带班班主任应该向实习生进行工作交接，指导实习生进行班级工作计划，对于班级的具体问题条分缕析，给出问题解决的初步雏形。班主任还应该带领实习生慢慢熟悉班主任的工作以及课程实习和教育调查的相关事宜。

实习生在观摩期间也应该抓住与中小学生相处的时间，和他们一起工作、学习，多注意倾听他们的心声，初步掌握每个学生的兴趣爱好和个性特征等。实习生还应该跟随指导教师多进行听课活动，多参加学校组织的观摩课以及课后各教师的点评等考研活动。早晚自习应该准时到场，对学生的功课进行辅导，积极批改学生的作业，从中找出问题并提出改进意见。还应该积极了解教学常规，熟悉具体的教学状况。

在实习期间，学校领导应该每周都组织集中的教学教研活动。将实习生集中在一起，请有经验的班主任传授做一名好班主任的方法。请授课先进的教师

① 陈忻华：《教育实习与师范生专业发展研究》，苏州大学硕士学位论文，2009 年。

进行具体的授课方法的传授。学校还应该尽量创造条件，让实习生和中小学生一起参与课外文体活动以及丰富多彩的课堂教学活动。

（二）组织规范的教学实习工作

能否在上课之前做好教学设计，是上好一堂课的关键。缺乏经验的实习生更应该重视每一次上课之前的备课环节。在上课之前，学校负责人可以组织实习生进行集体备课，对教案内容进行严格把关。让实习生在流利说课的基础上，对课本内容进行反复试讲，然后进行同级实习生互评课、指导教师精评课，相互找出讲课过程中会出现的内容，然后进行教案修改，当试讲完全过关后，再让实习生上讲台。

第一堂课对于实习生来说，是建立做教师的自信心的第一步，对于实习生能否顺利走上教师之路起着至关重要的作用。这就要求指导教师对实习生有着高度的责任感，指导实习生写好教案，进行完整的试讲，帮助其明确书本内容，选择合适的教学方法。在学生走上讲台之前，给予鼓励，坚定其讲课信心。假如第一堂课没有取得理想效果，也要对学生进行肯定，帮助学生找出课堂中出现的问题，帮助其找到解决方法，重新树立做好一名教师的信心。

学校的领导小组也应该督促指导教师进行实习生课堂的听课活动。做到每课必听、课课指导、课后评价、解决问题，从而促进实习质量的提高，也为评定实习成绩做好客观准备。教师也应该注意到实习生的情绪，一旦有问题，应该和实习生一起解决，及时采取补救措施。班主任也应该对实习生的工作进行实时掌握，一同进行班级工作研究，及时找出问题并协同解决。

学校领导还应该经常检查实习生的备课、讲课、辅导学生的情况，对于实习生带领学生进行的班会或者课外文体活动进行评估，及时与指导教师进行意见交流。还可以每周召开实习情况小结，与实习生进行实习情况的实时交流，提出改进意见，用以指导实习生的教学以及班主任实习状况。

在教育实习过程中，教师应该善于发现和培养实习过程中的典型，尽可能多地进行实习研究课，要广泛开展课堂教学经验交流会，提高实习生的思想觉悟，同时带动学生积极开展课外活动。

三、总结阶段

实习过程的总结阶段有利于实习生认识到自身的不足，发现自身在备课、上课、作业布置与批改、辅导、考评、研修中出现的问题，有助于一个合格教师的成长。

（一）实习生进行自我评价

实习生进行自我评价，有利于师范生对课堂教学的评价标准进行科学内化。

课堂的教学评价标准，是衡量教学成果的基本标准，这个标准只是外在表现，将其内化以后才能产生进步动力。之所以要求师范生对自己的教学进行自我评价，是因为只有将自己的课堂教学表现和课堂标准进行主动对比，才能在对比过程中发现课堂教学的优缺点，从而对自身有一个客观的认识。这种客观认识能加深师范生对课堂教学标准的理解，帮助师范生及时地反馈教学效果。[①] 自我评价的重点不在于评价的结果，而在于评价的过程，这个过程应该有轻重缓急，不必面面俱到。

在进行评价时，师范生应注意从教学目的、教学内容、教学方法和教学效果等方面进行评价。教学目的应该是全面、具体的，教学不仅要从课程标准出发，还应该从学生的实际出发，围绕一个明确的教学目的展开有序的教学，将教学目的贯穿于整个教学过程。就教学内容来说，师范生应该做到讲解准确的科学知识，对教材的重难点正确把握，并且在讲解课程内容时，不仅应做到深入浅出，还应根据学生的年龄层次，自然地进行思想教育，做到知识与思想双管齐下地教育。教学方法应该层次清楚，每个环节环环相扣，遵循教学原则和人的认知规律。同时师范生还应该根据不同的课程内容，灵活地选择教学方法，使学生能够愉快地学习。应该重视启发学生的思维认知能力，帮助学生学会思考，教学的语言也应该简洁生动，板书的演示应该规范，师范生应该学会处理课堂中出现的各种问题。最终课堂教学效果应该是学生兴趣浓厚，能够大胆质疑、积极思考，同时对于知识的掌握能够过硬通关，师生之间配合默契。

在进行自我评价时，首先，应该进行自我观察。[②] 为了能够真实地记录自己的课堂教学，有条件的实习生可以在班级里架设录像机，课后进行回放，以便自己观察课堂。同时，教与学是一面镜子，学生的学习效果能够直接反映出教师教的效果。比如，课堂气氛是否活跃，学生的回答是否掌握了相关知识点，学生的课堂作业是否能将知识举一反三，等等。其次，应该进行自我反思。如反思整节课的安排是否合理、课前的准备是否在课堂上做了最大程度的发挥、本节课成功与失败之处，等等。自我反思后再开展自我评定，对自己的课堂效果做一个总结性的定性判断，可以直接用"好""较好""较差"等形容词来进行评价。最后，要将评定结果进行自我强化。当自我评定得到了满意的结果时，应该在今后的教学中继续发扬；假如得出的结果不太令人满意，则努力找出原因，在今后的教学过程中进行科学调整，使自己的教学水平更上一个台阶。

---

① 梅洁：《论自我评价在教学实习中的运用》，《安徽教育学院学报》2000 年第 2 期。

② 王淑慧：《全日制教育硕士（小学教育）实习评价指标体系研究》，重庆师范大学博士硕士论文库，2014 年。

（二）指导教师进行中肯评价

指导教师应该根据实习生的基本情况、班主任工作情况、课外文体活动的组织情况、教学效果等方面，给出进一步的建议。指导教师应该在进行全面总结的基础上，全面、系统、客观地提出实习生在实习过程中所暴露出来的问题，并且提出新的要求。评价应该从实习生的客观实际表现出发，准确地描述他们在实习过程中的各项表现。不仅要看他们的政治素养、专业水平，还应该看实习生的专业知识是否过硬，从事教育教学的水平是否合格，处理教材编写教案的能力是否合格，开展班级工作和文体活动是否灵活多变，课堂教学是否达到预期效果。评价不仅要关注实习生在实习过程中所体现出来的爱心、责任心以及业务水平，还应该关注他们在实习过程中是否进行了教学改革，是否为教学提供了新点子、新创意。

教育实习可以让师范生由不成熟走向成熟。在实习过程中，师范生总免不了会出现各种各样的问题，这是成长过程所必须经历的，否则教育实习就没有存在的意义了。所以在对师范生进行评价时，首先要指出他们的缺陷和问题，帮助他们进行改正，但更应该肯定他们在实习过程中所取得的进步和成绩，树立他们走上教师职业道路的信心，同时对他们未来的学习和工作方向提出新的希望，激励他们成长为一名合格的热爱教师岗位的好教师。

对于实习生的评价，一般采用评语和打分相结合的方式。[①] 主要是实习基地学校的指导教师和师范院校的带队教师对学生进行评价，然后报呈基地学校和师范院校教务部门进行审批，结合实习的整体情况进行全面鉴定，得出最终鉴定结果。

（三）院校进行实习工作评优

为了肯定教育实习的成果，推选教育实习的学习典型，表彰教育实习的先进对象，推动教育实习的进程，助力学校教育教学工作的发展，对于在实习过程中涌现出来的优秀实习生应该给予一定的物质和精神奖励，树立学习榜样。

评选应该在公开透明的基础上进行，通过实习报告，召开相关会议进行经验交流，通过逐层逐级的推选，最后审核通过后再进行公开表彰。要把那些热爱教育事业、热爱教师岗位、遵守实习纪律、认真进行教学活动、能够愉快地带领学生进行课堂学习和课外活动的学生选出来，树立优秀的榜样和典型，将他们的好作风、好经验进行推广，发挥其领头羊的作用，帮助学校开展实习工作。[②]

---

① 许高厚主编：《教育实习》，人民教育出版社 2001 年版，第 54 ～ 70、205 ～ 220 页。

② 许高厚主编：《教育实习》，人民教育出版社 2001 年版，第 70 ～ 72 页。

第八章 教育实习的条件

教育实习是师范生广泛而综合地运用所学过的知识和理论去解决实际教育与教学问题的过程。《学记》中说“学然后知不足，教然后知困”，这说明，只有注重实际运用，才能提高专业水平和教育技能技巧。所以说，教育实习是培养师范生实际工作能力和教学艺术的课堂。因此，教育实习条件的运用，可能起到其应有的作用。

第一节 实习条件的作用

一、促进实习生专业发展

（一）理论与实践相结合，做好入职准备

教育实习是实习生将理论应用于实践的重要途径，也是教师专业化发展职前培养的重要组成部分。通过教育实习，实习生可以亲临教学实践基地，与真实的教学对象相接触，将在校期间所学的各类专业知识和技能应用于教学实践当中，亲身体验教育活动发生的过程，在心理上对未来入职做好准备。另外，教育实习是师范生实践学习的一个阶段，会有专业的指导教师引领他们更好更快地适应新环境，从而减少他们的入职焦虑。因此，教育实习可以帮助学生顺利完成向教师角色的转变。

（二）巩固与创新知识，提高教学技能

实习生体验实践教学的过程，也是巩固旧知识并向新知识转换的过程。师范生在大学学习期间积累了大量的专业知识，并且经过了专业的教育教学技能训练，而且高校对师范生的政治素养和教师职业道德也能进行有计划的引导教学，所以师范生在知识与技能层面已经具备了成为一名合格教师应有的素质准备。在教学实践中，走上讲台的师范生会充分利用以往所学知识来完成教育实习，在进行教学实践的过程中会遇到各种问题，面对不同的状况应该采用何种方法来解决，这些都会引起他们的思考，从而促使他们去学习新的知识并帮助他们更好地完成教学任务。在这一过程中，实习生可以寻求实习导师的帮助，从中学习他们丰富的实践经验。实践的过程是训练技能的最佳途径，在实习过程中，

实习生将学习期间所学的专业技能运用于教学中，同时也是技能再练习的过程。通过完成教育实习，师范生既巩固了以往所学知识，也从中学习了新的知识和方法，教育教学技能也不断得到提高。

（三）经历与实践专业成长阶段，开展反思型教学实践活动

将书本上的理论知识应用于教学实践是一个艰难的过程，实践的过程也是师范生完成专业成长的过程。师范生在实习过程中会深切体会到在教学过程中发生的一些现象和出现的问题与自己的已有认知是有差距的，他们不得不重新审视自己以往所学的知识，再次投入学习当中，通过书本或寻求他人帮助等途径来填补自己认知领域的空白。而且，师范生在学习期间对教学实践的认识通常是间接获得的，存在着一定的想象空间。但当他们一旦真正走上讲台面对着几十个求知者和无数个教学问题，这种“现实震撼”会激发他们对教育教学现象的深刻反思，促使其摸索、寻找新的教学思路和解决方法，在实践活动中不断归纳、总结新的教学经验。教师的专业成长是一个终身学习过程，其在实践—反思—再实践—再反思的循环过程中，对教学不断探究，达到个人知识的完善和教学技能的发展。①

二、为实习学校指导教师创造职业发展的新机遇

（一）提升基层指导教师职业成就感

实习生的指导教师往往是由学校里教学经验丰富的教师担任，这些指导教师一般工作时间相对较长，各项专业技能比较扎实，教学水平也普遍较高，他们对中小学教育有着深刻的认识，对学校的发展也起着十分重要的作用。然而，也正由于长时间工作在同一个工作岗位，很多教师会出现程度不一的职业倦怠，会有一些面对琐事的麻木和无动于衷，从而缺少工作的激情和创造性，只是按部就班地完成工作任务。而且，随着当前社会和学生家长对教育的重视程度的增加，教师们承受着更大的身体压力和精神压力。实习生在中小学教学期间与指导教师联系最为紧密，他们刚刚踏上工作岗位，对新环境充满好奇和初为人师的热情，同时也有许多工作让他们感觉无所适从，在与指导教师的交流学习过程中，他们的工作激情和学习状态也会影响到指导教师，让指导教师们重燃自己的执教梦想，而且在指导实习生的过程中也会提升他们的成就感，从而以更好的精神状态投入工作当中。与此同时，在实习生向指导教师学习经验的同时，他们所学的知识和观念也会对指导教师产生影响，使指导教师通过反思获得新知识。因此，只要实习生与实习学校的指导教师善于把握师范院校的教育实习，

① 张博伟：《教育实习指导教师角色与指导策略研究》，东北师范大学博士硕士论文库，2013年。

这一过程不失为双方合作共赢的良好时机。[1]

（二）激发基层指导教师从事科学研究的兴趣

对实习生进行工作指导也是对指导教师综合能力的考察过程。实习生的工作涉及学生成长问题、班级管理方法、教学情境控制、教学内容选择、教学手段运用等多方面，每一项内容对实习生来说都是新鲜而充满挑战的，指导教师在开展工作时需要考虑指导的方式和方法，以及指导时间的选择，从而达到较好的效果。在这一过程中，实习生面对的问题通常也会引起指导教师的再思考，促使指导教师深入研究这些教育问题。此外，实习生一般在毕业前期完成实习工作，他们普遍还需要完成毕业论文，从中加深对教育的认识和思考，这也是训练科研能力的途径之一。在实习过程中，实习生会在实践中加深自己对科研课题的思考和认识，这样的现象也会影响到实习指导教师，使他们认识到科研的重要性和普遍性，激发他们的学术研究兴趣。而且，在实习过程中，指导教师也可以向实习生学习较为先进的科研方法，进一步提升自己的科研水平。

（三）提供实习指导教师培训的机会

实习指导教师是实习生职业生涯的领路人，他们对实习生认识教师职业起着十分重要的作用。如果实习生在实习期间由于受到指导教师带头作用的影响而增强自律意识，展现积极向上的精神风貌，获得了较高的价值感和成就感，那么他们会更加认可自己所学的专业和教师职业，而这些和指导教师存在着密切的联系。指导教师需要给实习生提供有关教育教学的各种帮助，促使他们快速适应任职学校的环境和教师团队，帮助他们顺利开展教学实习工作。在这一过程中，指导教师们还要多方观察实习生的实践情况并进行反馈和再指导，这些工作要求指导教师有扎实的学科知识、一流的教学技能、卓越的观察能力和沟通技巧。为了保证指导教师能有效地履行职责，师范院校应为实习指导教师提供知识、技能培训及情感支持。这一培训应包括班级管理知识、教育教学知识与技能、观察方法研究、成人学习模式等内容。

（四）为实习学校增添新的活力

实习生是一群尚未走出大学校门的青年，他们富有青春活力，朝气蓬勃，对新鲜事物充满了好奇和梦想。他们是第一次参与真实的教学实践活动，面对新环境和新工作，他们满怀希望和梦想，对教育事业充满了信心和斗志，试图在教育这片沃土上挥洒热情的汗水。在实习过程中，实习生会将他们自身洋溢的这种积极、乐观的精神状态带到学校队伍当中，无形之间也将感染到其他教

---

① 姚云、李福华、张继华：《我国师范生教育实习改革的路径思考》，《教育研究》2012 年第 2 期。

师，增添了学校教师队伍的活力，从而营造了一种积极向上的工作氛围。此外，由于实习生比较年轻，从年龄上和心态上更加年轻化，他们的“学生”身份更容易与中小学生们建立亲密的师友关系，加深师生之间的相互理解，进一步缓解学生的学习压力，构建轻松愉快的学习环境。而且，实习生会尝试将他们所学的新理念和新方法运用到教学实践中，调动起中小学生的学习积极性。

三、检验师范院校教育效果

（一）师范院校师范生教育成果的检验与反馈

实习生在中小学实习的过程是将理论运用于实践的过程，也是对他们所学知识与技能的考察过程。这一过程既是对实习生本人综合素养的考察，也是师范院校对实习生的教育效果的检查和直接反馈。实习生具有的教育理念、掌握的专业知识和教学技能基本上都是在高校学习期间获得的，这些知识和技能具备的多少和好坏与师范院校的教学方法、办学水平和课程设置息息相关。因此，实习生在实践教学中的表现可以直接反映出他们就读学校的办学状况和问题所在。师范院校可以根据实习生在实习过程中的实践状况进行教学总结和反思，来调整本校和本专业的办学方向和课程设置及实施情况。这样将教学与实践结合起来可以使师范教育取得更好的效果。

（二）教师教育课程设置的反思

教育实习可以对学生专业知识掌握的扎实程度和教学技能运用的熟练程度进行考察，同时，中小学实习指导教师的专业素养和教学管理能力也能体现得淋漓尽致。师范院校可以根据实习生在实践教学中的表现进行总结，在教师教育课程的设置和实施上改变方向和策略，实现培养高水平、高能力的优秀人才的目标。此外，师范院校还可以对在中小学一线的教师进行再培训和教育，帮助他们获得先进的教育理念，以此改善指导教师的不足之处，为完成高质量的教育实习工作做好准备。

（三）加强师范院校与中小学的联系

师范院校为中小学培养后备人才，高校和基层紧密联系，可以使他们彼此熟知对方的需求和实际情况，这样才能使教师教育工作开展得更有效。教育实习是实现高校与中小学紧密联系的有效途径。高校教师和中小学教师之间在地位上是平等的，他们是相互指导、共同促进、共同成长的关系。高校教师擅长运用思辨的方式去探索教育问题，他们可将教育学、心理学、社会学等知识进行结合，站在理论层面揭示教育现象的本质。中小学教师的工作是实践教学，他们是在自己亲身的教学体验中发现教育问题，结合自己已有的知识和理念寻求解决方法。教育实习可以在高校教师和中小学教师之间搭建一座沟通的桥梁。

通过教育实习，高校教师可以深入教育一线，通过实践观察和调查来论证与补充理论研究。中小学教师可以在教育实习中提升自己的专业水平，通过参加高校开展的培训和交流会丰富自己的教育理念，为未来发展奠定良好基础。

四、为教育管理部门提供制定教师教育政策的参考

教育实习是一项师范院校、教育行政部门和实习基地学校共同参与的活动，只有三方紧密配合才能达到有效开展教育工作的目的。教育实习的过程也是对教育工作开展情况的调查过程，通过教育实习，教育管理部门可以了解到当地学校的教育发展状况、师资水平、管理现状等，发现其中存在的问题，从而为他们制定新的政策提供最真实的材料。实习生在教育实习中既担任教师角色，也担任教育调查者角色。通过实习生的反馈，高校和教育主管部门可以了解到实习基地的教育现状和教师教育状况。此外，一些实习生在实习过程中会完成自己毕业论文的实践调查，通过实地调查和理论研究，可以反映一些当前存在的教育问题，并结合已有研究提出解决策略，这也为教育主管部门提供了可参考的资料。

第二节 实习条件的类型

教育实习活动是一项实习生深入实习学校的实践活动，它需要实习生、师范院校、教育主管部门和实习基地等多方面共同参与，在各方的共同协作中高效完成教育实习工作。

一、实习生

实习生作为教育实习的主体，其灵性、智慧、才能都可以在实习过程中展现得张弛有度、淋漓尽致，他们需要具备以下基本条件。

（一）在心理上做好角色转换的准备

实习生是教育实习的主要参与者，他们是否做好心理准备对完成教育实习工作起着十分重要的作用。在步入实习学校之前，实习生是以学生的身份存在的，他们的学习任务主要来自高校教师的指导，有明确的学习内容和目标，学生们只要跟随教师的步骤完成学习即可。当他们走进实习学校，他们就具有了双重身份。一方面，他们尚未毕业，依然是高校在读生；另一方面，面对几十个受教育者，他们又以教师的身份存在。在实习的工作内容上也发生了很大的变化，实习前，他们的主要任务是学习；而在实习过程中，他们的任务除了继续学习，还要从事教育教学工作，部分实习生还要担任班主任职务。此外，在完成教学的同时，他们还要跟随实习学校的工作要求，参与学校日常工作的运转。这些

对实习生来说是陌生而富有挑战性的，其中有很多事情是无法预知的。因此，在教育实习中，实习生要从心理上做好角色转换的准备，以良好的心理状态来迎接实习工作。

首先，实习生要重视教育实习工作。教育实习对实习生来说具有重要的意义，它是对师范生在校所学知识的检验过程，也是实习生将来踏上正式工作岗位的前奏，这一阶段过渡的好坏可以影响到他们对教师职业的认同程度。而且通过实习，实习生可以向优秀教师学习优秀经验，在指导教师的帮助下做好正式入职的准备。实习生要在认识上意识到实习对自己学业和职业发展的重要性，不能以敷衍了事的态度来应付实习工作。师范院校也可通过实习动员大会、实习经验交流会等形式帮助实习生认识到实习工作的重要性。

其次，实习生要有健康的心理品质。这主要包括以下几方面。

1. 教师角色的认定

作为一名人民教师，要有正确的意识去了解自己所从事的工作，并愉快地接受教师这一职业。教师正确地认识自己所从事的职业，并接纳它、爱上它，而后才能成为学生学习的示范者、生活的指导者、行为的效仿者、心理的辅导者、活动的组织者，这样才不愧“人类灵魂工程师”的光荣称号。

2. 稳定健康的心理状态

稳定健康的心理状态是以教师内心活动为前提的。教师的心理是否稳定、是否积极乐观、奋发向上，直接影响着教师的教学工作和学生的身心健康。

3. 抗焦虑情绪和抗压能力

对于一名教师来说，抗焦虑情绪和抗压能力非常重要。优秀的教师往往都能做到在个人家庭生活中、教育教学中遇到困惑、困难和挫折时自觉地调适、控制自我情绪与情感，并能在教育教学中以良好的心态面对一张张天真的笑脸；能做到自始至终以一颗纯洁的心灵保持镇静、愉悦、乐观的心情来忍受来自外界的压力和生活的烦扰，经得起艰难困苦的磨难，始终保持一颗健康平常心。

4. 良好的人际交往

良好的人际交往是指教师在教育教学生活中处理好教师与学生的关系、教师与教师的关系、教师与学校的关系、教师与家长的人际关系。作为心理健康的教师要善于处理、融洽、协调这四种关系，在教育教学活动中发扬互助合作精神，确保教育教学工作的有效完成。

5. 适应发展与变化的环境

心理健康的教师还体现在能面对和适应不断发展、不断变化的教育环境，同时能接受教育教学工作中出现的新事物、新问题，能调整自己的心态去积极主动地改变不良的教育教学环境。

6. 教育教学的创新性

心理健康的教师能在教育教学工作中独立地进行一定的创新活动。例如，在综合实践中组织学生活动，提出一些有创意的活动主题、活动内容、活动方法。在教学过程中教师依据已有的知识经验和现代教育理论构建出一些有效的教学方法、学习方法与学生共同学习，开发新课程培养学生的创新精神及实践能力。

（二）扎实的专业知识

教育实习是实习生将理论运用于实践的过程。理论从何而来？从大学学习期间每一堂专业课、每一本专业书而来。扎实的专业知识基础是有效完成教育实习的前提和保证。大学期间是学习理论知识的最佳时间，大学生们处于青年期，有较强的记忆力和理解能力，如果能做到心无旁骛，可以一心投入学习当中。大学拥有专业的教师团队和优质的教育资源，可以为学生提供专业且系统的知识体系，引导大学生们取得更好的学习效果。师范生未来从事的是教育工作，所以他们必须熟知教育学的理论，了解教育的目的、过程、内容和方法，对当前我国教育的发展现状、趋势及教育方针政策有所了解。此外，教育工作者必须掌握一些心理学知识，如儿童发展心理学、心理健康教育等知识。教育的对象是学生，当教师对学生个体有完整的了解时，他的教育方法才更具有科学性。除了教育学和心理学知识以外，师范生还必须对本专业的知识加强学习，为将来的教学做好知识储备。

（三）熟练的专业技能

教育实习是连接理论与实践的桥梁，在这一过程中，随时随地都需要展现教师的基本技能。具备熟练的专业技能可以帮助实习生更快地适应教学环境，也可以使他们获得更多的职业成就感。教学技能是个需要长期训练的过程，在参加实习之前，高校组织实习生进行有目的、有计划的技能训练是十分有必要的。

教学基本功第一项：“三字一话”。包括粉笔字、钢笔字、毛笔字和普通话，这是作为一名合格教师必须具备的基本技能。教师从事的是教书育人的工作，作为未成年的中小学生，他们具有很强的模仿能力，教师的普通话是否标准、书写是否规范都会对学生的学习产生重大影响，尤其是对小学生来说，他们会习得教师的语言表达和写字习惯，这将直接影响他们知识的习得。所以讲标准的普通话，写规范、美观的汉字对师范生来说是十分重要的，也是他们必须强加练习的一项基本技能。

教学基本功第二项：编写教案（教学设计）。教案是一堂课如何开展的蓝图，认真编写教案是教师的日常工作之一，也是合格教师必备的专业技能。教案是具有固定格式的专业应用文，实习生必须写出比较规范的教案。教案不同于课堂实录，不需要将课堂上讲的每一句话都写在纸上，它是一个活动如何开展的计划和纲要。一份高质量的教案要做到格式规范、目的明确、重点难点得当、内容充实、思路清晰、方法灵活、衔接紧密、使用方便、操作性强。教案是教学实施方案，要有很强的操作性。为了保证操作性，一是要注意教法和学法，做到所有的教学内容都有配套的教法和学法，无游离于教学方法之外的教学内容。[①]当前网络在各行各业得到普遍运用，有许多版本的教案呈现在网上供教师们选择和借鉴，教师还要具有甄别能力，可以从众多不同的教案中选取适合自己需求的部分，充实和完善教案设计。

教学基本功第三项：快速熟悉教学内容。当前我国有多个版本的教材，在不同的地区使用，实习生在参加实习之前要对所教授课程有所了解，了解该校所用的教材版本和教材编写体系。教材的编写体系，是指由相关的教学内容构成的具有内在联系的教材整体，它为编写的指导思想所支配，要在教材相互关联的内容构成上体现出指导思想。另外，要通读整套教材，精细研读整本教材，这样才能准确把握教材内容，为施教做好充分的准备。

教学基本功第四项：总结与反思。教育实习可以让师范生切身体会到教育活动开展的过程，在这一过程中，实习生会对课堂有新的认识，不同的教育问题也会引发他们新的思考。旁听其他教师的讲课是实习生学习的最直接途径，听课结束后要积极参加评课和研讨活动，对这堂课中精彩的地方和不足的地方进行分析和反思，最终转化为可供自己使用的教学经验。除了反思他人的课程，实习生还要按时反思自己的教学过程，将课堂反应情况与教学设计相比较，写出书面评析。实习生还要多邀请指导教师和其他教师听自己讲课，请他们来评价课程的开展情况，将他们的评析与自己的反思相结合，进一步提升自己的教学能力。没有反思就没有进步，实习生要有总结与反思的习惯，并使之得到提升，为更好地完成教育任务服务。

二、实习指导教师

在教育实习过程中实习指导教师有两部分，其中一部分是高校教师，另一部分是实习学校的教师。他们分别从不同的层面对实习生进行指导，帮助实习生顺利完成实习工作。

（一）高校指导教师

高校指导教师一般是由专业课授课教师担任，俗称实习带队教师，他们熟悉教育学理论，并长期和中小学建立联系，可以安排、协调实习过程中各方的

① 张丽娟：《卓越教师培养体系下的师范院校教育实习准备》，《语文教学通讯》2015年第1期。

不同需求。他们的主要工作是派送实习生到实习基地，完成与实习学校的交接工作，在实习过程中到实习学校巡查实习生的生活和工作状况，帮助实习生解决遇到的问题，组织实习生进行教育实习的总结和反思，对实习情况进行评定和反馈。

（二）实习学校指导教师

在教育实习过程中，实习生接触最多的就是来自实习学校的指导教师。《教育——财富蕴藏其中》这一国际 21 世纪教育委员会提交给联合国教科文组织的报告中说道："教师和学生要建立一种新的关系，从'独奏者'的角色过渡到'伴奏者'的角色，从此不再主要是传授知识，而是帮助学生去发现、组织和管理知识，引导他们而非塑造他们。"[①] 因此，实习生可从指导教师的一言一行、一举一动中学习先进的教育理念和教学方法，通过指导教师加深对教育的认识和了解。实习学校的指导教师对实习生起着十分重要的作用，他们肩负着引路人的责任，所以，具备高水平和高能力是作为实习指导教师必须具备的条件。

1. 示范能力

操作示范是直观教学的最好方式之一，实习生通过观摩指导教师的公开课可以以最快的速度学习到教师课堂管理的技巧和教学方法的运用，这要比自己看书揣摩更真实有效。而且在观摩过程中，实习生可以结合自己的已有知识对指导教师的授课情况进行评价和总结，并与指导教师交流探讨，加深自己的理解。实习指导教师在上示范课时要做到体态大方、语言规范，要在充分准备的前提下进行，让实习生可以在观摩中得到更多的收获。

2. 用语规范

实习指导教师的语言表达能力包括两方面：一是书面语言表达能力，能写文章（编写较规范的教案）；二是即兴语言表达能力，即讲课语言清楚、规范、生动、形象、准确、简明，讲解深入浅出，使复杂的问题具体化、简单化、形象化，用富有感染性的语言和实例激发学生的兴趣和注意力，切忌课前无准备授课，杂乱无章，重复啰唆长时间地讲解，切忌借机显示知识。[②]

3. 态度端正

指导教师在开展实习指导工作的过程中要以认真积极的态度面对实习生。实习生初次踏上教学岗位，他们对教学工作的认识大多来自指导教师，因此，指导教师的工作态度对实习生来说十分重要。第一，指导教师要热爱本职工作，

---

① 国际 21 世纪教育委员会：《教育——财富蕴藏其中》，教育科学出版社 1996 年版，第 137 页。

② 田洪江：《实习指导教师应具备的职业能力》，《职业教育研究》2010 年第 7 期。

能够让实习生感受到教育工作的意义重大；第二，指导教师要客观评价当前的教育现状，不能表现出较明显的职业倦怠，以免影响实习生的工作积极性；第三，指导教师要甘于奉献，能够将自己多年积累的优秀经验传递给实习生，使他们获得更大的专业提升；第四，指导教师要虚怀若谷，能够面对自己的不足之处，主动反思，使自己的专业能力得到提升；第五，指导教师要以平等的态度对待实习生，彼此相互尊重，共同学习，共同提高。

4.合作能力

教育实习工作需要多方共同参与、相互协调，各部门成员需具有大局意识和较强的合作能力才能使教育实习取得较好的成果。作为实习指导教师更应该具有较强的合作精神，与学校其他部门和教师相互协作，使教学工作能够正常运转。这具体表现在：积极主动对实习生进行指导，听实习生上汇报课并进行详细的评析；积极参加学校组织的各项活动，对各部门安排的工作能够认真完成；能够以合理的方式提出自己对学校教学工作等事情的看法和建议；积极地配合与指导学生同所带班级的班主任、其他任课教师、学校少先队和团委的负责人及其他管理者协调配合，做好班级的管理工作；以相互理解、相互包容的态度与同事相处。

总之，实习指导教师作为实习生的引路人要具备多方面的能力，要尽力调动实习生作为“准教师”专业发展中良性递进的强劲势头，帮扶和引领、带动和感染这些新手教师积极参与主动式的专业发展和探究中来。实习指导教师要具有较高的思想道德品格、扎实的专业技能水平、健康的心理品质和脚踏实地的做事风格，并在教学实践中不断提升自我，这样才能达到帮助实习生成长的目的。

三、实习基地

教育实习基地是教育实习的物质载体，建立合格、稳固的实习基地是完成教育实习的前提和基础。合格的实习基地要具备以下基本条件。

（一）具有较高的教学管理水平和指导水平

教育实习是实习生走上教师职业岗位的第一步，对他们今后的成长十分重要。而且，教育实习也是实习生向优秀教师学习实践经验的重要途径，因此，实习基地一定要是能显现较高教育教学和管理水平的中小学校，一定要是同层次学校中的楷模和示范单位，这样实习生才可以站在较高的平台认识教育教学实践。实习基地必须拥有具有高超指导能力的教师队伍，这支队伍要是本校的骨干和教学中坚，也是教学教研的主力军，他们无论是自主发展还是协作发展，都可以将自身的优势运用在实习生的专业成长方面，从而帮助实习生取得较好的发展。

（二）具备实习生所需的基本生活条件

教育实习的过程是一个相对较长的时间段，实习基地势必要为实习生准备好吃、住、行等基本生活需求。安定、舒适、愉快的生活环境是踏实工作的基础，尤其是在实习生刚从高校走进实习基地，面临的问题有很多，倘若食宿得到较好的安排，可以帮助他们将有限的精力投入工作当中。

（三）便利的交通

教育实习是由多方共同参与完成的，便利的交通可以促使高校、教育主管部门和教育实习基地之间联系起来更加方便。在实习期间，高校实习指导教师要定期去实习基地巡查实习生的学习、生活和工作状况，确保实习生能够按时、高效、快乐地完成实习任务。高校实习指导教师和实习基地实习指导教师也可以加强沟通和联系，对一些专业问题进行讨论和交流，并合作完成科研项目。教育主管部门也会前往实习基地对教育实习工作开展的情况进行考察和调查。便捷的交通可以使得这些工作顺利进行，从而保障工作完成得更高效。

（四）给实习生提供多样的实习岗位

实习生从高校走进实习基地，需要学习的地方有很多，实习基地有必要为实习生提供丰富的实习岗位，便于他们了解学校教育、教学、管理等多方面工作的开展过程和各岗位的工作特点。因此，教育主管部门应该加大关注力度，实习基地要为教育实习的顺畅运行打通一条绿色通道，给予适度的倾斜和设置有一定弹性的切实可行的标准和计划，以让实习生在丰富而便利的岗位中得到切实的锻炼。

实习基地的选择是一个重要的过程，高校和实习基地之间存在着长期的、稳固的合作关系，这对有效开展实习工作意义重大。高校可以将教育实习基地作为科学研究的基地，与基层基础教育单位相互协助，保持紧密协调、互惠双赢的合作共生关系，在实践—理论—再实践的过程中促使理论与实践相得益彰，为教育事业做出更多的贡献。与此同时，高校可以给实习基地提供理念指导和师资培训等帮助，使实习基地自身得到更好的发展。实习基地的领导要在与高校达成共同愿景的前提下，把实习工作安排进本单位的日常工作当中，要俯下身来聆听师范院校领导、教师和实习生的心声，并安排指导教师倾心陪伴和倾情指导，促使教育实习工作顺利开展。①

---

① 陈智慧、吴维宁：《略谈做好教育实习工作的基本条件》，《湖北大学成人教育学院学报》2000 年第 12 期。

第三节　实习条件的运用

一、改革教师教育课程设置，提高职前教师专业技能

教师教育课程涵盖范围广泛，是师范院校示范性教育的特色之处。师范生所应具备的教育专业知识和教师职业技能主要来自师范院校为达成培养目标所开设的专业课程，因此教师教育课程设置的科学性和实施的有效性对师范生教育起着至关重要的作用。针对目前师范院校教师教育课程存在的问题，如课程内容未与时俱进、专业课程和非专业课程之间比例不科学、课程类型单一等，应该对教师教育课程设置情况进行改革，确保师范教育的有效性。

（一）加大教师教育专业课程的比重

教师教育专业课程在师范教育中处于主导地位，师范院校在课程设置方面可以适当降低非专业课程的课时数量和课程内容，增加专业课程的课时数和学分，为师范生学习专业理论知识和技能提供时间上的保障。

（二）优化教师教育专业课程结构

教师教育课程的设置要突破传统结构的固有藩篱，不应该认为教师教育课程等于教育学、心理学、教材教法等课程的设置和简单相加。现代教师教育课程的设置要符合教育部于 2011 年 10 月所颁布的《教师教育课程标准（试行）》的要求，以育人为本、实践取向、终身学习作为基本理念，在课程目标和课程设置上凸显时代发展的脉搏和基础教育的现实诉求，并且能够做到引领现有教育水平走向更高层次。因此，在课程内容的改革上，师范院校要与时俱进，做到“把社会主义核心价值体系有机融入课程教材中，精选对培养优秀教师有重要价值的课程内容，将学科前沿知识、教育改革和教育研究最新成果充实到教学内容中，特别应及时吸收儿童研究、学习科学、心理科学、信息技术的新成果。要将优秀中小学教学案例作为教师教育课程的重要内容。加强信息技术课程建设，提升师范生信息素养和利用信息技术促进教学的能力”。要适时开发优质课程资源和增加新的内容，做到“实施‘教师教育国家精品课程建设计划’，通过科研立项、遴选评优和海外引进等途径，构建丰富多彩、高质量的教师教育国家精品课程资源库。大力推广和使用‘国家精品课程’，共享优质课程资源”，以拓宽课程包含的信息量和学生的思维。教育专业课程应包括四个类别。第一类是基础理论课程，包括基础心理学、教育基本原理、教育心理学、课程与教学论等，帮助师范生掌握教育教学的规律，形成正确的教育理念。第二类是学

科教育课程，帮助师范生认识所教学科的性质、目标、原则、方法等，具备学科教育的正确理念。第三类是教育教学技能课程，包括从事教育教学所需要的“三字一话”技能、新课程案例与评析、班主任工作技巧、心理咨询技能和现代教育技术等。第四类是教育研究课程，主要指教育科研方法课程和研究性学习课程等，以适应新一轮基础教育改革的需要，着眼于师范生反思能力和教育研究能力的培养。[①]

（三）凸显教师教育专业课程的实践性

《教师教育课程标准（试行）》强调“强化教育实践环节”，做到“加强师范生职业基本技能训练，加强教育见习，提供更多观摩名师讲课的机会。师范生到中小学和幼儿园教育实践不少于一个学期。支持建立一批教师教育改革创新试验区，建设长期稳定的中小学和幼儿园教育实习基地。高校和中小学要选派工作责任心强、经验丰富的教师担任师范生实习指导教师。大力开展教育实践活动，深入农村中小学，引导和教育师范生树立强烈的社会责任感和使命感。积极开展师范生实习支教和置换培训，服务农村教育”。因此，教师教育专业课程要积极应对这一改革精神，为师范生提供切实可行的教学内容，要密切关注当前基础教育的实际情况和需求，培养具有实践能力的专业人才。在课程内容上要及时去除陈旧落后的理念和内容，增加当前教育教学改革的新理念和方法，让学生在入职前对基础教育有全面的了解，为教育事业培养新型人才。

二、开展学生实习前培训，提高培训的实效性

实习前培训是提高师范生教育教学技能的重要途径之一，高效的培训可以帮助实习生在思想上认识到教育实践的重要性，在专业能力上可以指导他们将理论运用于实践，在行动上可以让他们以更饱满的热情投入实习活动中。

（一）以学科为单位，明确培训的重要性

师范院校应充分认识实习前培训的重要性，由各学科开展培训工作，院系和其他部门要给予最大的支持与配合，促使培训工作高效开展。院系和各学科要选取优秀且有经验的教师负责培训工作的开展，培训的内容和实施方法需经过学科内讨论确定，制定培训工作考核和评价制度，对教师的参与情况和学生的表现情况都进行具体考察，以达到培训的目的，切实提高师范生的教育教学能力，为教育实习工作做好准备。

（二）与实习基地合作，提高培训的实用性

工作在中小学一线的教师对当前教育现状有最真实的认识和感受，他们了

---

① 高月春：《高等师范院校教育实习改革理论与实践研究》，河北师范大学博士硕士论文库，2007 年。

解学校教育需要什么、缺失什么，他们可以将这些信息带到师范院校。同时优秀的教师也是师范生学习的楷模，他们表现出的教态礼仪、语言神态值得师范生作为学习的榜样，而且优秀教师有丰富的教学经验，他们可以将工作中积累的教学方法、班主任工作技巧和其他教师必备的基本素养介绍给学生，让实习生对教学和教师职业有初步的认识。实习基地参与培训，有利于师范生及早建立起"角色"意识，实现从学生到教师的心理转换。

（三）开展交流研讨会，增强培训的针对性

经验交流研讨会在教育实习的各个阶段都可以开展，在实习前开展的交流研讨会主要包括两方面：一方面是由教师作为主体，讨论开展实习前培训的各项事宜；另一方面是由实习生组成主体，讨论他们当前的心理状态和对即将到来的教育实习的认识和困惑。在实习生开展交流研讨会时，实习指导教师要做好主持和引导工作，可以邀请中小学教师进行现场指导，也可以邀请参加过教育实习的学长学姐来做汇报，这些来自一线的教育者提供的信息更具有说服力，更能满足实习生的需求。

三、提升指导教师水平，提高实习质量

实习指导教师的知识储备、工作态度、管理能力和指导水平对教育实习的质量好坏有十分重要的影响，因此，提升指导教师的指导水平对高效完成教育实习工作有非常重要的意义。

（一）建立健全的实习指导教师制度

合理规范的制度是高效开展工作的保障，为保证实习指导质量，就要求制定实习指导教师制度，制度内容包括专业指导教师选派标准和专业指导教师"巡回指导制度"两方面。通过制度确定实习指导教师的选拔与任用，对指导教师的素质与能力进行严格把关，并对指导教师的具体工作进行考核，从而保证实习指导工作有效开展。指导教师应具备下列素质要求：①具有较高的政治思想水平和道德修养；②具有较强的事业心和高度的责任感；③具有专业性知识和指导经验，包括具有学科专业知识、教学理论知识，具有丰富的教育教学工作经验和指导实习的经验；④具有过硬的组织管理能力和协调能力。此外，师范院校和实习基地还要做好对专业指导教师的管理与督导工作，对于不胜任此项工作的指导教师要进行强制培训或取消其指导教师资格。[①] 巡回指导是指在实习期间，师范院校派送专业指导教师到实习基地对实习生的工作和生活状况进行检查和指导。对实习过程中存在的共性问题进行集中指导，对个别问题进行个

---

① 高月春：《高等师范院校教育实习改革理论与实践研究》，河北师范大学博士硕士论文库，2007 年。

体指导。在巡回指导中，要求指导教师要多方观察与调查，做到全面了解情况，有的放矢，促使实习工作有序进行。巡回指导制度要对指导教师的巡查时间、次数、工作内容有具体的要求。

（二）提高指导教师工作积极性

工作积极性的高低直接决定了工作成效的好坏，主动、积极的态度可以使工作取得事半功倍的效果，因此，在制度规范的基础上，学校还要注意提高指导教师的工作积极性，使实习指导工作能够更有效地落实。首先，学校要重视实习指导工作，把教师的实习指导工作列入正常的教学工作量中，使教师在参加考核和各种表彰时能够取得政策导向优势；其次，对指导教师的工作要给予专项经费补助，高度认可他们的工作绩效；最后，平衡指导教师的工作职责与权力，对实习指导工作进行制度规范的同时，也要给予他们一定范围内的工作自由度，使他们有权处理一些事情，尊重指导教师的建议和想法，不挫伤他们的工作积极性。

第九章　教育实习的过程

第一节　实习过程的界定

教育实习是师范教育教学计划的重要组成部分，也是实现师范教育目标、培养国家需要的中小学教师的必要途径。整个教育实习的过程是一个实践的过程，贯穿于教育实习之中。科学地研究和探讨教育实习的理论，必须先弄清教育实习的各个环节、实施的过程，明确实习过程的地位、作用及其任务。只有这样，才能重视和加强教育实习，推动实习的顺利进行，为师范生的成长、成才、成功服务。

一、实习过程的含义

在《教育大辞典》中，顾明远教授曾经指出教育实习是"各级各类师范院校高年级学生到实习学校进行的教育、教学专业实践的一种形式，包括参观、见习、试教、代理或协助班主任工作以及参加教育行政工作等"。张念宏教授在《中国教育百科全书》中指出，教育实习是"师范院校学生参加教育、教学实践的学习活动，是体现师范教育特点、培养合格师资的重要教育环节，是各级师范学校教学中不可缺少的组成部分"。张念宏教授在《教育学辞典》中指出，教育实习是"师范院校高年级学生到学校进行教育和教学专业训练的一种实践形式……它是师范教育教学计划中的重要组成部分，是培养中小学教师的综合实践环节"。对于教育实习的定义目前说法不同，对于教育实习过程的概念也没有明确地指出。"过程"一词在词典中的含义是指事物发展所经过的程序与阶段。从上面二者之间的含义，我们可以得出以下几点认识。

（一）教育实习过程贯穿于教育实习之中

教育实习过程是实施教学计划中的一个核心组成部分，主要是指受教育者即实习生在教育者有目的、有计划、有组织的指导下积极自觉地参与实习之中，学会怎样成为一名教师的活动。在整个活动中，虽然实习生的身份发生了转变，成为一名走上讲台的"教育者"，但对于实习生来说其目的是没有变化的，所学的内容和方法都是使自己成为一名合格的中小学教师。

（二）教育实习过程是教育教学专业训练的一种实践形式和实践经历

教育实习过程有利于实习生把在大学期间学到的专业理论知识运用于实践之中，在真正的教育教学实践工作中，把理性认识和感性认识结合起来，从而加深他们对专业的认知，提高他们对教师教育工作责任的重大认识，坚定他们对教育事业的信念。

（三）教育实习过程是师范院校培养合格中小学教师的综合实践环节①

教育实习是种实践性的活动，不仅具有综合运用、综合考察和综合提高实习生所学专业的作用，而且能让实习生通过教育教学实践，巩固和运用他们的理论知识，并将知识转化为能力，使他们得到全面的锻炼。

二、实习过程的任务与意义

师范教育的目标是为基础教育培养合格的教师，而教育实习过程正是通过理论与实践的结合，以如何成为一名合格的教师为中心主题，对学生进行一系列的、全面的、综合的训练实践体验。

（一）实习过程的任务②

教育实习的目的影响到教育实习的任务，教育实习的任务就是教育实习过程的任务。教育实习过程的任务必须依据教育实习的目的要求而确定。教育实习要全面培养实习生的德、识、才、学，要全面检查师范院校的教育质量，必须通过教育实践活动，使实习生受到多方面的锻炼，了解中小学校教育、教学的内容和程序，学会独立从事中小学教育、教学工作的技能、技巧和方法，养成良好的职业道德，践行为人师表的规范。要达到以上目的，实习生必须在整个实习过程中，承担教学任务，了解中小学的教育教学过程，做好中小学生各项相关工作，在实践中获得能力。

1. 课堂教学

课堂教学是学校教学的中心环节，是学校向学生传授知识的主要途径。在学校，学生的主要任务就是上课学习。因此，实习生的首要任务就是搞好课堂教学。实习生必须充分认识到课堂教学的重要性，认真做好这项工作。明确教学的每个环节，备好课，写好教案，讲好课，并且做好课后辅导，组织考试与评定。课堂教学属于综合性的教学过程，实习生需要很强的专业知识、专业技能及语言表达能力、组织能力和应变能力，等等。此外，实习生在课堂教学中还必须注意教态和仪表，教师的言行举止、一颦一笑甚至是穿着打扮都对学生有着重

---

① 陈文涛、刘霄主编：《教育实习的实践与创新》，河南大学出版社 2006 年版，第 2 页。

② 陈文涛、刘霄主编：《教育实习的实践与创新》，河南大学出版社 2006 年版，第 5～6 页。

大的影响。以身作则、言传身教、身体力行、为人师表才是人民教师应有的品质和美德。

2. 综合实践活动

综合实践活动，又称第二课堂，也是培养中小学生德、智、体、美、劳全面发展的重要途径，这一途径在整个教育活动中显得越来越重要。在教育实习过程中，实习生也必须配合实习学校的教师参与其中，如组织参观、文体活动、知识竞赛等。参与这些活动时，实习生必须了解这些活动的内容，并且具备一定的相关知识和组织、管理能力。

3. 班主任工作

班级是学生集体的基层组织，是学校教育工作的基本单位。班主任是一个班级的领军人物，负责整个班级学生的全面教育。优秀的班集体，学生成绩优异，表现突出，思想品德端正，具有良好的人生和价值观等，这一切都与班主任息息相关，密不可分。对于实习生而言，要想做好班主任实习工作，就必须熟悉和掌握班主任的各项工作以及工作方法。班主任与学生接触最多，因此实习生在工作中一定要以学生为重心，做到言传身教、为人师表。

4. 教育科学研究

教育科学研究也是实习生在教育实习过程中需要完成的任务。教育调查是进行其他实习工作、改革师范教育和从事教育科研能力的需要。实习生通过查阅资料、问卷测验、材料分析等方法对教育教学进行研究，了解中小学教育，进一步了解中小学教育在社会主义现代化建设中的现状，促进中小学教育的改革。另外，教育科学研究能力也是 21 世纪的教师应具备的基本能力，应掌握基本研究技能，研究教育科学，使教育更趋向理性和科学，使教师成为更有益于社会、个性鲜明的成功者。

（二）实习过程的意义

教育实习过程是师范教育的重要组成部分，是师范院校教学计划中一门重要的必修的综合性实践课程。实习生在实习过程中通过一系列的教育教学活动，提高自己的文化知识和技能，以及从事教育教学的能力，坚定未来教育事业的理想信念。所以，教育实习过程对师范生乃至整个教育事业有着重大意义。第一，通过整个教育实习过程，在指导教师全面而细心的指导下，实习生在耳濡目染之中，对教师职业有了更新的认识，从而提高了对教师职业的认识和兴趣，激发了对教育事业的信念。第二，实习生在教育实习过程之中，通过一系列的活动，如教学计划的制订、课堂教学的设计、备课与教案的编写、课堂教学与组织等，增强了教学工作技能与能力，为成为一名合格的教师打下了坚实的基础。第三，实习生在实习过程中，通过担任班主任的亲身经历，加深了对班主任工作技能和思想教育工作技能的认识，并且很大程度对实习生的人际交往及社会适应力有很大的提高。第四，实习生通过科学教育研究任务，为以后的科学研究奠定了初步基础，为基础教育的改革提供了有利的依据。第五，教育实习过程就像一面镜子，不仅可以反映实习生个人的学习、技能等方面的情况，也可以反映出师范院校在教育教学中存在的问题，因此可以说教育实习过程是检验师范院校教育质量的一个有效途径。通过反映的问题，师范院校可对症下药，进一步提高办学质量，更好地服务于基础教育事业。

三、实习过程的现状及改革

（一）实习过程的现状

1993 年《中国教育改革和发展纲要》明确指出："教育改革和发展的根本目的是提高民族素质，多出人才，出好人才。各级各类学校要认真贯彻'教育必须为社会主义现代化建设服务，必须与生产劳动相结合，培养德、智、体全面发展的建设者和接班人'的方针，努力使教育质量在 90 年代上一个新台阶。"[①]1995 年 3 月第八届全国人民代表大会第三次会议通过的《中华人民共和国教育法》第一章第五条规定我国的教育方针是："教育必须为社会主义现代化建设服务，必须与生产劳动相结合，培养德、智、体等方面全面发展的社会主义事业的建设者和接班人。"由此可以看出，我国教育方针政策非常重视实践的作用。在师范院校，在校师范生走上讲台就是一种很好地体现"教育与生产劳动相结合"过程的路径，并且学校对此非常重视。目前，师范院校在每一届学生的最后一学年都要求师范专业学生走进中小学校，走进课堂，进行为期 12 ~ 24 周的教育实习，并将此纳入学生的专业必修课这一计划之中。由此可见，教育实习已经成为师范教育的重要组成部分。

在整个教育实习的实施过程中，首先，学校都设立了专门的教育实习领导小组，由专人对整个教育实习过程进行监督、指导。其次，学校都制定了一系列的相关实习制度，如《教育实习办法》《实习生守则》《教育实习成绩评定标准》等，并且编写教育实习大纲，对教育实习的目的、意义、内容、时间等方面都做出了明确规定，并且制作实习手册发放给学生，使教育实习有据可依。再次，师范院校还会与当地或者周边地区的中小学校建立长期合作关系，建立教育实习基地，并且聘请一些有着丰富教育教学实践经验的中小学教师为实习指导教师。最后，在整个教育实习过程中，严格要求学生和教师参与教育科学研究之中，为教育理论的研究奠定基础。

---

① 张峻岭：《语文教学必须为提高民族素质服务——学习〈中国教育改革和发展纲要〉的一点体会》，《渤海大学学报》1993 年第 4 期。

（二）实习过程中存在的问题

目前我国教育实习虽然已经形成比较完善的制度，但在教育实习过程中还是存在不少问题。

1. 在教育实习过程中，在内容上往往只注重备课和上课，忽视课堂辅导及其他教学环节

很多教师和师范生都认为参加教育实习就是为了检验知识和培养实际工作能力，而没有考虑到其他一些方面，例如心理、气质等。由于认识上的偏差，在整个实习过程中顾此失彼，直接影响到实习生毕业走上工作岗位后很长一段时间不能很好地达到教育教学效果。

2. 在教育实习过程中，一些实习生对于教育实习工作缺乏积极性

大多数师范生为了在实践中锻炼自己的实际工作能力，都认真地参加教育实习，把握这一难得的机会。但是师范生在实习过程中得过且过，无心实习的人也不在少数。例如，有的学生执意考研，人在曹营心在汉，有的甚至在实习学校“难见其人”；有的师范生毕业后不打算从事教育事业，认为实习没有多大用处；有的师范生认为教育实习无非“走走过场”，混个分数就行……正是多种多样的因素，使有的实习生不能很好地完成教育实习任务。

3. 在教育实习过程中，实习生得到全面锻炼的机会不多

由于现在中小学校压力大，许多学校片面追求升学率有愈演愈烈的倾向，有的实习学校不愿接收实习生，有的接收了也常常只是应付，缺乏积极性，学生走上讲台的概率较低。并且由于学校资源有限，能派的指导教师较少，对实习生的指导非常有限。

教育实习过程中还存在一些问题，例如实习形式单一、教育实习经费短缺、实习生后勤保障力度小等，这些都或多或少地影响着教育实习的顺利开展。

（三）实习过程的改革

针对上述问题，要想进一步搞好教育实习，适应未来中小学教育的需要，就必须进行改革。

1. 进一步加强对教育实习的研究

要弄清教育实习的规律，探索最佳的教育实习方案，确保教育实习过程的顺利进行。要加强对教育实习的宣传，取得实习学校、教育行政部门对教育实习的理解和支持，调动实习生实习的积极性。

2. 明确师范生实习的任务

实习生除了完成教育实习规定的相关任务外，还应积极参加一些社会活动。要利用平时的实践进入中小学参观，利用假期进行社会调查以充分接触社会，提高实习生的社会适应能力。

3. 开展多种形式的教育实习

传统的教育实习主要是基地实习。这种实习往往比较集中,便于指导和管理。但是这种固定的实习模式也出现了一定的弊端,例如经费紧张、实习基地难寻等。所以，学校可根据实际情况，探索一些新的实习形式，如顶岗实习、定向实习、委托实习等。

4. 提高教育见习的机会和效率

教育见习是学校教师组织学生到中小学了解教育教学的工作，通常可在每个学期举行或者在教育实习前一到两周进行。在教育见习阶段，我们可以效仿国外的一些做法，提前或分散地进行教育见习，可以在周末或者平时业余时间组织进行，这样就可以更多地给予学生上讲台的机会，也可以在见习的时间参与一些课外活动或课外辅导。

5. 加强对指导教师的选拔与管理

师范院校无论是对本校指导教师还是对中小学指导教师的选拔，都要求严格把关。要选拔对教育教学工作认真负责、能做到身体力行、为人师表、爱岗敬业的最优秀的教师，特别是师范院校中学科教学论的教师，因为他们对于教育教学工作更为熟悉和擅长。他们能够做到严格地按照教育实习的规章制度对教育实习工作开展全面而客观的评定。这样才能加强对学生的指导和管理，对优秀的实习生给予鼓励和奖励，以提高教育实习的功效。

6. 教育行政部门要在一定程度上给予教育实习工作人力、物力、财力的支持

地方教育行政部门可以委派管理人员协助师范院校建立教育实习基地，在实习过程中协助开展教育实习的检查、监督与评估等相关工作。还可以在资金方面以减少师范院校管理经费的方式或者赞助的形式给予支持。通过地方教育行政部门与师范院校双方的互惠双赢、共生共存的合作，实习工作的顺利开展是必然趋势。

第二节　实习过程的特点

教育实习是以师范院校的培养目标为依据，由师范院校与接收实习的学校密切配合，在双方教师的共同指导下，以师范院校的实习生为主体完成多项任务的特殊教育、教学实践活动。它具有同校内教育活动显著不同的特点，这些特点具体体现在以下方面。

一、鲜明的师范性

教育实习的过程必须坚持与突出以师范性为前提，这是师范院校的培养目标决定的。《中共中央关于教育体制改革的决定》指出："师范院校要坚持为初等和中等教育服务的办学思想，毕业生都要分配到学校去任教。"《中华人民共和国义务教育法》更进一步从法律上明确："师范院校毕业生必须按照规定从事教育工作。"[①] 这就从根本上规定了师范院校的实习生的师范性。这正是师范院校的教育实习同其他各级各类学校实习不同的本质区别之所在。因此，师范性是教育实习过程最基本的特点。在教育实习过程中怎样突出其师范性呢？第四次全国师范教育工作会议对广大教师提出了三大要求：第一，要有比较渊博的知识；第二，要认真研究教育科学，懂得教育规律；第三，要有高尚的道德品质和崇高的精神境界。这就为师范院校的培养目标提出了更加明确的要求，规定了培养对象的具体标准。教育实习的过程应该以这三条标准为出发点和归宿，为实现师范院校的培养目标——培养合格的教师服务。

学校是传授知识、培育人才的场所。师范院校不仅向学生传授文化知识，而且要教会学生传授知识的方法；不仅要传授系统的学科专业知识，而且要通过知识的传授养成学生热爱教育事业的专业思想和良好的职业道德。师范院校传授知识、培养人才的特殊性要求师范院校必须教授教育理论知识，加强教育实习活动。[②] 因此，师范院校不仅要加强教育学、心理学和教材教法等课程的教学，实践课程的教学，还要强化教学因素，如教学基本技能、教学基本技术、"三字一话"等。所以，我们可以肯定地说教育实习的过程是体现师范院校的特殊性、集中反映师范院校的培养目标，突出其师范性的一门必不可少的教育实践课程。

二、实施的复杂性

教育实习过程的复杂性是指它在组织管理工作中非常复杂。在学生进入实习学校之前，首先必须做好各方面的协调工作。精心挑选实习学校，并协调好师范院校、地方教育局及实习中小学校三者之间的关系，得到它们的大力支持。其次，要协调与实习学校相关人员。如学校领导、任课教师、班主任、指导教师等之间的关系，调动他们的积极性，为教育实习的顺利实施提供有力的保障。最后，还要重视实习生的后勤保障问题。在实习期间，要全面保证学生的思想、人身财产安全、生活等方面的工作。总之，只有处理好各种复杂的关系，才能

① 牛聿化：《师范院校学生职业能力培养刍议》，《贵州师范大学学报》1986 年第 3 期。

② 陈文涛、刘霄主编：《教育实习的实践与创新》，河南大学出版社 2006 年版，第 2 页。

顺利保证实习生正常的实习工作。

三、角色与任务的双重性

教育实习过程是师范院校为实现培养目标所组织和实施的一项特殊性的实践活动，其特殊性主要体现在实习生角色的双重性、教育实习任务的双重性及指导教师的双重性。

（一）实习生角色的双重性

实习生角色的双重性是指实习生既是师范院校在读的学生，同时又是在实习学校进行教育教学的教师的双重身份。一方面，对于实习学校的中小学生来说，他们作为“教师”教授学生相关学科的基本知识和技能；另一方面，对于指导教师来说，实习生仍然是学生，参与教育实习过程仍然是在进行学习，是受教育者，他们在指导教师的引导下，通过从事教育、教学实践，进行自我教育和自我锻炼。而更重要的方面是要作为一名教师去独立地工作，并从中实现实习所要达到的目的。因此，实习生在教育实习过程中，既是受教育者也是教育者，具有双重性。

（二）教育实习任务的双重性

教育实习的任务也具有双重性。一方面实习生的主要任务是向中小学生传授系统的文化科学知识，培养其能力，而更重要的是要作为一名教师去独立地工作，并从中实现实习所要达到的目的。另一方面实习生的主要任务又是加深自己对专业的认知，培养和锻炼自己的实践技能，为以后服务于人民教育事业奠定坚实的基础。教育实习的双重任务是在统一的教育实习过程中实现的。通过对学生开展教育、教学工作，实习生在巩固和深化专业知识的同时，提高了任教的基本技能，为毕业后能顺利由学生向教师的转变奠定良好的基础。

（三）指导教师的双重性

在我国的教师教育培养体系中，许多管理者已经意识到在中小学建立教育实习基地，让实习生接受中小学教师的再教育的重要性。《教育部关于大力推进教师教育课程改革的意见》指出：支持建立一批教师教育改革创新试验区，建设长期稳定的中小学和幼儿园教育实习基地；高校和中小学要选派工作责任心强、经验丰富的教师担任师范生实习指导教师；形成高校与中小学教师共同指导师范生的机制，实行双导师制。[①] 因此，在整个教育实习过程中，由大学指导教师与实习学校指导教师共同负责指导。大学指导教师能帮助实习生获取成功经验，指导实习生的教育实习活动，熟悉实习生的需要，对实习生做出指导

---

① 尤秋琴、张祥沛：《英、加、澳三国的教育实习特点及对我国的启示》，《齐鲁师范学院学报》2013 年第 5 期。

性评价。实习学校的指导教师是教育实习指导教师的另一组成部分，在教育实习的过程中起着举足轻重的作用。在实习学校指导教师的指导下，实习生要完成制订教学计划、课堂教学、评定在校学生的成绩等工作。

四、内容的综合性

教育实习过程是一项内容综合而又丰富的教育、教学实践活动。其综合性主要表现在以下几方面。

（一）教育实习过程的目的及任务的综合性

教育实习过程的目的就是检验、巩固和提高实习生所学理论知识，培养与锻炼他们的从教能力和形成与巩固他们的专业思想，养成其献身于社会主义教育事业的思想道德品质。教育实习目的的综合性决定了教育实习任务和内容的综合性。一般来说，教育实习过程的任务和内容主要是教学工作实习、班主任工作实习、课外活动实习和教育调查、教育研究实习等。这些任务和内容相辅相成，相互作用，不断提高实习生的政治素质及业务素质。

（二）对实习效果影响的综合性

实习效果的影响因素主要包括实习生专业水平、教学技能、实践能力、思想品质等方面，其好坏可以直接检验出他们对于专业知识学习的掌握情况、教育理论知识和从教能力的水平及政治思想觉悟和道德品质的水平。同时，可以使实习生发现其在某些方面存在不足而继续学习。所以说，实习的过程也是实习生一次最好的综合运用自己所学知识的实践机会。实习生要明白在教育教学实践中，既要教书还要育人；既要按照统一的教育目标塑造学生，又要考虑学生的差异性因材施教；既要传授知识，又要教会学生发现知识，掌握良好的学习方法。

（三）实习指导工作的综合性

在实习过程的指导工作中，不仅要协调好师范院校与实习学校及相关教育部门的关系，还要协调好实习生与实习学校领导、指导教师、任课教师、班主任、中小学生的关系等。要得到他们的大力支持及热情参与，只有通过良好的人际关系才能促进实习工作顺利进行。另外，实习指导教师既要指导实习生备课、上课、课后辅导等，又要指导他们做好班主任工作，还要指导他们进行教育调查等。

五、操作的实践性

“辩证唯物论的认识论把实践提到第一的地位，认为人的认识一点也不能离开实践……强调理论对于实践的依赖关系，理论的基础是实践，又转过来为实践服务。……实践的观点是辩证唯物论的认识论之第一的和基本的观点。”[①] 师范院校要实现自己的培养目标，即培养合格的人民教师，就必须遵循辩证唯物主义认识论，一方面是专业理论知识，另一方面是要进行教育教学实践，实现由学生向教师的转变。

理论与实践相结合是校内教育活动与校外教育实习都应遵循的共同的教育原则，但在这一原则的贯彻中，教育实习与校内教育具有不同的特点。教育实习是师范院校教学计划中设置的实践课程，是培养中小学教师的综合实践环节。“实践课程要贯彻理论联系实际的方针，通过教育实践和社会实践，培养学生观察、分析和解决问题的能力。教育实践主要包括教育实习、见习和学科专业实习”[②]，要强化教育实践环节，培养学生的教育教学能力。教育实习所要达到的一切目的，所要实施的各项教育训练内容，都是在专业理论与教育理论的指导下通过实践活动来实现的。而在校内教育活动中，虽然也有一定量的实践活动，但大量的是进行理论教学。这种区分在师范院校教育的全局上体现了理论与实践的统一。

六、时间的集中性与阶段性

2011 年我国颁发的《教师教育课程标准（试行）》中提到教育实践应包括教育见习和教育实习两个环节，其时间应为 18 周。《教育部关于大力推进教师教育课程改革的意见》指出：强化教育实践环节。《国务院关于加强教师队伍建设的意见》指出：加强教师养成教育和教育教学能力训练，落实师范生教育实践不少于一学期制度。[③] 就教育实习的过程来讲，教育实习是集中在一定的时间内进行的，因此具有集中性；而从教育实习的全过程来讲，它又具有明显的阶段性。这种阶段性是由实习过程中工作重点、客观情况的转移，实习生工作与思想状况的变化而显现出来的。一般来说实习可分为准备阶段、实施阶段、结束阶段。实习指导工作不能离开实习各个阶段的特点。

七、管理的思想性

管理的思想性是根据实习生的特点，在实习过程中要不断地进行热爱与忠诚党的教育事业的教育。实习是学生走向社会的第一步，随着实习的深入，实习生对教师职业、学校的条件、社会的认识逐步加深，对实习中产生的困境和形成的新印象会产生复杂的心理情绪。因此，对不同的实习生的思想特点，应

---

① 毛泽东：《毛泽东选集》第一卷，人民教育出版社 1991 年版，第 284 页。

② 国家教育委员会师范教育司组编：《师范教育必修课程设置方案与说明》，首都师范大学出版社 1997 年版，第 107 ～ 108 页。

③ 尤秋琴、张祥沛：《英、加、澳三国的教育实习特点及对我国的启示》，《齐鲁师范学院学报》2013 年第 5 期。

进行有针对性的思想教育管理。实习管理部门、指导教师要不断鼓励和巩固他们的教育信念，帮助他们解决在实习过程中遇到的问题和困境，严格要求实习生为人师表、对工作认真负责，使教育实习工作能顺利开展，圆满结束。

八、主体的差异性

（一）实习生在实习过程中的差异性

这种差异性表现在：实习生之间在思想状态、知识能力水平、工作状况上的差异，实习生在实习的不同阶段表现出来的思想状态与工作状况的差异，实习生在校的专业学习水平与实习工作水平的差异。由于实习工作水平的高低是知识与能力综合作用的结果，能力的因素突出了，因此，校内专业学习的水平与实习工作水平并不是完全一致的。只有认真地分析实习生的各种差异与变化，才能实施有效的实习指导。

（二）实习学校的差异性

目前我国中小学教育的发展是很不平衡的，各实习学校在师资力量、设备条件、学生状况、办学水平等方面都有很大的差别，这种差别直接影响着教育实习的效果。我们安排具体的实习任务，进行实习指导，都不能离开各实习学校的具体条件，这些条件包括有利的也包括不利的。

第三节　实习过程的阶段

教育实习是一个系统工程，要培养师范生良好的教师素质，不是一朝一夕的事情，必须经过长期严格的培养和训练才能完成。教育实习过程大致分为教育实习过程的准备阶段、教育实习过程的实施阶段和教育实习过程的结束阶段。

一、实习过程的准备阶段

充分的准备是教育实习取得成功的保证。师范生应该从入校开始就进入教师角色，进行教育实习的准备。教育实习的准备可分为前期准备、临界准备和过程准备三个阶段。前期准备着重于“培养”，指从新生入校开始到即将教育实习时，为培养合格的实习生做好充分的准备；临界准备侧重于“适用”，指的是实习前夕所做的组织上、思想上、业务上的准备；过程准备突出“具体”，是实习生来到实习学校后，为完成教育实习任务所做的具体准备。[①]

---

① 刘初生等编著：《教育实习概论》，湖南教育出版社 2001 年版，第 23 页。

（一）教育实习的前期准备

实习生作为师范教育的“准产品”，作为未来的人民教师，其所具有的教育教学的素养是决定教育实习成败的关键。他们的成长从大学入学到走上工作岗位，必须经过严格的培养和训练。因此，其前期准备是一个漫长的过程，要从以下方面做起。

1. 提高师范生道德修养，培养其献身精神

教师是“人类灵魂的工程师”。作为学生人格的塑造者，教师应具备高尚的思想品德，恪守教师职业道德，全心全意为学生服务，热爱教育事业，热爱学生，在教书育人的过程中也要做到以身作则、为人师表。要想成为一名称职的教师，必须做到自立、自律、自强，用合格教师的标准严格要求自己。

（1）教师的政治思想要高尚

政治思想是教师整体思想中的精髓和核心，决定着教育的思想和态度，影响着教师的人生观和价值观。教师的政治思想对学生思想品德的形成、人生观和价值观的树立起着重大的影响作用。要想成为一名合格的教师，必须具有爱祖国、爱教育事业、爱教师职业的“三爱精神”，树立素质教育观和终身教育观的“两育”观念。要确立明确的政治方向，坚持党的基本原则，忠诚于党的教育事业。要想把学生培养成“四有”人才，必须把提高教师的政治思想水平摆在重要的地位。

（2）教师的专业思想要牢固

对于任何专业的学生来说，牢固的专业思想是学好本专业的思想基础。对于即将参加教育实习的实习生而言，明确自己所学专业在未来基础教育中的地位和作用，认识自己所学专业为促进社会发展和科学技术进步的重要意义，是搞好实习的基本思想前提。[①]

2. 知识准备充分，不断完善自我

知识准备是教育实习成功的前提。实习生应该回顾在校所学的专业知识，特别要针对拟实习课程内容的需要和自己的不足，不断地完善自我。

（1）专业知识要实而精

实习生应该系统地钻研掌握本专业知识，练就扎实的基本功，这是搞好教学工作的前提。精通专业知识的同时，还必须灵活掌握和运用，这样才能激发学生的学习兴趣。实习生还应该通读中小学相应学科的教材与课程标准，并拟对实习的章节和前后相关内容进行认真钻研，明确重难点，初步思考教学方法，

① 《体育教育实习指导》编写组：《体育教育实习指导》，高等教育出版社 1998 年版，第 20 页。

并且要提前找到相应的教学资料。

（2）文化知识要广而博

要想成为一名新世纪的教师，除了精通专业知识之外，还必须博览群书，特别是与本学科相邻学科的基础知识，由“单一型”向“综合型”教师转变。作为一名实习生，首先要认识到各学科的交叉性和横向联系，广泛涉猎各学科知识，以确保知识能够做到相互渗透和取长补短，在头脑中形成纵横交错的知识网络图。见多方能识广，厚积才能薄发，只有掌握了广博的科学文化知识，才能更加有效地增强教学效果，唤起学生强烈的求知欲。

（3）教育理论要熟而用

教学既是一门科学，又是一门艺术，甚至是一切艺术中最渊博、最深奥、最复杂、最高级的艺术。① 实习生不仅需要精通专业知识、知晓科学文化知识，还必须掌握教育理论。教育理论是对学生身心发展规律和教育教学规律的科学总结，是完成教学工作的重要法宝。马卡连柯说：“某一位教师上课时，学生很安静地听，而另一位教师上课时情形就很坏，这绝不是因为一个教师有才能，另一个教师没有才能，这是因为一个教师有教育上的技巧，而另一个教师没有教育上的技巧。”② 因此，作为刚入门的实习生，更应该掌握好教育学、心理学、教学法等教育科学理论，并且有效地运用到实际的教学过程之中。

3. 技能准备全面，服务教育教学

技能准备是教育实习成功的核心。实习生需要经过大学四年的学习和培养，要能综合运用各种技能，在教学中得以体现。

（1）教育教学能力

教育教学能力包括教学能力和教育指导能力。教学能力主要是指教学设计（教案）的能力、分析处理教材的能力、组织教学能力等。随着教育改革的深入推进，教师单一地传授知识逐渐减少，而逐渐向教师指导学生学习转变，教会学生学习方法，激发学生自主学习。作为新世纪的教育接班人，实习生更应改变过去常说的“要想倒给学生一杯水，教师需要一桶水”观念，应该像苏霍姆林斯基所说：“我的理想是：毫无例外地使所有的学生都能热烈地爱科学、爱学习和爱学校，使书籍、科学、学校和智力财富成为学生的主要爱好和主要兴趣，使少年和青年把追求智力充实的、丰富而完满的精神生活当作自己最重要的理想，使每一个学生在从学校毕业的时候都能带走渴求知识的火花，并使

① 许东林：《简论课堂教学艺术的科学运用》，《佳木斯大学社会科学学报》2009 年第 8 期。

② ［苏］马卡连柯：《论共产主义教育》，人民教育出版社 1979 年版，第 406 页。

它终生不熄地燃烧下去。”[①] 因此，实习生应该注重学习方法的挖掘，注重如何教，而不是仅仅关注教什么的问题。

（2）实操操作能力

实操操作能力包括板书、实验操作、绘图、制作教具、使用现代化教学设备等能力。板书是教学的辅助手段，好的板书能把知识的脉络准确地反映在黑板上。因此，作为实习教师，必须练好“三笔字”：毛笔字、粉笔字和钢笔字。21世纪是数字化的时代，要想成为一名优秀的教师，必须会运用多媒体辅助教学，使静止的内容向动态化转变，使课堂富有趣味性和艺术性，让课堂更加充满活力。

（3）语言表达能力

我们常说：教师是吃开口饭的。苏霍姆林斯基说：“教师的语言修养在极大程度上决定着学生在课堂上的脑力劳动的效率。我们深信，高度的语言修养是合理地利用时间的重要条件。”师范生不仅要学习好汉语拼音和练好普通话，而且更应该在语言的修养上下功夫。在语言表达的过程中一定做到准确、简洁、生动、形象、流畅，语调要抑扬顿挫、语速适中，还应注意适当的表情和姿势等。刚刚走上讲台的实习生，往往在语言表达上有声音小、语速快、语调平等缺点，因此必须不断地下功夫，努力实践，努力提高自己的语言素养，掌握语言的艺术，成为合格的人民教师。

（二）教育实习的临界准备

教育实习的临界准备要从组织上、思想上、业务上入手，着重做好以下事情。

1．做好组织准备，各方分工明确

组织准备是教育实习的前奏曲。教育实习的成败在一定程度上取决于实习前的组织准备，只有准备工作做到位、做精细、做全面，各组织部门上下齐心，才能保证实习工作的顺利开展、进行与完成。其工作包括以下几项。

（1）成立各级组织领导管理机构

组织领导机构的建立是顺利进行教育实习、提高实习效率和质量的重要保障。师范院校要在校（院）成立实习领导委员会和办事机构，各二级教学单位院（系）也应成立院（系）级实习领导机构，并对各级领导机构的组成人员及其权力、职责与义务做明确划分。校（院）级领导小组主要由校（院）领导、教务处领导、教务处科员及各院（系）领导组成，各院（系）的实习领导小组主要由各院（系）领导、教学秘书、分管学生工作的书记及辅导员等若干人组成。其主要任务是落实实习学校，确定实习分组，确保实习工作顺利开展。为更加合理地保证教育实习的进行，还应建立市（县）级领导小组，主要由当地市教

① ［苏］B. A. 苏霍姆林斯基：《给教师的建议》，教育科学出版社 1984 年版，第 478 页。

育局领导牵头，组织各实习点学校领导成立专门的领导机构，其主要任务是为实习生搭建平台，配合高校的实习工作顺利进行。

（2）制订实习计划和制度

教育实习是有目的、有计划、有组织的活动。为保证教育实习工作的计划性，有效地完成实习任务，师范院校各院（系）的领导小组应根据培养目标、课程标准及学校总的教育实习计划，在针对本学科专业特点的基础上制订详细的实习计划。实习计划中的一个重要内容是召开实习动员大会，主要内容是以明确实习重要性、必要性为重点，强调学生在思想上等各方面的准备，并且传授学生人际沟通交往的技巧。为保证实习计划的有效执行，还必须有相应的规章制度来保证。一般来说，各校都有《教育实习大纲》《教育实习管理办法》《实习生守则》《教育实习成绩评定标准》等规章制度，各院（系）也可根据各专业的特点制定与之相适应的系列规章制度，以确保实习工作有章可循。

（3）做好实习具体工作安排和总体部署

针对具体的教育实习工作，师范院校要进行全面部署、组织与协调工作的开展。首先，召开教育实习工作协调会，邀请各级领导小组负责人，包括实习学校领导及其主管的地方教育局领导参加会议，总结上一年度教育实习情况，提出当年教育实习的具体要求，落实各实习小组的实习地点。其次，由教务处与各二级教学院（系）联合确定实习带队教师，划分实习小组，确定各实习小组正副组长，并要求带队教师与相应实习学校取得联系，确定实习相关信息，如实习人数要求、实习生生活安排情况、实习生教学科目和内容等。再次，由各院（系）依据带队指导教师反馈情况，根据学生及实习学校具体情况进行统一安排，并让实习生与相对应的带队指导教师见面、沟通，做好实习生相关准备工作。最后，由学校教务处领导奔赴各地实习学校，对这些学校进行实地考察和做好安全评估。

2. 做好思想准备，端正实习态度

教师是一定的教育思想的具体体现者，作为一名师范生，应该充分认识到教育实习的重要性，端正态度，明确实习目的，为成为一名优秀的教师打下坚实的基础。因此，思想准备是教育实习的关键，做好实习思想动员工作具有现实意义。树立实习生正确的思想，要明确以下三方面。

（1）搞好事前动员，激发实习热情

在教育实习之前，师范院校各二级教学单位召开教育实习动员大会势在必行。在会上，由院系领导做动员报告，讲解教育实习的目的、意义、任务和要求，强调教育实习纪律和安全问题，由实习带队教师代表宣读教育实习工作的具体安排，介绍教育实习评价方法，等等。通过一系列讲解，激发学生的教育实习热情，鼓舞他们的斗志，树立他们的信心，使之产生实践锻炼的良好愿望和工作热情。

（2）学习相关文件，明确实习要求

对于实习生来说，教育实习是到一个较为陌生的环境从事与学校学习不同的全新工作，实习期间内容多、任务生、工作量大、工作面广，所以，学习有关文件精神和规章制度是必不可少的事情。比如，学习《教育实习工作管理办法》《学生伤害事故处理办法》《实习生手册》等内容，要做到心领神会，熟稔于心。

（3）营造良好氛围，增强实习使命

首先，师范院校在每年教育实习期到来之前，要在全校范围通过张贴欢送标语、举行欢送大会等方式营造一种实习光荣的氛围；其次，可以要求实习学校以张贴欢迎标语、召开实习座谈会等方式，对实习生的到来表示诚挚的欢迎；最后，要求实习学校班级在原班主任的带领下，主持召开实习教师与中小学学生的见面会。通过这一系列的活动，可能促使实习生意识到教师职业的神圣与光荣，从而消除陌生感，有利于融洽实习生与实习学校领导、指导教师及学生的感情。

3. 做好业务准备，完成实习任务

业务准备是教育实习成功的核心。根据师范院校教育实习和中小学教育教学工作的需要，师范毕业生既要有献身于教育事业的愿望、热爱学生的思想感情，还要有扎实的基础知识和较强的基本能力。因此，业务上的准备必须从以下方面做起。

（1）专业知识准备

实习生应该回顾在学校所学的专业知识，特别是针对实习课程内容的知识，比如班级管理的知识、课堂教学设计、听评课的知识，这都需要从所学的教育学、心理学、学科教学法的有关内容中提取。在实习前既要通读所任教中小学课程相应的学科教材及课程标准，又要对将要任教的章节内容和相关的资料进行认真的钻研，明确其重点、难点，并思考如何突出重点，帮助学生攻破难点。

（2）教学技能准备

教学技能包含内容比较丰富，如“三字一话”的技能、教具制作和使用技能、教学设计技能、实验技能、运用现代化教学手段技能、班级组织与管理技能等。这些技能通过师范教育的全过程来培养与训练，在教育教学中得到综合的体现。因此，在教育实习前，每位实习生都必须以小组为单位在微格教室进行教学设计和试讲的训练，并开展听课与评课活动。

4. 做好财务准备，确保钱物充足

“兵马未动，粮草先行。”财务准备是教育实习成功的物质保障。首先是办公用品的准备。实习生必须在实习前领取实习教材、实习辅助资料、实习手册、实习指导用书，有关实习的表格及一些必要的实习记录用品，如记录本、笔、录音笔、照相机等。其次是生活用品的准备。教育实习一般是三到六个月，时间相对比较长，路途也比较远，因此必须带足日常生活用品，如洗漱用具、换洗衣裤、常用药品、简易体育用品、手电筒等。再次是交通工具的准备。师范院校应该根据实习学校和小组分工的需要，按照实习时间安排，接送实习生奔赴各地和回归母校，以保证他们的安全。最后是资金的准备。师范院校教育实习办公室应根据学校相关规定做好实习经费的预决算，准备好实习指导费用、学生租房费用和生活补贴等开支。

5. 做好指导准备，遴选指导教师

实习指导是保证实习成功的关键，而实习指导的关键是选配合格的指导教师。教育实习指导教师包括师范院校和实习学校两方面参加教育实习指导工作的教师。这两部分教师在实习活动中都处于主导地位，既是教育者，又是管理者，对完成实习任务、提高实习质量等都发挥着重要作用。因此，教育实习指导教师必须明确自身所应该具备的素养、职责和工作原则。

（1）实习指导教师的素养

实习指导教师是每天给予实习生直接指导与帮助的人，是实习生在实习期间接触最多的良师益友，他们的一言一行、一举一动不仅直接影响实习生，而且会对中小学生产生影响。因此，实习指导教师必须具备以下素养：一是具有较高的政治思想水平和师德修养；二是具备广博的文化科学知识和较为扎实的专业基础知识；三是具有较强的组织才能和指导艺术；四是对教育实习要有正确的认识以及较强的事业心和高度的责任感；五是要透彻了解中小学实际，懂得教育教学的基本规律。①

（2）实习指导教师的职责

实习指导教师的职责是由实习工作的目的和任务确定的。指导教师的工作目的和任务是组织、管理、教育、引导实习生按照教育实习的指导思想，遵循教育实习规律，开展各项实习活动，顺利完成教育实习任务。要指导实习生初步掌握中小学教育教学规律，进一步巩固从事教育工作的专业思想，增强职业意识、锻炼综合运用所学知识进行教育教学工作的能力，养成教师职业道德的情操和行为等。②这样的工作目的和任务决定了实习指导教师应该履行好基本

① 教育实习指导书编写组：《教育实习指导书》，人民教育出版社 1989 年版，第 259 页。

② 许高厚主编：《教育实习》，人民教育出版社 2001 年版，第 34 页。

职责。[①]

师范院校指导教师的职责是：①严格执行《教育实习大纲》和学校的教育实习计划，保质保量地完成实习的各项任务。②做好实习前的思想、业务、物质的准备。一是做好实习前的动员，鼓舞士气，振奋精神，帮助实习生克服畏难情绪；二是帮助实习生通过实习学校的领导和有关教师了解学生的思想、学习、生活等情况；三是安排好实习生的食、宿。③在校教育实习领导小组的统一安排下，分配实习生教学工作和班级管理工作等实习任务。④对实习生全面负责，关心他们的思想、生活、健康，保证实习工作顺利进行。⑤主动配合实习学校指导教师指导实习生开展备课、试讲、上课、听课与评课活动以及班级管理工作。⑥加强同实习学校各方面的联系，听取实习生和实习学校有关教师的意见，向学校教育实习指导委员会反映实习生的合理意见和要求，协调和处理好各方面的关系，加强团结。⑦指导实习生撰写个人总结和实习小组总结，并指导实习生评定实习成绩，做好实习结束离校工作。

实习学校指导教师的职责：①向实习生介绍实习班级的基本情况和教学情况，传授教育教学经验。②教育中小学生尊敬实习教师，听从实习教师的教导。③为实习生开展示范课教学，指导他们开展备课、试讲、上课、听课与评课活动以及班级管理工作。④审阅实习生教案，听课、评课、评定实习成绩，写好评语或者鉴定。⑤指导实习生加强师德修养，遵守实习纪律，做到教书育人、为人师表。⑥协调和处理好实习生与学生、学生家长、其他任课教师、实习学校领导等各方面的关系。

（3）实习指导教师的指导原则

实习指导教师的指导原则是根据教育实习目的和实习过程规律提出来的，是教育实习经验的总结，它对于正确地处理教育实习过程中方方面面的关系具有重要的指导意义。指导教师在实习中，必须遵循以下原则。[②]

首先，全面指导与重点指导相结合的原则。教育实习是包含教学、班级管理、教育科研等的全方位实习，指导教师要对实习生进行全面指导。实习指导教师要求对实习生的成长全面负责，不仅指导实习生业务能力的提高，还要对其思想教育、生活管理、身心健康常抓不懈。在实习期间，为了确保每位实习生的教育和教学工作实习的质量，指导教师要面对全体实习生，对他们的备课、试讲、上课、班级管理、教育调查等开展面对面、手把手的重点指导，给予全

① 教育实习指导书编写组：《教育实习指导书》，人民教育出版社 1989 年版，第 260 ～ 261 页。

② 教育实习指导书编写组：《教育实习指导书》，人民教育出版社 1989 年版，第 261 ～ 264 页。

面照顾和精心培养。但是，指导教师在对实习生进行指导的过程中，切忌胡子眉毛一把抓，重点是关注实习生的教育和教学工作实习。对于知识水平较差、教育教学工作能力较弱的实习生，指导教师要多下功夫，大力帮助，加以重点指导。对于基础较好、教育教学工作能力较强的实习生，在他们承担公开课讲解任务和开展班级活动期间，也要进行重点指导。对于教育和教学工作能力较强，但实习态度不端正、实习表现较差的实习生，指导教师要对他们的思想开展重点帮助。

其次，思想指导与业务指导相结合的原则。实习质量的好坏受到多种因素的影响，除了实习生的知识基础、基本功和工作能力外，他们的工作态度、工作作风、思想情绪等也有很大影响。实习指导教师对实习生要全面负责，既要抓业务指导，提高他们的业务水平和能力，也要抓思想指导，深入了解他们的思想动态，及时进行思想教育，以调动他们参与实习的积极性和主动性。因此，指导教师对实习生的指导要做到双管齐下，彼此兼顾，要善于觉察实习生的思想动态，并结合业务指导及时地教育和帮助，寓思想教育于业务活动之中。

再次，先扶后放、鼓励为主的原则。实习指导教师在指导期间，既不能包办代替、越俎代庖、大包大揽，又不能放任自流、不管不顾、置之不理，应当在指导过程中扮演编剧、导演、教练的角色，坚持先扶后放的原则。从整个实习过程来看，实习生初登讲台上课时应以扶为主，扶中有放；在实习中后期，则应以放为主，放中有扶。从指导某个实习生而言，一般是开始的备课、试讲、上课要多加指导，扶着他们走稳；往后，可以逐步放手，让他们独立地备课、上课，让他们走好、走快。这样从扶到放地指导，不但能培养和提高实习生的独立工作能力，而且能比较准确地反映出实习生的实际水平和能力。同时，在实习生实习的过程中，指导教师要坚持鼓励为主、批评为辅的原则。实习生毕竟是学生身份，他们的教育教学经验都比较欠缺，在他们开展备课、试讲的活动时，指导教师的态度一定要诚恳、耐心、细心，言语上要亲切、委婉、冷静，意见要中肯、明确、具体，并利于实习生改进。在实习生上完课后评议时，要充分肯定他们的优点，发掘他们的闪光点，恰当地指出他们存在的缺点和不足，并给予行为改进的具体指导。

最后，互相尊重、协商一致的原则。在指导实习的过程中，师范院校的指导教师与实习学校的指导教师、实习学校听课的教师有时意见不一致，可能使实习生难以抉择、无所适从。这就需要两校的指导教师和听课的教师坚持互相尊重、协商一致的原则。大家可以事先商量意见，以确保对实习生的反馈异口同声。也可以从求同存异、取长补短的角度出发，给予实习生良好的做法的建议。一般而言，如果是学科前沿问题、教材思想性和科学性的问题，实习学校指导教师可以多听师范院校指导教师的意见；如果属于教学常规、教学方法、知识点的问题，师范院校指导教师可以多听实习学校指导教师的意见。

（三）教育实习的过程准备

教育实习能否打开工作局面，进入预定轨道正常运转，取得预期的良好效果，与过程准备密不可分。教育实习的过程准备指的是实习生来到实习学校以后，要利用一周时间，为有效地开展教育实习工作而进行的衣、食、住、行等安顿食宿、熟悉环境的准备。

1. 安顿住宿、熟悉环境

实习生来到一所实习学校，要在这里度过三个月到半年的实习期，他们对实习学校往往会感到陌生。为尽快进入新的工作角色，一定要熟悉新的环境，并把自己的吃、住安排好。所以，实习学校可先安排领导或者指导教师代表带领实习生参观校园，了解学校办公室、教室、宿舍、食堂、澡堂、图书馆等建筑物的地理位置和校园周边的环境。

2. 召开实习生见面交流会

实习学校要安排实习学生与实习学校领导、教研组组长及指导教师见面会。会上可由学校的领导介绍学校的办学历史、办学定位、培养目标、办学经验及学校的生活条件、规章制度、学科教学等基本情况等。由教研室组组长向实习生介绍教研室情况、本学科教学要求、教学改革成就及教书育人的经验等，然后根据预先分配情况，宣布实习生的指导教师及教学实习班级，并组织实习生同指导教师见面，介绍指导教师的基本情况和优秀教师代表的做法，安排实习生接受具体的教育实习任务，与指导教师交流，深入了解教学班级情况及教与学的情况，等等。最后由指导教师代表提出对实习生的具体要求，让他们进一步明确教育实习的重要性，以及如何处理师生之间的关系，严格要求他们遵守《实习生守则》，全力以赴地搞好实习工作。实习生只有了解了实习学校的基本情况，才能加深对这所学校的感情，理解学校的实际困难。实习生只有了解了自己的指导教师的基本情况，才能从他们身上学到优良品质，也才能真正做到拜师学艺。对实习生提出具体要求，才能保证他们认真执行和遵守学校的规章制度，顺利地度过实习期。

3. 召开实习生与实习班级学生的见面会

实习指导教师要组织实习生与实习班级学生的见面会。在会上，由实习班级的原班主任介绍本班学生的基本情况，这样既便于实习生更快地接触学生，了解和研究学生，从而在班级管理中做到有的放矢，取得良好的实习效果，也便于实习生更好地了解自己的实习班级和全体学生，在师生增进了解的基础上，融洽彼此的情感。

二、实习过程的实施阶段

教育实习过程的实施阶段是教育实习的核心阶段，也是目标阶段。教育实习前的一切活动都是为这一阶段做准备，而这一阶段结束后的总结阶段也是因它而产生并围绕它进行。它也直接关系到整个教育实习的质量，影响着教育实习工作是否能圆满完成。因此，我们必须将教育实习的实施阶段作为整个教育实习工作的重心。

（一）观摩见习

教育实习的实施是从实习生进入实习学校进行为期一周左右的教育观摩见习开始，观摩见习是教育实习的一个重要组成部分，主要是让实习生熟悉实习学校的环境，了解学校的情况，实习班级的教育、教学情况等，为正式进行学习、实习等工作进行铺垫。其观摩见习的具体活动如下。

1. 接受班主任实习任务

根据班主任实习工作安排，实习生在原班主任的带领下与实习班的学生见面，并做简单交流介绍。会后，由原班主任向实习生介绍班级的基本情况、需要注意事项以及亟待解决的问题等，指导他们制订班主任工作计划等。

2. 观摩教育、教学活动

在实习期间，随堂听课是实习生的一项重要任务。在集中见习阶段，要多争取随班听原任教师的示范课以及学校组织的观摩课，通过听课、评课和询问，了解教学对象，熟悉课堂教学常规，学习教学经验。在班主任见习期间，实习生还要抓紧时间深入班集体，接触学生，勤观察、多沟通，掌握学生在思想、学习和生活方面的情况及学生的家庭状况、兴趣爱好及性格特征等，积极参加他们的各项活动，了解他们的学习与生活，与学生建立良好的师生关系。

（二）教育、教学实习

教育、教学实习阶段时间最长、内容最广、活动量最大，是教育实习的最主要阶段，也是对实习生影响最大的阶段，是直接影响教育实习工作能否顺利完成的核心阶段。

1. 教学设计（备课）

俗话说：没有预设的课堂是不负责任的课堂，没有生成的课堂是不精彩的课堂。作为教师，要想在课堂上旁征博引、侃侃而谈、记忆准确、思维敏捷，其首要条件就是做好充分的准备。特别是缺乏实战教学经验的实习生更应该如此。教学设计如同作战蓝图和施工蓝图一样，实习生不能打无准备的仗和拍脑袋式随意施工，必须深钻课程标准，深入学习教材，根据学生的特点，选用适当的教学方式方法及教学用具，编写详细的教案，以保证课堂教学的质量。实习生必须在观摩见习的同时就开始认真备课，在指导教师的耐心指导下，反复打磨，并通过说课和试讲等形式，为整个课堂教学实习打下坚实基础。

2. 上课

上课即实习生在课堂上进行教学实习，也是教学工作实习的核心。上好实习课，对于树立实习生的信心、搞好教育工作将产生重要的影响。作为一名刚入门的实习生，一定要端正态度，树立信心，消除心理压力，进行周密的教学设计，营造良好的课堂气氛，运用艺术化的语言，充分调动学生学习的积极性，取得良好的教学效果，给学生及教师留下深刻印象。

3. 评课

评课，就是听完实习课后，由指导教师或原任课教师组织同学科的实习生对该课的实习质量进行分析评议。在整个实习期间，要分别对每一个实习生开展一至两次的评议会，从教学目的、教学内容、教学原则、教学方法、教学基本功等方面进行评价，客观地充分肯定成绩，指出不足，提出改正意见。通过评价及交流，能有效推动实习生及时总结经验，改进教学，提高教学能力和教学质量。

三、实习过程的结束阶段

（一）实习总结

教育实习总结是实习生对教育实习阶段的工作、学习、生活等进行全面而系统的回顾、分析、研究，总结经验教训，找出存在的问题和不足，认识其规律，为以后的教育工作打下坚实的基础，为未来的教育事业而奋斗。

1. 个人总结

实习生个人总结，是实习生在实习结束后，对实习过程中工作情况、存在的问题等进行自我剖析。实习生通过实习总结与发现自己的问题，找到解决问题的突破口，产生强烈的求知欲，这往往会为将来走上教师工作岗位打下坚实的基础。实习生的个人总结主要包括阶段总结、专题总结、全面总结。阶段总结是口头总结一定阶段（一周或两周）的实习情况。专题总结是以讨论座谈的形式围绕某一具体的专题进行总结。全面总结是实习生运用书面的形式回顾、分析教育实习过程中的各项工作及其完成情况。

2. 实习小组总结

在教育实习之后，每个实习小组都应该在带队教师的主持下，做好整个小组的总结工作。实习小组总结可以分四个阶段。首先采用实习汇报课或者公开课的形式，在指导教师和带队教师的参加下进行评课。其次，进行个人总结，每人都认真重点介绍本次教育实习的工作情况、取得的成绩及经验教训。再次，由实习组长在本组带队教师的指导下，对本小组的实习情况进行总结。最后，由实习带队教师组织评选出优秀的实习生代表。

3. 院（系）总结

在实习生返校后，学校教务处和各院（系）应该召开座谈会，由实习学校代表、带队教师及实习生代表等参加，通过汇报的形式，发现典型，寻找不足，反思实习中存在的问题，以便改进教学。在座谈会后，形成书面的全院（系）总结，主要突出基本情况、取得成绩、出现问题及改进措施等方面。并且召开总结大会，总结经验教训，表扬先进，给优秀带队教师、优秀指导教师及优秀实习生进行颁奖，以示鼓励。

（二）成绩评定

教育实习成绩评定是教育实习工作的一项重要内容，对教育实习有着调节、控制、检验的作用，对实习生有着重大的激励作用。教育实习的成绩主要由前期的校内试讲环节和实习期间的教育教学实习成绩组成。教育教学实习成绩主要是根据教育实习成绩评价的标准，对实习生的教学过程和效果、担任班主任工作的过程和效果等方面由实习指导教师进行综合评定。最后对两部分进行综合评定，主要分为四个等级：优秀（90 分以上）、良好（70 ~ 89 分）、及格（60 ~ 69 分）和不及格（59 分以下）。

第十章　教育实习的内容（上）

第一节　实习内容的特点

教育实习是以师范院校的培养目标为依据，由师范院校与接收实习生的单位密切配合，在双方教师的协同指导下，以师范院校的实习生为主体完成多项任务的教育教学实践活动。因此，教育实习的内容具有师范性、综合性和实践性等特点。

一、实习内容的师范性

实习内容的师范性是由师范院校的培养任务和目标所决定的。1985 年 5 月《中共中央关于教育体制改革的决定》指出："师范院校要坚持为初等和中等教育服务的办学思想，毕业生要分配到学校任教。"这就明确规定了师范院校的培养目标是合格的中小学教师。教育实习作为师范院校教育的重要组成部分，就必须紧密地为培养合格的中小学教师服务。这也正是师范院校的教育实习与各级各类院校实习的区别所在。因此，教育实习的内容，即教育教学实习、班主任工作实习、教育科研实习等内容都要突出其师范性。在实习过程中，实习生不仅要向中小学生传授知识，解决"是什么"的问题，而且要传授给他们掌握这些知识的目的和意义及如何掌握知识的方法，解决"为什么"和"怎么办"的问题；实习生不仅要向中小学生传授科学的学科专业知识和教育科学知识，在传授的过程中还要提升他们的思想道德品质。为此，实习生在大学学习期间和实习过程中要注意加强教育学、心理学和教材教法等知识的学习与实践，注重从教能力的培养、教育教学技能的训练，树立忠于教育事业的专业思想和信念。因此，教育实习的内容可以充分地体现师范教育的特殊性，集中反映师范院校培养目标的要求，是突出师范教育特色必不可少的教育实践课程。①

二、实习内容的综合性

师范院校培养目标的多样性和教育实习自身的复杂性，决定了教育实习是

① 许高厚主编：《教育实习》，人民教育出版社 2001 年版，第 14 页。

一项综合性的教育教学实践活动。教育实习的综合性是由教育实习目的、任务的综合性，对实习生学习水平考核、检验、运用的综合性，实习指导工作的综合性等方面决定的。[①] 教育实习的综合性因此也决定了教育实习内容的综合性。教育实习内容的综合性主要表现为三点：一是教育实习是师范生综合运用教育教学、班级管理、教育科研等多方面知识和能力的实践。在实习过程中，师范生既要做到爱岗敬业、教书育人，又要塑造学生、因材施教。这就要求每一个实习生全面掌握和综合运用多方面的理论知识，并能在解决现实问题时做到举一反三、融会贯通，促使自己的理论知识和实际教育水平都能得到全面的提高。二是实习内容所包含的教育教学实习、班主任工作实习、教育科研实习是对实习生多方面知识的检验与考核，是对师范生德、智、体等多方面的一次综合检验。它既可以检验实习生专业知识学习的深度和广度，又可以检验教育教学技能，还可以检验他们的思想道德水平。三是教育实习的内容是师范院校、普通中小学、地方教育行政部门等多家单位在合作的基础上所进行的教育、教学、科研、管理等全方位工作实力的综合展现。

三、实习内容的实践性

教师是一门非常重视理论联系实际，注重实践技能获得和累积的职业。师范院校实践教学内容既包括实习、实验、实训、社会实践、课程设计、毕业设计（论文）、学年论文等，也包括军训、创业活动以及纳入教学计划的社会调查、科技制作、学科竞赛活动等。其中教育实习是师范院校教学计划中设置的一门重要的实践课程，是培养中小学教师的综合实践环节。教育实习内容和过程的展现是师范生巩固理论知识和加深对理论的认识，由一名准教师或者新手教师成长为一名熟练型教师、专家型教师的有效途径，是其理论联系实际并注重实践性知识发展的关键环节，是培养具有创新意识的高素质专门人才的重要环节，是培养师范生掌握科学方法和提高动手能力的重要平台。因此，教育实习过程中要求师范生不能仅凭直觉和常识来累积教育教学、班级管理、教育科研等方面的经验，还要通过实践反思来引领和助推这方面意识与能力的发展。这样才能促使自身面对中小学各种各样的情景性问题时不断分析和反思，逐渐累积成一种提出问题、剖析问题和解决问题的经验和智慧，并将这种不断地修正、调整和完善实践行为的过程与能力内化为一种教书育人的实践技能。

---

① 许高厚主编：《教育实习》，人民教育出版社 2001 年版，第 14 页。

第二节　教育教学实习①

为了适应人才市场和市场经济的客观需求以及国内外教育实习改革不断推进的步伐，师范院校教育实习的内容也应不断丰富。我国不同层次、不同类型的师范院校也应立足现状，依据自身的不同特点制作实习指导手册，对实习各方面的内容做翔实周全的规定，以创设各具特色的教育实习内容。在实习过程中，其内容应不限于纯粹的课堂教学，还应包括其他许多内容，如教育见习、模拟实习、班主任工作实习、教育科研实习等，从而使各种实习内容相互结合，通过不同的教育实习内容提高实习生教育、教学实践能力。具体来说，教育实习的内容和过程应该包括以下方面。

一、教育教学实习的具体要求

教育教学实习的具体要求为：①以实习中小学课程为主，少数专业因中小学周学时偏少或无相应课程实习的，可实习幼儿园课程。每个实习生在 3 ~ 6 个月的实习过程中课堂教学时数不少于 20 节，其中新教案不少于 10 节。完不成教学时数最低限额者降低实习成绩一等。②实习生在上课前必须选择性地听课，听课节数应不少于 20 节。要认真钻研课程标准和教材，编写教案，并于上课前两天将教案交由指导教师审批签字后，方能上课。教案一经批准，实习生不得自行修改或更改，如有改动须征得指导教师同意。③实习生上课前，应在指导教师主持下进行试讲，试讲时同一实习小组的实习生必须参加。凡试讲不合格，经过努力仍不能达到讲课要求者，不能上课。④讲课时要贯彻讲、练结合的原则，克服满堂灌的现象，要注意语言及板书的规范化，要用普通话教学。如果实习学校的条件允许，实习生应使用多媒体教学。⑤同一实习小组的实习生必须相互听课，课后要认真开好评议会。⑥要认真研究作业的正确答案，答案确定后，须送指导教师审批。对作业下批语，应持慎重态度，注重调动中小学生的学习积极性，并做一至两次较为详尽的作业评讲。⑦实习生深入中小学生中去，了解学习情况，针对不同类型学生的学习基础、学习态度和学习方法，有的放矢地进行辅导。

---

① 范丹红主编：《教师专业技能训练与教育实习》，北京师范大学出版社 2013 年版，第 241 ～ 246 页。

二、教育教学实习的具体内容

（一）教学设计（备课）

教学是学校的中心工作，课堂教学是学校的基本组织形式，因此掌握课堂教学的知识和技能，是对师范生的基本要求，也是教育实习的首要内容。教学工作要求学生把所学专业学科知识、教育科学知识和其他方面的理论知识与技能都能运用于实践中，初步掌握课堂教学工作应该具备的实际知识和技能，为未来的教学工作取得初步的体验。其具体内容有以下几方面。

1. 教学设计（备课）的意义

教学是一种复杂的艺术，如果把教师比作艺术家，那么教案、教学设计就是体现教师创造性、个性的艺术作品。因此，教师一定要在备课、撰写教学设计上下功夫，在精心解读课程标准和教材的基础上对每一个问题仔细地琢磨与推敲。[①] 教学设计是一节课的序曲，精心做好教学设计是上好课的先决条件。很多教师谈到教学设计的作用时都认为：一堂好课要花费四到五倍的时间来准备，只有做好充分的备课准备，在课堂上才能信手拈来，随意发挥，才能做到游刃有余、驾轻就熟、胸有成竹、旁征博引，如行云流水般朴素自然、水到渠成；才能做到理论联系实际，既丰富了教学内容，又能将本学科最基本、最核心的内容展现在学生面前，并且游刃有余地把握科学性和先进性以及足够新颖、难度适当、对学生有用的知识的教学，也才能熟练地驾驭课堂教学的全过程。

为了使学生掌握系统而精确的学科知识，教师首先要吃透教材的重点与难点，确定教学的具体目的与任务，写好讲授纲要，以便系统而有效地进行教学。所以，作为实习的“准教师”一定要对登台讲课怀着庄严的使命感，对教学投入极大的热情，课前查阅大量翔实而充分的资料，在教学设计、写教案上下功夫，付出心血，精心地设计教学过程。具体来说，教学设计就是写好三种计划和做好三方面准备。

“三种计划”即学期教学进度计划、课题（单元）计划和课时计划。学期教学进度计划是对一个学期的教学工作所做的总的计划和准备，这一计划要求对学生的情况进行简要的分析，按照学期教学的总体要求对一个学期的教学内容、课时分布、教学方法、参观及实验活动的安排、教学改革的设想做总体的规划。课题（单元）计划是对整个课题或一个单元的教学所做的计划，包括课题名称、课题（单元）教学目标、课时划分、每课时的教学内容、课的类型与教学方法等。

---

① 邓李梅：《小学语文课堂教学问题规避策略——对某示范性小学的观察报告》，《湖北师范学院学报》2013 年第 2 期。

课时计划即教案，即对每节课所做的深入、细致的准备。

“三方面准备”即钻研教材、了解学生、钻研教法。“钻研教材”是教学设计的基本要求，它一方面要求实习生要对课程标准、教科书、教学参考书等书籍资料做好解读，做到深钻课程标准，吃透教材，并能抓住关键，要对教材的基本思想、基本结构、基本概念，引用的材料、文字、语句，教学的重难点、前后知识之间的联系等经过一个弄懂弄通、透彻了解、烂熟于心的过程后，都能转化为自己的知识结构，并且能够完善地掌握。另一方面要求实习生要做教材的主人，即遵循于教材，又不囿于教材，要创造性地使用教材。“了解学生”是要求实习生要走近自己所带班级的学生，对学生的学习态度、学习程度、学习动机、学习方法与习惯以及个性差异、年龄特征等各方面的情况有深入而透彻的了解，要去研究学生的现状、过去和未来，研究学生的共性和个性，研究学生的智力因素和非智力因素，研究学生的认知结构、智能结构和人格结构等多个因素。“钻研教法”即对教材进行学法的加工，使教材的内容易为学生所接受。一方面要考虑化难为易，对教材上学生看不懂或者理解有困难的内容，教师能借助他们已有的知识和经验，通过他们能接受的方式使他们易于接受；另一方面要考虑化繁为简，对教材中较为复杂的问题，教师通过对教材的加工、重组、比喻、设疑、表述等，使其重点突出、简明扼要。

2. 教学设计（备课）的准备

教学设计的前提条件是精心地解读教材，解读教材可以从教学内容的“问题化”“操作化”“结构化”“生活化”四个维度来进行。[①] 下面，我们以语文教学为例，来谈一谈其具体做法。

（1）教学内容的“问题化”

教学内容的“问题化”是要求教师在解读教材时要做到把课程中的文字、图片、公式等教材内容转化为系列的、符合学生身心发展特点的、恰到好处的、环环相扣的问题。教学内容“问题化”是沟通教师、教材、学生之间联系的主渠道和“铺路石”。其具体做法如下。[②]

第一，教师的“教学内容问题化”。即要求教师在解读教材时，要依据教材的特点和课程标准的要求，结合学生的实际需要，根据自己对教学内容的理解，经过和同课带头教师的互动交流后，从不同的方面或角度提出目标明确、难易适度、聚焦促思、新奇有趣、发人深省的问题，并书写出“教学内容问题

---

① 黄娅、邓李梅：《小学语文教师解读教材的“四化观”》，《基础教育研究》2013年第14期。

② 朱群霞：《“教学内容问题化”的探索与实践》，《教育时报》2010年第5期。

化”的教案。[①] 在把教学内容转化为问题时，教师一定要注意以下几点：一是明确提问的目的主要有四种，即诱发学生参与教学、提供练习与反馈机会、启发学生的思维、促进学生课堂学习向测验的迁移。[②] 二是注意问题要少而精，在一堂课上问题不要超过十个。问题要么选在知识的重难点和关键处，要么选在新旧知识的衔接处、转换处及令学生矛盾疑惑处。三是提问的方式要善于启发学生主动积极地思考，要避免问一些“是不是”“好不好”“对不对”及“是什么”的判断性和叙述性问题、只有唯一答案或修饰性的(花哨的)问题，而要多问“怎么样”“为什么”“假如……那么……”的说理性和发散性问题。四是问题的设计要符合学生的“最近发展区”。

第二，学生的“学习内容问题化”。新课程强调教师要预留更多的时间引导学生提出问题，培养学生的问题意识。因此，在教学中，教师首先要制订切实可行的问题式自学指导计划，并给予学生具体的提问指导。比如，教师可说明学习一篇课文时，自己是从哪些方面来考虑的，从什么角度提出的问题，解决了这些问题便于掌握什么样的知识，不同的内容需要从哪些不同的方面去思考问题，等等。其次，教师要引导学生总结与归纳对任何课题基本都适用的一般性问题，如关于时间、地点、人物、事件的问题。最后，教师可引导学生通过对标题、结论、图片及议一议、想一想、做一做等内容的反复思考，适当地设计与生成一些多思维指向、多思维途径、多思维结果的有价值的问题，同时要求学生把这些问题用简练的语言速记在问题记录本上。

通过“教学内容问题化”，问题成了师生交流互动的动力、起点和贯穿教学过程的主线，教学过程彰显了学生发现问题、提出问题、分析和解决问题的探究过程，从而可促进学生问题意识和创造性思维能力的培养和加强，真正实现教学相长，也为学生的终身学习和可持续发展奠定坚实的基础。

(2)教学内容的“操作化”

教学内容的“操作化”是要求教师在解读教材时要做到把教材内容转化为教师示范、讲解有序的片段和调动学生动口、动手、动脑的“学思结合、手脑并用、有说有做”的操作性活动板块。因此，教师要引导学生兼顾教学内容与活动形式的对接，做到玩一玩、摸一摸、做一做、画一画，或者量一量、议一议、看一看、练一练、演一演，等等。教学内容“操作化”的目的是让学生动起来、活起来，能够做到当堂操练、活学灵用、学以致用。其具体做法如下。

第一，篇章教学内容的“操作化”。教师要通过对篇章教学内容的“操作化”

---

① 廖维光:《语文课堂教学的问题设计及过程活化》,《语文教学与研究》2011 年第 14 期。

② [美]加里·D. 鲍里奇:《有效教学方法》,江苏教育出版社 2002 年版,第 210 页。

组织，将“听”“做”“想”“讲”等活动有机地结合，帮助学生内化学习内容。比如，在一堂课上教师可开展诗歌配画、续写故事、配乐朗诵、成语接龙、角色扮演、演讲讨论等活动。还可以为学生提供支架，帮助他们当堂练习。通过这一系列“做中学”的活动可促使学生动口表达、动脑设计、动手操作，以实现对问题的认识由特殊到一般、由感性到理性的跨越。

第二，单元教学内容的“操作化”。语文教学内容在每个单元都有一个主题，教师可围绕这一主题开展丰富多彩的活动。比如，围绕“爱的奉献”的主题，从爱家人、爱朋友到爱同学、爱素不相识的陌生人，可开展“夸夸我的同学”“小组议一议”“班上说一说”“大家评一评”的口语交际活动。这种做法培养了学生在发现和表扬别人优点的过程中鼓励他人、激励自己的良好情感。

（3）教学内容的“结构化”

教学内容的“结构化”是要求语文教师在解读教材时要做到加强学科知识的纵横联系，强化知识（认知）结构意识。专家型的教师通常的做法是通览从小学到高中的教材，一般教师至少要通览本学段的教材，以便于既从宏观上把握整个教材体系的内容，也从微观上清楚自己所教的某一课在整个教材体系中的位置，从而明白教学内容承上启下的关系及教学的重难点。因此，教学内容“结构化”可从以下几方面入手。

第一，篇章教学内容的“结构化”。每篇好的文章都有一个清楚的开头、发展和结尾的完整结构，它是文章条理分明的组织方式和内容构造。因此，篇章教学内容的“结构化”可根据每篇课文的内容和组织寻找有利于师生对话的突破口，从整体上提炼出一条教学主线，架构起课堂的主体框架。其具体做法如下：一是提炼课题，贯通全文。一篇课文的题目往往是师生窥视课文的窗口，因而从课题入手常常能够理出贯穿全文的主线。[①] 二是提炼文眼，窥视主旨。“文眼是与全文主旨相互照应和辉映的传神句子。它往往是文章主旨和脉络的焦点，由文眼可以窥见全文的主旨。”[②] 因此只要扣住文眼，就能管窥一豹，透射主旨。三是提炼主旨，切入主题。主旨既是文章作者卒章显志和表情达意的中心语句，也是文章和作品的灵魂。一般来讲，主旨隐含在文字所塑造的形象中和字里行间，需要循着文脉和上下文细细探究，才能柳暗花明、条分缕析。但也有例外，也就是说读者在通读全篇后就可一目了然地找到主旨句。

第二，单元教学内容的“结构化”。教学中教师要围绕单元主题，精心安

---

① 王宗海：《例说小学单篇语文教材内容的分析与处理》，《南京晓庄学院学报》2011年第1期。

② 张会恩、曾祥芹编：《文章学教程》，上海教育出版社 1995 年版，第 79 页。

排教学内容和活动，将精读与略读、阅读与口语交际、习作紧密地结合。其具体做法就是灵活地调整，有效地整合单元训练点。[①]

第三，整本书教学内容的“结构化”。教师可根据教材的优势，在教学中把握好教材编辑意图的基础上加强整合的意识，使一个学期所学的教学内容相互关联、紧密配合，从而突出教材内容的整体性、综合性、系统性，并立足在语言文字的基础上渗透人文内涵。整本书教学内容“结构化”可参考魏书生先生画语文知识树的做法，即引导学生在通读语文教材的基础上按照“文言文知识”“基础知识”“阅读与写作”和“文学常识”等 4 部分 22 项 131 个知识点进行分类，从而体现语文教学的整体性、系统性和序列性，帮助学生明确和厘清本学期所要学的语文知识结构，以提高学生学习的自觉性，进而也有助于学生自学能力的培养。[②]

第四，各科教学内容的“结构化”。各科教学内容“结构化”是要求语文教师要加强语文与数学、英语、艺术、科学等学科的联系，要做到“跳出学科看教学，跳出教材用教材”，做到跨越学科，追求语文教学的包容性，这样可加强语文和其他课程内容的横向联系。

（4）教学内容的“生活化”

教学内容的“生活化”是要求教师在解读教材时要做到把教材内容与学生的生活实际和时代发展联系起来。新课程改革倡导了解生活、认识生活、学会生活是语文教学的基本准则，因此教师要善于从学生的现实生活和时代发展的实际出发创造性地处理、使用与用活教材。首先，教师要注意将教材中的原有材料与学生现实生活中的鲜活材料相结合，要善于补充本乡本土的“活”材料，从而拉近教学内容与学生的距离；其次，注意教学内容的选择必须贴近学生的现实生活，让生活走进课堂，再从课堂走向生活，以正确的价值观引导学生在生活中发展，在发展中生活。

教学内容“生活化”的具体做法就是教师引导学生抓住所学课文的切入点，依靠个人以往积累的或现时获得的感性经验为基础，把课外知识应用到课堂上，同时把课内所学运用于实际生活，做到“三个结合”，即课内和课外的结合、理论与实践的结合、直接经验和间接经验的结合，以增进学生的知识积累，拓宽他们的视野。这样做不仅有利于缩短语文与生活的距离，而且能扩大学生的认知视野及拓宽其思维空间，既满足了学生学习和理解语文知识的需要，又让

---

① 黄冬梅：《小学语文教材创新使用策略探讨》，《厦门广播电视大学学报》2011 年第 2 期。

② 魏书生等主编：《魏书生中学语文教学改革实践研究》，山东教育出版社 1997 年版，第 24 ～ 27 页。

学生体会了语文的价值，培养了学习语文的兴趣。

3．编写与修改教学设计（教案）

教案是教师授课的方案，也是课时计划，编写教案是备好课的基本要求。如同军事指挥员的作战计划、建筑工人的施工蓝图，教案也是实习生课堂教学的实施方案或蓝图。编写教案是以书面的形式，说明教学进程及其实施方法的设计书，是备课的总汇和结晶。教案要能够全面地反映教学课题、教学目的、课型、重点难点、教学方法、教具、教学过程等多方面。

优秀的教案要从形式上做到完整、规范，从内容上做到科学、严谨。高质量的课时教案在形式上完整规范要做到以下几点：一是要做到整体设计美观大方、书写工整。教案编写的设计形式主要有文字表达式、表格一览式、活页卡片式和教本眉批式，不管哪种形式都应该眉目清晰，书写清楚，给人一目了然的感觉。二是要做到项目齐全。项目齐全包括教材分析、学情分析、教学目标、教学重难点、教学策略、教学准备、教学过程、板书设计、教学反思、学案等多方面。三是要做到教学进度适中，要根据学期教学进度计划进行，不能太快也不能太慢。四是要有适当的超前备课内容，一般应超前备课一周，以便修改和熟悉教案，以保证课堂教学质量。五是要有单元备课和集体备课的内容记录。六是要有教师和学生活动的设计。高质量的课时教案在内容上科学严谨首先要求教学内容做到科学实用，即教学内容要有严格的科学性，绝对不能出现知识性的错误，板书与提纲应有严密的逻辑性。整个教案要操作性强、应用价值大，不能搞形式。其次要体现“六备”，即做到备教材和课程标准、备学生、备教法和学法指导、备习题、备实验、备资料和有关新信息。最后要做到教学后记的书写要及时、准确、求实、简明扼要。

实习生编写的教案，一定要经过反复的修改，并送交指导教师审阅。实习生编写的教案，不可能一锤定音，总是要经过多次指导、修改，才能基本定型，实习生编写教案的能力也就在反复修改的过程中逐步得到提高。实习生编写的教案通常有一些常见的弊病，其主要表现如下：一是在教学目的上较为抽象、笼统、随意，割裂知识与技能、过程与方法、情感态度价值观等三维立体目标体系。二是在教学内容上照搬参考书，不符合实习班的实际，教学重点、难点不明确，材料繁杂，理论未结合学生的生活和时代发展的实际，使学生难以理解。三是在文字表述上眉目不清，缺乏条理，过渡生硬，前后知识缺少必要的照应，也有的是格式不当、行款不齐、字迹潦草、书写不工整等。四是课堂结构上课型不够明显，课时任务和教学时间不当，特别是对突破重难点的时间过于仓促，过于看重教师的讲授而轻视学生的活动与练习等。所以，实习指导教师应对实习生所写教案的上述弊病进行精心的修改，以便实习生在每一次修改中都有所提高，并力求做到精益求精。另外，实习生还可以在反复试讲中去发现自身所编写的教案存在的问题，并找出解决的办法，从而在反反复复的修改中不仅使所写教案质量有所提高，而且使自身素质也不断提升。

4. 教学设计（备课）的优秀案例

下面展现各科优秀的教学设计，这些设计是湖北省 H 市某示范性小学和中学优秀教师的教学设计。

【案例 1　小学语文】

25.倔强的小红军（S版四年级上册）

一、教材分析

《倔强的小红军》这篇讲读课文记叙了陈赓同志回忆的一段往事：在长征路上过草地的时候，一个小红军在极度饥饿、疲乏的情况下，巧妙地说服陈赓同志放弃对自己的帮助，最后牺牲在长征途中。

全文共 15 个自然段，可分为两段。第一段（第 1 自然段）讲陈赓同志曾经讲过的一件往事。“深情”，表明陈赓同志讲这件事时很动情，对讲到的这个人十分怀念。第二段（第 2 ～ 15 自然段）讲陈赓同志遇到一个掉队的小红军，想帮助他，却被他说服，只好自己朝前走去。后来陈赓同志不放心，再回来找时小红军已昏倒，最后小红军牺牲在陈赓同志的马背上。

本单元是一组表现人物性格特点、优秀品质的文章，认识、理解、掌握人物的表现方法是本单元教学的重点。《倔强的小红军》是本单元的第一篇精读课文，人物的外貌、语言、动作、神态描写都有鲜明的特点。学好这节课，有助于本单元内容的学习、方法的掌握。

二、教学目标

1. 认识“倔”“疲”等六个生字，会写“倔”“薄”等七个生字，联系上下文理解“倔强”“无可奈何”等词语。

2. 理解课文内容，学习倒叙的方法以及通过人物言行来表现人物性格的写作方法，并能运用。

3. 有感情地朗读课文，了解红军先人后己、不拖累别人的高尚品质，并受到熏陶。

三、教学重点

理解课文内容，学习倒叙的方法以及通过人物言行来表现人物性格的写作方法，并能运用。

四、教学难点

有感情地朗读课文，了解红军先人后己、不给别人添麻烦的高尚品质，并受到熏陶。

五、教学建议

1. 通过视频资料帮助学生把握内容，理解人物品质。

2. 合作探究的学习方法，激发学生兴趣，有感情地朗读，朗读中感悟情感。

3. 拓展写话不可要求太高。当堂完成。

4. 两课时完成。

六、课前准备

1. 演示文稿（图片、视频、文字）。

2. 学生预习。

（1）读课文，本课共（　　　）个自然段。

（2）圈出生字词，自学生字、新词，完成训练。

①给会认的字找形近字并组词。

②查字典理解词语。

倔强：　　　　　　　　　　　　无可奈何：

（3）收集资料。

①红军长征二万五千里的时间、地点、意义。

②红军长征中的小故事。

七、教学时间

两课时。

第一课时

教学内容：

1. 初读课文，了解课文大意，厘清脉络。

2. 学习本课的生字、新词，理解“倔强”“无可奈何”的意思。

3. 书写汉字。

教学过程：

一、导学

1. 出示课文插图，说明这个故事发生在什么时候。

2. 学生展示预习内容，交流红军二万五千里长征的相关资料。教师播放长征视频。

3. 今天我们学习的就是发生在红军二万五千里长征途中的一个感人故事。

二、探究

【探究任务 1】初读课文，学习生字、新词

学生活动	教师活动
学生自学互学： 1. 轻声跟着教师读课文，初步体会文章感情。 2. 学生生字自学汇报： （1）认读生字并组词。（开火车） （2）我会记。我会记______字。我是用______方法记住的。 （3）我会说。我知道______（词语）的意思。我是通过______方法知道的。 3. 给多音字注音：忍饥挨（　　）饿　　倔强（　　） 4. 仔细观察田字格，写好“薄”“港”两个字。	教师指导、提炼： 1. 教师范读课文。 2. 教师巡视，个别指导。 3. 检查学生自学情况。对学生预习情况进行评价。 4. 指导学生书写汉字。

活动建议：词语可以写在 PPT 上，让孩子们多种形式读记。记字方法可以多样。

设计意图：目标分解在不同的课时完成。本环节初读课文，检查学生生字、新词掌握情况，为学习课文扫清障碍。

【探究任务 2】再读课文，厘清脉络

学生活动	教师活动
学生尝试自学： 1. 默读课文，思考：课文主要讲了一件什么事？ 2. 本文主要记叙了长征途中过______时，一位小红军忍着______，不肯接受______照顾而______的故事。 3. 思考第 1 自然段和后面故事发生的时间是一样的吗？ 认识倒叙的写法。 再读课文，给课文分段，用“//”表示。 全文共分______大段。第一段（1 自然段）：写______。第二段（第 2 ～ 15 自然段）：写______。	教师指导、提炼： 1. 出示题目，引导学生填空。 2. 引导学生初步认识倒叙的写作方法。 3. 鼓励学生说出自己独特的想法。

活动建议：可以分成两大段，也可以分成三大段。

设计意图：通过完成表格的形式让学生自主探究，用表格规范学生语言，提高学生的概括能力。

布置作业：

1. 抄写本课生字、新词。
2. 继续熟读课文，特别是自己喜欢的段落。

第二课时

教学内容：

1. 理解课文内容，学习通过人物言行来表现人物性格的写作方法，并能运用。
2. 有感情地朗读课文，了解小红军先人后己、不拖累别人的高尚品质，并

受到熏陶。

教学过程：

一、导学

学生复习反馈：	教师指导、提炼：
1. 认读生词卡片。 2. 课文讲了一个______故事。	1. 出示卡片，开火车读。 2. 教师适时评价。

二、探究

【探究任务 1】研究品读，感悟人物外貌描写的作用

学生学习交流：	教师指导、提炼：
1. 默读课文，找出描写小红军和陈赓外貌的句子，画上横线，想想，你从哪个词语看出什么了？ （1）读一读。找的句子要准确。 （2）说一说。我从词语______可以看出______。 （3）议一议。人物外貌描写既刻画了一个______的小红军形象，又交代了故事发生的______环境。 （4）有感情地朗读。	1. 抓住课文重要词语理解句子含义是一种很重要的学习方法。 2. 外貌描写很重要。在阅读的时候要注意。

设计意图：这是教学的一个重点。通过找一找、读一读、说一说、议一议，让学生了解外貌描写的效果。

【探究任务 2】研究品读，感悟人物对话、动作描写的作用

<table>
<tr><td>学生尝试自学：
1. 分角色朗读第 3～10 自然段，思考：从他们的对话中，倔强的小红军拒绝陈赓的帮助的理由有哪些？表明了什么？
2. 在书上做记号，小组合作，完成表格。
<table>
<tr><th></th><th>找理由拒绝帮助</th><th>表明了什么</th></tr>
<tr><td>拒绝帮助的话</td><td></td><td></td></tr>
<tr><td>拒绝帮助的动作和表情</td><td></td><td></td></tr>
</table>
3. 交流汇报。</td>
<td>教师指导、提炼：
1. 巡视中进行个别指导。
2. 板书：
体力强
等同伴
干粮多
3. 评价学生的小组合作情况。
教师相机点拨（附 1）。</td></tr>
</table>

附 1

	找理由拒绝帮助	表明了什么
拒绝帮助的话	我的体力比你强多了，你快骑上走吧。你要我同你的马比赛，那就比一比吧。 不，你先走，我还要等我的同伴呢。 你看，鼓鼓的嘛，我比你还多呢。	表明体力强，可以和马赛跑，因此不骑马也能走。 等同伴，当然不能跟陈赓同志同行。 干粮比陈赓同志的多，怎么能要他的呢？

（续表）

	找理由拒绝帮助	表明了什么
拒绝帮助的动作和表情	摆出一副满不在乎的样子，盯着陈赓同志长着络腮胡子的瘦脸，微微一笑。 倔强地说。 把腰一挺，做出个准备赛跑的姿势。 把身上的干粮袋一拉，轻轻拍了拍。	表明什么困难都不放在心上，心情好，要不怎么会笑？ 体力强，要不怎能和马赛跑？ 有干粮，要不袋子怎么是鼓鼓的呢？

设计意图：这是教学的另一个重点。通过分角色朗读、小组合作、完成表格的合作探究学习方式，让学生了解人物语言、动作、神态描写的作用。体会抓住人物语言、动作、神态进行描写的写作方法。

【探究任务 3】研究品读，感悟人物品质

学生尝试自学： 1. 小声朗读第 11 ～ 15 自然段，质疑三个问题。 我的问题是______。 我探究的结果是______。 2. 交流汇报。 体力强　是装出来的。 等同伴　是因为走不动才掉队 干粮多　早断粮了 3. 思考：故事讲到这里，小红军倔强的性格里有一种什么品质？（不拖累别人）	教师指导、提炼： 教师梳理问题，重点指向“陈赓全明白了，他明白了什么”。 总结：写法指导。通过人物言行来表现人物性格是写人文章常用的写作方法。

设计意图：这是教学的一个难点。通过学生质疑的方式，在答疑中体会故事蕴含的情感。

三、拓展

【拓展任务 1】按要求写话，初步掌握对话表现人物性格的写作方法

1. 尝试写一段人物对话，表现人物性格特点。 温柔 暴躁 懒洋洋 2. 展示。	教师指导、提炼： 1. 教师巡视、个别指导。 2. 评价学生的语言。

【拓展任务 2】讲一讲、写一写，感受小红军不拖累别人的优秀品质

1. 讲一讲：将本课故事，或者自己收集的长征小故事讲给家长听。 2. 写一写： 当我遇到困难的时候，想到小红军，我会______。 当我觉得生活很苦的时候，想到小红军，我会______。 当妈妈干活很辛苦的时候，想到小红军，我会______。	教师指导、提炼： 给学生探究的结果提供展示的平台。

设计意图：这是教学的一个重点。读写结合，学以致用。在实践运用中了解这种写作方法，在提高语言表达能力的同时，受到情感的熏陶。

四、总结

这篇课文通过陈赓同志的回忆，写了一个感人的小故事。故事中陈赓同志与小红军的对话，突出表现了小红军不拖累别人的思想品质。这种写作方法，希望同学们以后多多练习。

板书设计：

	体力强　是装出来的	
25. 倔强的小红军→拒绝帮助→	等同伴　是因为走不动才掉队→	不拖累别人
	干粮多　早断粮了	

教学反思：

《倔强的小红军》记叙了长征途中一个掉队的小红军，宁肯牺牲自己也不肯去骑陈赓的马，不肯吃陈赓的青稞面，最后昏倒在地的故事，反映出红军战士在长征艰苦生活中患难互助、生死与共的革命精神和百折不挠的坚强意志，赞扬了红军战士一心为他人的崇高品质。

这是一篇记事写人的文章，首先应引导学生关注人物命运，使学生进入故事情境；然后让学生在关注故事情境的发展过程中，抓住人物言行，通过对重点词句的理解，体会人物的思想和情感，激发学生的内心矛盾，加强学生的情感体验，从而认识和感受人物崇高的精神品质，形成学生正确的人生观和价值观。

依据新课标对阅读课的要求，依据教材特点以及学生实际情况来确定教学目标：1. 认读生字，积累词语。2. 学习倒叙的方法以及通过人物言行来表现人物性格的写作方法。3. 体会人物的品质及所蕴含的感情。

教学围绕“导学—探究—拓展—总结”的流程，课堂上，以学生活动为主来设计完成教学过程，学生在完成一个个任务单的情况下达成教学目标。这种健康课堂突出了学生的主体性、教师的主导性。

一、背景介绍

这篇讲读课文内容距现在比较长远，学生不太容易理解当时艰苦的生活环境和恶劣的自然条件。为帮助学生理解课文内容，课前可观看电视剧《长征》有关内容，收集有关资料。课堂上进行背景知识交流，目的是使他们对小红军和陈赓同志为什么会那么疲乏有所认识。课堂上教师播放《长征》片段，那一望无际的雪山，那险恶的草地，还有艰难行进的红军战士，无不震撼着学生心灵。音视效果再加上文字资料的补充，拉近了文本和学生的距离，为学生的学习打好了情感基础。

二、任务探究

因为健康课堂突出以学生为本，以活动设计来展示教学过程，因此，结合本单元教学目标，本课教学我设计了探究的三个任务。

（1）研究品读，感悟人物外貌描写的作用

外貌描写很重要。抓住课文外貌描写的重要词语理解句子含义是一种很重要的学习方法。本课外貌描写很有特点，因此，任务单要求学生默读课文，找出描写小红军和陈赓外貌的句子，画上横线，想想，从哪个词语看出什么了？通过找一找、读一读、说一说、议一议的活动，让学生了解外貌描写的效果。学生在谈自己对重点词语理解的时候都能够结合背景资料进行陈述，将文本内容串联起来，很好地理解了外貌描写的作用。

（2）研究品读，感悟人物对话、动作描写的作用

分角色朗读 3 ～ 10 自然段，思考：从他们的对话中，倔强的小红军拒绝陈赓的帮助的理由有哪些？表明了什么？在书上做记号，小组合作，完成表格。

这段教学是文章的重点内容，首先让学生找小红军神态、动作、语言的细节描写的句子，然后对这些语言、动作、神态描写的重点词句，用议词义或分角色读一读、演一演的方法帮助学生再现情景，加深感受。通过分角色朗读、小组合作、完成表格的合作探究学习方式，让学生了解人物语言、动作、神态描写的作用。学会抓住人物描写的特点的方法体会小红军的良苦用心和陈赓同志的善良与无奈。

（3）研究品读，感悟人物品质

学生尝试自学第 11 ～ 15 自然段，质疑三个问题并探究。通过对问题“陈赓全明白了，他明白了什么？”的质疑并探究，感受陈赓同志的心理活动，体会故事蕴含的情感，同时知道通过人物言行来表现人物性格是写人文章常用的写作方法。学生质疑探究、合作研讨的能力得到提高。

三、读写结合，学以致用

“读写结合，学以致用”是高段语文阅读提高学生能力的有效尝试。本次课堂，完成一个片段训练，尝试写一段人物对话，表现人物温柔（暴躁、懒洋洋）的性格特点。在行动中感悟到本单元的训练重点——通过人物的语言、动作、神态的描写表现人物的性格特点。学生受到情感的熏陶的同时，提高了语言表达能力。

评价：以上这位教师对于《倔强的小红军》这一课的设计教学目标具体明确、可操作性强，并能针对四年级学生的身心发展特点，把学生能够识别的六个生字与理解的字词加以区分，便于学生更好地理解与掌握。在这一教学设计中她

把教学重点确定为“学习倒叙的方法以及通过人物言行来表现人物性格的写作方法，并能运用”，把教学难点确定为“了解红军先人后己、不给别人添麻烦的高尚品质，并受到熏陶”，其教学重点与难点准确、明了、具体，便于学生掌握、巩固与对他们进行检测。

教学设计采用了导学案方式，有其创新的一面。尤其是以表格的形式引导学生自主探究以及引导学生感悟人物对话、动作描写的作用这一环节，不仅可加强问题间的关联和碰撞，也考虑到了问题的内在逻辑结构，从而促进学生掌握系统而完整的知识结构，培养学生探究的意识和能力。

教学设计形式科学合理，内容丰富具体，能够联系学生生活实际，不仅引导学生听、说、读、写等各方面能力的培养，而且注重通过提供支架的方式让学生在找一找、读一读、说一说、议一议中了解小红军和陈赓这两个人物的外貌描写，还通过分角色朗读、小组合作、完成表格的合作探究学习方式，让学生了解人物语言、动作、神态描写的作用，从而帮助学生体会抓住人物语言、动作、神态进行描写的写作方法。最难能可贵的是该教师在教学设计中善于引导学生提出问题、分析问题并尝试去解决问题。

教学设计能围绕该校教学模式的四个环节，即“导学—探究—拓展—总结”展开，在各个环节思路清晰，各有侧重，并能以学生的活动为主线来设计完成教学过程，便于教学目标的达成。这一做法不仅可突出学生的主体性，也能体现教师的主导性。

综上所述，这一教学设计是一篇优秀的、值得大家学习与借鉴的设计。

【案例 2　中学语文】

23.马说

一、教学目标

1. 积累文言实词、虚词，重点掌握“食、见、策、尽”等字的字义，背诵课文。

2. 了解托物寓意的写法，理解作者怀才不遇的感情，领会文章的寓意。

3. 正确认识社会，正确认识自己，培养真才实学，报效国家。

二、重点与难点

重点：1. 有感情地朗读课文，背诵课文。

2. 理解伯乐与千里马的寓意以及二者之间的关系，感受作者所表达的情感。

难点：体会本文托物寓意的写法。

三、教法与建议

1. 用两课时完成教学，将诵读贯穿始终。

2. 结合文中的虚词仔细品味作者表达的思想感情，边讨论，边诵读。

3. 结合时代背景资料，感知作者的写作目的。

四、学法与要求

1. 反复诵读，圈点勾画，随文批注。

2. 查阅资料，了解托物寓意的写法及“说”这一古代文体的特点。

3. 合作探究，了解韩愈的生活经历，理解有才之人怀才不遇的痛苦，从而更深刻地感受到文中洋溢的强烈不平和悲愤之情。

五、教学练评活动程序

阅读导航：《马说》大约作于贞元十一年至十六年间（795—800）。其时，韩愈初登仕途，很不得志，曾三次上书宰相求擢［zhuó］用，“而志不得通”；“足三及门，而阍［hūn］人（守门人）辞焉”。尽管如此，他仍然声明自己“有忧天下之心”，不会遁迹山林。后相继依附于宣武节度使董晋、武宁节度使张建封幕下，郁郁不乐，再加上当时奸佞当权，政治黑暗，有才能之士不受重视，所以作《马说》，发出“伯乐不常有”的感叹。

【活动 1】诊断性评价

1.《马说》中的“说”，是古代的一种______文体，用以______。“说”就是______的意思，“马”在文中特指______。“马说”从字面上可以解作______，如《______》就属这一文体。

2. 韩愈，字______，河阳（现在河南孟州）人，唐代______家，______尤其著名，与______同为“古文运动”倡导者，并称为“______”，是“______”之首。自谓郡望（郡里的显贵家族）昌黎，世称韩昌黎，谥号“文”，又称韩文公，官至吏部侍郎，故又称韩吏部。作品都收在《______》里。

3. 注音。

祇（　　　）　　骈（　　　）　　槽枥（　　　）

一食或尽粟一石（　　　）　　邪（　　　）　　食马者（　　　）

4. 解词。

①或尽粟一石：______　　②虽有千里之能：______

③执策而临之：______　　④且欲与常马等：______

5. 找出下列句中的通假字。

食马者不知其能千里而食也：______　　才美不外见：______

食之不能尽其材：______　　其真无马邪：______

【活动 2】初读课文，疏通文意

1. 听课文朗读，注意节奏和重音。

2. 自由朗读，读准字音，读准节奏，读出感情。

3. 分组学习：细读课文，根据课下注释试译课文。

（1）自主翻译，并画出不会翻译的词、句。

（2）将疑难词句在小组内交流解决。

（3）全班共同解决小组内遗留问题。

4. 全班齐读，整体把握文意。

【活动 3】再读课文，体会情感

1. 作者流露出对“千里马”和“食马者”怎样的感情？

2. “也”是个常见的文言虚词，大多置于句末表示说话人的语气，有时也放在句中表示短暂的停顿，用来提醒读者注意下面将要说到的内容。体味课文三个自然段末尾的“也”字在语气上有什么不同，请结合课文说明理由。

【活动 4】三读课文，把握主旨

本文通篇不离千里马，难道只是说“马”吗？

【活动 5】合作探究，说古道今

1. 作者认为，自己是个人才，只是缺少伯乐的发现。其实封建社会不知道埋没了多少人才，你还知道哪些怀才不遇的古代文人？

2. 在当今竞争激烈的社会，你是怎么看待伯乐的作用的呢？

【活动 6】形成性评价

1. 一词多义。写出各句中加点词的词义

食 ①食之而不能尽其材 ②食不饱

尽 ①一食或尽粟一石 ②食之而不能尽其材

之 ①祇辱于奴隶人之手 ②鸣之而不能通其意

策 ①策之不以其道 ②执策而临之

其 ①不知其能千里 ②其真无马邪 ③其真不知马也

2. 重点句翻译

（1）祇辱于奴隶人之手，骈死于槽枥之间，不以千里称也。

（2）马之千里者，一食或尽粟一石。

（3）食马者不知其能千里而食也。

（4）食不饱，力不足，才美不外见。

（5）且欲与常马等不可得，安求其能千里也？

（6）策之不以其道，食之不能尽其材，鸣之而不能通其意。

（7）其真无马邪？其真不知马也。

3. 文章借有关伯乐和千里马的传说，将封建统治者比作“______”，将人才比作“______”，而伯乐喻指______，集中抨击的社会现象是______。

4. 千里马被埋没的根本原因是______。作者借此表达了______的心情。

5. 本文中韩愈说庸者“不知马”的具体表现的句子是：________，______，______。

六、拓展延伸（选学）

托物寓意

“托物寓意法”是指在构思文章时，要抓住事物的本质特征，展开联想和想象，见景生情，托物寄意，由此及彼、由表及里地深入挖掘事物本身所包含的意蕴，揭示事物寓偶然于必然的主题。

运用此种写法，需要注意寻找托事与寓意之间的某些共同点，以显示出二者之间的一致性。这种寓深刻的哲理于具体的形象之中的写法，不仅使文章行文生动活泼，而且更富有感染力和说服力。

七、小结与反思

本文的主要内容是什么？	
本文的主要写作特点是什么？	
学习本文后，你最大的收获是什么？	
学习本文后你还有哪些困惑？	

【案例 3　数学】

解一元一次方程（一）

一、教学目标

1. 了解合并同类项在解方程中的运用。

2. 理解解方程的两个基本步骤“合并同类项”和“系数化为 1”。

3. 会解“$ax+bx=c$”类型的一元一次方程。

4. 能够找出实际问题中的已知数和未知数，分析它们之间的数量关系，列出方程。

5. 通过运用方程解决实际问题，引导学生体会方程是刻画现实世界的有效数学模型。

二、重点、难点

重点：建立方程解决实际问题，会解“$ax+bx=c$”类型的一元一次方程。

难点：分析实际问题中的已知量和未知量，找出相等关系，列出方程。

三、教法与建议

1. 联系实际找解决问题的方法。

2. 合作探究。

四、学法与要求

1. 复习整式中合并同类项。

2. 预习课本。

五、合作·导学活动程序

【活动 1】实施诊断性评价，导入新知识

1. 你知道什么叫方程吗？什么样的方程是一元一次方程呢？试试看判断：

①找出方程：（1）1+2=3　（2）$y+2x=4$　（3）$x+1-3$　（4）$x+2x=9$

②找出一元一次方程：（1）$2x-y=1$　（2）$x^2-y=2$　（3）$\frac{y}{2}-2y=3$　（4）$y^2=4$

2. 在学整式的时候我们学过合并同类项，你还会吗？

（1）$x+2x+4x$　　（2）$5y-3y-4y$　　（3）$4a-1.5a-2.5a$

【活动 2】探究怎么找实际问题中的等量关系，并列方程解方程

问题与思考：

某校三年共购买计算机 140 台，去年购买数量是前年的 2 倍，今年购买数量又是去年的 2 倍，前年这所学校购买了多少台计算机？

问题 1：设什么为未知数？这个未知数还可以表示哪些未知的量？

问题 2：找出题目中的等量关系式。

问题 3：根据等量关系列出方程。

问题 4：想一想：怎么解这个方程把它化成 $x=a$ 的形式呢？分三组进行讨论总结。

问题 5：总结出解方程的两个步骤。

【活动 3】精讲例题

问题 1：解下列方程：

（1）$2x-\frac{5}{2}x=6-8$　　（2）$7x-2.5x+3x-1.5x=-15\times4-6\times3$

解：（1）合并同类项，得______=______。

（2）系数化为 1，得______=______。

问题 2：有一列数，按一定规律排列成 1，−3,9，−27,81，−243，…。其中某三个相邻数的和是 −1701，这三个数各是多少？

分析：从符号和绝对值两方面观察，可发现这列数的排列规律：后面的数

是前面的数与 -3 的乘积。如果三个相邻数中第 1 个记为 x，则后两个数分别是 $-3x$、$9x$。

六、评价与反馈

1. 解下列方程：

（1）$5x-2x=9$　　（2）$\frac{x}{2}+\frac{3x}{2}=7$

（3）$-3x+0.5x=10$　　（4）$7x-4.5x=2.5\times3-5$

2. 某工厂的产值连续增长，去年是前年的1.5倍，今年是去年的 2 倍，这三年的总产值为 550 万元。前年的产值是多少？

七、形成性评价

1. 在一卷古埃及草卷中，记载着这样一个数学问题：“啊哈，它的全部，与它的$\frac{1}{7}$，其和等于 19。”你能求出问题中的它吗？

2. 阅读诗文：

三百一十五里关，初行健步并不难。
次日脚痛减一半，六朝才得至其返。
欲问每朝行数里，请公仔细算相还。

【案例 4　英语】

What Are You Doing?

一、教学目标

1. 能够听懂、会说“What are you doing？ I am...”，并能在情景中进行运用。
2. 能完成 Let’s try 部分的练习。

二、教学重难点

要掌握句型“What are you doing？ I am...”，并能在实际情景中运用。

三、学法指导

能通过多读及根据不同情景运用本课的新句型，以掌握本课的重点。

四、知识链接

1. 能根据图片写出动词短语。
2. 完成 Let’s try 部分的练习。

五、教读导读

教师教读 Let’s talk 对话，学生跟读。学生跟录音读。

六、合作探究

1. 我能独立或通过小组成员的帮助读会 Let' s talk。

2. 小组内练读对话，并分角色表演对话，看哪一组学得又快又好。

3. 小组自编对话，并展示。

4. 猜词游戏。教师叫一名学生上来问"What are you doing？"，其他的同学不许出声，用肢体语言告诉该生我所指的单词是什么。

七、整理学案

通过本课的学习，我知道了……

八、达标测评

1. 我会连词成句。

the, am, I, answering, phone（.）

you, are, doing, What（?）

watching, I, amI, TV（.）

working, I, on, am, computer, my（.）

2. 翻译句子：

______，______？Amy你在做什么呢?

______？我正在洗碗。

3. 知识拓展，根据本课重点句子，写出两组类似的语句。

形成性评价

Mike：Hello. This is Mike. Is that Wu Yifan?

Wu：Yes, this is Wu Yifan______, Mike?

Mike：I' m watching TV. What are you doing? And______?

Wu：Just fine. I' m doing the dishes. My mother is sweeping the floor. And my brother is playing chess with my sister.

Mike：______?

Wu：I often visit grandparents and go shopping.

Mike：______?

Wu：Sure. What time?

Mike：At 1:30.

Wu：OK. See you later.

Mike：Bye.

【案例5　化学】

金属资源的利用和保护：铁的冶炼

一、教学目标

1. 知道常见金属如铁、铝、铜等的矿物，了解从铁矿石中将铁还原出来的方法。

2. 了解实验室用一氧化碳还原氧化铁的注意事项，掌握工业炼铁的原理。

二、重点难点

重点：工业炼铁的原理。

难点：实验室用一氧化碳还原氧化铁的注意事项。

三、导学·合作·展示活动程序

【活动1】实施诊断性评价，复习导入

知识回顾，小组比赛。

1. 完成下列化学方程式

在氧气中燃烧　　　与氧气反应　　　铝、铁分别与稀盐酸、硫酸铜反应

2. 默写金属活动性顺序表，并说出它的指导意义。

【活动2】“自主学习　感受新知”

1. 自然界的金属大多以什么形式存在？为什么金、银以单质形式存在？

2. 地壳中含量最多的五种元素是什么？五种金属元素是什么？

3. 写出下列金属矿石的主要成分。

矿石名称	主要成分的化学式	矿石名称	主要成分的化学式
赤铁矿		铝土矿	
磁铁矿		黄铜矿	
黄铁矿		辉铜矿	
菱铁矿		孔雀石	

分析与点拨：

小组互改，提出问题。

总结：教师综合意见，概括地做出结论。

【活动3】课堂探究

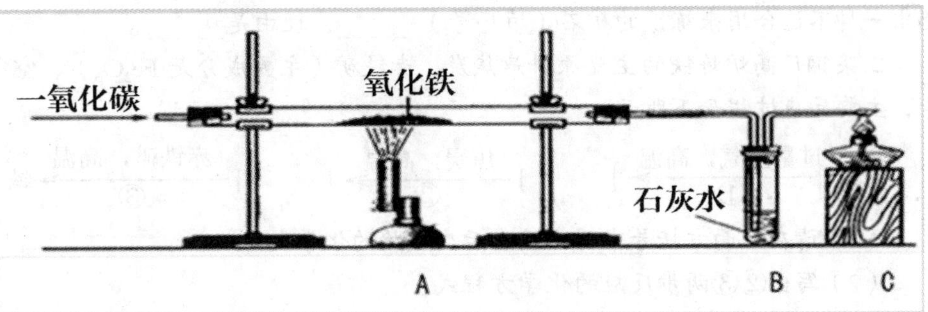

1. 实验室产生铁

想一想，议一议：

（1）假如你是炼铁厂的厂长，你认为下列哪种物质不适合做炼铁的原料?

（2）除了焦炭和一氧化碳，氢气也可以还原出铁，你准备选用哪种物质来炼铁?

（3）问题与讨论：

①实验中用到的仪器有______。

② A 处的实验现象是______，反应方程式：______。是否是置换反应？为什么?

③ B 处的实验现象是______，作用是______，反应方程式：______。

④ C 处的实验现象是______，作用是______，反应方程式：______。

⑤实验中还应注意什么问题？（反应时先通一氧化碳还是先点燃酒精灯？结束时先停止通一氧化碳还是先停止加热？为什么？尾气还可以如何处理？）

⑥反应后的尾气直接燃烧，放出的热量会浪费，那么大家有没有更好的办法来处理尾气呢?

2. 工业上冶炼生铁

阅读课本，完成练习：

（1）原料：

（2）原理：

（3）装置：

想一想、议一议：

在工业炼铁中焦炭与石灰石的作用各是什么?

【活动4】巩固训练

1. 常见的铁矿石主要有：赤铁矿（主要成分是 Fe_2O_3）、磁铁矿（主要成分

是 Fe_3O_4）、菱铁矿（主要成分是 $FeCO_3$）、黄铁矿（主要成分是 FeS_2）。请你选出一种不适合用来炼铁的矿石（填序号）______，理由是______。

2.某钢厂高炉炼铁的主要原料是焦炭、赤铁矿（主要成分是 Fe_2O_3）、空气等，主要反应过程如下所示：

焦炭 $\xrightarrow[①]{过量空气，高温}$ [　　] $\xrightarrow[②]{焦炭，高温}$ [　　] $\xrightarrow[③]{赤铁矿，高温}$ 铁

（1）请在上面方括号中写出反应后生成物的化学式。

（2）写出②③两步反应的化学方程式。

②______，③______。

【活动 5】交流反思

【活动 6】课后提升

学生课后查阅资料，找出金属常见的几种冶炼方法，并讨论与它们的化学性质有什么关系。

【案例 6　品德与生活】

教学内容	品德与生活：我不要赖皮	课时	1
教学目标	1. 通过感知各类社会性活动中存在的规则，明白规则的重要性 2. 通过各种游戏方式初步体会规则的约束作用与发展功能等双重作用 3. 让学生在规则制定与修改过程中，初步树立公民意识与民主观念		
教学重点	通过游戏、图片等多种活动引导学生明白生活中处处有规则，懂得在具体生活中遵守规则		
教学难点	激发学生对规则产生认同感，指导学生在日常生活中规范行为		
教学准备	1.了解学生在游戏活动、学校生活和日常生活等社会性活动中可能出现的一些“违规”现象 2.利用摄像机抓拍几组学生中由于“赖皮”而出现的争吵现象 3.制作教学 PPT 课件		
教学流程	教学预设		
导学质疑	1.视频导入，初步探究规则是什么 2.观看图片：下棋（遵守游戏规则） 3.师生共同思考，交流：为什么玩得不开心呢 （探究质疑规则的重要性）板书：规则 4.导入课题：我不要赖皮		

（续表）

教学流程	教学预设
探究精讲	**（活动 1）规则的发现** 1.你知道什么是规则吗？说说自己对规则的看法 2.学生交流，汇报 3.教师梳理什么是规则 **（活动 2）规则的种类** 1.展示：书上的“小词典” 2.总结：规则是规定出来供大家共同遵守的制度或章程 3.规则的种类：游戏规则、交通规则、班级规则、学校规则 4.总结：规则对人有约束作用，但规则也是为大家服务的 **（活动 3）学校中的规则** （课件展示） 1.课间游戏中的规则 2.上课实验中的规则 3.体育活动中的规则 **（活动 4）规则的双重功能** 小小辩论赛：遵守规则真麻烦 生活中处处有规则，学生选择“遵守规则真麻烦”和“自己的一点麻烦换来的是大家的方便”两种观点进行辩论 1.分小组 结合我们的日常生活和上节课的学习，将自己的观点写下来 2.开展辩论赛 （1）教师提示：大家在辩论时一要自觉遵守这些规则，二要列举具体事例来说明自己的观点 （2）辩论开始 3.教师总结：规则可能会给个人带来麻烦，但肯定会给大家带来方便
反馈测评	生活中的规则 1. 找一找生活中的规则 播放录像，找出其中不守规则的行为，并说一说 教师制定规则，谁先发现谁就叫停 播放录像，边看边交流讨论自觉遵守规则的方法 2.填写生活中的规则 （1）制定出相关规则，填写在书上 在图书馆看书时　　　　在外游览时 观赏小动物时　　　　乘坐公共汽车时 （2）学生校对上面的填空是否正确
迁移拓展	规则的制定 （1）过渡：你们知道学校中还应遵守哪些规则吗 （2）出示书中插图，讨论规则 （升国旗时、上下楼梯时、考试时） （3）拓展：我们还应该遵守哪些规则 小组交流，集体汇报 （4）教师总结

【案例 7　地理】

日　本

一、教学目标

1. 了解日本的地理位置、领土范围和主要的组成部分。了解日本的岛国、多优良港湾、多火山地震等地形特点。

2. 能利用地图分析日本的地形特点。能运用板块构造学说，解释日本多火山、地震的原因。

3. 培养学生防灾、避险意识。培养学生辩证分析问题的能力。

二、重点难点

重点：日本的地理位置、领土组成、地形特点。

难点：运用板块学说解释日本多火山地震的原因。

三、教法与建议

读图分析法、填图活动法、讨论归纳法、多媒体直观教学等相互结合。

四、学法与要求

本节课主要从以下几方面渗透学法。

1. 自主学习

指导学生学会阅读材料，从各种地理图像中获取地理信息，以说图析文，发现问题，自我感悟，建构新知。

2. 师生互动合作学习

利用问题深入，分组讨论，使学生在沟通中互补，在交流中发展，在合作中提高。

3. 探究学习

激发学生的问题意识，让学生敢问善思、乐于探究，在活动中探究理解、提炼观点。

五、导学·合作·展示活动程序

第一课时

【活动 1】实施诊断性评价，导入新知识

1. 展示日本文化的相关图片，创设情景，导入新课。

2. 引导学生回忆学习区域地理的方法，为本节课的学习做铺垫。

[诊断性评价的内容及目的]：通过欣赏图片，导入课题

【活动 2】指导学生做什么、展示什么问题等（或“自主学习　感受新知”）

1. 指导学生学习日本的地理位置、气候、地形和多地震。

2. 问题与展示

问题 1：日本的经度位置、纬度位置、相对位置

（1）读 61 页图 C，找出日本的经纬度。

（2）读 61 页图 C，合作完成：日本的领土主要分布在______的东面，______的西北。主要由______、______、______、______等______个大岛，______及其周围的海域组成。是一个______的国家，海岸线______，多优良______。

（3）读 61 页图 C，找出日本的主要城市______是日本的首都，还有______、______、______、______、______。

（4）读 61 页图 C，日本的地形以______为主，并能在地图上找出日本著名山峰______山，平原______。

问题 2：日本的气候

（1）日本南部是______气候，北部是______气候，南北气候差异较大。

（2）东京和北京同是温带季风气候，但日本与北京相比，冬季较为______，夏季较为______，降水比较______。

问题 3：日本的分层设色地形图

看图填空：日本山地丘陵______，约占总面积______，平原______，约占______，是一个多山的岛国，最大的平原是______，最高的山峰是______。

日本的地势特点是什么？河流特点是什么？

问题 4：日本位于哪两大板块的交界处？

（1）日本在______板块和______的交界处。

（2）日本多火山。火山能给人类带来灾难，请举例：______。但是在火山非活动时间，能够利用火山为人类造福吗？______。

（3）日本经常有______发生，每年有震感地震多达______多次。人们采取很多办法来预防地震，或者减小地震带来的危害。我国也是多地震的国家吗？______。为什么？______。

（4）你了解哪些防震减灾方面的知识？

3. 分析与点拨

点拨 1：日本是由哪四大岛屿组成？

点拨 2：日本位于哪个大陆的东部？

点拨 3：日本河流的流向是什么？

总结：综合意见，概括地做出结论。

[教学活动设计思想及要求]

（1）东亚岛国内容的设计主要是遵循教学原则中的直观性教学原则，学生通过看图获知日本的地理位置和领土就会觉得非常轻松，如果我们不用地图，只是单纯地根据课本的知识来讲述这部分内容，将会把地理课堂变得很枯燥，增加学生的学习负担，使学生的兴趣降低，同时也不利于学生空间思维的培养。

（2）气候这部分知识由前面学习到的知识（经纬度位置和海陆位置）做铺垫，体现了课堂知识的连贯性，培养了学生分析地图的能力，同时也教会了学生学习区域地理的一般过程与方法。

（3）这一部分对学生运用地图的能力有了进一步要求，不再是单纯地“看图说话”，重点是教会学生分析地图，利用地图得到相关的地理信息，从而实现教学目标的能力目标；培养学生运用地图获取地理信息的能力，从而实现教学效果。

【活动 3】“合作探究　理解文本”

日本有“地震国”之称。所以日本的抗震经验也是非常丰富的。以下图片展示出日本的抗震措施。第一幅图片（图 6）展示的是日本的房屋低矮，用轻便的木材制造；第二幅图（图 7）展示的是日本小学生地震演习。由此得出，日本比较重视加强抗震教育，小学就开始进行模拟地震逃生的演练。

【活动 4】形成性评价与反馈

主要是通过地理空白图（图 8），来检测学生对日本的地理位置、日本的地形特点以及日本的气候特点的掌握情况。同时也考查学生运用地图的能力，从而实现教学目标中的能力目标，体现课堂的有效性。

【活动 5】小结与反思

在整体构思上对地图的运用非常到位，也非常合理，高校地理课堂教学目标基本得以实现。但在一些细节上的处理不是很好：在分析日本的地理位置时，留给学生观察和思考的时间太短了，忽略了记忆这一环节，这可能会影响到学生对知识点的掌握；在讲授经纬位置时，没有对地图做出更明确的指示和说明，教学用具不够完善，教学效果有些欠缺；在导入部分，图片的选择是非常好的，却没有真正达到激起学生的兴趣的目的。我想这主要是因为这是我的第一堂公开课，当时气氛比较紧张，再加上我的教学语言有些单调，没有很好地和学生产生互动。

（二）试讲

试讲也叫预讲、预演，就是课前的模拟教学。试讲不仅有助于消除实习生上课前的怯场心理，而且可使实习生反复熟悉教材和运用教案，掌握课堂教学的步骤和方法，锤炼教学语言，试写板书和练习演示教具，从而取得登台施教的体验。因此，实习生必须明确试讲是课堂教学实习成败的关键，是保证课堂教学实习质量的重要措施，要认真对待课前试讲，绝不能掉以轻心、敷衍了事。

一般说来，实习生在 3 ~ 6 个月的实习时间内听课达 10 ~ 15 学时，就可以向指导教师申请试讲。实习生试讲前须提交试讲教案、PPT 等材料，经指导教师修改合格后，方可入班试讲。实习生试讲时，该生的指导教师和实习组所有成员均须参加旁听，当天没有上课任务的实习学校教师也可参加旁听。指导教师做好试讲后课评指导工作，要求实习组所有成员对上台试讲的实习生给予实事求是、客观公正的评价，指出他（她）教学中存在的主要问题及有待于改进的地方，试讲实习生对于这些评价应详细记录并提供书面材料备查。实习生试讲教案、课件及所做的评课记录应以实习小组为单位统一收集与归档。

试讲主要有三种形式，即个人试讲、小组试讲、班级试讲。个人试讲即由实习生自己选择时间和场合默讲或者有声试讲；小组试讲是在指导教师的指导下，以实习小组或以学科与专业为单位通过创设一定的课堂教学气氛，开展师生双边活动的组内活动；班级试讲即由指导教师遴选一两名实习生面对同一实习学校的全体实习生试讲。试讲应该注意以下几个问题：一是要特别重视第一、二堂实习课的试讲，为整个课堂教学实习打下良好的基础；二是要求其他实习生密切配合试讲实习生的预演；三是试讲课的次数要适度，以两到三次试讲为宜，但可针对实习生具体情况而定；四是试讲的时间、地点要合理安排。

（三）听课与评课

课堂教学是落实新课程理念的主阵地，是促进学生发展的重要场所，是教师专业成长的平台，在校本教研中经常遇到这样的问题：好课的标准是什么？如何观课和评课？在实施新课程教育改革时期，教师面临着适应新课程“三维目标”宏观性、发展性和整体性的转型，我们必须学会科学观察课堂，理性分析现状，对新课程课堂教学进行正确的评价。因此，听课与评课，即课堂观察与分析，是一种重要的教研途径，对于教师教学水平、能力的提升至关重要。

1. 听课与评课的目的

执教者在研究教材、研究学生的基础上进行教学设计，而这种预设正确与否还要经过课堂教学实践检验。课堂教学实践为教师以及研究人员的观察分析提供了最直接和直观的感性情境。课堂观察与分析的主要目的是根据课堂教学行为，充分利用课堂观察分析技术，对课堂教学的有效性进行分析，寻找预设与实践的差距，对课堂教学中存在的问题进行研讨，寻找有效的教学策略和提升策略，促进学生主动、健康、和谐发展，促进教师持续的专业发展。

观察者应充分听取执教者课后的说课，并参与互动式的分析，与执教者一同解决存在的问题，促进执教者调整预设方案，进行教学重建，使参与的教师、研究人员都从中受益。

2. 听课与评课前期的准备

听评课是教学研究的有效手段，是教师教学工作的重要组成部分。作为实习生要明白这样几个问题：为什么要去听课？听什么样的课？要解决什么问题？到底该怎样听课才能很快地掌握教学方法与教学规律呢？作为实习生要明白听课不是目的，听课是一种有效的研究提高课堂教学质量和研究水平的方法和手段，也是一条提高自身教学能力和研究水平的捷径。不仅如此，听课还是使实习生互相学习、切磋教艺、研究教学的重要措施。所以，凡是选择在教学岗位实习的学生，必须按要求完成听课任务。要准备一个专门的听课本，详细地记录听课内容，即听课的时间、地点、任课教师、教材、课型、学生人数、上课过程及课评等方面。要求在实习结束时复印听课记录，上交指导教师处，并上交一份自己认为最好的电子版听课记录。在三到六个月的实习时间内实习生听课不应少于 30 学时。听课者都应该有明确的目的和任务。实习生听课最主要的目的就是观摩学习，向有经验的教师学习，以便尽快地掌握教育教学的实践经验。

俗话说：留心天下皆学问。实习生要想通过听课真正学点东西和有所收获，就必须做一个听课的有心人。听课时首先要做好听课前的准备，即“听前三做到”：一是做到充分预热，听谁的课要一清二楚，对讲课的内容了然于心，先备后听；二是做到课前交流，听课前要和讲课的教师交流沟通；三是做到与讲课的教师结伴同行到教室。其次是实习生听课时要高度集中注意力，全身心投入，还要有虚怀若谷的态度和听课的技巧，做到“四勤”。一是勤看，看清讲课教师的教态、板书、教学手段、驾驭课堂的能力、组织教学的方法、处理偶发事件的技巧及师生关系、课堂气氛、教学时间、学生主体性的发挥等；二是勤听，即做到听懂、听全、听透；三是勤想，即思考教材这样处理的优劣、如何把复杂的问题转化为简单的问题、这个环节是否有更好的引导思路、这位教师上课的闪光点在哪里，等等；四是勤记，即把讲课教师课堂上的重点和特别的地方记录下来。最后是听课后要做到思考和整理，即做到与讲课的教师进行交流，要把讲课教师的教案、教学内容与自己所备的同样一课的教案做对照与比较，要经常性地翻看这一课的教案和听课记录，围绕“是什么”“为什么”“怎么办”等问题做深入的思考与探讨。在分析总结他人讲的课时要注意比较与研究，善于取长补短。每个教师在长期的教学活动中都可能形成自己独特的教学风格，不同的教师会有不同的教法。听课的教师就要善于进行甄别、准确地评价各种教学方法的长处和短处，并结合自己的教学实际，吸收他人的有益经验，改进自己的教学。在分析他人的一堂课时，听课者还要注意分析执教者的课外功夫，看教师的教学基本功底和课前备课情况。这样做对自己也会有很大的帮助。①

3. 听课与评课的方法

理论来自实践，理论能使人站得高、看得远。因此，观察者必须依托教育理论，选择合理的观察标准与观察视角开展听课评课活动。②

（1）从师生教与学的水平角度观察

一般把课堂教学分为三种水平。①记忆性水平。理论依据——行为主义学习心理学，教学目标——记忆和再现知识，师生互动形式——单向传输。②理解性水平。理论依据——认知主义学习心理学，教学目标——理解和应用知识，师生互动形式——双向交流。③发展性水平。理论依据——人本主义学习心理学，教学目标——开发潜能、发展个性、实现价值，师生互动形式——多向交流。观察者观察之后首先应确定本节课属于哪种水平，再以这种水平的教育理论分析教学现状。

（2）从课程资源利用水平角度观察

"在教学中，学生不仅是教学的对象、主体，而且是教学的资源，是课堂生活的共同创造者。"根据这个理论可以把课堂教学资源利用分为两种水平。①预设水平。采用小步子、小问题进行预设，对教学资源、过程等都进行了比较详细的预设，有"教师牵着学生走"的痕迹，学生的学习是被动的。②动态水平。采用开放式教学，教学过程中对教学资源、过程进行动态调控，收放有度，学生学得主动。观察时要关注学生是否有主动活动的时空；资源生成是否丰富，是否有质量；教师能否敏感地捕捉有价值的新资源，回应是否及时、有针对性；生成性资源利用程度是否高，资源重组是否合理、有效；生生互动是否有必要，是否有质量，是否有深度。观察者观察之后可以根据这两种水平的标准进行衡量与评价，提出期待。

（3）从课程目标达成水平角度观察

根据各学科特点，语文学科把三维目标分解成知识与技能、过程与方法、情感态度与价值观，其中对字词的理解及从阅读中感受人物的形象和修辞手法、

① 施良方、崔允漷主编：《教学理论：课堂教学的原理、策略与研究》，华东师范大学出版社 1999 年版，第 351 ～ 360 页。

② 李营：《课堂观察量表设计中的偏失及改进策略》，《中国教育学刊》2013 年第 5 期。

写作方法等就是过程与方法的具体体现。但是数学学科不一样，《数学课程标准》把三维目标分解成知识与技能、数学思考、解决问题、情感态度四方面，其中数学思考与解决问题就是过程与方法的具体体现。观察者必须重点观察《数学课程目标》的达成水平，立足三个观察视点——双基目标、过程目标、情感目标，两条观察视线——学生参与状态、教师调控策略。

4. 听课与评课的记录方法

课堂观察时不仅应认真看和听，还应对原始数据进行记录，为分析诊断提供有力的证据。课堂记录一般包含教学时间、教学程序、教学形式、教师活动、学生活动、即时点评等，尤其要详细记录教师活动和学生活动中的重点语句，并做出简短的即兴评点。观察者可以根据上课时学生的座位画出草图，并记录每一个学生发言的次数，通过记录分析学生发言的分布情况。分析者可以从教师提问的针对性、学生发言的人数、发言率、发言者是否集中以及对学生发言的反馈等方面分析执教者是否面向全体学生，是否及时捕捉有效资源。观察者在观察基本完成时应统计小组合作、班级合作以及教师引导的次数，结合教学实录分析哪些是有效活动、哪些是无效活动。

听课记录的基本要点包括两个主要方面：一是教学实录，二是教学评点。前者包括：①听课时间、学科、班级、执教者、课题、第几课时等；②教学过程，包括教学环节和教学内容，以及教学时采用的方法；③各个教学环节的时间及其安排；④学生活动的时间及情况；⑤教学效果。后者通常有下面三种形式：第一种是简录，即简要记录教学步骤、方法、板书等；第二种是详录，即比较详细地把教学步骤记下来；第三种是记实。实习生听课时还要注意：一是提前一天由自己或指导教师跟任课教师预约听课计划，任课教师有义务根据听课人数对听课时间进行调整；二是听课前提前五分钟进入教室；三是听课时要关闭手机或将手机调至振动状态，不能在课堂上接听电话；四是不能任意进出课堂；五是在听课时不能窃窃私语或高声喧哗，要保持安静直至课堂结束；六是做好详细的记录。

5. 评课时的注意事项

除了听课外，实习生还需要对所听的大多数课在指导教师的引导下以实习小组为单位进行评课。要讲究课堂观察分析的艺术，思路清晰，详略得当，以理服人。表述的方式一般有三种：①“两点”分开法，即将优点和缺点分开陈述，优点是扬弃分明，缺点是容易产生关注“好课”和“坏课”的负面影响；②“两点”合一法，即将优点和缺点合而为一陈述，优点是领略过程，缺点是操作有一定难度；③假设法，其特点是提出期待，让大家看到理想中的好课。具体说来，评课主要从以下六方面观察和评析。[①]

（1）从教学目的上评析

教学目标是教学目的的具体化，是教学的出发点和归宿，它的正确制定和达成，是衡量一堂课好坏的主要尺度。所以评价一堂课的优劣应该首先从分析教学目标入手，从以下两方面进行分析与评价。①从教学目标的制定来看，要看教学目标是否全面、具体、适宜。全面指分析教学目标是否符合新课程改革所倡导的知识与技能、过程与方法、情感态度与价值观等三维立体目标体系；具体指知识目标要有量化要求，体现学科特点，要能做到操作化、问题化、结构化；适宜指确定的教学目标，能以课程标准为指导，体现年段、年级、单元教材的特点，符合学生的年龄实际和认识规律，并且难易适度。②从教学目标的达成来看，要看教学目标是不是明确地体现在每一教学环节中，教学内容和手段是否都紧密地围绕目标，为实现目标服务。要看课堂上是否尽快地接触重点内容，重点内容的教学时间是否得到有效的保证，重点知识和技能是否能得到应有的巩固和强化。

（2）从研读和处理教材上做出评析

研读教材是教学设计的前提，是教学目标设计和教学内容整合的基础性工作。研读教材的实质是在教材编写者、文本作者和学生之间找到沟通的桥梁。研读教材的目的是帮助教师对学习目标进行定型、把握学科内涵和知识体系、寻找学生学习的重难点与疑点、找到学生的“最近发展区”和自己教学的创新点。因此，评析教师一节课上得好与坏不仅要看教学目标的制定和落实，还要看教者对教材的组织和处理。要看讲课的教师在研读教材时宏观上是否能够用三种以上的视角，即从教材编写者、学生、普通成人的多种角度来解读课文，能否跳出学科和教材来看文本，尤其是借助直觉思维，能否从人类最一般的逻辑和哲学观来看待文本内容。微观上是否能想出几个意想不到的“小”问题，即想出几个有利于学生强化知识结构，形成并熟练掌握心智技能的“小”活动，注重启发性、生活化、多样化，是否能兼顾内容与活动形式的对接，加强学科知识的纵横联系。不仅做到把教材内容转化为系列恰到好处的问题，更要把教材内容转化为教师示范、讲解有序的片段和学生学思结合、手脑并用、有说有做的操作性活动板块。

（3）从教学程序上做出评析

教学程序是教学目标完成的设计和运作。教学程序评析包括以下几个主要

① 施良方、崔允漷主编：《教学理论：课堂教学的原理、策略与研究》，华东师范大学出版社 1999 年版，第 351 ～ 360 页。

方面。①看教学思路设计。教学思路是教师上课的脉络和主线，它是根据教学内容和学生水平两方面的实际情况设计出来的。它反映出一系列的教学措施，如教学内容的编排组合、教学环节的衔接过渡、教学过程的详略安排及教学步骤的讲练结合等。教师课堂上的教学思路设计是多种多样的。为此，评课者评教学思路，首先看教学思路设计是否符合教学内容实际，是否符合学生实际；其次看教学思路的设计是不是有一定的独创性，脱离传统做法，给学生以新鲜感；再次看教学思路的层次与脉络是不是清晰；最后看教师在课堂上教学思路实际运作的效果。②看课堂结构安排。课堂结构的安排主要是看课堂结构是否严谨、环环相扣，过渡自然，时间分配是否合理，密度是否适中，效率如何；看教学各环节的时间分配与衔接是否恰当；看讲与练的时间搭配是否合理；看教师活动与学生活动的时间分配是否合理；看学生的个人自学、独立思考、独立完成作业的活动时间和集体时间的分配是否合理。

（4）从教学方法和手段上评析

教学方法包括教师“教”的方式和学生在教师指导下“学”的方式。新课程改革的重点是转变教学方式，变教师主讲为引导学生自主、合作、探究。由于学生的知识经验、认知水平有限，因此，观察者应关注教师是否恰当处理以下三个问题。

一是哪些情况需要学生探究。一般说来，形成性知识需要学生探究，即形成概念、原理、定律或公式的过程和方法，包括解决问题策略多样化。规定性知识不需要学生探究，即概念的约定属性和概念的自然属性。如为什么10厘米是1分米？为什么绿灯表示允许通过？又如为什么青蛙有四条腿？为什么太阳从东边升起？

二是如何组织学生有效探究。应关注课堂教学中是否做到：①教师提供最佳的探究时空；②学生采用有效的探究学习方式；③教师搭好探究的“脚手架”，如创设情景，引导学生明确任务的问题式“脚手架”——师问、生问；引导学生探究的实践式“脚手架”，即阅读、操作、实验、填表、记录；引导学生进行评价的参照式“脚手架”，即教材、他人。

三是怎样引导学生有效探究。首先，要关注教师的引导是否适时。①妥善处理先与后的关系，促进学生自主发展。传统教学一般是教师指导在前，学生模仿练习在后；新课程一般是学生尝试探索在先，教师引导在后，应根据具体情况灵活处理。②妥善处理主与次的关系，体现学科特色。当学生的思路偏离学科知识技能、思考方法重点时，教师必须引导转向；当学生的思路出现障碍时，教师必须进行排忧解难、点拨指导。③妥善处理多与优的关系，促进学生不断成长。当学生的思路与他人重复时，引导学生另觅新法；当学生的思路开阔、解决问题的策略多样时，引导学生吸取别人的优点，完善和优化自己的方法。其次，要关注教师的引导是否适度。①以满足学生需要为原则。对于性格内向的学生，要采用个别辅导，轻声、耐心地讲解；对于性格外向的学生，可以进行面向全体的“公众引导”。对于知识、能力水平较低的“学困生”，应采用个别辅导，引导模仿学习；对于优、中等学生，可以引导自查自纠，再做一遍、查一遍，自己发现问题并纠正错误。②以各科课程标准为准则。对照“课标”，不能“降标”也不能“超标”。最后，要关注教师的引导是否适法。①学生与文本对话。可以引导学生看书自学、自评。②学生与学生对话。当遇到难度一般的内容或问题时，学生有解答的欲望和能力时，要充分利用学生资源，引导学生讲述，既解决学生学习上的问题，又调动学生解决问题的积极性。③学生与教师对话。当遇到起始的教学内容，或难度较大的内容，或规定的术语，或学生普遍出现的问题时，教师应进行讲解、分析、概括。学生遇到学习上的问题可以随时质疑，对教师的讲述可以进行评价和提出建议，体现对话的平等性。

评析教学方法与手段主要从以下方面进行：①教学方法的选择是否量体裁衣，优选活用。②教学方法是否灵活多样，富有艺术性。③教学方法的改革与创新是否与时俱进。要关注大多数学生是否掌握基本的知识技能与思考方法，因为知识与技能是学生进一步学习发展的基础，是“课标”的基本要求，如果这方面目标没有落实好，就不能算成功的课。要关注教师的教育智慧是否充分展现，教师是否具备一定的课堂调控能力、捕捉动态生成资源的能力。

（5）从教师的教学基本功上评析

教学基本功是教师上好课的一个重要方面，对教学基本功的评析主要包括以下几方面的内容。①看板书。首先看板书设计是否科学合理，依纲扣本；其次看板书是否言简意赅，有艺术性；最后看板书是否条理性强，字迹工整美观，板画娴熟。②看教态。教师课堂上的教态应该是明朗、活泼、庄重，富有感染力的。教态要做到仪表端庄，举止从容，态度热情，热爱学生，师生感情交融。③看语言。教学是一种语言艺术，教师的语言要做到博采众长，抛弃所短。教师的课堂语言首先要准确清楚，说普通话，精当简练，生动形象，有启发性。其次是语调要高低适宜，快慢适度，抑扬顿挫，富于变化。④看操作。看教师运用教具，操作投影仪、录音机、微机及图片、模型等的熟练程度。

（6）从教学效果上评析

素质教育的核心要素是“两全”，即“使每个学生都得到发展，使学生的每方面都得到发展”。因此，观察时要特别关注学生的参与面、参与度和情感状态。还要关注教师的情感投入状态，对学生进行评价激励策略，对课堂气氛的调控能力，是否达到“活而不乱”“活而有序” “活而有度”的境界。单位时间内的教学效果是评价课堂教学的重要依据。课堂效果评析包括以下几方面：①教学效率高，在单位时间内高效率、高质量地完成教学任务，学生思想活跃，气氛热烈。②学生受益面大，不同程度的学生在原有基础上都有进步，知识、能力、思想情感目标达成。③有效利用每节课时间，学生学得轻松愉快，积极性高，课堂问题当堂解决，学生负担合理。课堂效果的评析，有时也可以借助测试手段，即上完课后，评课者对学生的知识掌握情况当场进行测试，而后通过统计分析来对课堂效果做出评价。

6. 评课案例展现

案例 1：下面是 2015 年某教师对某小学三年级语文教师 A 老师所授课《葡萄沟》的观察报告。

（一）显著的优点

1. A 老师在本堂课中凸显了自身明显的教书育人优势与教育教学风格，教学目标设计合理，达成效率高。教学问题精练，途径与方法多样，以任务驱动式引导与推动学生积极思考，循循善诱，能很好地实现教学目标和任务。

2. A 老师突出的优点在于环节紧凑、节奏明快，前呼后应、流畅自然，当堂训练、水到渠成。教学从葡萄沟的位置、葡萄的生长、葡萄干的制成等方面展开，首先从标题中“沟”的书写重点入手，然后识别生字“疆”“鲁”“维”并组词及对“五光十色”进行换词训练，重点放在葡萄的生长特点、葡萄干的制成这两方面，有利于培养学生简练的概括能力、文字搜索能力，有利于学生厘清文章脉络，把握文章主旨，启发学生思考，调动学生的学习热情。

3. A 老师的课堂上学习形式多样，采用了提问、朗读、反馈、练习、小组合作、角色扮演等师生对话与多方互动的形式。教师善于培养学生朗读能力，在阅读方法上采用了教师示范读、学生个别读、小组之间读、齐读等多种方法，充分调动了学生的阅读积极性，让学生在充分阅读中感受与感悟，并融入自己的感情。特别是在小组之间开展阅读这个环节，要求每个学生都要充分参与，这让全班同学的积极性得到了充分的发挥。

4. A 老师注重认知策略的指导，提供了“先、接着、再、最后”的支架，较好地处理了学会与会学、教师主导与学生主体、情景创设与环境营造的关系。教学中一张张精美的图画不仅活跃了课堂气氛，而且激发了学生想象与思考、归纳与总结的能力。

（二）可能的改进点

如果您在今后的教学中尝试做出以下改进，您的学生会更喜欢您的课堂。

1. 建议压缩 PPT 和图片的数量，能围绕教学内容的重难点呈现少而精的高质量画面和图片。

2. 建议适当放缓节奏，以凸显张弛结合、事半功倍的效果。

3. 注重录音设备的引领泛读，引导学生畅谈体验与感受。

案例 2：下面是 2015 年某教师对某小学六年级语文教师 B 老师所授课《凡卡》（契诃夫）的观察报告。

（一）显著的优点

1. B 老师在本堂课中，首先从预习课文和介绍作者简介入手，然后小结和复习了初读外国文学作品的注意事项，再指导学生厘清脉络，并划分段落，最后重点探讨了“对比”和“反衬”这两种修辞手法。在一系列的环节展开的过程中，B 老师引导学生围绕着凡卡写给爷爷的信的内容及“凡卡是个什么样的人？”“在凡卡身上发生了什么事？”“凡卡过着什么样的生活？”等问题展开探讨，还以四人一个小组的形式就第 4、5、6、13、14 这几个自然段中的问题“凡卡在这几段中回忆了乡下的哪些事情？”开展了小组合作学习。

2. B 老师的课堂思路清晰，设计独特，在品味语言和培养学生听、说、读、写等能力方面重点突出。全文 21 个自然段，她重点抓住了对凡卡个性及其生活、情感的总结，尤其是两类修辞手法的说明与强调，较好地激发了学生的阅读和对话热情，并有利于教学目标的达成和教学任务的完成。

3. B 老师善于利用课程资源，能引导学生从文章的字里行间挑选出凡卡写给爷爷的一封完整信件，培养学生从整体到部分，再从部分到整体的分析、归纳和概括能力。

4. B 老师在课堂上自信，语言流畅自然，情绪饱满，成熟稳重，课堂上善于用“指望”一词三句作为支架，加强训练，升华主旨，让学生在课堂中收获知识、道理与快乐。

（二）可能的改进点

如果您在今后的教学中尝试做出以下改进，您的学生会更喜欢您的课堂。

1. 建议重点 PPT 内容多停留强调，不要蜻蜓点水式一笔带过。

2. 语言可适当精练，尤其在提问处要简洁明晰，便于学生听清听明白并思考后准确做出回答。问题设计要有坡度和难度，提问多采用说理性和发散性方式，便于学生思维向深层次拓展。

3. 加强对学生认知策略的指导，并引导学生联系实际生活。

4. 注重主题升华，挖掘标题内涵。

案例3：下面是2015年3月某教师对某小学五年级语文教师C老师所授课《杨氏之子》的观察报告。

（一）显著的优点

1. 在本堂课中，C教师从“语言是一门艺术”一段开场白导入，检查了学生预习效果，并请学生指正错误。

2. 在这堂课上，C教师引导学生围绕文中的四句话逐字逐句解释并断句，在个别读书、全班齐读等反复阅读中提出了“你读懂了什么？还有什么不懂的？”“孔君平为什么要指着杨梅说‘这是你家的水果’，有无别的意思？”“你认为杨氏之子是个什么样的孩子？”等问题，师生在问题引领下展开了充分的交流。教学过程中，C老师还开展了同桌扮演角色并互读、讨论、学生上台板演等形式，最后还引导学生“小试牛刀”，尝试把三句白话文翻译成文言文

3. C教师的课是一堂较为扎实、充实、真实的课。其扎实性表现在把语言文字的训练融合到整节课的各个环节，引导学生理解字词。充实性表现在充分的阅读中把语文的工具价值体现得淋漓尽致。真实性是指C教师引导学生开展的识字、断句、阅读等活动真实有效。

4. C教师在课堂上自信，语言流畅自然，让学生提前做好课前预习和检测，课中解释文言文，梳理文章主要内容，积极与学生互动，情绪饱满，富有热情和快乐。

（二）可能的改进点

如果您在今后的教学中尝试做出以下改进，您的学生会更喜欢您的课堂。

1. 建议多加强对学生断句、阅读、仿写、仿问等认知策略和学习方法的指导。

2. 抓住文章的主题句“未闻孔雀是夫子家禽”这一句，引导学生回顾上文来探讨“家禽”的含义和读法。

3. 建议教师可引导学生通过提问、换标题来开展互动。

4. 建议教学内容做到问题化、操作化、结构化、生活化。

案例4：下面是2013年5月某教师对某小学四年级数学教师D老师所授课《植树问题》的观察报告。

（一）显著的优点

1. D老师的教学设计结构完整，以《植树问题》的问题驱动，以解决问题的形式组织课堂教学。注重学生的数学现实与数学的学习的设计。

2. 在这节课中，D老师从手指的间隔开始，设计三个问题串，利用变式教学中的过程变式，层层深入，让学生掌握类比、体验、探究等学习策略。

3. 这节课的主题就是从植树问题开始，认识间隔、间隔长与总长之间的关系；

以儿童发现的角度，通过画图、画线段、想象等数学方法，得出结论。

4. D 老师在关键时刻提了一个很关键的问题："在植树问题中，我们一定要种树吗？这个树可以换成什么？"把植树问题升华为数学问题，就是种树只是数学的一个数学模型，关键是我们要善于发现生活中的数学，产生数学的眼光、思维、方法。这才是学习数学的真谛。

5. D 老师注重学生的提问与发声思维，让学生"说数学"，注重正确回答的复述，这些都是很好的特点，难能可贵。

6. D 老师上课学生学习气氛很浓，学生参与度很高，在合作学习和自主探究的学习方式上都有所体现。

（二）可能的改进点

如果您在今后的教学中尝试做出以下改进，您的学生会更喜欢您的课堂。

1. 建议在今后教学设计中，针对学生的特点，适当地精简例题，注意上课的节奏，因为小学生的注意力一节课就那么 20 分钟，所以教学设计要紧凑。

2. 问题的解决要优化，注重过程变式的运用和教师的提问结合，提问要引出学生的思考，学生是会思考的。教师对于提问的处理还可以进一步研究。

3. 建议您继续发挥"变式教学"的过程变式的教学设计优势，在问题解决教学模式方面做出更加深入的探讨与尝试研究，找出自己的教学风格，走教师专业化之路。

案例 5：下面是 2014 年 12 月某教师对某小学一年级数学 E 教师所授课《解决问题》的观察报告。

（一）显著的优点

1. E 老师能够按照三维四段课堂教学模式实施教学。课堂教学过程按照三维四段课堂教学模式进行，并充分体现了此模式的优势。首先，E 教师通过"5+7=？""9+5=？"等一些练习题导入新课，一方面让学生复习刚刚学习的整数的加减法，一方面让学生体会"分类"这一新授课需要的知识点。其次讲授新课，在讲授新课的过程中以学生为主体，每一个知识点讲得都很细，确实做到了探究精讲。然后是巩固练习（展示检测）。

2. E 老师教学语言精练、提问指向明确。整个教学过程没有多余的语言，课堂提问指向明确、环环相扣，体现了一位专家型教师成熟的专业素养与特有的教育智慧。具体地说，E 老师善于通过问题来引导学生自己学习新的知识。比如，在讲授新课的过程中提了这样几个问题——"你看到了什么""你能够说出哪些数学信息""为什么用加法""怎么又用加法""观察这两道题有什么相同的地方""它们有什么不同"，层层递进。

3. 师生关系融洽。有效的教学须以融洽的师生关系为前提，有了融洽的师生关系，学生的想象力和丰富的创造力就可能被充分发挥出来，这就是“亲其师，信其道”。整堂课老师都是笑容满面，强大的亲和力将学生积极地吸引到课堂中来，并与学生积极进行互动。

4. 熟悉学生情况。教学过程体现了授课教师对学生的了解。教师能够根据学生的情感需求进行巧妙的教学设计，有效激发了学生的学习兴趣；能够根据学生现有知识水平，预测学生学习时可能会出现的困难和问题，采用有效的教学手段与教学环节，在学生遇到困难时，给予巧妙地化解。（例如，为了让学生理解从不同的角度分类，教师在教学过程中首先复习以前学习的整数的加法、减法。）

（二）可能的改进点

如果您在今后的教学中尝试做出以下改进，您的学生会更喜欢您的课堂。

更加合理地把握时间的分配。从这堂课的时间分配来看，大部分时间花在了“导学质疑”“探究精讲”这两个环节，“展示检测”这一环节时间较少，而“迁移拓展”这一环节基本没有，因此建议下次授课过程中更加合理地把握时间的分配。

案例 6：下面是 2013 年 3 月某教师对某校初中二年级物理 F 教师所授课《能源与可持续发展》的观察报告。

（一）显著的优点

1. 教师的语言富有感染力。通过我国科技军事成就的豪情，与由环境破坏带来的忧患形成情感冲突和认知冲突，较好地创设了本节课的教学情境。本节课的设计意图把握明确、恰当。在了解能源危机带来的一系列危害的基础上，还通过让学生设计方案、改造生活，树立节约环保意识，培养创造能力。

2. 教师在教学中的语言也富有启发性。当有学生不能很好地回答，或者不恰当地回答时，教师会给予暗示、提示，创造了良好的互动氛围。请继续保持，学生会在这种对话中完成知识的建构。

3. 本节课课堂教学气氛严谨、有序，学生也能积极举手，反映了较好的参与度。

4. 在本课最后，教师能让学生从课本知识深入身边知识的挖掘，启发学生联系生活，联系社区人文。引入了像温泉地热、英山风能等案例，完成了从物理回归生活，有利于知识的转化与升华。请继续保持，学生将从您的课堂中领悟到身边处处皆物理，并会更加热爱自己的家乡。

5. 教师教学经验丰富，能在课堂上观察到学生回答问题时的一些细节，如对坐标进行描绘时，忘记标注物理量。这对发展学生严谨思维、培养科学作风很有帮助。

（二）可能的改进点

如果您在今后的教学中尝试做出如下改进，您的学生会更喜欢您的课堂。

1. 教学设计采用了学案导学方式，有其创新的一面，但在设计“基于问题的分组讨论”活动时，缺乏问题间的关联和碰撞，也似乎较少考虑问题间的内在逻辑结构，课堂内容呈并行序列，可能会导致学生掌握知识不系统，小组间也难以形成共鸣和碰撞。

2. 初中物理讲究从生活到物理，再从物理到社会。如果能先举出一两个身边生活的例子，让学生先产生感性认识，再升华到社会、国家层面，相比先呈现社会问题，再联系个人生活，可能更利于激发学生的学习动机。

3. 本节课互动多，但不少提问过于笼统和模糊（例如：看到这儿，你们有什么想法呢？），指向性不明确，导致学生把握不住思考的方向，也导致有学生忽略问题条件，出现答非所问的现象。此外，还建议对问题进行进一步设计，采用问题串，层层深入的问答能更好地调动学生的思考，提高提问的有效性、知识的关联度和促进概念构建。

4. 本节课与前后知识关联性不够明显，缺少一定的“先行组织者”。如果先对前面的“不可再生能源”进行回顾和拓展性理解，再来讨论能源危机，则会让学生更深入理解产生能源危机的物理原因。在让学生学习设计节能方法时，缺乏一定的案例示范，可能导致学生很多设想仅仅停留在空想层面。另外，如果能在学生提出节能方案后，要求学生拓展思维——这些想法该如何设计和落实，并鼓励学生课后继续探究，有可能促成学生研究性学习或拓展学习。

5. 在互动讨论中，学生拥有的材料几乎都是课本，没有呈现必要的生活素材。表现是在回答老师的提问时，几乎很少有学生敢脱离课本，不少学生甚至照着课本念，少见学生的思维独立性和批判性。建议在今后的课堂互动中，尝试先让学生合上课本，提供一些新闻、图片、视频，先小组相互讨论一下，然后分享观点，展开讨论，在总结阶段时，再让学生阅读课本。

6. 本节课师生互动较多，但仍有部分学生课堂上没有参与进来，建议可以多设计些生生互动的环节，以增加更大范围的参与度，提高课堂效率。

案例 7：下面是 2013 年 3 月某教师对某校初中二年级英语教师所授课《Unit 5 Why do you like pandas?》的观察报告。

（一）显著的优点

1. 教学目标明确、具体、清晰，教学设计紧紧围绕目标循序渐进，预设目标达成度较高。

2. 教学风格独特，特色鲜明。注重情景的创设，通过歌曲、教具、图片和丰富的表情、身体语言等营造了积极、愉悦、和谐的课堂环境和生态，较好地照顾了初中低年级学生的认知特点，为学生带来了积极的情感体验。

3. 课堂气氛活跃，师生互动好，整体参与课堂活动的人数多，互动积极性高，教师不断通过游戏和基于任务指向的活动培养了学生的听说能力。

4. 较好地体现了初中低年级语言教学的特点和英语学科的特色，彰显了语言教学中"交互、交际、情景和有声"的特点，教学环节设计合理，层层推进，衔接流畅，富有逻辑。

（二）可能的改进点

如果您在今后的教学中尝试做出如下改进，您的学生会更喜欢您的课堂。

1. 单词的学习和巩固不能过分依赖朗读这一唯一途径，应该适当补充一些其他方法，如设置一定的情景，通过造句或翻译学生日常熟悉的句子来帮助他们活用单词。

2. 课堂互动模式稍显单一，如果能够从"教师问—众生答"的模式中适时适量添加"生问—生答"或"生问—师答"等，互动的效果可能会更好。

3. 小组活动的效率和针对性有待进一步提升。课中最后一个小组活动和游戏环节应该结合本课的重难点，不仅可以训练学生运用形容词描述相关动物，更可以训练学生对本节课的重点句型的掌握，试图突破他们对自己喜欢动物的原因的表达这一难点。

4. 本文的重点句型"Let's..." "Why..." "Because..."等应该写在黑板上和展示在多媒体课件的显要位置，一是凸显重点，二是在学生结对训练时给他们提供支架，从而提高训练的有效性。

（四）上课

1. 上课时的注意事项

实习生在备课、听课与试讲的基础上走上讲台去上课，这是个中心环节，也是最为重要的环节。要想上好每堂课，实习生必须做好充分的准备。第一，实习生要重视课前的准备工作。要熟悉教学环境，把课本、教案、卡片、标本、模型、挂图等教学用具准备齐全，以平静的心情、从容的态度和良好的精神状态做好上课前的精神准备。第二，实习生在上课时要有明确的教学目的和目标，并重视组织教学，合理地分配教学时间。要善于创设一个良好的开端，并妥善地处理课堂上的偶发事件，科学合理地分配好各教学环节所需要的时间。第三，上课时要注意教态和语言，保证教学的科学性与思想性。要做到一旦上课铃声响起，就要很快地进入“角色”，怀着轻松愉快的心情走上讲台，教态要安详、大方、和蔼可亲，举止要持重、合度、大方得体，讲课时要能以一口标准清晰的普通话讲解，做到用词较为准确，用语较为恰当，讲话的速度不快不慢，声音不高不低，情绪不疾不缓，既在关键的时候有激情，又注意讲课的大部分时间心平气和，要适当地辅以手势、动作、眼神和表情。第四，上课时要正确地运用板书、板画和教具。板书要做到清楚秀丽、工整大方、得当艺术、搭配匀称；字迹清晰简要，一笔一画和整体架构都给人以美的享受；文字和图简明扼要，恰到好处，利于说明问题。第五，上课时要调动学生的学习积极性，解决学生的疑难，促进他们的发展。要保证学生主动学习的时间延长，并能做到操练正确，得分率高，取得明显的进步。第六，上课时要注意字词概念明确，重点难点突出。实习生要能做到明确每节课的主要概念，并对这些概念有一个明确而确切的表述和解释，还要讲清如何正确地使用这些概念。要尽可能地调动多种手段和利用充裕的时间对重难点加以突出。

2. 上课时易犯的错误

实习生作为“准教师”，由于经验不足，上课时常犯的错误主要表现在以下几方面。

（1）课前教案预设固定

实习生要有重视备课的良好习惯，课前精心地设计教案，做好充分的准备并时刻准备上好每一堂课，这是一种良好现象。但如果课堂教学只是按部就班，一味地“走教案”，必然导致实习生较少关注学生的发展、关注学生在课堂上的生命状态，因为在现实的课堂中，中小学生往往是带着自己的知识、经验、思考、灵性、兴致来参与课堂活动的，教学过程必定是变化的、动态的、生成的。如果一味地让“死”的教案支配和限制“活”的学生，遏制了学生在课堂上思想和生命的活力，使原本鲜活灵动、充满情趣的课堂教学变得机械、刻板与程式化，这必然成为课堂教学的一种缺憾。

（2）教学资源狭窄受限

2001 年国家教育部颁发的基础教育各科课程标准指出课程资源包括课堂教学资源和课外学习资源，如教科书、教学挂图、工具书、其他图书以及报刊、电影、电视、广播、网络，报告会、演讲会、辩论会、研讨会、戏剧表演，图书馆、博物馆、纪念馆、展览馆，布告栏、报廊、各种标牌广告等。同时，还指出自然风光、文物古迹、风俗民情、国内外的重要事件、学生的家庭生活以及日常生活话题等也都可以成为课程的资源。但是实习生如果受当地学校信息的限制和自身穷于应付的束缚，他们采用的教学资源主要局限于教材和教学参考资料，这必然导致教学内容比较单一，与学生多彩的生活有相当的距离，也滞后于社会的发展。

（3）教学方法传统呆板

教学过程的本质是教学相长的过程，而教学方式方法的运用将极大地影响课堂效率。在教学过程中，实习生课堂上基本是采取“满堂灌”“填鸭式”的讲授法和教师提问、学生回答的谈话法，仅仅利用黑板、粉笔进行教学，课题和教学内容往往总是伴随着教师的讲述、板书、解题的过程出现在黑板上，这样使得教学显得平淡而被动，不能有效地激发学生的学习兴趣，而且耗时耗力，得不偿失，于是延时、抢时与拖堂现象比较普遍。由于受到时间的有限性与教学进度的超前性这对矛盾的影响，导致教师“独裁”式教学，即课堂教学大多受教师、书本、教室“三中心”控制。教师有教的自由、有问的自由、有讲的自由，但学生没有学的自由、没有提问的自由、没有活动的自由。教师只考虑如何教，没有考虑学生怎样学和为什么要学、怎样教给学生学习的方法、讲清学习的原理、怎样培养学生的能力等。

（4）教学组织形式单调

当前我国大多数课堂教学普遍采用的仍然是班级授课制，其主要原因是班级授课制具有明显优势，如可提高教学效率、有利于发挥教师的主导作用等。但这种组织形式不利于照顾学生的个别差异，不利于因材施教，不利于充分发挥学生学习的独立性和内在潜力，而且容易使教学产生理论与实践脱节、质与量不成比例的现象。如果教师在教学中仅仅局限于班级授课制这一最普遍和最常用的组织形式，而不去考虑使用户外活动、参观访问、专题讲座和调查研究等这些灵活多样和小组活动、个别化教学的组织形式，那么超过50人的过多过大的班级必然使得教师容易从学生的“平均水平”出发施教，往往出现照顾了中间而忽视两头，难以兼顾学生个别差异的现象。而且教学活动多由教师组织和设计，学生要尽力适应教师的教学，容易走向“一刀切”“划一主义”，使学生的主体地位受到一定的限制，学生的自主性、创造性不易充分发挥。

3. 解决上课时易犯错误的对策

（1）预设生成辩证统一

有人说：没有预设的课堂是不负责任的课堂，而没有生成的课堂是不精彩的课堂。因此，教师在课堂上要处理好二者的关系。课堂教学是有规律的，有效的课堂教学一方面来自教师的精心预设，另一方面还要充分利用随机生成的教育时机和教育资源，因而必定是预设与生成的辩证统一。课堂教学就是教师与学生在互相影响、互相改变的充满变化的状态中进行的一种“生成”活动，是教师和学生共同的生命历程，课堂教学要能焕发生命的活力。所以，课堂教学应当少一点固定的预设，多一点课堂的生成。

从“预设”走向“生成”，关键是把学生看成一种教育资源。这不仅包括教师对教材的解读、对教学目标和教学过程的设计，还包括对课堂教学可能产生的走向、学生的原有知识结构、学生在交流中可能出现的偏差、课堂上可能发生的影响教学进度与目标达成的其他变数等因素的预先思考与相关的应变策略。真实情境中的教学活动往往是在具有生命力和主动性、群体与个体的人的各种发展活动中进行的，是一个非常复杂的生命过程，总是充满各种变数，因此，教学又必然是富有生命力的、动态的、变化的，具有鲜明的生成性。

新课程强调要由课堂实践出发，从“预设”走向“生成”，调动学生在教学活动中的主体作用，提倡自主、合作、探究的学习方式，它涵盖了学生在学习中自主建构、使用学习策略，以及与之相适应的教学方式。实习生可以在学生的需求中，在尝试和探究的活动中，在对教学文本的多元解读中，在师生、生生的平等对话中，在适度的拓展与创造中促进课堂教学的生成。

（2）丰富拓展教学资源

“课本，课本，教学的根本。”教学中，实习生首先要做的是依据教科书，用好教科书。但教学不能局限于教科书，要创造性地使用教科书，即在用好教科书的基础上，可以适当地引进相关资源，如课前收集相关资料，以增加对作品、背景、主人公的了解，课中插入相关资料、文章的阅读，帮助学生理解课文，课后推荐相关读物，以拓展学习内容，提高阅读能力。

教师除了自己要自觉地利用各类资源外，还要善于引导学生自觉地利用相关学科资源，特别是要充分利用四种资源。一是利用网络改变学习方式。传统的学习方式是比较单一的，网络环境下的学习则具有明显的开放性，有利于构建一个以学生为中心的个性化学习环境，能够帮助学生自主地学习，改变教学中教师、学生、教材三者之间的关系，从而激发学生的学习积极性和主动性，体现出对学生个性的尊重。二是恰当地组织图文资源。恰当地组织各种书籍、报刊等文字性资源和地图、教学挂图、漫画、画报、照片等图画性资源，让它们进入课程教学，从而丰富课程内容，满足学生不同的需求。三是恰当地组织音像资源。课堂教学中教师可根据教学内容、学生的需要、音像资源的情况等，组织运用音像资源，展示教学内容。音像资源不仅可用于课堂教学，还可以为学生课外的言语实践活动提供条件。四是充分地利用当地的自然、人文景观，引导学生去观察调查，获取信息，让学生根据自己的学习方式，将所学到的知识、技能恰如其分地运用于实践，在实践中巩固，在实践中锻炼，在实践中成长，在实践中拓展。

（3）灵活选择运用教法

俗话说：“教学有法，但无定法。”每位实习教师都应当恰当地选择和创造性地运用教学方法，在教学过程中处理好教与学的关系，改变“填鸭式”“满堂灌”，以教代学、以讲代练的旧模式，尽可能地采取启发学生探索等方式。要使学生进行多样化、个性化的合作式学习，促使学生多动脑、多动手、多动口，充分调动学生的积极性，培养激发学生参与学习活动的兴趣。要善于创设良好的教学氛围，使学生始终处于积极的思维状态，这样学生就学得快、记得牢，有兴趣、有享受，让学生多了解生活，了解社会，了解人生，熟知自然界现象。要多开展一些有意义的活动，使学生丰富知识、增加阅历、培养情操、健全人格，要进行开放式教学，使师生平等，关系融洽，使学生大胆交流，敢于创新，要给学生自主学习、自主活动的空间，让学生能够猜想、变通、求异、创造，要提倡学生思考问题多、新、奇、活，要保护学生的奇特联想的热情，要有驾驭课堂教学的技能，放得开，收得拢，开关闭合，运用自如。这样教师才能做到在教学方法的运用中表现自己的教学艺术和形成自己的教学风格。

根据学生的身心发展特点和学科特点等多种因素进行综合考虑，学界认为教学应该更多地使用含有“教学对话”和“课堂讨论”两种基本形态的共同解决问题型教学方法。“对话”是对话者双方之间信息的沟通、情感的交融、思想的碰撞。按照建构主义哲学的观点，“对话”应当是一种“消解”——既消解教师在课堂里的中心地位，也消解优秀学生在课堂中的“话语霸权”，话题也是随着对话者的关注点而转移的。在这样的“对话”中，教师和学生都会有新的思想和语言生成。在课堂“对话”中，教师要真心实意地倾听每一个学生的发言，发现他们思想和语言的闪光点。要允许对文本进行多元解读，引发学生不同观点的碰撞，促使争论中产生思想的火花。

生成的问题应该顺势利导，让学生自己深入下去找到答案，教师进行疏导、引导、编导，教学信息除教师传递给学生外，让学生互传信息、讨论、分析、评价，让每个学生都参与整个教学过程中，甚至可让学生讲、评、析，互帮互学、互讲互评、互相督促、共同提高。新课程把课堂教学看作建构过程，主张通过设计真实、复杂、具有挑战性的学习环境与问题情境，诱发、驱动并支撑学习者的探索、思考与解决问题的活动。当学习过程变成学习者自主建构的过程时，学生自己提出问题，自己研读课文充分发表意见，对问题做出多样化的回答，课堂教学可能会出现多个发展方向。此时，教师要“以学定教”“顺学而导”，如此课堂教学必然成为一个生成的过程。

（4）教学形式活泼多样

班级授课制虽然有明显优势，但社会发展到现在，无可否认的是教学也有道尔顿制、特郎普制、文纳特卡制、设计教学法等个别化教学组织形式以及外部分组、内部分组等分组教学组织形式，它们都有各自的优势。这些改革班级授课组织的计划对于改变机械的定量课时，剔除死记硬背、教学整齐划一的弊端，对于适当考虑学生的学习速度的个别差异，以及给予学生计划并执行自己的学习程序的自由，以培养学生的主动性、责任感等方面确实存在相当的优势。总之，教学组织形式是在实践中不断发展的，每一种组织形式都有自身的特点、优点和缺点，都只能在一定的条件下和范围内发挥作用。没有哪一种形式是万能的，因此，如果实习生能够全面地掌握各种教学组织形式的性质与功能，综合地加以利用，使之有主有辅地结合起来，便可以更好地扬长避短，改进和提高教学的质量和效益。

第十一章　教育实习的内容（下）

第一节　班主任工作实习[①]

一、班主任工作实习中的常规管理

班主任工作实习包括学会教书育人、学习班主任工作基本方法、掌握班主任工作的基本内容与特点，如了解班级情况、制订班主任工作计划、对学生进行思想品德教育、开展班级活动等。实习生根据教育方针和实习学校的要求，在实习学校班主任的指导下，虚心学习和掌握班主任工作的基本内容与特点、工作方法与经验，熟悉所在班级学生的情况，在实习学校班主任的指导与安排下，按规定的时间下班辅导，熟悉班级情况，制订实习班主任工作计划，完成班主任工作实习。

（一）树立威信

树立实习班主任的威信，学生才能诚心接受教师的教育。这就需要实习生重视好自己与学生之间的六个“第一”：第一次见面一定要有亲和力，让学生喜欢你；第一次班级讲话一定要有水平，让学生尊敬你；第一课一定要上得出色，让学生崇拜你；第一次主题班会一定要有创意，让学生佩服你；第一次个别谈心一定要讲究艺术，让学生亲近你；第一次许下的承诺一定要兑现，让学生信任你。

（二）常规教育方面

了解班级基本情况，熟悉班级常规要求，做好日常管理工作。

1. 初步了解班级基本情况

首先，了解所带班级总体情况：包括人数、男女生比例、总体学习成绩、学习风气、班级氛围等。

其次，了解一般学生具体情况：包括学习兴趣、个性特长、班级任职、知

---

① 范丹红主编：《教师专业技能训练与教育实习》，北京师范大学出版社 2013 年版，第 246 ～ 252 页。

识水平和接受能力等。

最后，了解个别学生情况：主要指后进生，特别是问题学生的学习情况、平时表现、家庭情况和品德习性等。

2. 熟悉班级常规工作

首先，充分利用班队会及晨会的时间进行《一日常规》《中（小）学生守则》和《中（小）学生日常行为规范》教育。

其次，充分利用升旗仪式、重大节日，加强学生的思想品德教育。如利用教师节、国庆节、少先队建队日和元旦等重大活动举行一些有意义的主题班会，培养学生爱国主义情感，懂得做人的道理，同时在各种活动和劳动中学会合作，学会生活。

最后，充分发挥各项活动中的教育阵地的作用，增强学生的荣誉感，使学生心中有他人、有集体。如可以利用校园电视节目、故事会和流动红旗的评比等活动，对学生进行思想教育。充分发挥教室内外板报的作用，采用“自理小屋”“卫生天使”和“礼仪花园”等栏目进一步规范学生的行为习惯；对于学生的读书、写字的姿势，用“谁的小树长得最直”的活动进行监督等。

3. 记住每个学生的名字

一个班有几十个学生，在短期内记住所有学生的名字是一件非常难的事情。开始时能记住的名字很少，而且很快就会忘记，需要反复记、每天记、有技巧地记。因此，实习生可以这样做：

（1）向原班主任要一份花名册，采用机械记名的方式，初步记住所有学生的名字。

（2）平时多走进班级，多跟学生聊天，尽可能将学生名字与本人的相貌、个性等特征联系起来。

（3）记住学生的体貌特征、个性差异、家庭信息，把这些差别跟学生姓名联系起来。

（4）班干部名字要重点记，因为以后的班级工作开展都会常跟班干部打交道。

（5）上课多向一些学生提问，通过师生互动加强记忆。

（6）常去看座位表，有可能的话可每天点一次名。

（7）实在记不住时，可分批分量记，每天记一小部分人的名字，或把名字抄在常用的笔记本上。

（8）教师常常先记住一些优生或学习困难学生的名字，对于处于中间状态的学生的名字总是相当模糊。如果开始就能够记住这些学生的名字，会有意想不到的效果。

（三）班级纪律方面

一个班级要想有良好的班风，必须有良好的纪律。

1. 课堂纪律

师生共同制定班规班纪，并制定相应的奖惩办法。由于班规是学生自己制定的，所以学生能将被动的各种要求转化为主动的遵守行为，有助于学生将书面文字内化为自觉行为。

2. 课间纪律

课间是学生休息的时间，良好的课间纪律会给整个校园带来轻松活跃的气氛。针对学生的年龄特点，采用师生共同参与的方式，开展跳绳、做游戏、拍球等活动，使学生既健体又受教育，增进师生之间的感情，扩大交流的空间，但要防止学生在危险场地做危险游戏。

3. 路队纪律

为了让学生养成良好的行为习惯，适应集体生活，在班级开展“路队标兵”评比活动，每一个路队分别设立一个小队长，每天定时向班级汇报路队情况，及时监督，及时管理，使学生不仅做到快、齐、静，而且能够进行自主管理。

（四）卫生方面

讲究卫生很重要，做好卫生，既能使身体健康，又能养成良好的生活习惯，还能创设一个良好的学习环境。

首先是个人卫生。要求衣着整洁，做好“三勤”：桌箱勤清，物品勤摆，两操勤做。

其次是班级卫生。每天早、中、晚分派值日生清扫，设立卫生监督岗，进行检查与监督。对主动、及时打扫卫生的同学或小组进行奖励，同时利用花草美化环境，进行爱护环境和花草的教育。

（五）班干部培养方面

了解班干部的个性与工作能力，督促班干部努力学习，提高成绩，指导班干部开展工作，发挥班干部模范带头作用。采取班干部轮流制（包括班长和组长），让每个孩子的潜能都得到充分的挖掘，使孩子们学会学习、学会生活、学会合作和学会管理。

（六）其他方面

班级管理中注重个体的发展，开展有特色的活动，在各项活动中挖掘各种人才及学生的潜力，使班上的每个同学都能在某一方面得到进一步的发展，如文明小标兵评选、小书法家、小发明家、小诗人、数学小博士和爱书人等各种评比活动。在这些活动中，大力推出新人新作，让每个孩子都敢于面对大家展示自我，充分锻炼自己，提高学生的自信心。

二、班级管理中偶发事件的处理艺术

在班级管理中，偶发事件时有发生。常见的有：课堂起哄、争吵斗殴、钱物失窃、损坏公物、辱骂教工等。这些偶发事件或使师生之间、同学之间处于矛盾的激化状态，或使教学秩序不能正常进行。正确处理这些偶发事件，无论是对于平息师生及同学之间的矛盾与冲突，或是使课堂教学顺利进行都关系重大。对偶发事件的处理既是一门学问，也是一门艺术，一旦发生，可采取以下对策。

（一）真诚沟通，意在缓解矛盾

在班级管理中，真诚沟通是非常必要的。沟通是双方信息和情感的交流，通过沟通，不仅可以加深了解，而且可以消除误会和缓解矛盾。如某班一名学生当众直呼某年轻教师的名字，该教师恼羞成怒，扇了学生一耳光。这一下子掀起了轩然大波，于是该班有 30 多名学生联名给校长写信。信写好后，同学们拿着信来征求班主任的意见。班主任为了缓解师生矛盾，在班会上晓之以理，动之以情，并耐心地引导学生用积极稳妥的方法去处理“教师打人”这一偶发事件。下面是班主任与学生的沟通过程。

班主任：“打人不对，何况是教师打人。”班主任老师首先对这一事件的是非给予了明确的判断后接着说：“你们敢于向任课教师提出批评，希望教师尊重学生，这很好。”班主任老师又从原则上肯定了学生的做法，又问：“我们为什么非要用写告状信的办法呢？”

学生：“让校长批评他！”“也让他尝尝挨训的滋味。”

班主任：“主要目的是什么？”班主任老师睁着明亮的眼睛望着同学们，似有弦外之音。

学生：“当然是让他接受教训，以后不再打人啦。”

班主任：“太好了。做事就要有正确的目的、良好的动机，但仅有这些并不一定能把事情做好。”班主任老师顿了顿，接着说：“还有一个方法问题。听说过有一只忠于主人的熊，它本想用石头去砸停落在主人脸上的苍蝇，结果错将主人砸死的故事吗？”她看了看同学们，又说：“熊之所以做了错事，是方法上出了毛病。你们说方法重不重要？”她看着学生们一个个点头示意后，便又问道：“想想看，你们犯了错，最不愿意老师怎么做？”

学生：“那还用说，告家长呗。”

班主任：“为什么？”

学生：“有错，改了就行。告了家长，挨顿打骂，说不定我们还不服呢！”

班主任：“让我说，亲自找这位教师谈谈，怎么样？我们仍然可以用写信的方法，不过最好不要把信写给校长，而是写给这位老师。”

班主任通过摆事实、讲道理，耐心引导而不是严厉批评与惩罚，不仅缓解了师生矛盾，而且在师生之间搭起了理解和信任的桥梁，达到彼此思想境界的提升。因此，在班级管理中处理一些偶发事件时，教师要善于营造一种宽松、平和的沟通氛围，并在沟通时一定要坚持正面教育，从提高学生的认识、疏通学生的情感入手，做到积极引导，循循善诱，以理服人，以情动人。

（二）故事开导，重在启发自律

青少年儿童正处在世界观逐步形成时期，他们有要求上进、向往未来的一面，也有知识经验缺乏、不善明辨是非、容易受不良影响的一面。这就需要教师及时地指明方向，因势利导，用他们自身的积极因素去克服消极因素。而好的故事之中往往蕴含着深刻的道理，能启发人的智慧，使人明理。如某班学生在一次测验中大多没考好。卷子发下来后，学生中有摔本子的，有唉声叹气的，有说怪话的，一个个垂头丧气，无精打采。从中可看出学生有自尊心并能认识到自己的失误，这是积极的一面。但关键是学生不能正确地面对自己的失误与不足，这是消极的一面。为了帮助学生消除沮丧、气馁的消极情绪，激发他们的自信心和学习动力，该学科任课教师就在上课前几分钟讲了这样一个故事：有一个师父带两个徒弟做灯笼，他们同时做了半天，但都扎不成师父所做的样品的那个样。大徒弟气得把灯笼摔在地上，用脚跺了跺。而二徒弟则认真地拿自己做的和师父做的样品反复对比，终于找出了毛病，最后做得比样品还要好。故事讲完后，接着问学生：“你们准备学习哪个徒弟呢？”一个简单却蕴含着深刻道理的故事稳定了学生的不良情绪，鼓舞了士气。有时，在班级管理中，若能用“讲故事”这种方法暗示、激励、唤醒与鼓舞学生，做到既不伤害学生的自尊，又能启发学生思考，并引导学生自评、自省、自纠，这比生硬的训斥和压制更容易让学生接受。

（三）后果教育，旨在引导担责

法国近代著名教育家卢梭反对道德说教，他依据自然教育理论提出了“自然后果法”的道德教育原则。所谓“自然后果法”就是通过对孩子承担由于自身不负责任的行为所产生的不良后果，让孩子切身感受到自己不负责任的行为对自己和他人所造成的影响，认识并体会到责任的重要性。孩子有时会有一些不负责任的行为，这些行为常常会对自己或他人造成不良的影响并随之产生一些不良后果。比如，记不住教师布置的任务，就会挨批；答应别人的事没做到，就会导致别人的不信任等。因此，让儿童从自己错误行为的不良后果中获得经验，从而认识到哪些是不应该做的、自己应承担什么责任是非常必要的。苏联著名教育家苏霍姆林斯基有一次看到一位男孩颈上挂着弹弓，手拎一只断了气的小鸟，正在同学们中间炫耀自己的“枪法”准。面对死去的小鸟，苏霍姆林斯基没有立即训斥学生，而是长久地沉默。此时此刻，他想到自己在这个年龄时，也曾瞄准并最终拉动橡皮筋，一次次令鸟儿的歌声中断，令鸟儿美丽的羽毛垂落。于是他向学生低缓地讲述自己童年时的悔恨，讲得那个男孩低下头难过地哭了。为了让学生更深刻地认识到自己错误行为的严重后果，他又责令学生找到鸟巢。结果学生看到了一幅终生难忘的画面：几只刚刚出生的雏雀扑腾着稚嫩的翅膀，在鸟巢里挣扎、嗷嗷待哺。他不无忧伤地对学生说：“它们失去了妈妈，现在谁也无法救活它们了……”20年后，他的学生对他说：“如果当年你严厉地批评我，那么这么多年我就不会自己惩罚自己了。”所以用“自然后果法”来教育学生，比一味地批评和处罚学生的效果要好，但要讲究艺术。其基本要求就是：一要坚持与人为善的原则，让学生感受到你的高尚动机和良苦用心；二要有巧妙的总体设计，启发学生提高自我教育能力；三要选择适宜的时机和情况，适时教育，恰到好处。

（四）以奖代惩，旨在激励转化

奖励与惩治是教师管理学生最常用的方法。“奖”是一种积极的强化手段，“惩”是一种消极的强化，其目的都是帮助学生形成良好的行为习惯。但在现实生活中，过多的惩罚会伤害学生的自尊并有可能使他们产生逆反心理，使得一个个尚年幼的孩子对成长的过程产生困惑、不安和紧张。因为班级规章制度不是为了消极地惩罚学生，而是为了积极地引导学生向好的方面转化，所以在班级管理中，非不得已，不要使用惩罚。我们更为提倡的是在严格要求的基础上，重奖轻罚或以奖代惩，促使学生形成积极的行为倾向。“糖果教育的故事”就是陶行知先生用糖果作为奖励，以奖代惩，启发学生自觉认错、积极转化的典型事例。当年陶先生任育才学校校长时，一天他看到一位男生欲用砖头砸同学，他马上将拿砖头的学生制止，并责令那个男孩到校长室等候。等陶先生转了一圈回到办公室时，看见男孩已在办公室等候了。陶先生坐下后，不仅没有批评那个男孩，反而从口袋里掏出一颗糖递给他，说：“这是奖给你的，因为你比我先到，说明你很守时。”话刚说完，他又掏出一颗糖给他，说：“这也是奖给你的，我不让你打同学，你立即住手了，说明你很尊重我。”男孩将信将疑地接过糖果时，陶先生又说：“据了解，你打那个同学是因为他爱欺负别的同学，说明你有正义感。”陶先生于是掏出第三颗糖递给他。这时，男孩哭了：“校长，我错了，同学再不对，我也不能打他。”陶先生等这个男孩说完后，便从口袋里拿出最后一颗糖，说：“好！你也认错了，再奖你一块，我们的谈话也该结束了。”陶先生这种以奖代惩，引导学生自觉认错和自我教育的方法，对教师来说不乏启示和借鉴意义。但在班级管理中也应注意：班级规章制度虽然不是为了消极地惩罚学生，但适当的批评教育也是必要的，尤其是对违背班级规章制度的学生要给予严肃的批评教育，消除他们对班集体的消极影响，教育大家引以为戒，以此遏制学生不良行为的滋生和蔓延，促使学生少受“罚”或不受“罚”。

总的说来，在处理班级偶发事件时，教师一定要注意以下几点：一是遇事要冷静、沉着、慎重，不要随意发怒、以威压人、感情用事；二要注意弄清事情的真相、情节的严重、产生的根源和造成的后果，不要捕风捉影、偏听偏信、草率从事；三要讲究批评和惩罚的艺术，启发引导学生认识错误，改过自新，达到自我教育，不要借题发挥、上纲上线、不依不饶、小事化大；四要坚持原则，对学生的错误，教师的批评要讲方法，但不意味着对学生的错误又捂又盖、大事化小、小事化了、不了了之。

所以，有人说：“真正的教师，从来不是喋喋不休、咄咄逼人地埋怨学生，也不是一见到学生恶作剧就大发雷霆。恰恰相反，教师的天职就是在还不成熟甚至混乱的集体中，用教师独具的慧眼，去发现学生潜伏在笨拙动作背后的上进心，发现顽皮中隐藏的聪明、打闹背后包含的勇敢，为学生心田中滋生出来的理想和希望的嫩芽，培道德的沃土，滴文明的甘露，吹上进的春风，浇立志的细雨，使一棵棵人才的幼芽，长成参天大树，成为国家的栋梁。”

三、班级管理中小学生厌学问题的解决对策

“厌学”是一种消极对待学习活动的行为反应，是一种消极适应环境的不健康的学习心理。中小学生厌学情绪的普遍滋生，已经成了中小学教育及整个社会不得不正视的问题。据调查，就是所谓学习优秀的学生，也惧怕和厌恶学校的学习生活，而那些学习文化知识的“困难户”，对学校学习更是达到了深恶痛绝的地步。① 长此以往，不仅会影响教学质量和教育的发展，同时也会培养出一大批心理偏差的接班人和建设者，必须引起广大教育工作者乃至整个社会的高度重视。

（一）中小学生厌学的教师归因分析 ②

对于中小学生厌学情绪的产生，学校、家庭、社会都负有不可推卸的责任。下面仅从教师的角度加以分析。

1. 教师缺乏智慧

学生厌学的一个根本原因是教师缺乏智慧。教师缺乏智慧首先表现在不少

① 《如何驱赶学生的厌学情绪》，《黄石日报》2004 年 4 月 9 日。

② 邓李梅、黄莘：《中学生厌学的教师归因分析及其对策》，《基础教育研究》2004 年第 12 期。

教师不注重教材、教学和教学法的研究。长期以来，教材枯燥，教学方法呆板、单调，教师一味主动热情地扶着、背着学生走，而学生被动麻木如盲人，虽然到达了目的地，但难以使学生在思考中收获成功的经验，享受一个“思想者”的乐趣。“满堂灌”“题海战术”、严厉惩罚、把分数作为衡量学生的唯一标准等方式方法，不仅压抑了学生的求知欲和好奇心，而且加重了学生的学习负担。其次表现在教师缺乏提出、分析及解决问题的能力。教案的书写未体现自己的个性和创造性，教学拘泥于课本，囿于教材，未透彻了解教材的结构、重点和难点、前后知识之间的联系，在教学中把“夹生饭”给学生吃，在解答难题上很多时候都是依赖解题答案才知道解题方法。再次，教学语言不生动，缺乏逻辑性。相当一部分教师由于教学语言不规范、零碎多，不准确、语病多，不简明、废话多，而不受学生的欢迎。最后，教师所教的教学内容与现实生活相脱离，不能让学生学以致用。学习是学习，生活是生活，学习内容与生活几乎没有任何联系。①

2. 对当代中小学生心理缺乏研究

长期以来，由于我们的基础教育办学思想不端正，不少学校以应试教育为主，片面抓智育，教学围绕升学指挥棒转，它不仅给教师增加了负担，也给中小学生带来了沉重的学习竞争压力。为了中考和高考，许多教师把越来越多的精力都花在了钻研考试模拟题和考试说明以及搞针对训练上，却把对学生——学习的主体的研究忽略了。学生阶段是人生的过渡时期，也是学习的最佳年龄和读书的黄金时代。这一阶段是理想、动机、兴趣、态度充分发展，人生观、世界观初步形成的年龄，也是欲求较多、情绪不稳、易犯错误的年龄。在这个过渡的年龄阶段里，中小学生从幼稚走向成熟，从依赖走向独立，从家庭走向社会。因此，作为教师应对中小学生的心理和面临的问题做透彻的了解，并帮助他们树立追求学习成就的动机，如此才能激发学生的学习兴趣，也才能因材施教。如果教师不把他们作为真正有感情的人，而只是把他们当作考试的机器，那么在年复一年的重复抄写和训练中，不少学生就会失去对获得知识的兴趣。②

3. 教师对学生的不尊重与偏见导致学生消极的角色定位

绝大多数中小学生入学时是积极向上和充满热情的，他们对新奇事物充满兴趣，对一切活动都愿意去尝试。现在许多中学生学习有困难或厌学，造成这种现象的原因是多方面的，其中很多是某一次或某几次学习或考试没有成功而留下了挥之不去的阴影，并且始终走不出来，而教师对他们失败的冷漠甚至是

---

① 王建萍、褚安娜：《浅析学生的厌学症与辅导策略》，《中国校医》2000 年第 6 期。

② 薛玲：《现代中学生厌学的心理特点及成因》，《能源基地建设》2000 年第 4 期。

冷嘲热讽以及其他同学的挖苦和嘲笑，又在不知不觉中时刻扮演着催化剂的作用，使学生逐渐丧失了信心，并对学习产生恐惧心理。再加上一些教师只重尖子生，忽视甚至歧视升学无望的学生，尤其是学习困难的学生更是得不到教师的尊重、关心、信任和耐心帮助，使得这些学生产生冷漠、消沉、对立的心理，以致产生厌学情绪。而社会学研究表明，一个人只有得到了社会环境的接纳和承认，才能够获得自信和安全感，也才能获得积极的角色定位和自我价值的肯定。学生的个人独立评价系统还没有发展成熟，对于自我的判断，往往是以教师和同学的态度为参照的。如果有的学生经常受到教师和同学的消极评价和否定，自尊心就会受到损害，自我评价也会发生错位，从而极易形成失败的角色定位，对学习便采取消极的态度。

4. 教师的不良榜样作用

学校是培养合格人才的圣地，它决不允许虚伪和丑恶现象的存在，教师只有既当好“经师”，又当好人师，才能担当教书育人的重任。教师若不重视自身的职业道德和品德修养的锤炼，在言行上表现出双重人格，学生对教师的教诲就难以信服，甚至产生逆反心理。正如孔子所说：“其身正，不令而行；其身不正，虽令不从。”这句话从正反两方面说明了身教重于言教，立身是立言的根本。事实上，生活在充满利益矛盾、生存竞争和交换原则的现实社会中，教师个体也难以实现对自身道德和人格塑造的超越，相当数量的教师在人格塑造上流于平庸，失去了教师的尊严，失去了学生的尊重，并且给学生带来了不良影响。由于教师是与学生朝夕相处的人，他们对待学习的态度、他们的学习行为与习惯以及生活方式等都是中小学生模仿的榜样。现在有不少教师不安心本职工作，工作积极性不高，缺乏职业理想、敬业态度和奉献精神。有的教师从不看教材以外的书，不学无术，他们的主要精力都放在赚钱、打牌赌博、吃喝玩乐、忙于应酬上。这必然对中小学生的学习态度、学习习惯和行为产生不良影响。即使他们对学生的学习期望大、要求严，也不可能产生良好的效应。[①]

（二）转变中小学生厌学倾向的教师应对策略

学生是以学习为主要任务的人。他们正处于记忆力强、接受新事物快、思维活跃、掌握知识、打好基础的黄金时期。消除他们的厌学情绪，培养他们积极、蓬勃向上的学习热情是整个社会，尤其是教育者义不容辞的责任与义务。我们在了解上述学生产生厌学倾向的根本原因之后，必须更新教育观念，主动积极地采取一些应对策略，引导并帮助他们由“厌学”到“愿学”，成为想学、爱学、会学的人。

---

① 吴秋兰：《中学生厌学情绪及其影响因素分析》，《安徽预防医学》2000 年第 3 期。

1. 智慧启迪，用态度去改变态度

要让学生做到不厌学，教师就必须做到三点：不要让学生感到学习太累，不要让学生觉得题目太难做，不要让学生觉得知识无用。任何一个人，对于一件自认为没有益处的事是不会投入更多的热心和精力的，更不会很自觉地去做。与现实生活没有丝毫关联的学习，学生怎能不讨厌？要让学生从厌学情绪中走出来，其实很简单，只要让学生觉得学习不是件很讨厌的事就行。然而，现实中很多问题并不是没有解决办法，而是我们的教师不愿有或根本没有必须解决这个问题的意识。所以，对一个教师来说，拥有智慧比知识更为重要。

而在教师所拥有的智慧中，其中重要的一点就是帮助学生了解学习的性质，并给予具体的学习策略的指导。教学活动是以学生为主体的。只有让学生确切了解学习活动的性质，他们才会按教师设定的教学目标去学习。因此，在每一个单元教学之初，教师必须帮助厌学的学生了解以下几方面的问题：①要他们学的是什么，是知识还是技能。②用什么方法去学。③怎样考试。学生了解这些问题之后，由于对自己的学习有了明确的目标和方向，就会比较乐于学习。而要使他们成为学习的主体，教师还应对厌学的学生给予具体的学习策略指导，如画线、做笔记、写提要、PQ4R 方法以及提问策略等，激励他们积极主动地使用适当的学习策略，进行自我调节的学习。社会是生动的大课堂，教师还要探索新方法、新途径，组织学生走出教室、走出课堂、走向社会，在社会实践中去了解知识的作用，认识到学习的重要性。

2. 善于变通，用变化去触动变化

“教改的关键是教师，教改的核心在课堂。”教师的主要阵地是课堂，所以想要让学生喜欢学习，教师首先要从课堂教学上下功夫。一个好的教师必须用“心”去上课，他不仅是在传授知识，而且伴随着教学内容在吐露他的真情实感，表现他的意志、性格和气质，显示他的个性，并以教学的魅力，在潜移默化中用自己的心融化学生的心，用自己的灵魂感染学生的灵魂，用自己的个性塑造学生的个性。因此，教师应首先保证课堂教学内容丰富多彩，讲解生动形象，教法灵活多变。其次，要讲究语言艺术。语言除了要讲求逻辑性、趣味性、感染性和启发性，做到化深奥为浅显、化抽象为具体、化平淡为神奇以外，还要注意音调的抑扬顿挫和表情的丰富自然，以增强语言的直观性和形象性。最后，是适当运用体态语。教学中运用的手势、眼神、身体运动等变化是教师教学热情及感染力的具体体现。声音的变化可用来暗示不听讲或影响其他学生听讲的学生安静下来。教学中应充分利用微笑和目光的变化与学生增加感情上的交流，还可以对那些课堂上注意力集中、思维活跃、回答问题积极踊跃的学生表示赞许、表扬和鼓励，也对那些听课不认真、交头接耳或做小动作的学生暗示批评。

3. 感动学生，用心灵去塑造心灵

对于真爱学习的学生来说，他们更佩服一个教师的课堂教学艺术，但对厌学的学生来说，他们更在意的也许是教师是否关心自己，是否愿意倾听他们的感受和学习的苦恼。厌学的学生往往都没有明确的学习目的，家长对他好几天，他是为了父母而学，但自己在学校的不良表现反复刺激家长，难得有几个家长对厌学的子女好，所以他们为父母学习的动力不会持久。但如果他们天天面对的教师总以慈祥、柔和而亲切的目光注视着他，真心地爱护他，他就是为了教师而学。逐步转化以后，他的学习目的就会明确，也就持久了。教师工作是一种用生命去影响生命的过程。学生是社会中活生生的人，有他自己的情感，这就要求教师必须用情感去教育学生。所以，要改变一个中小学生的厌学情绪和不良行为不能靠简单的高压政策，我们应该将爱与感动渗透到对学生的了解中去，因势利导，在交融中帮助他们认识自我、改进自我、完善自我。

首先，教师要了解并热爱学生，对学生充满期待。了解愈深，爱之愈烈，而教师的爱和期待是学生进步的动力，教师良好的期待会使学生对学习充满信心和希望，并使学生在期待中感受到信任和尊重，从而激发学生在学习上做出更大的努力。其次，对学生的关怀要落到实处。每个学生都希望得到教师的关怀、体贴与信任，教师的一言一行、一举一动，甚至见面与学生打一个招呼，幽默地说几句话，都可以促使学生感受到教师的关怀与尊重。再次，对学生施加积极的评价，强化他们的学习兴趣。教师的评价在学生心目中占有重要的地位，其情感和态度也会成为学生自我评价的重要基础。因此，教师应注意控制自己的言行，以关心、理解、支持和帮助的态度对待厌学的学生，并经常给予积极的、肯定的、善意的、鼓励的评价。评价学生不应只注重与其他学生进行比较，而应更注重学生自身的进步。最后，创设良好的人际关系和班级学习环境，提高学生的自我效能感。良好的人际关系，特别是良好的同伴关系、师生关系与和谐的班级气氛，可以使同学之间互相帮助，增进沟通与理解，得到更多的支持，也才能使厌学的中小学生感到安全并敢于尝试学习。教育者应大力提倡积极向上、健康活泼的学习氛围，真诚平等的师生关系和互帮互助的同伴关系，以平等、理解和支持的态度对待厌学的中小学生，使他们在轻松愉快的情绪状态下学习，以提高他们的学习效应，增强其自我效能感。

4. 增强自信，用信心去提升信心

自信是一个人成功的法宝，只要使中小学生相信“我能行”，那么我们所面临的问题就迎刃而解了。首先，注重心理疗效，激发学生的学习兴趣和自信。学生只有对学习发生兴趣并且认为自己有能力学习时，学习才是轻松愉快的，才能最大限度地发挥学生个人的聪明才智并且更好地完成学业。反之，若把学习当作一种沉重的负担，学习效率就事倍功半。因此，作为教师，其首要任务是激发和培养学生的学习兴趣和自信心，消除他们的厌学情绪。

教师激发和培养学生的学习兴趣和自信心的途径主要有以下几种：首先，教学内容要符合学生的需要，切合学生的实际；教法能激起学生的兴趣，维持学生持久的注意；作业难度要适中，学生能完成，从而产生成就感；教师要因人而异，帮助学生制定分阶段的学习目标，并帮助学生通过自身的努力获得成功，进而发展为浓厚的学习兴趣。其次，关注自我认识，维持学习动机。人本主义心理学家认为，学习的教育作用是帮助学生心理成长，而这一作用能否发挥，则取决于学生能否把对自己的知觉和对学校教学的知觉联系在一起，从而发现所学知识与自我成长之间的密切关系。因此，教师在教导学生学习任何内容之前，必须设身处地地从学生的角度，提出并尝试回答这一问题：我们为什么要学习这些东西？只有当他们认为学习是有意义的和有价值的，所学内容符合自身成长的需要，并且自己有能力学习时，他们才会维持强烈的学习动机。最后，指导正确归因，促使继续努力。教师必须不断强调努力学习的重要意义，以激发厌学的学生积极进取、获得成功的意识和树立成功的信心，同时要暗示和提醒他们：优异成绩的获得来自长期不懈的努力。应创设使其通过学习获得成功和失败的体验的情境，并指导他们积极地归因，对不正确的归因应给予纠正。通过这一系列的学习、反馈及强化措施，促使他们把主要精力投入正在进行的学习过程中，而不是过分担心失败的结果，产生焦虑情绪，即使失败了也不气馁。在对失败的归因上，强调自己付出的努力不够，而不是能力不足。①

消除中小学生的厌学情绪对教师来说，不是一件难办的事。只要我们每一位教师能认真对待并且在教育教学中全身心地投入，将自己的聪明才智尽情发挥，事情就会迎刃而解。

四、班级管理中学生课堂问题行为的解决对策

课堂问题行为是指学生在课堂上所表现出的不能遵守公认的行为规范和道德标准，不能正常与人交往和参与学习的行为。具体来讲，是指那些直接指向课堂环境和他人的不良行为、直接妨碍教学或学习过程的行为，以及某些适应不良的行为。心理学家斯威夫特（M.Swift，1975）等人通过系统的课堂观察发现，在典型课堂里，25% ~ 30% 的学生有问题行为，主要表现为漫不经心、感情淡漠、逃避班级活动、与教师关系紧张、容易冲动、上课插嘴、坐立不安或活动过度，

① 倪海：《论学生“习得性无助”的心理及教育对策》，《基础教育》2002 年第 12 期。

等等。其具体表现就是在课堂上有如下行为：打骂、推撞、追逐和讪笑等侵犯他人的行为；交头接耳、窃窃私语、擅换座位、传递字条等过度亲昵行为；高声谈笑、口出怪音、敲打作响、做滑稽表情、做怪异动作等故意惹人注意行为；顶撞教师和反对班干部，故意不遵守规定、不服从指挥等盲目反抗行为；恶意指责、互相攻击、彼此争吵、打架斗殴等冲突纷争行为；凝神发呆、胡思乱想、心不在焉、做白日梦等注意力涣散行为；胡写乱涂、抄袭作业等草率应付行为；等等。①

研究表明，课堂问题行为不仅影响学生的身心健康，而且常常引起课堂纪律问题，有些行为会直接扰乱课堂秩序，妨碍学生本人和他人的学习，从而影响课堂教学效果和教学质量。这就要求广大教师不仅要予以高度重视，而且要在课堂里灵活而机智地处理和矫正学生的问题行为。笔者现仅就中小学生课堂问题行为的性质、引发因素和调控策略等几方面进行探析，与广大中小学教师共勉。

（一）中小学生课堂问题行为的性质

一般来说，课堂里往往存在积极的、中性的和消极的三种行为。积极的课堂行为指与促进课堂教学目的的实现相联系的行为。中性的课堂行为是既不能促进又不干扰课堂教学的行为。消极的课堂行为则是那些明显干扰课堂教学的行为。课堂问题行为是一种特殊的消极的问题行为，其特殊性表现在以下几方面。

1. 教育性

问题行为与学习困难、思想品行不端等问题学生的概念不同。学习困难、思想品行不端是对学生的一种总体评价，他们往往有较多的问题行为，但在正常的班级里，其人数甚少。而问题行为则是一个教育性概念，主要是针对学生的某一种行为而言的。所以，课堂问题行为作为问题行为的一种，具备教育性这一特点。

2. 不稳定性和易变性

课堂问题行为无疑是消极的、不良的，但消极到何种程度，是什么性质的问题，都很难确定和指明。不过，这种模糊性恰好如实地反映了课堂问题行为的不稳定性和易变性。

3. 情境性

课堂问题行为是在课堂这种特定的情境中发生的，是直接妨碍教学或学习过程的行为，以及某些适应不良的行为。

---

① 成有信主编：《教育学原理》，高等教育出版社 1999 年版，第 176 页。

4. 普遍性

我国心理学家调查表明，91.5% 的学生有程度不同的课堂问题行为，其中经常有的占 21.7%，偶尔有的占 69.8%，这说明学生的课堂问题行为有很大的普遍性。而且，除了差生或后进生有此行为之外，优秀学生有时也有可能发生。①

对于一个教师来说，仅仅掌握学生课堂问题行为的性质是不够的，还有必要对其产生的原因进行分析，从而找到问题的根源。

（二）引发学生课堂问题行为的因素

在课堂教学中，难免发生各种干扰，课堂问题行为就是最常见的干扰之一。为了持久地维持良好的课堂教学内部环境，必须卓有成效地对影响课堂问题行为的因素有所了解。一般来说，引发学生课堂问题行为的因素有以下几种。

1. 适应不良

适应不良是指个体人格的适应不良，即个体不能很好地根据环境的要求改变自己，或个体不能积极地作用于环境并改造环境，由此产生的各种情绪上的困扰。学生的适应不良主要包括注意广度低、多动寻衅闹事、学业志向水平低以及人格的不成熟等，这是学生课堂问题行为产生的直接原因。

2. 厌烦或烦躁

教学内容太难或太容易，教师的教学方法过于呆板、单调，严厉惩罚，把分数作为衡量学生的唯一标准，教学拘泥于教材，语言平淡、缺乏逻辑性，都会使学生感到厌烦，失去学习的积极性。另外，学生身体、心理和情感等方面的问题，特别是女生青春期生理问题，也会给他们带来痛苦、焦虑和烦躁的情绪，从而引发课堂问题行为。

3. 情绪冲突

在教学过程中学生的某些需要得不到满足，或者一定的教学情境对其基本需要造成威胁或破坏，就会产生情绪冲突。情绪冲突主要有挫折、紧张和焦虑，它会引发课堂问题行为。

4. 寻求注意与地位

对于人数较多的班级，有不少教师习惯于将更多的关注点投放在学习成绩突出的学生身上。而有的学习差的学生，发现自己在学习方面不可能得到教师和同学们的注意和认可，于是就以问题行为引起教师和同学们的注意，以赢得自己在班级中的关注。

5. 过度活动和性别差异

过度活动的学生注意力无法集中在课堂上，行为冲动，容易扰乱课堂秩序，

---

① 皮连生：《学与教的心理学》，华东师范大学出版社 1997 年 5 月版，第 56 页。

同时还容易产生敌对行为和破坏性行为。而且，一般来说，学生中男生的问题行为往往比女生要多一些。

6. 周边环境与家庭不和

社会上的不良思想观念与生活方式的渗透，外来强光、嘈杂和喧哗声等周边环境的刺激以及家庭中代际冲突、父母感情不和与亲子关系紧张等，都有可能引发课堂问题行为。

由此可见，引发学生课堂问题行为的因素有很多，我们必须对此进行了解并将这些因素区分为内部或外部因素，才能更好地"把脉"和"诊断"，以便对症下药，标本兼治。

（三）学生课堂问题行为的调控策略

学生是以学习为主要任务的人。消除中小学生的课堂问题行为，培养他们主动、积极、蓬勃向上的学习热情是教育者义不容辞的责任与义务。我们在了解上述学生产生课堂问题行为的根本原因之后，必须树立这样一种教育观念：研究和转变有课堂问题行为的学生的关键在于教师，其着眼点在于课堂。因此，作为教师应主动积极地采取一些应对策略，引导并帮助有此类行为的学生，使他们在课堂上成为想学、爱学、会学的人。①

1. 制订适宜的教学计划，调整学生的认知结构

教学计划中的教学目标、内容和方法必须适合学生的程度或水平，使学生通过学习能取得较满意的成绩，提高其自信心和自尊心。一是教学目标结构的优化，即要追求认知、情感和技能目标三大目标体系的"三位一体"、辩证统一与和谐发展。二是要帮助学生了解学习的性质，即了解这样三个问题：要他们学的是什么，是知识还是技能；用什么方法去学；怎样考试。学生了解这些问题后，他们就会对自己的学习有个明确的目标和方向，也会按教师设定的目标、内容和方法去学。

另外，如果学生在进入新的学习阶段或接触新的教学内容时处于良好的认知准备状态，就能进一步增强学习的信心和能力，否则就会产生焦虑、惶恐不安、不知所措的情绪。所以，教师还要帮助学生调整认知结构，使他们具备进行新的学习的知识结构基础。

2. 优化课堂教学秩序，给予精确而严格的指导

良好的教学秩序是保证课堂教学顺利进行，引起和维持学生的注意和兴趣的重要条件。要建立良好的教学秩序，教师首先要建立合理的课堂结构，包括

---

① 邓李梅、黄莘：《中学生厌学的教师归因分析及其对策》，《基础教育研究》2004 年第 12 期。

课堂情境结构与教学结构。所以，教师应该做到：①课堂内容要丰富多彩，要符合学生的需要，切合学生的实际。②方法要灵活多变，能激起学生的兴趣，维持学生持久的注意。③全身心投入，体现精、气、神，做到聚精会神、气势磅礴、神采飞扬。④语言确切、明白、简洁、通俗、优美和形象，能化深奥为浅显、化抽象为具体、化平淡为神奇。⑤面部表情伴随着教学内容流露自己的真情实感，并自觉控制自身的异常情绪。只要学生注意学习，把兴趣集中到学习上，他们就不会分心，不会发生问题行为。

除了优化课堂教学秩序以外，教师还应给予学生具体的指导。指导应包括学生将做什么、为什么做、怎样做、怎样获得帮助，以及完成作业后干什么、完成作业需要多少时间、不能按指定完成时怎么办等，以使学生得到足够的信息。否则，学生会有一种不确定的感觉，他们就要反复提出问题，或表现出急躁、厌烦或焦虑，甚至产生问题行为。

3. 引导正常行为，正确运用惩罚予以强化

在课堂学习中，对于那些可能是为了引起教师的注意或向教师挑衅而故意表现出不当行为或出现不良行为迹象的学生，教师可以不加理会，而有针对性地采取其他措施。比如，向他提出一个比较容易回答的问题，如果他回答正确就给予表扬，他就会获得一种成就感，他的正当行为受到了强化，实际上也就抑制了他的不正当行为。也可以选择他邻座的同学或他最要好的同学加以表扬，这样可使其感受到教师已经知道了他的行为表现，他应控制不当行为。还可以采用非言语线索，如眼神、表情、手势等，给有问题行为的学生一个暗示信号，以此来控制他的不当行为。

表扬、奖励是为了强化学生的正常行为。但为了消除学生的课堂问题行为，惩罚也是必要的，而且惩罚时要注意正确、适当地使用：一是惩罚之前，必须让学生清楚地认识到课堂问题行为的严重性，并且同意接受惩罚；二是实施处罚后，如发现学生有积极的表现，应停止惩罚；三是教师在情绪激动或愤怒的情况下，不要惩罚学生；四是惩罚应在学生出现课堂问题行为时及时进行，不要等到学生行为发展到不可收拾的地步才采取严厉的措施；五是注意不要使用体罚。

4. 联合家长，对学生实施行为矫正与心理辅导

亲子关系对于形成和纠正课堂问题行为是十分重要的。所以，教师必须主动地与家长合作，互通信息，共同配合。另外，还要对有课堂问题行为的中小学生实施行为矫正与心理辅导，采取有效措施纠正其不良行为，促进其积极行为的发展。行为矫正是用条件反射的原理来强化学生的良好行为，取代或消除其不良行为的一种方法。行为矫正必须以师生的密切配合为前提，其具体步骤

有：①确定需要矫正的课堂问题行为。②制定矫正问题行为的具体目标。③选择适当的强化物与强化时间的安排。④排除维持或强化问题行为的刺激。⑤以良好课堂行为逐渐取代或消除问题行为。心理辅导不像行为矫正那样完全以改变外部行为表现为目标，而是主要通过改变学生的认知、信念、价值观念、道德观念来改变学生的外部行为的一种方法。其主要任务是帮助学生正确认识和评价自我，确立良好的自我意识；帮助学生正确抉择行为方向，确立合适的目标；帮助学生正确认识环境，善于改变环境或自己的不适应行为；帮助学生发挥个人潜能，排除不良障碍，过有意义的健康愉快的课堂生活。

5. 协调人际关系，营造良好的班级学习环境

良好的人际关系，特别是良好的同伴关系、师生关系与和谐的班级气氛，可以使同学之间互相帮助，增进沟通与理解；可以提高学生的自信心，提高他们在班级中的地位。教育者应大力提倡积极向上、健康活泼的学习氛围，以及真诚平等的师生关系和互帮互助的同伴关系。教师的态度应该慈爱、温和，要以平等、理解和支持的态度对待有课堂问题行为的学生，切勿恼怒与申斥并举、责备与惩罚交加，这样才便于他们在轻松愉快的情绪状态下学习，以提高他们的学习效应，增强其自我效能感。同时，还要防止师生中的伤害行为，如讽刺、挖苦和嘲笑等现象的产生。

6. 控制班级规模，合理编排座位形式

心理学研究表明，班级规模往往与教师态度、学生态度和课堂处理等变量紧密相关。班级规模越大，教师态度、学生态度和课堂处理的得分就越低。当班级规模超过 25 人时，班级规模对教师态度的消极影响更加明显，说明过大的班级规模限制了师生交往和学生参加课堂活动的机会，阻碍了课堂教学的个别化，有可能导致较多的纪律问题。然而，过小的班级规模又是极不经济的。一般而言，中小学的班级以 25 ~ 40 人为宜，最多不超过 50 人。

除了班级规模外，学生座位的编排同样也会对课堂处理产生影响。美国的施韦伯（A.Schwebel，1972）等人研究发现，分配学生座位时，教师主要关心的是减少课堂混乱。比如，让爱吵闹的学生与不爱吵闹的学生坐在一起，或者让爱吵闹的学生坐在讲台附近的座位上，便于教师控制他们等。其实，分配学生座位时，最值得教师关注的应该是对人际关系的影响。因为人际关系和谐了，会有助于课堂纪律的维持。所以，学生座位的分配，一方面要考虑课堂行为的有效控制，预防问题行为的发生；另一方面又要考虑促进学生间的正常交往，形成和谐的同伴关系和师生关系，并有助于学生形成良好的人格特征。

总之，处理和解决好中小学生的课堂问题行为是保证课堂教学顺利进行的关键条件之一，这要求教师要始终保持清醒的头脑和探讨的热忱。

五、合理实施教育惩罚的原则与策略

为了更好地教育学生，对于犯错的学生实施惩罚在所难免。学校教育中应保留合理的惩罚，因为合理的惩罚具有培养学生遵守制度的习惯、使学生更好地适应社会、让学生体验真实的生活等教育意义。但在中小学教育中，困扰中小学教师和班主任的一个普遍问题就是：在教育教学中实施什么样的惩罚，才能做到既不伤害学生的身心健康，又能够减少学生不良行为的发生。解决这个问题要讲究实施的原则和策略，有针对性地加以解决。

（一）实施教育惩罚的原则

惩罚作为一种特殊的教育方式，如何正确地使用从而使学生在惩罚中获得进步和提高，不致因惩罚而积聚不满与愤恨的情绪，伤害到他们身心的健康发展，必须把握以下原则。

1. 法治性原则

首先，惩罚的前提是制定合理的规则。合理的规则意味着规则的执行者和接受者不同的价值和利益的和谐与平衡。因此，制定规则应遵循民主原则。同时，在形式上，这种规则的用语必须规范明确，使学生明确自己的权利和义务。教育者惩罚学生时，只能以学生的行为是否违反了既定的学校规则为根据，而不能随意地滥施惩罚。其次，学校规则的执行需要有一贯性，不能朝令夕改。如果有的学生违反了规则以后，教师没有给予惩罚，那么规则在学生的心目中就失去了权威和效力。最后，法治性原则还表现在惩罚的必要性。换言之，只有对学校规则规定确实需要处罚的行为才可以实施惩罚。学生的一种行为，只有当其危害到学校集体和他人利益，并且采用其他教育手段（如说理）不足以防止其发生的时候，才可以实施惩罚。

2. 尊重性原则

惩罚是一种教育，一定要尊重学生的人格，避免讽刺、嘲笑、愚弄，这样会伤害学生的自尊心，使其轻者产生逆反情绪，公开反驳教师；重者，自暴自弃，对其终生造成难以弥补的伤害。因此在惩罚的语言行为上，要慎之又慎，点到为止，切不可失态。正如著名教育家马卡连柯所说：确定整个惩罚制度的基本原则，就是要尽可能多地尊重一个人，也要尽可能多地要求他。

3. 适度性原则

对学生的惩罚，要因人而异，因问题而确定，不可太轻，也不可太重。如果太轻，学生觉得无所谓，无动于衷，起不到震慑作用；太重，易伤害学生的自尊心，使其产生自卑心理，且易出现破罐子破摔，产生负面影响，从而带来无法挽回的结局；惩罚的范围一定要小，不可带有普遍性，否则就起不到惩一儆百的作用。惩罚时要看场合，要充分顾及学生的面子，惩罚应该对事不对人，它是某件事情引起的后果，而不是那个学生活该倒霉；而且教师在使用惩罚时要慎用，做到少而精。不要管得太多，太琐碎，否则学生容易成为“老油条”，产生逆反心理或造成精神创伤、畏首畏尾。要抓住问题的重点与本质来进行教育管理。

4. 及时性原则

及时地惩罚能使学生的不安、内疚等体验更深，能使学生更清楚深刻地认识到自己的错误行为造成的后果。在学校教育的过程中，一旦学生犯错，就要在第一时间做出反应，及时实施惩罚。如果教师没有及时对学生的不良行为做出相应的反应，很长时间后才进行惩罚，会让学生认为教师心胸狭窄，斤斤计较，易产生逆反心理，同时，延时惩罚也会使学生不能更深刻地认识到自己不良行为的严重性。因为惩罚不是终结，对学生实施惩罚以后，要及时教育，从正面进行指导，尽可能地消除其悲观情绪，明白惩罚只是一种手段，而不是最终目的，真正让学生体会到自己不良行为带来的危害，能够对自己的行为负责。

5. 因人施罚原则

因人施罚原则是指教师要根据学生的具体情况而在惩罚的时间、地点及方式上采取灵活的态度。换言之，要具体问题具体对待，而不要千篇一律地套用一个惩罚模式。“惩罚应该由法律固定下来，因为它是为所有的人制定的，是不分轩轾的，但它的内部机制应该是灵活的。”[①] 因此，教师要根据学生的气质、性格、性别、精神状态等因素的不同选择不同的惩罚时间、地点与方式。例如，同一种过失，对于多血质与抑郁质的学生，惩罚的形式就应该有所不同。对多血质学生可以在公开的场合进行惩罚，而对抑郁质学生的惩罚一般不宜在公开场合进行。需要强调的是，因人施罚原则与合理性原则并不相悖，这里的因人施罚是就惩罚的形式而言的。另外，教师还要了解学生的惩罚知觉，依据惩罚知觉的特点采取相应的惩罚形式。例如，对于不愿上课、讨厌学习的学生，就不要以把他赶出课堂作为对他的惩罚，否则会被他视为摆脱教师督促、更加放任的机会。

6. 惩罚与其他教育方法相结合的原则

教育有法，但无定法，惩罚只是教育的一种方法，面对复杂的情况应该运用多种教育方法才能起到良好的教育效果，不能孤立地使用惩罚手段，必须与整个教育方法体系结合起来，尤其应该与说理、沟通、感化、激励等教育方法结合起来使用。比如，经常犯错误的学生也有被教师、同学尊重和认可的需

---

① 何齐宗：《对教育惩罚的理性思考》，《中国教育学刊》2004 年第 9 期。

求。但由于得到的常常是谴责，对于他人往往抱有一种可能受到谴责的态度定式。教师在对待这类学生时，在对其行为的错误进行批评时，也应当适时地给予适当的表扬，这样可以渐渐消除他们的疑惧，为进一步教育提供互相信任的基础。

（二）实施教育惩罚的策略

在中小学教育中，教师对学生的惩罚，不同于对犯人的惩罚。惩罚的目的是使犯有严重过失的学生震惊猛醒、悔过自新，因此，惩罚的策略往往以利于其尽快改正不良习惯和行为为主，做到因人而异，适可而止。

1. 管理制度策略

惩罚，实行的基础是学校教学管理制度，是学生、教师、学校三者共同的约定。首先，制定合法的学校规则。合法是指“学校规章制度的制定首先应遵守国家有关法律法规的规定，不违背相应的法律要求，不超越其法定的权限范围，并依法行使其管理权力”①。对学生的行为进行规范管理，对违规行为进行惩罚，是法律赋予教育者的固有权力。但这种规则管理必须是为了教育，并且确实有利于指导学生的行为，而不是限制或者侵犯学生的合法权利和自由。尊重学生的合法权利和自由，就意味着规则的制定和实施要发扬民主精神，将学生视为权利主体和参与主体，鼓励与支持学生的参与。其次，制定学校规则的用语必须明确具体，而且具有可操作性。这样便于学生分辨何种行为是被禁止的，何种行为是被允许和提倡的。最后，学校规则的执行应具有程序的合理性。程序的合理性是指学校规则的适用要有可测的、符合公平正义要求的诉讼程序，保证任何人的权利都不在追查违规行为时受到不适当的侵害，保证违规行为人受到惩罚和无辜的人不受惩罚。只有这样，惩罚才会引起学生心灵的醒悟，真正促进个体的完善化和社会化，也才会在一定制度的保障下成为一个自动化的操作过程。

2. 心理匹配策略

惩罚不是心理虐待、歧视，也不是让人觉得难堪，打击、摧残人的自尊与自信的手段。正如卢家楣教授所述：“所谓心理匹配策略，就是指教师恰当处理教学活动，使教学要求被学生主观上感到是满足其需要的，从而达到教学要求与学生需要之间的统一。”② 其实质就是通过改变学生的认知评价或改变教学方法，使教学活动被学生主观上认为是满足其需要的，以解决教学要求与学生需要之间的矛盾，使教学活动变成能激发学生学习动机的诱因，从而调动学生

---

① 柳海明主编：《教育原理》，东北师范大学出版社 2000 年版，第 535 页。

② 卢家楣：《教学的基本矛盾新论》，《教育研究》2004 年第 5 期。

学习积极性，以促进教学活动顺利、有效地进行。惩罚的心理匹配策略主要包含两层意思：一是满足学生在过错行为后对于惩罚的心理期待；二是必须考虑学生的个性差异、心理承受能力，必须深入挖掘错误后面的深层次原因，认真研究惩罚力度的大小，仔细研判惩罚对学生心理的可能影响。[①] 可以说，对惩罚的实施时机和力度的把握，是衡量教师教育水平的重要标志。其人性化体现在，既满足学生的心理期待，又尊重学生实际，做到不损伤学生的自尊，致力于唤起学生的心灵感悟。

3. 游戏化策略

惩罚不是繁重的劳作，不是肉体的伤痛，也不是别人鄙夷的目光，更不是自身心灵无法抹平的创伤。惩罚是一个轻松的游戏，是别人注视下的一点难堪，是自己讪笑后的一丝酸楚，甚至是自己才能的一次别样展示。[②] 比如，在魏书生老师的班里，迟到的学生要为全班同学演唱一首歌，作为惩罚的一种手段，学生都很接受，并且起到了一定的效果。再比如，武汉市同济附中的一些教师让爱说话的学生讲故事、唱首歌；逃学的学生写1000字的“历险记”；不做卫生的学生来一次劳动竞赛……方法不胜枚举，尤其是当我们揭下了长久以来罩在惩罚头上的可怕的假面，而把惩罚还原为重塑学生心灵世界的工程的一部分之后，情形就更是如此。当然，我们在惩罚过程中的游戏化设计，要始终驾驭全局，切合学生身心，设置疑难，点拨启发，目的是使学生的思维能力、判断能力在不知不觉中得到提高，并且会对自己错误的实质和改正的方法有更深的体会。

4. 智力惩罚策略

智力惩罚是指以学生的兴趣和爱好为出发点，以惩罚的方式对学生实施，促使学生的责任感更强，做事更加认真，投入热情更大。在英国皮亚丹博物馆中，有两幅十分引人注目的藏画，一幅是人体骨骼图，一幅是人体血液循环图，这是当年一个名叫约翰·詹姆士·麦克劳德的小学生的作品。在上小学的时候，有一天，他忽然想看狗的内脏是怎么样的，于是和几个男孩偷偷地套住一只狗宰杀，把内脏一件一件割离、观察。这只狗不是别人家的，是校长家的，而且是校长最喜爱的狗。事情发生后，校长很生气，再说小孩被狗咬了怎么办？于是校长决心惩罚他，罚麦克劳德画一幅人体骨骼图和一幅人体血液循环图。麦克劳德也知道错了，接受处罚。他认真画好了两幅图交给教师，教师和校长看后都觉得画得很好，杀狗事件了结了。麦克劳德后来成为知名的解剖学家，并

---

① 赖雪芬：《论教育惩罚手段的合理运用》，《教育评论》2006 年第 3 期。

② 刘德林：《教育惩罚的本质与运用》，《中小学管理》2004 年第 2 期。

研究发现了糖尿病的胰岛素治疗方法，获得 1923 年诺贝尔医学奖。[①] 从这件事情中我们了解了一件事实和懂得了一个道理：麦克劳德因好奇心杀狗，被校长抓住，而校长为了保护麦克劳德这种好奇心，又能对他的错误给予批评。校长采用这种巧妙的处罚方法，使自己的学生拥有了一个学习生理知识的机会。因此恰当巧妙的智力惩罚，往往能促使一个天才的诞生。

中小学教师在对学生实施惩罚时，首先要弄清学生犯错的原因，在保护其一颗好奇心、上进心的同时，恰当地选择智力惩罚方法。如某中学一名学生在初中喜打群架、脾气倔强，进入高中后，恶习不改。他的班主任想，如果沿用常规的说服教育等方法效果不好，于是一改平时的教育方法，在一次该学生打骂同学后，对他做出惩罚决定——写一篇关于打架的千字“论文”，使其反省打架的危害，并要求他到图书馆、网上收集高中生心理特征、人格特点、学习方法的论文，写出文章标题，摘抄主要内容，这样让他从惩罚中去悔悟。一个星期后，他的任务完成了，教师给予肯定，并进行正面教育。一学期下来，他表现得很好，成绩也有了很大的进步。

5．体育锻炼策略

青少年正处于长身体、世界观初步形成的时期，而体育运动、体力劳动能改善人的体质，保持充沛的精力，培养爱劳动的习惯，因此运用他们可接受的力所能及的体育运动或体力劳动作为惩罚方式，无疑是两全其美的方法。如某中学初三的一名同学，做事缓慢，经常迟到，每次劝说教育效果不明显，于是该学校政教处教师启用惩罚措施，罚他每天早晨来到学校操场上跑三圈后再回教室上课，以一个星期为限。再如武汉某职业高中的一名女生平时爱看一些言情小说、上网吧聊天，教师曾多次说服教育，但收效不大。于是教师罚她每天清扫教室前广场花坛，并保持花坛清洁。有几次她在打扫时，受到了其他教师、领导的表扬，逐渐地她的态度有所改变，教师抓住时机及时教育，并继续让她参加几次劳动，果然不久后她有了较大的改变，并主动向教师保证认真学习。教师又不失时机地在班上表扬了她，既鼓励了这位同学，又对全班其他同学进行了一次教育。因此，遵循学生的身心发展规律，运用科学、有效的体育锻炼策略对学生进行惩罚，不仅减少了学生不良行为的发生，而且锻炼了学生的身体，使其身心能够协调发展。

六、班级管理中班主任的必修课：“吾日三省吾身”

先秦时期思想家曾子曰：“吾日三省吾身。”荀子曰：“君子博学而日三省乎己，

① 何先友：《现代西方学习心理学赏罚观探析》，《湘潭师范学院学报》1997 年第 2 期。

则知明而行无过矣。”因此，要想让每一个学生在参与班级的各种活动中取得有利的地位并激发其成功感和成就感，班主任要经常做到反省自己，不断加强自身的修养，这样才能认真履行好岗位职责，在思想、品行、工作和生活作风及学习精神等方面成为学生的楷模。也就是说，班主任要一日“三省吾身”，体现时代精神，做到以下几点。

（一）一省吾身：是否走进学生的心灵

班主任是受学校和校长的委托，担任班级组织的领导者，其工作职能和工作要求都比较特殊。因此，在班级的日常管理中，班主任要经常找机会接触班级成员，要用自己的学识、人品去熏陶和感染学生，要用真诚和善意去赢得每个学生的尊重、信任和平等交流并走进学生的心灵深处。要想打开学生的心门，走进学生的心灵，必须有一个钥匙串，上面要挂着“尊重”“保护”“关爱”等一把把钥匙。

首先，说一说尊重。尊重学生体现了班主任的价值观，是师生交往的前提条件之一。尊重学生，第一是尊重学生的权利。对学生来说，最重要和基本的权利有四种，即生存权、发展权、受保护权和参与权。第二是尊重学生的差异和特长。学生是一个活生生的个体，是一个发展中的人，是一个发展极不平衡的人。因此，班主任必须以学生个体发展为本，做到因材施教，而不能眉毛胡子一把抓，实行“一刀切”。第三是尊重学生的人格。学生心灵世界的大厦是靠人格尊严来支撑的，如果没有了人格尊严，这座大厦就会倾斜甚至崩塌。尊重学生的人格，其本质就是不能伤害学生的自尊心，不讲侮辱性的话。

其次，说一说保护。鲁迅先生曾把儿童稚嫩的心理比作春天嫩绿的草地，他告诫家长和师长们不可在嫩草地上践踏，更不可在上面策马狂奔。苏霍姆林斯基先生也曾经有个十分精彩的比喻：要像对待一朵玫瑰花上颤动欲坠的露珠一样，小心翼翼地保护学生幼小的心灵。晶莹透亮的露珠是美丽可爱的，却又是十分脆弱的，一不小心露珠滚落，就会破碎，不复存在。学生的心灵，就如同嫩草和露珠一样，需要教师加倍呵护。而只有幼小心灵受到保护的孩子，才可能将班主任的要求内化为自己的要求，才可能实现由他律到自律的转变。

最后，说一说关爱。关爱就是“拥有一颗爱学生的心”。班主任的爱是推动教育与教学的一种巨大力量，也是班主任工作乐趣的源泉之一。爱是相互理解和宽容，是对学生真诚的接纳，其最终目的是唤醒、激励、促进学生的发展。人都是有感情的，当学生通过观察、体验，从内心深处感到班主任是真心爱护他，为他操心时，是不会无动于衷的。一方面，他们会把自己的爱回报给班主任，从感情上缩短师生的距离。另一方面，师爱又成为学生接受教育的桥梁。学生越能感受到班主任的爱心，就越信任班主任。班主任给学生以爱，既要一视同仁，又要有所倾斜。作为班主任，应把更多的关注、更多的感情投向那些学习和生活有困难的学生。台湾教育家高震东先生说过："爱自己的孩子是人，爱别人的孩子是神。"班主任的爱应是广泛的、无私的、不求回报的。但从某种意义上说，班主任的爱是回报最多最大的，因为学生回报给你的是一颗真诚待人的心，是学生个体的成长成熟，是其身心的健康发展。班主任爱心的具体体现为：一是表现在用精湛高超的教育教学艺术，在学生心里播下对班主任老师和学科的挚爱情感；二是体现在班级管理中既要关心学生的学习又要关心他们的生活状况，要尽自己最大的努力去教好每一个学生，并且一视同仁地对待每一个学生；三是要真诚地爱自己的职业岗位，对自己的事业进行全身心的投入——投入热情，投入理想，投入信念，投入人格，投入情感，投入个性，甚至投入自己整个的生命。

（二）二省吾身：是否展现了最真的我

这里的"真"是指真实的面孔、真实的情感、真实的内心世界。陶行知先生说："千教万教，教人求真；千学万学，学做真人。"学校是培养合格人才的圣地，它决不允许虚伪和丑恶现象的存在，班主任只有既当好"经师"，又当好人师，才能担当教书育人的重任。由于班主任是与学生朝夕相处的人，他们为人处世的态度、他们的学习行为与习惯以及生活方式等都是学生模仿的榜样。班主任若不重视自身的职业道德和品德修养的锤炼，在言行上表现出双重人格，就会对学生的学习和生活态度、学习习惯和行为产生不良影响，学生对其教诲也难于信服，甚至产生逆反心理。如有的班主任对学生的学习期望大、要求严，而自己却不安心于本职工作，工作积极性不高，缺乏职业理想、敬业态度和奉献精神；有的班主任要求学生专心读书，而自己却从不看教材以外的书，不学无术，把主要精力都放在打牌赌博、忙于应酬和从事有偿家教上。这种以"两副面孔"示人的班主任，怎么能教育学生求真求实和学做真人呢？正如孔子所说："其身正，不令而行；其身不正，虽令不从。"这句话从正反两方面说明了身教重于言教，立身是立言的根本。

班主任要想展现最真的自我，必须做到三点。

首先，是用真诚换得真诚。唐代诗人白居易说："感人之心者，莫先乎情。"人对感情是十分敏感的，人们能够体会出其中的真诚与虚伪，并对此做出相应的反应。因此，欲获得他人的真诚相待，首先要真诚地对待他人。师生之间也是如此，作为班主任想与学生真诚地沟通，想了解学生的真实情感，就需要真诚地对待学生并让学生感受到你是真诚的。要真诚地敞开自己的心扉，要真实地说出自己的感受、想法和期望，要在真诚的理解和对话中获得精神的交流和意义的分享，并且逐渐减少彼此之间的心理距离，建立互信的关系。

其次，是要克服以领导者自居的观念，把传授科学的知识、投入真实的情感与建立威信相结合。班主任的威信是班主任在学生中的威望和信誉，是班主任所具有的一种使学生尊敬和信服的精神感召力量，是班主任的人格、能力、学识、情感等方面能够对学生产生影响的综合反映。要建立班主任的威信，应因人、因时、因地制宜，把知识的传授、情感的付出和树立自身的威信结合起来，强调身正为范，以“德”立威；情感交流，以“爱”生威；学高为师，以“才”强威；谈吐文雅，以“仪”补威；积极创新，以“变”扬威。

最后，是课堂要有“真我”。班主任往往也是任课教师，作为一名普通的任课教师，应当把“职业”看成“事业”，把课堂视为生命活动的一个重要场所，课堂要有“真我”——不是出众的外表，不是照人的丰采，不是新潮的发型，不是时髦的服饰，也不是对学科教材知识的简单复制、莫明其妙的讲解与模棱两可的应答，更不是虚情假意的应付和弄虚作假的强求。课堂教学应是班主任将自己的思想感情和教材的思想性、科学性融为一体的过程，是班主任展示自己丰富、独特、完美、独立个性的过程；是班主任充分调动学生的个性，深化、拓展教与学和师生之间独特的生活体验的过程；是学生全面成长，特别是精神世界丰富、纯洁、深邃的过程。所以，在这个过程中，班主任一定要将自己对知识的深切领会、自己的真情实感加以吐露，并引导学生通过深入、积极的思考与探索后，能够说出自己的真实想法和独特见解，从而生成具有自身个性品质特征的知识。

（三）三省吾身：是否提升了自己对生命之价值与意义的认识

人之诞生、成长，要面对处理的问题有许多。但归结起来最基本的或最根本的问题只有两个：第一，要活下去，也就是要生存下去；第二，要活得好一些，活得有尊严、有价值、有意义一些。学会生存与生活和了解生命、珍惜生命以及使自己的生命有价值、有意义，这是师生的共同追求。人在世界上生存、生活，要学习生存的本领和生活的经验，其根本目的在于使生命有价值、有意义，所以这一过程实际上也是延续生命与享受生命的过程。而人的生命又是生理的生命与精神的生命之统一，是有限的生命与无限的生命之统一，是现实的生命与理想的生命之统一。因此，教育者要对生命有正确的认识。

首先，教育者要珍惜与热爱自己和他人的生理生命。因为这种生命是有限的，是最为宝贵的，也是人之生存、生活的前提与基础。但人不能仅仅停留于对有限生命的钟爱上，人更为重要的是使有限的生命变得无限。这种期望的实现从生理学上讲，可以通过自身的再生产将自己的基因遗传给后代，但这并不能阻止作为个体生命的终结。因此，一个人想要“死而不朽”，使有限的生命变得无限，唯有使自己精神、思想富有，能够超越前人对社会有所贡献有所创造。所以我们常说，教师要教给学生关于生命的认识，使学生领悟生命的意义。班主任作为一名身份比较特殊的教育者，要教给学生生存的本领、生活的知识与经验，并使学生从中懂得生命的价值和意义。要做到这一点，班主任要不断修炼提高自身素质，丰富自己生存的本领，提高自身生活的质量，并感受到生命的价值和意义。如果一位班主任仅仅把教育当作谋生的手段，从事教育工作仅仅是为了生活、为了生存，那么可以说他对生命的理解和生命意义的认识仍处于较低的层次。这样的班主任也很难从教育工作中体验到快乐，他感受到的只能是一种痛苦。因此，班主任要努力拓展自己生存的本领，提高自己生活的质量，提升自己对生命的认识和追求。在知识的传授和班级管理活动中要做到以本领传授本领，以生活示范生活，以生气唤醒生气，以激情感动激情，以理想鼓舞理想，以生命点燃生命。

其次，班主任要把自己所从事的班级管理和教书育人的工作当作毕生追求的事业。班主任要学会把自己的生命融进教书育人这一事业与生活中，从中体验到快乐和成功，得到持续的提高和发展，要做一个能够在这一生中焕发出生命精神和生命活力并激活学生的生命精神和生命活力的人。只有这样，我们才能还学生以健康、快乐、自信、向上的教育，也才能让学生感受到健康、快乐、自信、向上的精神生活。

最后，班主任要向学生学习，和学生一起成长。每个学生都有丰富而美好的情感，有自主学习与发展的潜能，有独具特色的思维和想象力，班主任要相信和欣赏他们，向他们学习并和他们一起成长。英国作家萨克雷说过："播种行为，收获习惯；播种习惯，收获性格；播种性格，收获命运。"而作为班主任应该懂得：我们播种了自己的行为，收获的却不仅仅是自己的命运。

第二节　教育科研实习

教育科研能力是中小学教师必备的能力，中小学教师从事教育科研的目的是提高自身素质，服务基础教育教育实践。[①] 实习生作为未来的人民教师，参与教育科研活动能够促使他们养成走上工作岗位以后围绕"教什么""为什么教"及"怎样教"等教育教学问题展开研究，在"实践—反思—实践—总结"的良性循环中，迅速提升自己的教育教学能力和科研能力，由"教书匠型"教师成

① 邓李梅、曹中保：《关于中小学教师教育科研目的的定位研究》，《教育探索》2004年第10期。

长为“科研型”“学者型”教师。

教育科研实习是在实习过程中包含有调查与研究两个有机联系部分的过程。调查是用科学的手段和方法收集有关研究对象的客观事实材料。研究是对收集的事实材料进行整理和理论分析，使认识从经验层次上升到理论层次，从而深刻地理解和把握研究对象的现状、特点及发展变化的一般状况。将教育实习和调研、科研相结合，使师范生的培养更贴近现实的要求，使教育实习适应基础教育改革的需要，使之成为教师教育的有机组成部分。实习生对学校的学生、教师、管理、教育教学改革以及实习学校对师范院校教育教学工作的信息反馈等问题开展教育调查研究活动和课堂教学研究活动，以调查报告为研究成果。教育调查研究和课堂教学研究统称为教育科研实习。

一、教育调查研究

通过教育调查，实习生进一步深入地了解中小学教育教学现状，总结教育经验，发现教育发展中存在的矛盾和问题，提出解决问题的新见解、新理论和新办法，改进教育教学工作，为从事教育科学研究打下基础。

教育调查研究所要考察的教育问题或教育现状主要包含四个不同的层次：作为个别教育要素的存在，如学生、教师、教材、教法、教育经费等单个教育要素的状况；两个或两个以上要素之间的关系或联系的存在，如师生关系的状况、教材与教法关系的状况、学校教育结构状况等；教育活动中各种要素相关联而表现出的教育实践及其中所包含的思想观念状况；教育要素综合体现的教育存在，如一个地区、一所学校的教育状况与全貌。实习生对实习学校的基础教育状况可做跟踪调查，可以对实行新课程改革或其他改革的试点学校、试点班级做专题调研，收集资料和数据，并写出调查报告。实习生开展教育调查研究活动的具体内容如下。

（1）调查研究实习学校的历史、现状及贯彻党的教育方针与政策的情况。

（2）了解优秀教师和区级、市级、省级、国家级等各级各类名师的先进事迹、教书育人经验、教学方法和教改经验。

（3）调查研究实习学校新课程改革、教育教学改革、学校和班级管理改革、教科研改革的情况。

（4）研究教育对象的心理与生理特点、学习态度与方法、知识结构与智能水平及思想政治品德状况等。

二、课堂教学研究

课堂教学研究是在进行课堂观察的基础上结合实习过程中所观察到的教育教学现象和存在疑问的问题进行研究，写出科研报告的一种研究形式。课堂教学研究的内容如下。

（1）参与实习学校的教研组会议和研讨活动，参与研究课与公开课的课堂观察和研讨活动。

（2）观摩教学指导教师及其他教师授课，了解教学指导教师的教学设计思路，并对观摩课程进行教学分析和研讨。

（3）参与实习学校的教育教学研究项目，协助实习学校指导教师做好研究资料的收集、整理及调研等工作。

（4）自主选择一个科研课题，在高校教师和实习学校指导教师的指导下，开展教学研究工作。

（5）观察了解中小学教育教学中存在的问题，收集来自教学一线的资料和素材，为毕业论文的写作奠定基础。

课堂教学研究可采用教学案例引导训练式实习模式[①]，即把教育实习分解为不同的教学实践环节，对师范生进行基本技能培训，具体做法是把案例教学引入教学实践课，发挥教育调查的作用，以学生进行案例收集、整理、分析、研究为主线，进行教学技能演练，使学生在参与过程中发现问题、分析问题、解决问题，省悟教育教学的规律，提炼课堂教学的方法，从而达到教育实习的目的。这一模式所开设的教学实践课，可从新生入校起，就给每人配发一套本专业的中小学教材，固定每周一个下午为教学实践课时间，将学生分成若干实践小组，结合教学案例，创设教学情景，开展案例分析、讨论、演练等，对课堂教学环节进行剖析、实践。

三、院校合作研究

院校合作，即师范院校与中小学校合作开展的研究，是我国当前教师教育的一条重要途径和培养模式。院校合作研究可由双方学校的实习指导教师带领实习生组建研修团队围绕中小学课堂教学问题展开，可基于“行为”与“构建”两大教育理论相关的研究范式，凝练序列可操作性强的中小学课堂教学行为优化与增效的实践策略，在“课例持续研修，行为连环跟进”中彰显如下合作研修路径。

（一）合作研究第一步：调研捕获问题

研修团队的首要任务就是了解中小学校当前亟须解决的课堂教学问题和困惑，通过座谈和视导，开启问题诊断的第一步，将教师和学校模糊的“原发需求”不断聚焦为具体的研究“真问题”。“真问题”不仅聚焦特定的研究内容，

① 余红君：《高师教育实习存在的问题及对策》，《职教论坛》2005 年第 5 期。

而且适合中小学一线教师需求。要将问题梳理、细化、聚焦，把日常教学中扑面而来的众多问题转化为可供研究的问题。研修团队所结成的伙伴协作同盟要共同经历“经验VS实证”“独白VS对话”“现象VS本质”等多轮头脑风暴式智慧荡涤，逐渐自下而上衍生出典型且有代表性的“真问题”。譬如，研修团队可在A中学开展长达两周的深度调研后，将该校英语教师当前的困惑转化为具体的问题：“导学案实施中如何创设有效教学情景？”“导学案实施进程中如何提高小组活动的实效？”“新课程背景下初中英语听说课规范思路和流程如何确立？”①

（二）合作研究第二步：问题驱动探究

有了特定的问题引领，才能形成实施探究的问题和证据意识，进而使我们提升教师的行为研究达到深度卷入，“真问题”的解决需要多途径寻求“证据”，基于问题证据的教师课堂行为改善探究有一套完整的流程和规范。但不是所有的问题都能解决，也不是所有的问题都需要用研究来解决，所以有必要对那些经过努力有可能解决或可以解决的问题进行梳理。如何制订研究方案？确立什么样的研究工具？如何进行问卷调查、访谈？如何根据选题，制定相应的课堂观察量表？面对B中学提出的“如何提高初中语文课堂学生参与的积极性”等问题，研究团队带着问题查阅了国内外相关文献，阅读文献避免教师的研究局限于个人的经验范畴，可以补充完善教师的个体经验。在阅读文献的过程中不断地追问和思考，拓展了教师的专业视野，并逐渐达成共识。研究团队成员深度分析教材，实证调研师生、实地听课一周，探索出了解决问题的技术路径。②

（三）合作研究第三步：探究依托课例

倾听中小学校方的声音，关注中小学教师的诉求，解决现实的问题可成为院校合作研修团队终极的目标追求。达成和实现该目标的最佳途径和载体便是课例探究，这不同于惯有的“听评课”和“案例式”教学研讨活动。课例研究注重构建一种“研究性课堂”，将听评课由粗放引向精细，由离散引向主题，由范式引向情境。基于主题观察，描述细节，头脑风暴，反刍教育理念，反省教学行为，为有效教学提供证据和保障。课例研讨均采用专业视角下的课堂观察技术，本研究编制了不同的课堂观察量规和记录表格，试图通过课堂教学“望”“闻”“问”“切”的技术，努力让教师的眼光变得更“广”，让教师

---

① 左璜、黄甫全：《试论同伴互助学习的含义及研究的主要课题》，《课程教材教法》2008年第9期。

② 王恒：《面向教师教育的院校合作机制：生成与运行——基于组织社会学视角的构建》，《现代远距离教育》2011年第1期。

的眼睛变得更"精"。充分在精细且专业的课堂观察中做到聚焦主题，关注情景，区分层次，加强对话，为后续的研究提供翔实可信的资源和证据。研修团队在各中小学校做过的课堂观察就是在专家的引领下较为成功的尝试。

（四）合作研究第四步：课例触动行为

课例研究区别于传统的教研活动就是有对于聚焦主题的研究的深度反思和追问，且反思之后必须有连环的行为跟进和改进、智慧的提升和练达。成功的课例研究将在教师的设计理念、执教方法、课堂行为、思考探究和专业成长等方面有一次全方位和立体化的检阅和历练。在"高效教学"成为基础教育界探究不衰的热点的当下，如何依托课例来触动教师们的灵魂，使其教学行为在研究中变得有效乃至高效，一直是研修团队孜孜不倦的追求。①

鉴于此，研究团队主要开展了以下工作。

1. 教学行为分析和界定

中小学一线教师研究的弱点是更多地关注教学行为本身，对教学行为背后更深层次的因素却思考不够，而高校研究教师恰恰帮助他们弥补了这一"短板"。通过理论学习和实践研究，研究团队初步将"教学行为"划分为三类，分别是：①设计行为，包括情境预设行为、资源开发行为、学情分析行为、思路整合行为、目标制定行为和自我把握行为。②实施行为，包括呈示行为、对话行为、指导行为和过程调控行为。③反思行为，包括反思教和学、提出改进策略等。

研修团队通过视频录像真实记录课堂教学的整个行为，聚焦研究主题，并展开"麻雀解剖"，共同对主题展开进程中教师的各种行为和表现进行精细分析和解剖，同时在分析行为的同时，也可以从以下环节进行探究。

（1）基于课堂环节和过程的分析

其中包括：课堂相关因素分析——课堂结构合理安排、课堂教学时间分配、学习对象分析等；对课堂有效教学因素分析——教学目标拟定、教学流程设计、师生活动安排、教师提问技巧水平、课堂事件处理、教学资源运用、练习目标层次、教师评价等；课堂教学效果检测分析——主要是对三维目标达成情况以及学生注意力、情绪、参与、交往、思维以及学习生成等状态进行观察研究。

（2）基于资源探索和工艺的分析

研修团队运用录像视频等现代教育技术，录制了大量的课堂教师授课的视频，为实施显性资源会诊性探索提供证据和便利。视频案例之所以在教师教育领域内备受青睐，是因为它可以为教师的"实践＋反思"提供多种机会。视频

---

① 齐健、李秀伟：《教师课例研修的理论视野与实践要义》，《中国教育学刊》2012 年第 12 期。

案例与文本案例相比所提供的是“不加修饰”的课堂情境，它捕获大量的课堂细节，可以真实地再现教学事件的模糊性和复杂性。教师容易形成自己对某个事件的观点，也更容易被记忆系统所编码和保存，并与已有知识建立联系。研修团队以视频录像形式记载课堂真实行为，通过对教学整体或者片段进行诊断和解剖，并将其看作一种教学工艺进行了研究，如课堂教学中的疑难杂症聚焦、教学设计的创意挖掘、案例问题的深度提炼、课堂原汁原味的保持、资源建设的有效等，从而实施教师有效行为的调整和教学效益的提升。譬如，研究团队在A中学开展的基于同课异构的课例研讨活动，教学内容是人教版数学八年级下册《矩形》第一课时，在导入新课后，教师首先请学生回忆平行四边形的研究思路及性质，而后演示平行四边形教具，引导学生得出矩形的概念，由此教学进入了矩形性质的学习阶段。

2. 高效行为跟进与提升

新课改实施以来，很多教师的教学行为发生了明显的转变，但还存在着众多的细节问题。这些看似细小的问题，往往会引起“蝴蝶效应”，从而造成课堂教学低效甚至是无效的情形出现。研修团队可将“关注细节：教师高效教学行为改进的策略研究”作为整体推进教师专业品质提升的核心项目，从关注和审视教学细节开始，改变教师自身的教学行为，打造高效课堂。其具体步骤如下：首先，制订计划。小组成员通过头脑风暴，提出行为改进中的所有想法；整理相关想法，梳理其顺序；明确每个步骤的责任；决定每一步开始和完成的时间；通过追问方式，核实计划的完成情况。其次，实施计划。研究团队主要采取以下研究范式。①

（1）互助循环滚动式

该研究范式采用了两种具体的方式。

①一人同课多轮研究。第一轮小组集体设计一个教案，让一人到多个班级（或年级）上同一课。小组成员进行现场观课、评课，由专家团队成员、骨干教师及组内同伴针对课堂教学存在的问题进行深度研讨和反思，执教者修改原有设计。第二轮在观课、评课基础上，分析问题，进一步完善教学设计后再上课。第三轮再观课、评课，重现三次课不断改进的轨迹，帮助执教者进一步修正直至满意为止。譬如，研究团队在A中学进行的“一课多轮”的研究，就是选用了两位年轻教师作为研究对象，取得了超出预期的收获。

②多人同课循环研究。这种方式关键在于教师的互动和主题的跟进，即第

---

① 王荣生、高晶：《“课例研究”：本土经验及多种形态（上）》，《教育发展研究》2012年第8期。

一个教师上完课，第二个教师针对第一个教师在课堂教学中存在的问题上第二次课……通过这种方式，使教师切实感受到在课例研究中自我反思、同伴互助和专业引领对完善自我、重建教学文化、提高生成效应的魅力和意义，激发广大教师对高效课堂教学境界的不断追求。本模式研究特点：一是不同教学经历者共同执教与反思；二是全过程集体反思、集体修正、集体提高；三是一个主题研究充分展开；四是小组集体循环互动反思。在学校主课题确定的前提下，由课例研究小组共同制定研究课题，在小组“头脑风暴”中集体备课，而后在研究人员引领下生成较合理的教学设计方案，并由教师付诸实践。这样的集体合作式备课是在相同的内容、教学方案和研究人员关注下，在具有较大差异的班级中由教学经历不同的教师执教，对不同的教法进行的尝试，以形成共同反思、共同修正、共同提高的实践模式。譬如，研修团队在某小学进行该种形式研修活动，参与研究的教师有三名（教学经验欠缺教师、经验丰富教师、研究型教师），研究的步骤与一人同课多轮基本步骤相同。授课内容为语文教育出版社二年级课文《欢庆》。在反复上课、磨课的过程中，教师们对于如何有效实施低年级识字教学及阅读教学进行了精细式研讨。

（2）差异开发借鉴式

多人同课异构研究小组集体商定教研主题，由两个以上的教师分别备课、上课，全组教师现场观课、评课。实施这一形式并取得成效的关键在于：所选的主题具有一定的开放性，易于发挥教师的主观能动性和教学创造性。教师在开放、多元的教学环境中，学习和借鉴他人的经验和做法，在殊途同归的过程中，形成和发展自己的教学特色。譬如，研修团队在某小学六年级进行了一次同课异构的课例研修活动，三位教师选择同一课题《比例的意义和基本性质》，按照“选定课题—个人教学设计—同课异构付诸实践—课后评议互助提高”等环节，帮助教师潜心研究教材、理解教材、激活教材，解决教学中遇到的实际困难，开启思路，实现同伴互动互助。

（3）跟踪研究推动式

确定一名具有研究型素养的教学经验丰富的教师作为研究对象。根据个人教学经历、教学行为特征及自身的教学特点、研究程度、兴趣教学等实际情况，确定自己教学研究发展的方向和研究主题。在主题跟踪研究的直接引导下，逐步积累自身的相关课例进行分析，对一个含有问题的具体教育情景进行比较改进，将一个出色的教育专家除了拥有相当精湛的学科专业知识以外的赖以成功的实践性知识总结出来。此模式适用于推动经验型教师向研究型教师发展，此类课例研究的基本流程是：一是设计一个课例研究方案，二是一学期安排四次课例研究跟踪反思课，三是课例小组评议，四是总结出研究型教师内在的深厚素养及教学风格。①

（五）合作研究第五步：行为引发感悟

研究团队成员一方面要撰写完成相关研究总结，就研究存在的问题、原因进行分析，并提出后续改进对策。另一方面要督促中小学教师撰写教学反思及课例研修感悟。

四、教育科研实习的具体要求

教育科研实习的具体要求如下。

（1）拟订既全面又有侧重点的调查计划和科研规划，经实习学校指导教师或实习生所在师范院校指导教师审批后执行。

（2）在充分分析、研究和整理资料的基础上，就一个专题写出切合实际的调查报告和科研报告。

（3）调查和科研报告的内容要真实，结构要完整，要有鲜明的观点、有典型的材料、有确凿的分析，语句要通顺、语言要准确生动、文字要简明扼要。可结合毕业论文的撰写进行选题、调查、素材收集、完成初稿等工作。

（4）调查和科研报告的研究方法可采用文献资料法、课堂观察法、实证调查法、实验法等多种方法。

（5）调查和科研报告完成后，要征求被调查单位或个人意见，加以修改。

国外许多国家对于教育实习内容规定得非常丰富、细致、务实，可操作性强。西方各国大都制作实习指导手册，对实习各方面的内容做翔实而周全的规定。在英美教育实习过程中，其内容不限于纯粹的教学实习，还包括其他许多内容。有关文件中规定，在实习学校实习生和在职教师同等要求，除课堂教学外，还参加校内外一切活动，如帮助准备开放日的教室布置、参加全体教职工会议和在职训练活动、出席家长—教师会议等，以及根据课程委员会的安排去做其他工作。除了这些显性内容外，还包括观察和熟悉实习学校的氛围，学习如何理解学生、如何创设良好的班风等隐性内容。实习教师一年中至少要有两周时间全面负责其所任课班级的全部教学活动的计划、实施和评价工作。而且，实习学校鼓励实习生掌握多个年级的教学经验，在音乐、艺术、体育和特殊教育等方面有个人专长或兴趣的实习生，也有机会在这些非自身专业的学科进行教学，这样可使实习生有机会接触各种各样的教学技术问题并从中学习，以形成和发展自己的教学风格，让学生在多种教学实践中得到亲身体验，真正培养起师范生在制订教学计划、传授知识以及课堂组织管理等方面的能力，以适应教育教

① 王荣生、高晶：《“课例研究”：本土经验及多种形态（下）》，《教育发展研究》2012 年第 8 期。

学实际，适当调整自我。

这样，师范院校通过开辟教育实习与社会调查相结合、教育实习与社会服务相结合、教育实习与毕业预分配相结合、教育实习与专业实习相结合、教育实习与科研任务相结合的新天地，既可避免传统教育实习中以一种形式代替另一种形式、以一种教育实习内容作为整个教育实习内容的弊端，又可适应人才市场的客观需求，全面锻炼学生的专业技能与交往能力，创造出高效能的教育实习效果。

总之，随着国内外教育实习的不断改革，师范院校教育实习的内容和过程也在不断丰富。我国不同层次、不同类型的师范院校可立足现状，依据本校不同的性质、培养目标、师资状况以及师范生的身心发展特点和适应能力而创设出各具特色的教育实习内容和过程。

第十二章　教育实习的管理

第一节　实习管理的意义与原则

教育实习是师范院校教学中一门重要的必修课和复杂的综合实践过程，它在培养学生动手能力和创新能力、提高教育质量、引领和适应基础教育改革等方面具有特殊作用。因此，对这个过程实施严密的组织管理是整个教育实习工作的重要环节。为使教育实习工作顺利开展，确保实习质量，必须高度重视对教育实习的组织与管理工作。

一、实习管理的意义①

教育实习管理同高校其他教学环节相比更为复杂，它既需要宏观管理，又需要微观管理，科学的组织管理是推动教育实习工作的保证。因此，加强这一工作，其意义非凡，主要表现在以下几方面。

（一）是提高实习质量的根本保证

对教育实习进行科学、有效、合理的组织管理，是提高实习质量的根本保证。教育实习质量的提高，有赖于实习生思想、学业、知识、技能等多方面的综合素质。加强教育实习的组织管理，教育实习生正确处理实习中政治与业务、知识与技能、过程与方法、情感与态度等各种关系，使实习生在思想和行为上都能经受锻炼，学习广大教师爱岗敬业、教书育人、为人师表的精神，不断巩固自己的专业思想，提升其综合素质。加强教育实习的组织管理，使得每位实习生在教育教学实习、教育科研实习等工作中得到言传身教，并且在身体力行中促使自己从师任教业务能力的提高。

（二）有利于协调各方面的关系，调动各方积极性，确保实习任务的完成

加强教育实习的组织管理，便于协调实习中的各方关系，有利于合理运筹和集中使用人、财、物，提高其综合效益。教育实习是一项复杂的教育教学实践活动，它涉及方方面面的关系，比如师范院校与地方教育局，师范院校与实

① 许高厚主编：《教育实习》，人民教育出版社 2001 年版，第 189 ～ 190 页。

习中小学，师范院校内部教务处、财务处与二级教学单位的关系；师范院校带队教师、指导教师与实习生，实习生与实习学校指导教师，实习生与实习学校中小学生，师范院校带队教师、指导教师与实习学校指导教师，实习生与实习生之间的关系；实习生的课堂教学实习、班主任工作实习、课外活动实习、教育科研实习等实习具体工作间的关系；等等。这一切都需要教育实习组织和管理机构发挥指挥、控制和协调作用，妥善安排和处理好各方关系，激活与调动各方积极性，确保实习任务的完成。特别是实习学校相对比较分散，组织管理难度较大，如果稍有松懈与疏忽，就会造成人力、物力、财力的不必要浪费。加上师范院校经费比较紧张，实习生人数每年又在递增，所以，只有加强实习的科学组织管理，进行周密的计划，统筹安排，才能保证各方协调配合地工作，使人、财、物等资源合理配置，发挥最佳效益。

（三）有利于教育实习工作的科学化、规范化

教育实习组织管理机构的设置、管理规章制度的制定、管理过程的安排、管理方法和手段的选用等方方面面的工作，以及如何从中小学教育教学实际出发来确定实习时间、安排实习内容、划分实习小组、搭配实习指导教师等工作，都不是教育实习组织管理机构及其组成人员脚踏西瓜皮的随意行为，而是经过多次调研、论证后采取的措施。因此，教育实习组织管理可以保证实习工作有章可循、有法可依，具有严格的科学性、规范性。

二、实习管理的原则①

（一）计划性原则

由于教育实习的时间紧迫、要求较高、任务较重、内容较多，而且涉及面广泛、牵涉人员众多，因此，在组织管理中只有周密计划、安排全面、要求具体、措施得力，才能保证教育实习任务的全面完成和实习工作的顺利进行。所以，教育实习的管理一定要围绕实习目标，结合区域学校实际，精心调研构思，层层周密地制订计划，环环相扣地落实，全面合理地安排，才能保质保量地完成实习任务。教育实习实施时，在实习的任务、内容、方法、管理与评价等多方面要尽可能严格按照计划执行，做到事事胸有成竹，工作有条不紊，以确保实习在按部就班中安全、有序地进行。

（二）协同管理原则

教育实习是一项综合性强、涉及面广、极为复杂的社会实践活动，它不仅是师范院校的内部事务，而且与实习学校、地方教育行政部门有着密切的联系。

---

①　《体育教育实习指导》编写组：《体育教育实习指导》，高等教育出版社 1998 年版，第 248 页。

因此，在教育实习管理过程中，要以实习目标为宗旨，三方做到各尽其能，各负其责，各有所为，加强协作，协同参与管理。师范院校要会同地方教育行政部门、各实习学校协力做好实习生具体工作的安排，制订实习计划，分配实习生，组织实施与评价等事项。师范院校所成立的教育实习指导委员会中主管教学校长作为学生实习工作的第一责任人，应当切实做好实习准备、实施、检查与评价的组织领导。学校应当建立实习工作管理制度，加强对实习工作的监督检查，形成良好的实习管理机制，要加强教育类课程的管理及模式的探索，并与中小学紧密合作，对实习生进行全程管理，选派优秀实习指导教师，定期研讨以促进实习质量的提高与完善。地方教育行政部门和实习学校要配合师范院校做好实习生指导教师的选拔，加强对实习生教育教学各方面的具体指导，创设良好的教育教学环境，增强与师范院校的联系，并对实习生及其实习情况进行考核与评价。各实习小组应服从教育实习指导委员会和实习学校的双重领导，按照有关要求，自觉做好自我管理。要经常向实习学校汇报自己的实习工作，听取指导性意见。教育实习指导委员会要与实习小组配合，深入调查研究，主动听取实习小组师生的意见，完善实习管理内容，充分调动他们的积极性，围绕实习目标，鼓励他们创造性地开展工作。

（三）整体性原则

教育实习是极其复杂的教育教学实践活动，其内容具有综合性，形式和方法具有多样性，过程具有全程性。这些特征就决定了教育实习的组织管理过程中，必须从整体上进行全方位的考虑。比如，在教育实习中，教学实习是一个中心环节，但它不是唯一的。因此，实习管理一定要抓住这一中心，既要对实习生的教学设计、试讲进行检查和指导，又要对他们上课、辅导、作业批改等工作进行督促和检查，以确保实习生教学能力的全面提高。除了教学实习以外，还有教育科研实习、班级管理实习等较为复杂的内容。对实习生的管理，既要重视思想上、生活上的教育管理，又要重视业务上、工作上的指导管理。因此，在教育实习中应该从全方位、多维度实施组织管理，以全面完成教育实习任务。

（四）统一性与灵活性相结合的原则

教育实习从前期准备、中期实施到后期总结完成，都必须在学校教育实习组织管理机构的统一领导下，按照统一的目的要求，遵照统一的计划和规章制度进行。因此，统一性主要体现在实习目的与任务、领导、计划、时间以及规章制度上要达成一致。但鉴于师范院校选择实习点的原则、各实习学校自身条件、实习生专业要求、实习工作常规等方面的差异性，各实习小组在确保实习目标实现的前提下，根据各自实际和特点，对实习工作可做进一步的细化和局部调整，可根据专业要求灵活安排，使统一性和灵活性有机结合起来。

第二节　实习管理的机构与职责

加强对教育实习的组织管理，是搞好教育实习工作的重要环节。教育实习的组织管理涉及多方面工作，如建立教育实习的领导机构，制订和实施教育实习计划，制定各项教育实习规章制度，处理教育实习过程中的突发事件，检查、指导和总结实习工作，建设实习基地，等等。因此，可以通过建立微信、QQ 群的方式，汇聚各方力量，加强实习工作的统一领导，组织各方面的力量和协调各方面的工作，这样才能保证教育实习各级组织管理机构各司其职，各负其责，人尽其职，才尽其用，这对于推进教育实习工作、确保实习目标的实现有着重要意义。

一、实习管理机构的组成 ①

一般来说，教育实习的组织管理机构由三个层次组成，即校级教育实习指导委员会、院系教育实习领导小组、实习学校指导小组。对于各个领导小组的工作，要做到分工明确、协调配合。

（一）校级教育实习指导委员会

为了加强对教育实习工作的统一领导，师范院校要在分管教学工作的校长或者副校长领导下，由教务处、财务处和相关教学单位负责人，教育学科教师、其他有关教师代表以及附属中小学和实习学校校长、教导主任等人员组成校教育实习指导委员会。由师范院校主管教学的副校长、教务处处长和实习学校校长担任正副主任，下设教育实习办公室，统一领导全校教育实习工作。

（二）院系教育实习领导小组

师范院校各二级教学单位应成立由主管教学的副院长任组长的院系教育实习领导小组，该小组由学科教学论教师、专业指导教师、教学秘书、实习年级辅导员、班主任作为领导小组成员。该小组负责教育实习中与本专业有关的问题。

（三）实习学校指导小组

各实习学校应成立教育实习领导小组。该小组由实习学校校长担任组长，由教务主任、师范院校的指导教师担任副组长。该小组具体组织实施教育实习工作，这是教育实习工作成败的关键环节。

---

① 《体育教育实习指导》编写组：《体育教育实习指导》，高等教育出版社 1998 年版，第 250 ～ 252 页。

二、实习管理机构的职责①

（一）校级教育实习指导委员会的职责

校教育实习指导委员会的职责主要如下：

（1）研究、决策教育实习工作中的重大事宜，组织各方力量共同完成教育实习任务。

（2）负责制订全校教育实习计划及实习工作计划和指导性文件，审查各二级教学单位的教育实习工作计划，检查实习情况，处理教育实习中的重大问题，制订改革教育实习的重大方案，落实教育实习改革的举措，做好实习基地建设工作。

（3）审核教育实习经费的预决算，制定实习经费使用管理办法，安排实习经费的借支、报销、审核和交通运输，组织巡回检查工作。

（4）了解教育实习工作的进展，编印“实习简讯”，指导教育实习工作。

（5）审定实习指导教师，与地方教育局和实习学校保持经常性的工作联系，反映、协调和解决实习基地建设有关问题。

（6）研究和总结教育实习工作，提出改进意见和建议。

（7）复核学生实习成绩，审核优秀实习生、优秀实习小组和优秀实习指导教师的评定资料。

（二）院系教育实习领导小组的职责

院系教育实习领导小组负责如下工作：

（1）根据校级教育实习指导委员会的安排，制订院系教育实习工作计划，具体安排实习工作日程，做好思想动员及各项实习准备工作。

（2）提出实习小组编组计划，联系、落实实习学校，组建实习小组，确定实习小组正副组长。

（3）选派本单位实习带队教师及实习指导教师，聘任实习学校的实习指导教师，召开带队教师会议和实习指导教师会议，学习有关文件，讨论有关事宜，统一要求，明确任务。

（4）编制实习经费预算，确定使用方法，集中办理实习经费的借支和报销手续。

（5）指导和检查实习工作，对实习生进行思想政治工作及安全教育，负责审核教育实习成绩，组织教育实习经验交流，做好教育实习的鉴定和评优工作。

---

① 《体育教育实习指导》编写组：《体育教育实习指导》，高等教育出版社 1998 年版，第 250 ～ 252 页。

（6）全面检查验收实习工作，做好实习总结，听取实习学校意见和建议，召开实习总结表彰会，并将实习有关材料报送校级教育实习指导委员会。

（7）加强实践基地建设，努力实现学生的实践与就业相结合。各教学单位要不断拓宽实践基地建设的范围，积极主动地与地方教育局、中小学校建立联系，以签订协议的方式与之建立稳定的关系。各教学单位要积极为学生就业创造机会，努力建设实践与就业一体化平台。要对学生进行社会交往知识和技巧的培训，要培养学生在实践活动中的服务意识和责任意识，提高实践基地对本校学生的认可度。各教学单位要引导学生树立正确的就业观，正确地了解社会、了解市场，准确把握就业定位，提高就业率。

（三）实习指导小组的职责

实习指导小组的职责如下。

（1）根据院系教育实习计划，结合实习学校实际，制订本小组实习执行计划，全面贯彻执行教育实习计划。

（2）选定和分派实习班级与实习学校指导教师，分配实习生任务，安排好实习生的生活、学习、办公、食宿等事宜。

（3）召开实习生会议，介绍实习学校和指导教师情况，提出有关要求。

（4）听取指导教师的反馈意见和建议，经常检查、督促并指导教育实习工作，协调师范院校、实习学校、指导教师、实习生等各方面的关系，处理实习中的有关问题，推进实习工作安全、有序进行。

（5）统筹安排观摩课、教学检查课和汇报课，重点开好教育教学实习的评议会，提高实习质量。

（6）做好实习生的成绩评定及其审核工作，及时报送院系教育实习领导小组。

（7）召开指导教师和实习生会议，总结实习工作，向院系教育实习领导小组提出完善实习工作的建议和意见。

各教学单位教育实习负责人协调教务处、财务处做好不断完善相应的管理制度建设、实习基地的联系、实习中期检查与总结等工作，以确保实践教学内容、过程、指导、考核、财务管理、安全保障等各方面有章可循、有法可依。

第三节　实习突发事件处理办法

教育实习中突发事件主要指师范院校大学生外出实习过程中发生的事故以及由此引发的次生事故。近年来，师范院校教育实习时间的延长、实习基地的增多及不安定因素的增加，致使教育实习中突发事件有增无减，一度将师范院校置于风口浪尖，引起社会各界的广泛关注。

一、实习突发事件的类型

从近几年教育实习中突发事件来看，可将其类型划分为以下六种①。

（一）自然灾害类事件

自然灾害类事件主要包括地震、洪涝、火灾、台风、冰雹、暴雪等自然灾害对实习基地及实习师生造成的人身伤害和财产损失的突发事件。这类事件一般发生突然、持续时间短暂、破坏性极大，属于人类难以规避的“天灾”。

（二）事故灾害类事件

事故灾害类事件主要包括交通、溺水、踩踏、医疗等突发事件。交通事故一般发生于实习生往返实习学校的途中，溺水事故一般发生在实习生在山川、湖泊或者海边进行野外作业时，踩踏事故发生于实习学校拥挤的楼梯或者节假日休闲场所，医疗事故发生于实习生生病住院期间。

（三）公共卫生类事件

公共卫生类事件包括食物中毒、疾病传染等。这类事件主要是由实习学校食宿条件较差，实习生水土不服或者选择路边卫生条件差的小摊小贩进食，购买食品、水果、零食等因素引起。

（四）治安管理类事件

治安管理类事件包括打架斗殴、偷盗抢劫、强奸和性骚扰等威胁师生生命安全和财产安全的事件。这类事件主要是由实习生出言不逊、居住环境偏僻、条件简陋、对环境陌生、外出晚归或者不归等因素造成。有的是实习生被伤害，有的是实习生伤害他人。

（五）心理疾病类事件

主要是实习生在实习前后由于心理问题没有得到及时排解而引发的伤害他人或者自杀的事件。这类事件近年来屡屡发生，但由于其隐蔽性强而一时难以发现。

（六）硬件设施安全事件

硬件设施安全事件主要包括建筑物倒塌、触电、摔伤等突发事件。此类事件有的是学生居住环境内不良条件，如建筑物年久失修、地板沾水即滑、房间内用电设备漏电等因素造成的，有时会给实习师生带来毁灭性的伤害。

---

① 冯帮：《论中小学校园突发事件风险的预防性评估》，《中国教育学刊》2015 年第 11 期。

二、实习突发事件的预防与处理①

教育实习主要是师范生离开母校来到中小学校学习和工作，与校内学习相比，发生意外的概率增加了，学校的风险成本也大大提高。这些突发事件不仅会影响正常的实习工作和实习单位的正常工作秩序，对学生本人造成无法挽回的损失和伤害，还可能给师范院校带来诸多麻烦和负面效应，严重的甚至会影响师范院校与中小学校的合作，对学校发展带来重大危害。因此，必须做好教育实习中突发事件的预防与处理工作。

（一）加强前期安全教育，做好安全评估工作

1. 上好实习安全教育第一课

师范生实习前一周内，师范院校要请专业安全指导人员指导实习生集中学习《学生实习手册》《安全知识普及手册》，分析安全事故的危害性，具体讲解实习阶段存在的安全隐患和识别可能出现的各类安全问题，帮助学生牢记防火、防盗、防抢、防骗等常识，保持良好的防护习惯，学会正确操作多媒体、实验室用品的方法和规范流程，培养学生紧急应对和安全自护自救能力，培养实习生良好的安全意识。各个二级教学单位在实习动员大会上要促使学生牢固树立安全意识，降低安全隐患。

2. 做好安全评估工作

师范院校在选择实习单位时要持谨慎态度，首先要到实习单位实地考察，查看实习单位是否有营业执照，就实习生的实习场地，如校舍、宿舍、食堂及其他教育教学设施、生活设施等防火、防盗、饮食卫生、用电用水等问题进行安全评估。要从立法的角度来规范学生实习的环境秩序，督促实习学校对实习生进行针对性的培训，切实保障学生实习期间的正当权益和安全、良好的实习环境。

3. 组织学习相关规章制度

目前我国法律对于在校实习生与实习单位之间的关系尚未做出专门明确的规定，加上实习生与实习单位之间，严格意义上不存在劳务关系，因此不能适用《劳动法》，所以，师范生在实习、实践期间发生的人身伤害和财产损害事件，实习学校可以不承担法律责任。2002 年 6 月，教育部从明确学生责任、保护学生人身安全、积极预防学校伤害事故、妥善处理学生伤害事件的目的出发，制定出台了《学生伤害事故处理办法》，并以规章形式正式颁布，于 2002 年 9 月 1 日实施。因此，教育实习前，必须组织各级教育实习领导机构人员、指导教师代表、家长代表、实习生代表学习这一条文。

① 石骏著：《职业技术院校顶岗实习研究》，浙江大学出版社 2013 年版，第 132 ～ 141 页。

（二）建立实习安全制度，完善实习管理机制

1. 完善防御机制，规范实习安全管理

师范院校首先要做到预防为主，要指导实习生认真学习实习单位的安全规程和注意事项，并把学生实习安全要求作为教务部门、各个二级教学单位的重要考核指标纳入年度考核。实习指导教师要督促实习小组与实习单位、实习个人之间签订安全责任书，明确安全责任制，制定实习安全管理制度，坚持“谁主管，谁负责”的原则，制定考核目标，按照规定收取实习安全责任风险押金。

2. 健全预警通报、应急预案管理机制

安全事件总是带有突发性、偶然性，因此，师范院校要与实习单位、保险公司建立预警通报、联动应急预案管理机制，保持紧密联系，确保信息畅通。这样便于在突发事件发生时，相关负责人可以第一时间获取信息并赶赴现场处理。

3. 建立善后处理机制，确保安全事件妥善安排

安全事件一般对当事人有很大的影响和伤害，包括身体、心理、财物等各方面，有时甚至是付出生命代价，所以善后处理显得尤为重要。安全事件一旦发生，领导小组要立即进入指挥状态，迅速赶赴现场，并对当事人进行详细问话，尽可能准确了解相关信息、数据并做好记录，如有必要，可以报送公安部门协查，这样才能确保事件处理及时、有效、合理、合情、合法。还必须对学生及其家长开展心理安抚，追究责任人，总结经验教训，严防事态扩大以减少更大更严重的影响和损失，减少对当事人、学校、实习单位的负面影响。

（三）建立问责机制，总结经验教训

1. 依据法律法规建立问责机制

实习阶段的特殊性、主体身份的双重性、实习参与人员的多元性带来相关责任划分、承担的复杂性。当实习生受到外来侵害时，师范院校、实习学校和实习生个人三方在各自的具体责任如何划分、承担比例等问题上，往往有较大分歧，这会使得安全事件的处理较为棘手。总体来说，对于教育实习期间突发事件的处理要根据教育部2015年最新修改的《学生伤害事故处理办法》中的条款进行认定、处理与赔偿。

2. 做好实习后的安全总结教育

实习结束时，要求实习生提交安全实习心得体会，指导教师要根据实习生的体会进行总结，分析问题所在。师范院校在实习总结大会上要肯定、表彰和鼓励实习生良好的行为，否定、批评与惩罚安全意识不强甚至违反安全纪律的学生。指导教师要积极关注、诚恳帮助与精心指导行为错误的学生改正不良的做法，以进一步深化所有实习生的安全管理意识，为后续实习提前做好准备。

第十三章　教育实习的评价

第一节　实习评价的原则和过程

教育实习评价是教育实习中一项十分重要的工作，是以教育实习为对象所开展的一种价值判断活动。开展这一活动对教育实习起着导向、监督、检查、激励、择优、鉴定、改进等多方面作用，有利于全面提高教育实习的质量，更有助于促进实习生自主地发展自己的教育认识能力，不断建构、优化自己的知识结构，使系统的教育理论和知识转变为实习生真正的思想财富，从而在教育管理实践中发挥作用。全面评价教育实习，应该包括对实习生的评价、对实习基地的评价、对指导教师的评价、对实习组织与管理的评价等多方面。其中，最为重要的是对实习生的评价，因为实习生是教育实习的主体，是整个实习成败的关键。

一、实习评价的原则[①]

师范院校的实习生在实习期间要接受学校和中小学校的双重指导与管理，但由于与中小学校指导教师的接触频率比与师范院校的接触频率要高，因此，对学生的实习成绩考核实行以中小学校为主、师范院校为辅，坚持校内评价与校外评价相结合、形成性评价与终结性评价相结合、定性评价与定量评价相结合的方式。实习评价要讲究以下几方面的原则。

（一）全面性与发展性原则

全面性原则是指在评价实施过程中要全面地衡量师范生教育实习中在教育教学、班级管理、教育科研等方面的表现情况，注重师范生的全面发展，尤其应该包括他们的情感、态度、价值观等方面在教育实习过程中的进步与变化。同时，由于师范生在教育实习过程中所承担的角色是多元的，所以还要对实习生从“学生”“教师”等多种角度对他们的行为与态度做出评判。

① 张海舰：《基于反思的发展性教育实习评价研究》，曲阜师范大学硕士学位论文，2005年。

发展性原则是指在教育实习的评价过程中，评价者要始终在友爱、信任、尊重的气氛中从发展的视角，以发展的眼光，用发展的观点来评判、研究实习生的心理现象，要把握其最终目的是更好地促进实习生的个人综合素质的提升和教育教学水平的提高。要能充分地肯定他们的优点和进步，正确地对待他们的错误和缺点，鼓励他们不断进步与发展。要强调“评价不在于证明，而在于改进”，即评价不再是单纯地为了检验、鉴定和总结师范生在实习过程中的表现，而是通过全面考察师范生在这一过程中各方面的素质形成和发展的状况，及时地进行分析、指导与帮助，并通过持续不断的反思来激发他们发展的动力，为促进他们的专业和人格成长服务。因此，教育实习评价要倡导“四多四少”的理念，即多一点赏识，少一点苛求；多一点表扬，少一点批评；多一点肯定，少一点否定；多一点信任，少一点怀疑。

（二）过程性与开放性原则

教育评价主要有诊断性评价、形成性评价和终结性评价三种。诊断性评价一般是指在某项教育教学活动开始之前对被评价者的知识、技能以及情感等状况进行的预测。通过这种预测可以了解他们的知识基础和准备状况，以判断他们是否具备实现当前教育教学目标所要求的条件，为教育者因材施教提供依据。形成性评价是在教育教学进程中对被评价者的知识掌握和能力发展的评价，是为引导教育教学过程正确、完善地前进而对被评价者学习结果和教师教学效果采取的评价。形成性评价的主要目的不是选拔少数优秀学生，而是发现每个学生的潜质，强化改进学生的学习，并为教师提供反馈。终结性评价就是对某一教育教学活动的达成结果进行恰当的评价，指的是在这一活动结束后为判断其效果而进行的评价。

过程性评价原则就是强调为了促进师范生的个人综合素质的提升和教育教学水平的全面提高，仅仅依靠终结性评价是不够的，必须观察、收集与整理师范生在实习过程中情感、态度与价值观的变化情况，教育教学、班级管理与教育科研能力的提升状况，并督促实习生养成反思的习惯，在反思中促进自身进步和发展。过程性评价强调要从实习生平时的表现中发现学生实习发展中的问题，要能帮助他们树立成功的信心，通过评价反馈，改进实习生的不良表现，促进他们更好地发展，使实习评价成为促进他们发展的工具和手段。

开放性原则是指评价标准要超出封闭的模式，具有一定的弹性，评价者要以开阔的胸怀和开放的眼光抓住师范生在绚丽多彩的教育世界里的具体表现。首先，评价者要尊重被评价者的发展状况和自觉状况；其次，要允许实习生本人、指导教师和中小学生等多种评价主体参与评价，允许他们将主观因素融入其中，提出自己的感受与观点，要让实习生在“自己评价自我并让别人理解自己”的评价过程中不断提高自身的反思能力。

（三）适度性与建议性原则

教师教育是涵盖职前培养、入职培训和在职进修等一体化的教育，而教育实习作为师范生职业生涯的起始和教师职前专业化的重要环节，毕竟是实习生作为学生角色向教师角色转换的阶段，实习完毕后他们仍然还是以学生的身份回到母校去做毕业论文，并在求职的路途中拼搏。因此，为了将师范生在教育实习中打造成训练有素的“准教师”，评价应更多地着眼于师范生的未来发展和专业成长。对于实习生的要求，评判者不能一味地以优秀的有经验的教师的标准来苛求，而是应放宽心情，创造适当宽松的环境，以符合实习生身份的标准来评价，允许他们有进步与发展的空间。对于实习生在实习过程中所表现的缺失与不足，评判者更多的应是以温和的态度对其提出改进的建议，并与实习生达成共识，督促他们在今后的学习和工作中向优秀者学习和看齐。对于实习生在实习过程中所表现的优点与优势，评判者更多的应是以欣赏的眼光促使他们总结经验，并在激励中取得更大的进步。

指导教师在对实习生做出评价时，要具体、真实，看了某个实习生评语之后要有“如见其人”之感，要写出“各有千秋，各具特色”之语，要客观公正地对实习生做出评价，不要凭个人好恶来给实习生写评语，在写评语时要真实表现学生的情况。因此教师要处处留意，关心“小事”，随手记录，注意积累、收集素材和资料，做个有心人，只有积累、收集实习生的个人素材，掌握他们的第一手资料，才能写出真实的评语。所以指导教师平时要注意细心观察，发现学生的闪光点，为日后写评语准备素材。另外，写评语时，也应向其他管理人员和任课教师以及实习生所带班级中小学生了解实习生情况，也可以让实习生先自我评价，以此发挥集体的力量，把每个实习生的多方面的闪光点展现出来，最后由指导教师综合写成评语，这样的评价才比较全面、中肯、真实。

二、实习评价的过程

实习结束后，要由师范院校教育实习领导小组和带队教师、实习学校指导教师、实习学校分管领导和实习学生等共同组成实习评定小组，并选派一名组长带领大家对实习工作进行梳理，反馈信息，整理资料，整合资源，提高专业水平。

（一）实习情况统计

1. 实习结束前期的几项工作

实习结束离开实习学校前需做好以下几项工作：

（1）根据具体情况，各实习生向学科与班主任指导教师及任教班级学生告别，全组同学统一与实习学校负责人告别。适当举行各种座谈会，如学科组座谈会、原班主任座谈会、实习学校有关领导座谈会等，征求对实习工作的意见。

（2）指导教师个别征求实习学校主管领导和指导教师的意见并表示谢意。

（3）借用学校的教学材料、资料、物品全部归还。

（4）打扫实习办公室，交还钥匙、教具等用品。

（5）各组用毛笔字在红纸上撰写感谢信一份，粘贴于实习学校宣传橱窗，如可能，请同时将感谢信发表于实习学校网站。

2. 实习结束时相关实习人员需上交材料

实习结束时相关实习人员需上交材料主要如下。

（1）实习生上交材料如下：①写一份实习总结。实习总结包括教学实习和班主任实习的内容、收获、体会和建议等。②调查报告、教学案例分析、学生个案分析各一份。③听课记录本。要求至少有 30 节的听课记录，其中 5 节是教学实录。④一学期所任课的详细教案，其中一节要根据教育学原理具体分析设计理念。

（2）实习小组的总结。实习小组的总结由实习小组座谈讨论，后由小组长负责整理写成。小组长负责撰写对组员的评定意见。实习小组长将实习期间拍摄的图片原始文件打包，提交照片包含“听课、备课、批改作业、试讲、撰写教案、上课、实习小组例会、教研活动、运动会、合影、实习指导教师及我校带队教师指导、校领导及学院领导看望”等场景照片，每组提交照片 30 张左右。

（3）指导教师总结评语。在听课及向实习学校教师和实习小组征求意见的基础上，检查各项实习工作及实习总结材料，给予实习生全面客观公正的评定，并撰写实习评语。

（二）院系整理资料

实习结束后，各二级院系要填写《教育实习开展情况自查表》和《教育实习开展情况检查汇总表》，对实践教学计划完成情况进行总结。具体来说，教育实习情况统计与整理的资料如下。

1. 实习结束后应统计和整理的具体材料

（1）教育实习计划安排表。

（2）教育实习教学计划变动登记表（有变动的填写）。

（3）教育实习工作总结表。

（4）教育实习指导教师总结表。

（5）教育实习基地基本情况统计表及各院系实习基地协议书复印件。

（6）教育实习基地工作总结表。

其归档的具体要求为：按上述顺序装订，按专业分学期归档。

2．教育实习指导书的统计与整理

对所有指导教师的教育实习指导手册进行收集，并按专业进行排序归档。教务管理部门和二级学院要组织专门人员查看、评定实习指导手册，并把这些手册作为评定优秀实习指导教师的主要依据。

3．学生实习报告、实习日志及实习成绩的统计与整理

分专业整理所有学生的实习报告、实习日志及实习成绩，按专业年级和学生学号进行排序归档并填写《实习报告统计表》，要求每个学生的实习报告按统一封面装订。

4．优秀教育实习报告、教育调查和科研报告的统计与整理

分专业整理优秀教育实习报告、教育调查和科研报告，并分别装订成册。

5．典型案例的统计与整理

分专业整理实习基地建设情况及满足实践教学的典型案例，整理实习教学、调查报告与科研课题及项目互融的典型案例。

第二节 实习评价的内容和方法

实习成绩的评定是实习阶段的重要内容，必须重视这一环节。因此，教育实习成绩的评定必须严格按照评定标准，由院系教育实习领导小组、带队教师、实习学校指导教师、实习学校分管领导和实习学生等共同组成实习评定小组，对教育实习情况进行评定。[①]

一、实习评价的内容[②]

实习成绩评定内容包括四方面：一是学生的实习态度与出勤率；二是教育教学实习，包括教案编写、试讲、听课与评课、上课及其他教学环节等情况；三是班队工作实习，包括工作计划、工作记录、主题活动、学生个案研究、教育工作逸事记录等；四是教育科研实习，包括计划与报告。各方面考核的要求如下。[③]

① 刘初生等编著：《教育实习概论》，湖南教育出版社 2001 年版，第 262 页。

② 范丹红主编：《教师专业技能训练与教育实习》，北京师范大学出版社 2013 年版，第 253 ～ 256 页。

③ 华东师范大学教务处网站，具体网址为：http://www.jwc.ecnu.edu.cn/webroot/content_gzzd.asp（访问时间：2016 年 11 月 12 日）。

（一）实习态度与出勤率

实习生明确教育实习的目的和意义，积极主动地做好教育实习的各项工作；服从院系和实习学校的领导与安排，尊重指导教师，关心爱护学生；严格要求自己，自觉遵守实习学校的各项规章制度。对严重违反实习学校校风校纪，造成恶劣影响者，实习成绩做不及格处理。

（二）教育教学工作

包括课前准备、课堂教学和课后活动。在课前认真钻研教材，按照教学要求和学生实际编写教案，进行试讲。在课堂教学中，做到教学目的明确，重点突出，内容与方法科学，富有启发性；能调动学生的学习积极性，开展教与学双边活动；课堂教学组织合理，课堂秩序活而不乱；能制作直观教具和运用现代教育技术手段进行教学；能讲标准的普通话，语言简洁、流畅、生动；能使用规范字，板书安排合理，文字规范、工整、美观；能完成教学任务，教学效果好。在课外活动中，能做好课外辅导，指导科技小组和兴趣小组的活动；能认真批改学生作业；能认真听课，参加评议。每个实习生在 3 ~ 6 个月的实习期间根据不同学科的特点和实习实际，做到听课不少于 30 节，教案不少于 10 份，上课不少于 10 节，也可以根据时间长短适当调整。

（三）班级管理工作

实习生能根据教育方针和实习学校的要求，熟悉所在班级学生的情况，虚心学习实习学校原班主任的教育工作方法和经验。在原班主任的指导与安排下，制订所带班级活动计划和实习班主任工作计划，如家访、与个别学生谈心、调查分析学生学习情况、组织学生参观与访问、组织主题班会、开展特色活动等，并做好班主任工作实习记录。

（四）教育科研实习

实习生能根据所学专业的实际情况和自身特点，拟订既全面又有侧重的调查计划和科研规划，在分析、研究和整理资料的基础上，采用文献资料法、课堂观察法、实证调查法等方法就一个专题写出切合实际、内容真实、结构完整、观点鲜明、语句通顺的调查报告和科研报告。

二、实习评价的方法和等级

（一）实习评价的方法

依据各校制定的教育实习评价标准，可主要采取以下方式进行。

1. 个人鉴定

即实习生本人根据自己在实习过程中的表现和体验，按照评定标准进行自我鉴定。一般包括以下几方面的内容：第一，基本情况。主要是表明实习期间工作情况及完成实习任务情况等，最好用一些统计数据来说明。第二，实习收获。主要指通过实习，在思想意识、职业技能和能力等方面所取得的进步和体会。最好有典型事例，并分析取得这些成绩的原因。第三，存在的问题。在教育实习过程中，往往会暴露出自己思想、文化、知识与能力等方面的弱点和缺点，因此在总结时要实事求是地写出来，并分析其原因，定出今后的改进措施。

2. 小组评定

即以实习小组为单位，在个人鉴定的基础上，结合每位实习生在实习过程中的表现，进行小组评定。

3. 指导教师评定

实习学校指导教师和院系指导教师，根据实习生在实习过程中的表现，按照评分标准进行评分，写出评语，并填写“教育实习成绩评定表”。

4. 实习学校对实习生综合能力的评价

即由实习学校分管领导对每名实习生的综合能力给出评语，将具体的打分结果填入“教育实习成绩评定表”。

5. 院系教育实习领导小组评定

即师范院校实习领导小组根据以上评定结果，结合实习生在本校的试讲成绩及到实习学校各项工作的实际表现，评定实习生最终的实习成绩，填入“教育实习成绩评定表”。

（二）实习评价的等级

教育实习成绩的评定必须严格按照评定标准，根据实习生在实习期间的表现及完成实习任务的质量，全面综合地按照“优秀”“良好”“中等”“及格”“不及格”五级记分制予以考核和评定。各等级的具体标准如下：

1. 优秀

教育实习态度端正，备课认真努力，有较强的独立工作能力。能较深刻地理解教材；教案完整、系统；教学目的明确，掌握重点、难点；教态自然、讲解清晰，能较准确地用普通话教学，在科学性和思想性上无错误。能较好地运用教学原则，教学方法较灵活，能恰当地选择课堂教学类型和安排教学环节，教学效果好。评议会上能正确和深入地分析自己的教学，虚心听取别人的意见，教学改进明显。能经常深入班级了解学生，协助原班主任管理班级，积极带领实习学校所带班级的学生参与实习学校组织的各项活动，经常开展班会和第二课堂活动。教育调查报告和科研报告能针对实际设计调查问卷和确定选题，结构严谨，内容具体，分析准确，结论可信。

2. 良好

教育实习态度端正，备课认真努力，有较好的独立工作能力。理解教材较好，教案完整；教学目的明确，注意重点、难点；教态较自然，讲解较清楚，能用普通话教学，在科学性和思想性上无错误。基本上能贯彻教学原则，教学方法的运用、课堂教学类型的选择、教学环节的安排比较妥当，教学效果较好。评议会上能较正确地分析自己的教学，虚心听取别人的意见，改进教学有进步。能深入班级，了解学生，与学生进行交流。教育调查报告和科研报告内容具体，主题明确。

3. 中等

实习态度较端正，工作较认真努力，独立工作能力一般。教学效果不够突出，教案不够完整；在上述基础上，在评议会上能正确和深入地分析自己的技术思想、虚心听取别人的意见，有使自己的教学水平提高的愿望。适时深入班级，与原班主任一起管理学生。能完成教育调查报告和科研报告，但是内容空洞，不具体，没有调查问卷。

4. 及格

备课尚认真，教案大体完整，独立工作能力较差。在教师的帮助下，能掌握所教的教材内容，基本上能完成教学任务，在科学性和思想性上无严重错误。评议分析自己教学较差，教学效果较差。

5. 不及格

备课不认真，教案潦草。教材不熟，教学目的不明确，讲解不清，在科学性和思想性上有较严重错误，没有完成教学任务。不会分析自己的教学，不能虚心听取别人的意见，教学无改进。实习期间无故或不请假脱离实习岗位。

第三节　实习评价的总结与反思

教育实习的总结与反思是一项重要而具体的工作，对实习期间的工作、生活、学习、思想进行全面系统的回顾、分析和研究，做出鉴定，找出经验教训，认识其规律用以指导以后的工作。院系指导小组要在实习结束一周内，召集全体指导教师讨论，写出本院系实习工作总结，包括学生的实习质量和知识能力缺陷，实习存在的问题、产生的原因及学生中反映出来的带有普遍性的情况等，要求写出实习指导情况的书面总结。总结内容要反映本届实习的基本情况、经验教训和今后实习的改进意见。要对实习生的政治思想和业务能力做具体分析，提出今后改进实习、教学工作的具体意见，并向全体实习生、全体教师和下一届实习学生传达。

一、实习总结与反思的意义①

教育实习是师范院校一项重要而复杂的工作，必须时常研究实习工作中所遇到的新问题、新情况，探索新的办法，并检查其存在的缺点或错误，以便及时地改进和推动实习工作健康地向前发展。因此，实习总结与反思意义重大。

首先，对于师范生来说，教育实习是一个教育实践的过程，也是对教育的本质和规律的一个认识过程。实习中，学生通过上课、当班主任，同中小学学生接触，获得了较丰富的感性材料，只有对这些感性材料进行思考加工，实现认识上质的飞跃，才能认识和逐步掌握教育的本质和规律，才能提高自身的教育理论素养，也才能找出存在的问题和不足，取长补短，不断完善自己以求更上一层楼。实习总结愈深刻、愈正确，在教育实习之后就愈能向合格的基础教育教师做最后的冲刺，并且能把这些经验传递给低年级的同学，对以后实习生的工作和低年级同学就会愈有帮助，从而形成师范院校教育实习工作的良性循环。

其次，对学校和院系来说，实习总结能及时改进和推动实习工作。教育实习是师范院校的一项重要而又复杂的工作，做好实习总结不仅能考察实习生的工作成绩、思想和业务水平，检验师范院校的教育教学质量和水平，从而有利于改进实习管理，交流实习经验，巩固扩大实习成果，探索出搞好实习的新途径、新办法、新模式，而且通过总结与反思，向各院系、教务处及学校领导提供决策情报，推动学校教育教学改革，提升教学质量并促使师范院校所培养的人才切合社会的需要，也为师范院校的招生和就业奠定良好的基础。

二、实习总结与反思的种类

实习总结与反思一般包括四种，即阶段总结、专题总结、全面总结和个人总结。②

阶段总结一般由实习生个人、实习指导教师、师范院校实习负责人等对一周或两周短时期的实习情况进行总结，一般以口头总结为主。在总结会上，实习生简要地汇报自己所完成的工作情况、个人计划完成的效果。指导教师对实习生的实习活动进行简要的讲评，充分地肯定成绩，并指出存在的问题，然后确定实习小组和实习生个人下一阶段的工作内容，并提出一些具体的要求。阶段总结有利于促进实习工作有条不紊地向前发展。

---

① 范丹红主编：《教师专业技能训练与教育实习》，北京师范大学出版社 2013 年版，第 256 ～ 257 页。

② 教育实习指导书编写组：《教育实习指导书》，人民教育出版社 1989 年版，第 237 ～ 240 页。

专题总结是由实习生个人、实习指导教师以班主任工作、教学工作、教育科研工作等某一专题为内容的实习总结，一般以书面总结为主。专题总结可以采用座谈讨论的方式，通过对某一方面实习工作经验和教训的总结，利于实习生在后期的实习中把握重点，有的放矢。

全面总结是由实习生个人、师范院校实习负责人对实习基本情况，即主要成绩、存在的问题及建议所做的综合性总结，一般以书面总结为主。全面总结的开头部分通常有一段基本情况概述，可交代实习时间、地点、经过及有关问题。全面总结的重点和核心是阐述实习所取得的主要成绩，可以根据实习阶段来依次介绍，可以按工作内容分类总结。在总结实习成绩时，一定要列举大量的典型事例，并分析取得这些成绩的主要原因。最后要在结尾部分对实习存在的问题用两分法的方式进行归纳。

个人总结是由实习生个人对实习的基本情况、取得的主要成绩和存在的问题所做的小结，一般以书面总结为主。个人小结可以采用表格式，以数据统计的方式对上课节数、听课节数、实习班主任工作天数等基本情况进行说明。然后谈一谈通过实习，在专业思想和教育、教学上所取得的进步、收获和体会。最后再分析通过实习暴露出的自己在思想、文化、业务、能力等方面的弱点和缺点。

三、实习总结与反思的注意事项

（一）对情况的了解要全面而系统

实习总结前，作为总结的撰写者一定要掌握实习的全过程，从实习开始到实习结束，都要注意观察、记录、积累第一手材料，并对这些材料进行整理与分析，做到去粗取精、去伪存真。在了解情况时要尽可能全面、系统、多样，既要听取实习学校指导教师的意见，又要听取师范院校指导教师的意见；既要向实习生了解情况，又要向实习学校各班级的学生了解情况；既要了解正面的意见，又要听取反面的意见；既要了解教学及班级管理的情况，也要了解其他活动的开展情况。

（二）实事求是、一分为二

实习总结和评价一定要坚持实事求是、一分为二的精神。要精心、细致地核实所采用的材料，确保准确无误，有的还必须进行再调查，以验证真伪。对于实习工作中的成绩、缺点、经验和教训的总结，要做到一是一、二是二，不能一味地夸大成绩而掩饰缺点，对教训视而不见，更不能随意地拼凑。在总结成绩时，不仅要抓住主要矛盾和矛盾的主要方面，还要学会“弹钢琴”，以便以后实习工作能从中吸取经验和教训。

（三）发掘典型材料，加大宣传力度

教育实习中典型材料往往具有较强的说服力，是对以后实习工作最能提供帮助的。因此，实习总结时要善于挖掘、发掘具有典型性的材料，在收集、积累、处理这些材料时，要做到细致、全面、周到。要深入广大师生中去，从他们看到的、听到的、感受到的典型事例中得到丰富可靠的第一手材料。对于教育实习中的典型事例、人物和材料，实习总结后要加大宣传，利用实习成果展览会、实习经验交流会等平台让典型人物的典型事迹成为实习生耳熟能详、津津乐道的话题，为以后的实习生树立榜样。

总的来说，无论哪种总结都应该实事求是，做到内容客观充实、有论有据、重点突出、文字简练。要做好教育实习总结工作，还必须做到以下三点：一是实习前师范院校应更新观念，加强对教育实习工作重要性的认识，明确任务、细化目标、落实责任，增强对实习指导教师和实习生的培训与管理，杜绝教育者不懂教育与敷衍了事的情况发生，防止学生实习受到错误方式和行为的影响。二是实习中参照英、美、德、日等国的教师技能与能力考核标准，分解细化和制定适合我国国情的实习目标及考核细则，并在校园网上及时反馈、科学评价，提高教育实习的质量和实效。三是实习后将教育实习与毕业论文写作统筹安排。应充分利用教育实习的时间和机会，引导学生深入了解学校的教育实际，学会在真实的教育实境和教学个案中调查研究、发现问题、选择课题、收集数据、形成观点，以培养和发展他们的研究意识、研究能力和分析问题、解决问题的科学态度与方法，促使师范生在对实践经验的科学反思和理性认识分析的循环上升过程中不断获得坚实全面的专业发展。还可通过召开教育实习座谈会、教育实习报告会，组织教育实习汇报课、实习生课堂教学比武、教育实习成果汇报展、编辑《教育实习论文集》等活动以及在校园网上及时发布有关信息等措施来交流教育实习经验。

案例 1：X 高校教育实习工作总结

一、教育实习工作概况

我校教育实习工作由教务处统筹安排，各院系配合教务处进行计划组织、过程监控和协调管理。

（一）教育实习基地

为保证教育实习的效果和质量，教务处非常重视实习基地的建设。2015 年，经过实地考察、磋商，协议新增梅川高中、张体学中学、随州外国语学校、雅玲文化艺术学校、华昌外国语培训学校等为我校教育实习基地。目前与我校签有实习基地协议并保持长期友好合作关系的省内各县市中学已达 150 余家，覆

盖武汉、黄石、鄂州、黄冈、襄阳、十堰、孝感、荆门、随州、荆州等地并逐步拓展到广东、安徽、上海等省市，能较好地满足我校教育实习的需求。

从今年5月开始，教务处通过信函、电话、QQ、E-mail、实地探访等方式积极联系各实习基地学校，调查各校拟接纳实习生专业和人数意向。

（二）国培计划顶岗实习

2015年6月，教务处继续配合继续教育学院积极组织申报教育部、财政部组织的"'国培计划'顶岗实习置换培训"项目并顺利获批。开展师范生顶岗实习是国培计划顶岗实习置换培训的基础工程，既为顶岗置换出的农村中小学教师参加培训进修提供了机会，也为师范生提高教育教学实践能力搭建了一个很好的平台，是强化师范生实践教学、提高师范生教育教学能力的有效措施。也切合我校"走进基础教育、研究基础教育、服务基础教育、引领基础教育"精神。

教育厅统筹安排由我校对口团风、黄州、黄梅、阳新、黄石港、西塞山、下陆、铁山、大冶、鄂州、罗田、丹江、竹山、郧县、鹤峰等县市区，派送汉语言文学、数学、英语、历史4个专业共计204名实习生顶岗，置换出204名农村中小学骨干教师来我校培训。

虽然今年国培计划的县市教育实习点分布比往年更为分散，但是为加强对教育实习工作的监管，了解实习生的教育实习情况，及时反馈实习基地学校的意见和建议，传达学校对全体实习生的关怀，教务处从10月初开始，组织各院系教育实习工作领导小组成员，对分布在全省近30个县市的240个实习点进行走访，看望每一名实习生。

（三）教育实习工作实施

1. 实习生人数

2015年我校参加教育实习的学生总数为1949人，来自18个不同的师范专业，其中本科学生1880人，专科学生69人。

2. 实习时间

2015年"'国培计划'顶岗实习置换培训"项目为期三个月，从9月12日起至12月8日结束。

3. 微格教学技能训练

微格教学技能训练是教育实习的重要前奏。我校目前建有微格教学实验室11间，微格教室资源有限，设备运转紧张。为解决微格教学系统配备不足的矛盾，教务处和教育信息与技术学院共同组织安排平时开放微格教室，供大三师范类学生自主训练，全天候开放微格教学训练室，让各院系报名预约的学生以小组的形式自主训练，互相点评。同时，教务处在微格试讲前，督促各教学单位先行组织学生课堂试讲，指导教师点评，缩短学生适应课堂教学的过程，使微格试讲真正成为练兵的舞台。

4. 实习分配

我校常规教育实习采取学校统一安排实习与自主联系实习相结合的办法。开展自主实习主要是为学生就业拓展空间。用人单位（学校）通过实习，对我校学生的综合素质有较为全面的把握，便于用人单位选拔人才，学生的实习也更具针对性。

今年，根据各实习基地学校拟接纳实习生专业及人数意向和各县市区上报的参加"国培计划"顶岗实习置换培训的教师来源情况，最终确定，由学校统一派送1512名各专业实习生到省内70所实习基地学校及204名国培学员所在的170所农村中小学进行教育实习，其他同学自主联系实习。具体实习分配工作由各院系在实习工作指导小组的指导下开展，最后由教务处汇总并将教育实习分配总表印制成册。

5. 实习动员

为了让实习生从思想上认识教育实习的重要性，高度重视教育实习，开学初教务处要求各学院（系）对参加教育实习的学生进行思想动员、安全教育和纪律教育，强调注意事项，做好实习前期的准备工作。9月4日，在教育大楼报告厅举行了教育实习暨"国培计划"顶岗实习动员大会。

6. 实习生派送

在我校实习基地学校实习的学生（含"国培计划"顶岗实习生）由学校统一安排车辆接送，由教务处安排实习指导教师和送接队教师负责与实习基地学校的交接和协调。自主联系的实习生则自行按时到岗实习。

7. 实习检查

为加强对2015年教育实习工作的监管，更好地了解我校实习生的教育实习情况，及时反馈实习基地学校的意见和建议，传达学校对全体实习生的关怀，从10月中旬开始，教务处组织各院系教育实习工作领导小组成员，分成17个教育实习中期检查工作组，对分散在全省近30个县市的70个实习基地学校及"国培计划"顶岗实习生所在的170个实习点进行走访。由于"国培计划"顶岗实习点分布比去年更为分散，教务处精心安排分组、优化路线、协调时间，积极联络实习基地学校。走访中发现，实习基地学校普遍对实习工作都给予了高度重视和大力支持，对实习生食宿、学习、工作等各方面做了精心细致的安排。

（四）教育实习的收获

2015年教育实习工作得到了全院各级领导的关心和支持。

1. 各院系领导高度重视、积极参与

各学院(系)十分重视教育实习工作,成立了实习领导小组,负责人亲自参加,指导学院(系)学生实习,积极配合教务处进行教育实习中期检查,与教务处工作人员一同赴实习学校看望实习生,检查实习进展状况。

2. 教务处及各学院(系)相关工作人员兢兢业业、尽心尽力

实习工作十分辛苦,教务处及各学院(系)相关工作人员一丝不苟,任劳任怨。如做好经费预算、联系实习单位、安排实习分组及送接队、检查实习、协调与实习基地学校的关系、处理实习过程中的突发事件等。

3. 实习指导教师和实习送接队教师不辞劳苦、高度负责

各学院(系)遴选了一批经验丰富、能力强、负责任的教师作为实习指导教师。为加强对教育实习工作的指导力度,教务处今年安排了化学化工学院 × 老师、音乐学院 × 老师、外语学院 × 老师三名教师到县市驻点指导教育实习和国培计划顶岗实习。

一批优秀指导教师,工作极其认真细致:在团风驻点的 × 老师、在鄂州驻点的 × 老师、在罗田驻点的 × 老师等,在生活上关心学生饮食起居、心理调适,学习上指导学生备课、授课,召集学生讨论,并组织实习生讲授公开课,不仅赢得了我校实习生的尊重,同时还赢得了实习学校师生的一致好评;接、送市外实习生的老师同样为实习付出了辛苦的劳动,尤其是接、送远途实习生的老师,如历史文化学院的 × 老师送队到十堰,体育学院的 × 老师到鹤峰接送实习生,由于线路长、情况复杂,从早上 5 点出发,午夜返校……他们对工作毫无怨言,尽职尽责,体现了高度的敬业精神和工作责任感。

4. 实习生表现可圈可点、值得信赖

在实习中期检查发现,相当一批实习生在实习基地学校表现优异。顶岗实习的学生,严格遵守实习学校的作息时间,积极主动开展工作,具有很强的责任心,从一开始就按照真正的人民教师的标准严格要求自己,从早操、自习到正课,都能够向自己的指导教师看齐。部分实习生在完成基本教学任务的同时,还能够创造性地开展工作,为实习学校注入了新的活力。实习学校对我校实习学生在综合素质、工作态度、精神面貌、教学基本功等方面普遍表示认可与肯定。相当一部分实习学校在实习生评优过程中,多次跟我们教务处联系,强调实习生在学校表现出色,要求增加优秀指标,并希望我校来年选派更多的优秀实习生。这也从侧面反映出我校实习生在实习期间的优异表现,切切实实提高了我校在基础教育一线的美誉度。

部分实习生通过教育实习,在课堂教学和班级管理及人际沟通等方面能力提升很快,在第五届湖北省普通高等学校师范专业大学生教学技能竞赛中,我

校参加教育实习的学生获得了三个一等奖的好成绩。在广东广畅教育信息咨询服务公司实习的同学都获得了实习单位的高度认可，部分已经跟实习单位签订了就业协议。

（五）教育实习存在的问题

1. 部分实习生不重视实习，脱岗实习和提前离岗的学生仍然存在

在实习检查中，我们了解到仍有一部分学生自由散漫、自觉性差，假借自主联系实习为名，忽视甚至不参加教育实习；还有一部实习生以就业找工作为由向指导教师请假，然后一去不复返；部分报考研究生入学考试的实习生，一进校就向实习指导教师表明自己的态度，尽可能少带课，甚至不带课，或者干脆提前结束实习。尽管这只是少数，但影响极其恶劣。

2. 在实习基地学校的联系和协调上，有待进一步加强

一些实习学校因为本身的学生人数不断增加，原来有住宿条件的学校已不能满足我校实习生的住宿，实习生在外租住，不但经济上增加了负担，同时安全隐患也更加突出；一部分重点中学，由于升学压力大，提供给实习生锻炼的机会少，学生有时候就像个勤务兵，真正上讲台讲课的机会不多。

3. 未能全部采纳各高校提出的意见和建议，顶岗实习问题较多

2014 年虽然是开展教育部、财政部“国培计划”顶岗实习置换培训工作的第五年，但是教育厅在与各县市区教育局的联络协调、顶岗实习生分配等方面未能全部采纳各高校在总结前三年顶岗实习工作的基础上提出的意见和建议，实习生跨专业顶岗、同时承担两门或以上的教学任务、一所实习学校只有一名女生顶岗实习的情况仍然普遍存在，有的实习学校未安排实习指导教师对顶岗实习生进行跟进指导，有的实习学校未对实习生周末生活进行安排。部分顶岗实习生面临生活、心理和安全上的困难，这些都给顶岗实习学生带来了一定压力。

实习基地学校对我校实习工作中存在的问题也提出了中肯的意见，如个别实习指导教师对实习指导工作重视不够，指导工作不能完全到位；实习生到岗前微格培训环节还需要加强。

针对本次教育实习检查的信息反馈，教务处将组织各院系进行认真总结，对存在的问题积极整改。加强与教育厅、各县市区教育局及实习基地学校的沟通，争取在更多理解的基础上得到改善。了解与把握实习中出现的新问题，使我校的实习工作再上新台阶。

二、改进教育实习的对策

（一）修订方案，灵活安排

修订完善人才培养方案，灵活安排实习时间，做好先导课程安排（包括教

育学、心理学及教师教育类课程）。或实行实习学分制，实习时段可以根据实习生自身情况灵活安排，当期未修满实习学分的同学可以安排在第八学期毕业前补修，最大限度地减小考研对教育实习的冲击，保障实习质量。

（二）同步改革，推进合作

统筹推进学校人事分配制度和教学改革同步配套进行，从政策上倾斜、鼓励教师投入实践教学。鼓励更多教师带着项目驻点各县市区指导实习，推进我校与地方基础教育的合作。

（三）加大投入，确保质量

请求学校进一步加大教学经费投入，尤其是实践经费投入，突出教学中心地位，确保实践教学质量。

（四）创造条件，充分训练

进一步建设并充分利用好学校现有教师教育平台软硬条件，加强师范生职业技能训练，加强“三字一话”基本功训练，继续全天候开放微格教学实验室，延长微格教学训练时间，让实习生在上岗前受到更充分的锻炼。

（五）与时俱进，跟踪监控

加快实习管理系统建设进度，出台新的实习手册和指导教师工作日志，进一步建立和完善实习过程管理和评价规范，加大实习中期检查力度，加强对自主联系实习的跟踪监控。严肃对脱岗和违规实习生的处理，尽可能避免实习走过场，流于形式。

（六）开阔视野，拓宽渠道

进一步加大新型实习模式的探索力度，扩大赴沿海省市进行带薪顶岗实习规模，提升学校在全国范围内的知名度和美誉度，开阔实习生视野、拓宽就业渠道。

× 校教务处

20× × 年 × × 月 × × 日

案例 2：某学生个人实习总结

人生总有许多的第一次，而初为人师，对于师范生的我而言却是件极具挑战、颇具诱惑的事情。2015 年 9 月 11 日，我怀着兴奋的心情和队友在 W 老师带领下来到黄石十中，开始了为期三个月的教育实习。在学科指导老师 R 老师和班主任指导老师 Z 老师的悉心指导下，我认真开展教学工作和班主任实习工作，踏踏实实、勤勤恳恳、任劳任怨，我付出了很多，也收获了很多。在整个实习阶段，我从一个只会“纸上谈教”的大学生到一个能在课堂上“讲课自如”的准老师；从一个没有经验的大学生到一个对平行班教学工作有一定处理能力的班主任，这一切无不见证着我所付出的每一分耕耘所得到的收获。短短三个月中，和老师、学生的朝夕相处使我收获很多，感动很多，使我明白了作为一名教师所肩负的责任与光荣。

实习的第一周以听课为主，在这个星期里，我全面熟悉初一生物新课改教材，认真听指导老师的每一堂课，做好听课记录，课后与老师探讨，虚心求教，深入了解课堂教学的要求和过程。学习如何备课、备学生，如何更好地将素质教育的理论与落实考纲考点的要求相结合。

从第二周开始我就试着上课了，我的指导老师R老师是具有十多年教学经验的优秀教师，并且带的是全校初一初二年级总共六个班的生物课，所以他给了我一个初一平行班，而且给我安排的上课时间间隔比较长，这就使得我有充分的时间细心琢磨教材、详细写教案、做课件，每一样都是改了又改，直到自己认为能教好、符合班级情况为止，这样才交给指导老师审批，在指导老师的批改和建议下再做修改，并且在上课前进行试讲。我的每一节课指导老师都坚持听课，在课后细心帮我评课，针对我课堂上出现的缺点提出宝贵意见，并且肯定了我的一些可取之处，让我备受鼓舞，在课后努力改正，提高教学水平，以确保在下一次的教学中不出现同样的错误。在课下我认真批改学生的作业，对典型的错题和学生不能掌握的地方在讲作业时着重指出来。在这样的努力下，我在教态、语言、板书、提问技巧、与学生互动各方面都有了显著的提高。老师的赞赏和学生学习积极性的提高是对我的教学水平充分的肯定。

我也积极参与了学校的监考、阅卷工作，第一次集体阅卷是在十七中，理科组的老师坐在一起热火朝天地阅卷子、算分数。一个老师要改两三百份卷子，也就是说同样的题目要看两三百份答案，还不说字写得好不好、认不认得清。我深深地感受到老师的不易。监考也同样不是一件轻松的事情，整场考试两小时，不能马虎地盯着考场上的一切动向，这对老师的精力和体力是双重的考验。我被安排监考了两场，感觉比连上了一天的课还累。第二次阅卷是期中考试，我改初一年级的卷子，我的指导老师细心地帮我核对了参考答案，还帮我制作了批改选择题的小工具。这对我的阅卷工作帮助很大。参与阅卷，也使我对学生在知识点上的不足有了详细的了解，在后来的教学中进行复习、巩固。

我于10月中旬开始进行班主任的实习。在这一阶段我深切地感受到做班主任是辛苦的，而当普通班的班主任则是更辛苦的。当我第一次到班上带早读的时候，看着在早读时间讲话、赶作业、嬉闹的学生，我就暗下决心，一定要加倍努力，要投入比别人更多的时间和精力将我的工作做好，辅助班主任Z老师将班级带好。

每天有三个主要任务。一是看早读，每天早上7点到教室督促他们打扫卫生，抽查作业情况，督促他们认真早读。二是在上课时间进行巡堂，检查上课情况，如有上课不认真听讲者，下课及时找他谈话，提出警告。三是午自习，我要到班上看班，辅导个别学生，给个别学生做思想工作。由于前期上生物课时经常给班上同学做课外辅导，所以很快我就熟悉了班上大部分学生的状况和家庭情况，这对我的工作起了很大的作用。在这个过程中，我做到爱岗敬业，任劳任怨，不喊苦不喊累，尽责地做好每一项工作，带领学生参加学校的各项活动。经过不懈的努力，班级整体情况有了改善，我与学生也建立了良好的师生关系，得到他们的信任，成为他们诉说心事的对象，我也诚恳地倾听他们的倾诉并开导他们。在班主任实习工作中，我学会了制定班级的班规纪律，学会了调动班干部，学会了维持班级纪律，学会了对学生进行个别教育，学会了写班主任工作计划，学会了怎样开好主题班会，这一切都是我班主任工作实习进步的真实写照。

由于我是实习组长，在三个月的实习中，我经常要和队友、学校领导接触，我的沟通交流能力得到了很大的提高。我虽然性格比较开朗，但不是很擅长沟通，在实习中经常要分派任务，在一次次的锻炼中，我渐渐能自如地与队友和学校领导沟通。有一次，校领导还安排我带学生外出参加区里的演讲比赛。参赛的学生也不负众望，获得了第二名的好成绩。这对我来说是极大的鼓励和肯定。

这三个月的教育实习让我深切地体会到了“爱心”在师生中的关键作用，只有对学生真心付出，才能取得学生的尊重和信任。但我还没有做到“爱”和“严”的很好结合，还要注意对学生的爱要有个度，不能过分迁就，一定要和“严”结合，还要学习更多好的教育方法、教育机智，才能高效率地管理好、教育好学生。不管怎样，在未来我都会以人为本，把实习中学到的一切加以融会带到今后的事业中去，我会以我的真心去呵护学生，因为我面对的是一颗颗纯真的心。

20××年××月××日

案例3：某学生个人实习总结

在今年9月我们学校组织了师范生进行教育实习，这是我期盼已久的时刻，因为一直以来我心目中的理想工作就是当一名人民教师，我喜爱和单纯的学生一起学习和交流，同时也认为教师是个神圣而伟大的职业，希望自己能为社会尽一份微薄之力。在实习前期，学校安排我们先进行了微格试讲考核，这是对我们师范生的教学能力进行的基础测评，也为我们的教育实习活动打下了良好基础。一直以来我们学习的目的就是学以致用，社会方面对于师范生的教学实践能力要求更加严格。为提高师范生的实践教学能力，师范院校安排了教育实习，给师范生提供了进行教学实践的机会，也对师范生以后的就业有很大的帮助。

我很幸运地被分配到家乡的武穴实验高中实习，主要是教授高二年级生物课，指导老师是高二年级的F老师。我很感谢贵校让我跟随F老师进行教育实习，因为F老师教高二三个班的生物课，而且三个班的学生基础不同，分别为阳光班、重点班、普通班，这也让我在实习的过程中真正体会到教学要从学生出发，针对不同学生使用不同的教学方法才能起到最高效的教学效果。另一方面，F老师身兼高二（4）班班主任及教务处主任职务，在进行班主任实习过程中给予我很多指导和帮助，也让我体验到了班主任工作的不易和重要性，这些都为我日后的工作打下了坚实基础。

在实习期间我记忆最深刻的一句话就是细胞生物学老师在课上说的："教书是件良心事。"因此，在三个月的实习生活里，我一直以教师身份严格要求自己，处处注意言行和仪表，爱护实习学校，关心班级学生，本着对学生负责的态度尽力做好实习工作；同时，作为实习生一员，一直谨记实习守则，遵守实习学校的规章制度，尊重学校领导和老师，虚心听取他们的意见，学习他们的经验，主动完成实习学校布置的任务，塑造了良好的形象，给实习学校的领导、老师和学生都留下了好的印象，得到学校领导和老师的一致好评，在这短暂的实习期间，我主要进行了教学工作实习和班主任工作实习。以下为我对此次实习的总结。

一、班主任工作实习

（一）深入了解班级基本情况

作为一个班的班主任，首要任务就是了解班内学生情况，我先向F老师要了一份班级学生资料，了解到我所在的（4）班总共是59人，其中女生有14人，男生有45人，3人走读，其他住校，以及每位学生的姓名、家庭状况、联系方式等。其次，先熟悉班干，再了解个人。因为班干是除班主任外最了解班级情况的人，也是和学生相处时间最长的人，在我独立管理班级时，可向班干询问班级学习和生活情况，和班干一起管理班级。为了增进对学生的了解，我抓住一切可能的机会和他们接触交流。这样使得我在两周内认识了班内所有学生，当我叫出他们的名字时，学生都很诧异。我一直都认为一位老师能叫出学生的名字是对学生最基本的关心，也是让学生最能感受到被关怀的方式，建立我在学生心目中的良好印象，拉近师生感情。

班级日常事务管理。在开始时，F老师带我熟悉了一下班主任工作任务，主要就是常规工作（每天监督学生的到班、学习、纪律以及卫生情况）。同时，F老师还指导我在班主任工作中既要放手让班干去管理班级，也要限制班干的一些权力，也就是学会在班级管理中松紧适度。还鼓励我多到班级中走动走动，学生最喜欢实习的年轻老师了，放手去做，有不懂的就问他。正是F老师的指导和鼓励给予了我当好实习班主任的信心，让我在实习班主任期间收获了很多。

由于武穴实验高中离市区有点远，相当于封闭式学校，所以在学校里班主任就像是学生的“父母”、学生唯一的依靠，任何时候班主任都要第一时间了解到学生的情况，以便及时解决各种突发状况。为做好班主任工作，我要求自己做到“来在学生前，走在学生后，学生一举一动都看透”，其具体举措如下。

1. 抄写学生作息时间表和课程表，了解学生每天的动态。作息时间表和课程表相当于学生的“定位器”，也是班主任的值班表，可以在第一时间找到学生的位置和弄清状况；根据课程表可以在空余时间查看学生听课情况，并对课堂上出现的违纪问题进行总结和批评教育。另一方面，根据这两张表对教学工作和班主任工作的时间进行合理安排，自行拟订班主任工作计划和教学计划，使得实习工作有条不紊地进行下去。

2. 和学生同吃同住，一起感同身受。在进校实习时，我申请到学生宿舍住，和学生同吃同住，这也让我更快地融入学生当中，许多学生在课余时间总会找我一起聊聊心事，或是问一些学业难题及和大学有关的事情，学生总认为我们之间有很多共鸣，所以私底下都叫我“姐”，这也让我着实感觉到了亲切感。学生时常会把平时不敢跟班主任提的意见和我进行交流，反过来我也会和学生说一下我对改变班级现状的一些措施，听取学生的一些意见，并进行修改和补充。

3. 建立模范班干团队，正确地进行奖罚。班主任在管理班级时，更多时候是靠班干对班级事务的汇报来进行，适当对各类事件进行奖罚分明，让学生有纪律感。因此，一个好的班干团队是管理好班级的基础部队，相当于班主任的助理，协助班主任管理班级日常事务和关心同学。起初进入（4）班时，给我的印象就是干部人数多，实事干得少，互相爱推脱，没有干部样。我还在课余时间和其他的科任老师聊了一下，许多老师对该班班干做事都很不满意，课堂上班干带头不听讲，有时还与科任老师发生矛盾，做事拖拉，作业总是要催着交才慢慢悠悠地送个几十本。通过一段时间的观察和了解后，我向F老师说了一下我想整顿班风的计划，F老师给予了我一些意见后同意了我的计划。首先在课余时间在班干内部进行一次班干反思会议，让每位班干自省和互评，再由我提出班干工作中存在的一些问题，明确每位班干的职责所在，一起制定改善措施，规定每周由团支书和班长召开一次班干工作总结会议，适时地进行奖罚。在后续的时间内，我对班干工作进行了跟踪了解，发现明显有所改善。另一方面，每天晚读时间根据班级情况记载本的记录，对好的行为和违纪行为进行及时的表扬和教育。通过以上举措，逐步建立起一个班风良好的班集体，营造好的氛围才能更好地学习。

（二）进行个别教育

班主任工作要求班主任做到一视同仁，面面俱到，因此个别教育并非指对个别学生进行教育，而是强调针对不同类型的学生要使用不同的教育方法。总的来说，个别教育包括先进生的教育、后进生的教育、情绪异常生的教育三方面。

1. 先进生的教育。对于先进生的教育，首先是对他们严格要求，防止自满；其次，也要不断地激励，弥补其在名次下降时产生的强烈挫败感；再次，消除学生间的忌妒，营造公平竞争的良好学习环境；最后，发挥先进生的优势，让先进带后进，达到全班共进步。先进生在班中是学习的良好榜样，班主任要学会利用先进生的有利资源，促进全班的学业提升。

2. 后进生的教育。后进生是一个相对的概念，并非绝对的差学生，在此类学生的教育上要谨慎行事。首先，做到一视同仁，给予后进生和先进生同等竞争与学习的机会，关心爱护后进生，尊重他们的人格；其次，培养和激发他们的学习动机，善于发现学生在某些课程学习或做事方面的"闪光点"，并对其进行称赞，推动学生进步和改变学生的学习态度；最后，根据后进生的个别差异，运用不同的教育方式进行引导转化。我先对其进行深入了解，如性格特点、态度的好坏等，找到突破口，与他们沟通交流，站在学生角度想问题，产生共鸣，促进其向好的方面转化。

3. 情绪异常生的教育。高中时期是学生压力最大的时期，学生最易在此时期发生重大变化，班主任要密切关注各个学生的学习和情绪异常情况，及时进行提醒和劝导。在与学生近距离相处的过程中，我也发现了个别学生的异常情况，例如其中一个，他时常晚上睡不着觉，白天上课听不进去，在那段时间总一个人坐在位子上盯着一道题做很久，或趴在桌上谁也不理。我了解后，首先跟班内和他关系好的学生了解情况，并向原班主任F老师反映情况，说出自己的想法申请自己处理，听取F老师的处理意见，取得了同意后对该生进行交流劝慰。通过聊天的方式和他分享了我读高中时的一些感受和事情，慢慢地他的心情有所缓和，同我说起了最近他自己的情况，有好几宿都睡不着，学习的时候也很焦躁，没和同学吵架，这次月考排名在前15名之内也还好，就是不知道为什么就是静不下来。我听后和他分析了一下有可能是因为前段时间学习太紧张了，而且名次越靠前，后续想提升将会更加困难，造成了一定的心理压力。我劝慰他最重要的是保持一颗平常心，不要总想着名次去学，只要每个知识点都理解了就好，保持在一定的名次范围内不下降也是一种进步。另一方面，我和F老师一起商量，决定让他父母来学校一趟，希望父母不要给孩子太大的学业压力，适当地关心孩子的生活，让父母将其接回去放松一天，转换一下心情。

通过此次事件的处理，F老师对我的班主任工作给予了肯定，同时也对我提出了些建议，有些内向的学生在出现这种问题时，有可能会不愿意与他人沟通，这时我们不能总是苦苦追问原因，要先向和他关系好的同学入手了解情况，后联系家长介绍大概情况，让家长试着疏导学生，内向学生对家人或许会更容易说出心里的苦恼。家长和老师相互配合才能更好地帮助到学生，任何事情都要根据各方面因素进行综合分析，高中时期的学生有时很敏感，所以针对不同性格的学生使用不同的疏导方法，不能总认为自己可以就盲目行事。

（三）开展班级活动

在实习期间，我开展的班级活动主要有主题班会活动和班级课外活动。

1. 开展主题班会活动

在前期我先是观摩原班主任开展的主题班会，记录班会的主题、目的、过程和要点。了解到主题班会的开展，主要是根据班级现状开展一个有教育意义的班会，时刻给学生以警醒。通过对（4）班一段时期的观察后，发现该班学生学习态度消极，总是得过且过，临到考试时就慌了手脚。为此我预先书写了一份主题为“积极的心态，成功的一半”的班会详尽方案，让F老师过目指点，根据指点对方案内容和细节进行了修改。该次班会的目的主要是改变学生的消极心态，让他们意识到消极心态带来的坏影响，教授他们如何保持好的心态。在后续的实习过程中，我针对该班学生偏科严重的现象，又开展了“我与同桌搭把手”的主题班会，目的是让学情不同的学生互相取长补短，共同进步。

2. 开展班级课外活动

学生的主要任务是学习，但让学生不停地学，不利于学生的身心发展。教育的目的是培养德、智、体、美、劳全面发展的人才，也就需要我们班主任适当地给学生开展一些课外活动，到一个轻松的环境中去转换一下心情。我观察到班内许多男生爱打篮球，于是我和原班主任以及（8）班班主任商量利用活动课开展一次友谊篮球对抗赛。先在班内分布任务，安排参赛人员、后勤人员、啦啦队成员等，学生听到该消息后都非常兴奋。在比赛过程中学生都打起了十二分的精神，虽然最后输了，但他们没有灰心，一起下定决心下次一定要打败对手。此次比赛，丰富了学生的课余生活，也使学生的身心得到了放松，利于后续的学习。

二、教学工作实习

在三个月的实习生活中，许多老师对教学的丰富经验，都让我受益匪浅。经过在高中教育、教学工作的实际锻炼后，我更加坚定了以后从事人民教育事业的决心。以下为本人在实习期间对自我教学工作的几点总结。

（一）见习阶段——学习老教师的教学方法和经验

在大学中我们进行了教师技能的一些训练，如参加教师技能比赛、微格试讲等。在试讲时，你能完全按照你的思路去组织课堂，牢牢控制着课堂，模拟学生也会非常配合。但在真正的课堂上，意外的情况经常出现，你得真正做到“备学生”，随时应付可能发生的情况。在教学过程中灵活调整你的教学，将思路拉回你的教学中来。这些经验对于我们新手来说很难做到，所以在实习的见习期间，要认真做好笔记，学习老教师上课的一些经验是非常重要的。在听课前自己要熟悉一下所讲内容，写一份教案，跟随指导老师听其讲课，由于F老师带阳光班、重点班、普通班三种类型班级的生物课，因此在不同班级中对同一内容的讲解会使用不同的方法，我会将其与自己的不同之处做好标记，并将一些好的例子、方法都在相应地方做好批注。课后主动和指导老师交流教学的一些方法，力求做到学生易懂爱学。见习阶段的主要收获就是学习教学经验，弥补遗漏知识点。

（二）备课阶段——做到“四备”（备教材、备学生、备方法、备问题）

课堂教学的起点就是教师的备课。备好课是上好课的前提和基础，无论是对新教师还是对老教师，都是如此。备课时，我们要切实做到“四备”：备教材、备学生、备方法、备问题。备教材：认真钻研教材，把握教材编写的连贯性，理解所讲内容在整章、整本教材中的地位，找出内容中的重、难点。备学生：教学的目的是让学生理解知识学会运用知识，因此在备课时要根据学生的年龄特征、学习基础、学习能力三方面备课，做到站在学生角度看问题，站在学生角度理解知识点。备方法：教学方法有许多种，我们在备课时应根据不同班级学生的学习基础不同而采用不同的教学方法。备问题：备课过程中不可缺少的一个环节，学生带着问题学，教师带着问题教，既能联结教材内容和教学意图，又能沟通师生之间的思想交流。做到以上“四备”，完成教案，可以让我们的教学更加完善。

（三）试讲阶段——自我检验

在试讲的过程中，我了解到课堂的导入语非常重要，是吸引学生进入课堂学习环境的第一步，同时要与已有知识相联系，做到温故知新。在讲解重难点时，语言要尽量精练简洁，可以在试讲时将想好的语言写在教案上，为上课做准备。试讲时注意知识讲解的逻辑性，过渡语也要注意衔接，让学生在学习过程中有种顺理成章的感觉，有助于理解。同时，试讲时避免满堂灌，多用启发引导式语句，学会让学生占主导，老师从旁辅导。试讲对于每位新老师来说是尤其重要的，通过试讲可以检验自己上课时语言是否精练连贯，讲解是否具有思维逻辑性，知识点讲解是否透彻，重、难点是否突出，引导方法是否得当等，这些对课堂实践教学帮助很大。同时，让指导老师听试讲，给予点评和建议，使得这堂课的讲解更加全面。

（四）上课阶段——教学实践

真正的课堂教学是对教师教学实践技能的检验，也是师范生学以致用的“战场”。通过对不同类型班级进行授课，我体会到了教学活动并不是一成不变的，不同基础的学生要用不同的方法进行教学。对于有多媒体条件的班级，尽量将PPT制作得精简有趣，通过不同的画面感，给学生创设不同的情境，激发学生学习兴趣。而没有多媒体条件的班级，则用一些生活实物或实例来创设情境，让学生感受到生物知识的无处不在。讲解时要做到清晰化、条理化、准确化、生动化，同时做到线索清晰、层次分明、言简意赅、深入浅出，在课堂上注意调动学生的积极性，注意观察学生听课的反应，根据学生的反应转换教学方式，提高学生的学习效率。我的指导老师曾跟我说：“新老师总想面面俱到，但慢慢就会发现，你只需让学生掌握重点，便足够了。”后来的课上，我注意精讲精练，力求教学重点突出，一堂课，让学生多动脑思考，动口回答，动手写。总之，身为老师，你不能一厢情愿地从自己教学上考虑，而应该一切从学生出发，一切以学生的接受水平及领悟、掌握知识的能力为核心，进行教学工作。

（五）课后反思阶段——总结经验

每次上课后要反思自己在课堂上的不足，做好反思记录，询问指导老师意见，进行改正和补充，这是一个不断积累的过程，只有这样我们的教学技能才能得到提高。在前段时间的实践教学中，我主要存在的缺点是语言不精练，罗列知识点太多，重点不突出，有些知识点讲解不太清，只可意会，不可言传。经过几次实战的磨炼，现在的我已经基本能够驾驭课堂，胜任教师的角色了。能用精简的语句和例子讲解重难点，注意学生的学习情绪的变化，适度调整教学进度。

（六）批改作业——检验教学成果

作业情况最能反映学生对教师教授的知识的掌握情况，也是对教师教学成果的验收。在每次批改作业时，我都会将学生易错题、易混点做好批注，从而在讲解时对薄弱知识点进行强化，对易混知识点进行区分辨别；站在学生角度思考错误原因，讲解时引导学生往正确的思维方向思考，真正掌握解题技巧；对于学生不敢动笔的题，鼓励他们将一般正确答案的固有模式记住，多模仿这个套路写，让他们谨记一句话：“只有平时写得多，高考才有货可写。”

回想这三个月的实习生活，我感觉受益颇多，也是对自己进行了一次教师资格考察。当好一名老师，一定要有扎实的基础知识，要有牢固的基本功，对每一个基本的知识点，最好做到既知其然，也知其所以然。只有这样才能给予学生真正需要的东西。尤其是生物这门学科，与人们的日常生活密切相关。只有掌握好专业知识，并大量积累生活常识和课外知识，才能使教学过程变得生动、有趣，容易被学生接受。同时生物学习中会遇到大量的抽象概念，也必须联系学生生活，使之通俗易懂。

当好一名班主任，责任心、爱心、细心、理解和尊重是处理学生工作时非常重要的因素。要具有强烈的责任心，重视学生的每件事，并将其完成；要细心观察学生的动态，及时帮助学生解决生活和学习上的难题；要关爱每位学生，把学生看作自己的亲人，让学生信任你；要理解和尊重学生，解决任何事件时都要先站在学生的角度想问题，再引导自我改正，交谈时注意尊重学生，不要过分触碰学生的底线。学会与学生做朋友，做学生的良师益友。

实习生活虽然结束了，但我的教师生涯才刚刚开始，知识是无止境的，我会时刻不忘超越自己，面对教育事业，我将带着满腔热情，不断前行。三个月的实习，有付出，有收获，有反思，也有感恩。最后还是要特别感谢双方学校给我的这次实习机会，感谢我的指导老师F老师和那一群亲切可爱的学生。

20×× 年 ×× 月 ×× 日

案例 4：某学生个人实习总结

终于到了教育实习的时候，三年来持之不断地学习了学科教育知识和一般性的教育学、心理学知识。除了了解“教育是什么”“学生怎么学习”这些根本问题外，还在有限的时间内尽力提高自身的师范技能。然而，这些来自文本阅读、个人思辨和微格培训的教育信条、意识取向和行为习惯，在面对真实的教学场景时能够适用吗？我们难道真的明白什么是教育吗？以后或许只是凭借对教育的一时热情而努力拼搏，但是在这个夏末初秋也该真的为自己日后的教育事业路途做好筹谋。在不觉间，我跟随着实习队伍来到了十堰市车城高级中学。

一、实习学校

根据了解，车城高中创建于 1971 年，是原第二汽车制造厂（现东风汽车公司）建立最早的一所普通高级中学。1985 年被确定为第二汽车制造厂重点中学。2003 年被评为“十堰市重点高级中学”。1993 年六中在鄂西北率先设立美术、音乐特长班。2004 年根据企业改革发展需要，东风公司教育部门整体移交地方政府，十堰东风教育集团成立，学校更名为“十堰东风教育集团第六中学”。2006 年被评为“十堰市普通高中示范学校”。2008 年 4 月十堰市人民政府正式将东风六中划归十堰市教育局直接管理，同年 12 月更名为车城高级中学。

我被分配到了高二年级政治组，跟随吴耀华老师，教授的书本是必修三《文化生活》。在三个多月的实习生活里，我一直以教师身份严格要求自己，处处注意言行和仪表，热心爱护实习学校和班级学生，本着对学生负责的态度尽力做好实习工作；同时，作为实习生一员，一直谨记实习守则，遵守实习学校的规章制度，尊重学校领导和老师，虚心听取他们的意见，学习他们的经验，主动完成实习学校布置的任务，塑造了良好的形象，给实习学校的领导、老师和学生都留下了好的印象，得到学校领导和老师的一致好评，对此，本人甚感欣慰。在这短暂的实习期间，我主要进行了教学工作实习。

二、教学工作方面

1. 听课

怎样上好每一节课，是整个实习过程的重点。刚开始的一个星期的任务是听课和自己进行试讲工作。在这期间我听了三个任课老师共八节课。在听课前，认真阅读了教材中的相关章节，如果是习题课，则事前认真做完题目，把做题的思路简单记下，并内心盘算自己讲的话会怎样讲。听课时，认真记好笔记，重点注意老师的上课方式、上课思想及与自己思路不同的部分，同时注意学生的反应，吸收老师的优点。同时简单记下自己的疑惑，想想老师为什么这样讲。

2. 备课与上课

一周时间转眼即逝，在科任指导老师的安排下，我们开始进行备课。备课不是简单地看教材，而是认真地梳理教材的内容和想方设法地用自己的语言表述出来。单是这个重新复述的过程就已经很考验我们的能力。要用严谨但通俗易懂的语言来描述枯燥的数学知识，颇让我觉得头痛。

带给我们最初、最大的感受是，讲台下坐着的不再是与我们一起在微格教室训练的同学，而是真正的学生。他们不会像自己的同学那样随意附和、快捷地回答我们提出的问题，而是真正地思考和等待着我们的解答。他们在听不明白的时候会突然提问，或者干脆就趴在桌子上看书和睡觉。

课堂上若学生对我的提问有所反应的话，就是对我最大的回报。因此，在课堂上必须注意学生的反应。我认为，要随时掌握学生的学习情况，分析原因，从而改进自己的教学方法和确立教学内容。

教师既要讲授知识，又要管理课堂纪律，并且与学生进行个别交流。刚开始时因为心情特别紧张，经验不足和应变能力不强，课堂出现了讲课重点不突出、教学思路不流畅、师生配合不够默契等问题。经过几次实战的磨炼，现在的我已经基本能够驾驭课堂，胜任教师的角色了。虽然我还有很多做得不是很好的地方，但这次实习真的让我深深地体会到了教师工作的辛劳，也深刻理解了教学相长的内涵，使我的教学理论变为教学实践，使虚拟教学变成真正的面对面的教学。要想成为一名优秀的教师，不仅要学识渊博，其他方面如语言、表达方式、心理状态以及动作神态等都是很重要的，站在教育的最前线，真正做到“传道、授业、解惑”，是一件任重道远的事情，我更加需要不断努力提高自身的综合素质和教学水平。

20×× 年 ×× 月 ×× 日

四、实习总结与反思的评优工作

各院系在认真总结的基础上，推选出两到三篇优秀教案和调查报告与科研报告、一到两篇优秀个人和小组总结、一到两篇优秀班主任工作总结、一到两篇优秀指导教师工作总结，连同院系实习工作总结一并报教务处备案。

学校教务处及各院系在实习结束两周内要尽快完成教育实习评优工作，即评选出教育实习优秀指导小组、优秀指导教师、优秀实习生“三优”的集体和个人。教务处及各院系对各实习小组上交的《教育实习成绩评定和鉴定表》要认真审核，成绩评优率应严格控制在30%以内。《教育实习成绩评定和鉴定表》和“三优”评审表送交教务处审核盖章后，装入学生档案。

基础教育对未来教师的素质提出了更高的要求，师范院校只有认真研究和解决教育实习工作中存在的问题，完善教育实践环节，提高教育实习质量，通过教育实习带动师范院校“师范性”特色的全面加强，增强师范院校毕业生的就业竞争能力，为今后走上教育工作岗位打下良好的基础，以适应时代发展的新需要。

附录 1　教学工作实习评价标准

实习生教学工作成绩考核表①

院（系）别：　　班级：　　姓名：　　实习学校：

项目	内容　标准	教学工作实习成绩评定标准	权重	评分
课前准备（20%）	1. 教案设计	熟悉课程标准，熟练掌握教材的体系和重点、难点。认真解读教材，能独立地处理教材，备课认真，教案完整规范、科学严谨	10	
	2. 预讲练习	内容熟悉，教态自然，符合教学要求。试教态度认真、谦虚谨慎、好问好学	10	

① 参照《金华教育学院教学工作实习成绩考核评估表》，http://www.jyxy579.com/show.aspx?id=121&cid=16（访问时间：2016年11月12日）。

（续表）

项目	标准 内容	教学工作实习成绩评定标准	权重	评分
课堂教学（40%）	3. 教学内容	正确贯彻课程标准与教学原则，教学目的明确，重点突出，难点抓得准，思想性强，内容科学、系统	10	
	4. 教学方法与组织	教师善于启发，学生主动积极，双方协调配合好。善于恰当地选择与运用教学方法。课堂教学组织严密，应变能力强	10	
	5. 语言板书	能用标准普通话教学，语言简洁、流畅、生动。板书安排有序，文字工整、规范	10	
	6. 教学效果	重视智能培养，顺利完成教学任务，达到教学目的，教学效果好	10	
课后活动（30%）	7. 课外辅导	认真辅导质疑，答问正确。指导课外兴趣小组能力强	10	
	8. 作业批改	习题有典型性、针对性、多样性、系统性，兼顾教学重点和知识的覆盖面，能照顾各个层次的学生。及时布置作业，分量适当，难易适度；批改作业仔细、正确，评讲作业认真	10	
	9. 听课评议	积极参加听课和课后评议，敢于发表建设性意见	10	
实习态度（10%）	10. 教学工作态度	工作认真、虚心、踏实，授课后能认真做好自我分析小结。组织纪律性强，及时而有效地完成任务	10	
总　分				

附录2　班主任工作实习评价标准

班主任工作实习成绩考核评估表①

院（系）别：　　　班级：　　　姓名：　　　实习学校：

项目	标准 内容	班主任工作实习成绩评定标准	权重（满分为100分）	评分
工作准备（20%）	1. 熟悉情况	能较快地熟悉和掌握全班学生概况，班干部姓名和班级特点	10	
	2. 制订计划	能以党的教育方针为指导，根据学校和班级及学生实际，制订切实可行的班主任工作计划	10	
工作内容和要求（50%）	3. 方法态度	以身作则，积极配合原班主任开展工作，工作主动、认真，对学生既爱又严，态度诚恳	10	
	4. 日常工作	跟班参加班级的全部日常工作，妥善处理日常事务，善做学生的思想工作，关心学生生活，效果良好	10	
	5. 集体活动	组织和辅导主题班会、班级活动、兴趣小组，内容丰富，适合学生特点，效果良好	10	
	6. 个别教育	有目的地了解个别学生的实际情况，进行个别教育。善于处理偶发事件，效果良好	10	
	7. 家校联系	善于运用家访、家长会或其他形式进行家校联系，取得家长密切配合，对学生开展教育，效果良好	10	

① 参照《金华教育学院教学工作实习成绩考核评估表》，http://www.jyxy579.com/show.aspx?id=121&cid=16（访问时间：2016 年 11 月 12 日）。

（续表）

项目	标准 内容	班主任工作实习成绩评定标准	权重 （满分为100分）	评分
工作能力及效果（30%）	8. 工作能力	能独立开展工作，组织管理能力和交流合作能力强	10	
	9. 行为表率	工作责任心强，为人师表，热爱学生，深受学生的尊敬和爱戴	10	
	10. 工作小结	对自己的工作能运用心理学、教育学的基本原理进行分析小结，在吸取经验教训的基础上，提出创造性见解	0～10	
总　分				

附录 3　教育科研工作实习评价标准

教育科研工作实习评价表

院系（公章）：　　　班级：　　　姓名：　　　实习学校：

项目	要求	权重	得分
科研态度	研究态度：态度认真，作风严谨，工作深入，观察力和判断力较强，善于运用各种方式和方法获取材料	10	
科研能力和科研表现	选题意义：选题从实际出发，具有较强的针对性和现实意义	10	
	掌握材料：材料全面、客观、精确、具体，具有代表性	10	
	科研目标：目标明确，重在提高自身的综合素质，并服务基础教育教学实践	10	
	科研方法：善于恰当地选择和运用实证调查、课堂观察、文献资料、实验等一种或多种科研方法进行研究	10	
	技术水平：设计合理，理论分析与计算正确，实验数据、调查数据准确可靠	10	
	科研内容：能结合中小学校、教师及学生的实际情况，教育教学中所面临的困惑及问题，以及所从事的教育实践展开研究	10	
	结构语言：文章结构严谨，层次清楚、逻辑严密，文字表述准确，流畅生动	10	
	论述分析：观点鲜明，论据充分，分析深透，具有较强说服力	10	
科研效果	结论建议：经过实习学校领导和指导教师评议，结论正确，建议切实可行，效果明显	10	
总分			

指导教师签名：

年　　月　　日

附录4 教育实习成绩评定表

教育实习成绩评定表①

实习生姓名________ 院系及班级________ 实习科目________

实习学校（盖章）________ 原任课教师姓名________ 原班主任姓名________

项目	内容要求	总分	评分
实习态度（15分）	1. 热爱实习工作，尊敬师生，虚心学习，团结互助	3	
	2. 服从实习指导教师和实习组长的领导与安排	5	
	3. 遵守实习学校的规章制度，出全勤，不迟到、不早退	5	
	4. 对担负的教育教学、班级管理、教育科研等工作认真负责	2	
教育教学工作（50分）	1. 基础知识扎实，能在认真解读教材的基础上较为完善地把握教材内容	5	
	2. 备课符合课程标准的要求，教学目的明确，教材处理和教学方法得当，教学步骤合理，教案规范合理、严谨科学	7	
	3. 课堂教学要求：		
	（1）知识性与思想性统一，注意“双基”	6	
	（2）有运用教学法组织教学的能力	6	
	（3）准确把握重点、难点、关键，教学效果良好	6	
	（4）口头表达清晰，语言清楚、得当、艺术。用词准确、用语恰当，语速和音量适度、情绪心平气和	6	
	（5）板书清楚秀丽、搭配匀称、工整正确、安排合理	4	
	4. 课外辅导学生主动、热情、耐心、细心，有成效	5	
	5. 批改作业及时，细致准确	5	
班队工作（20分）	1. 熟悉班级情况，热爱并严格要求学生	2	
	2. 认真履行班主任职责和义务	8	
	3. 做好个别学生的思想工作	5	
	4. 组织班级活动效果良好（包括主题班会、课外活动等）	5	
教育科研工作（15分）	1. 有目的、有计划	3	
	2. 深入实际，调查认真	4	
	3. 有完整的调查报告和科研报告	3	
	4. 主题突出，结构合理，内容新颖，语言流畅	5	
总分			

① 参照湖北师范学院教务处网站，http://www.jwc.hbnu.edu.cn/onews.asp?id=127（访问时间：2016 年 11 月 12 日）。

附录 5　优秀实习生推荐表

优秀实习生推荐表[①]

<table>
<tr><td>实习生姓名</td><td colspan="2"></td><td>政治面貌</td><td></td><td>实习科目</td><td></td></tr>
<tr><td colspan="2">院（系）及专业</td><td colspan="2"></td><td>实习单位</td><td colspan="2"></td></tr>
<tr><td>主要事迹综述</td><td colspan="6">被推荐人签名：
年　月　日</td></tr>
<tr><td>实习指导教师推荐意见</td><td colspan="6">指导教师签名：
年　月　日</td></tr>
<tr><td>实习单位评审意见</td><td colspan="6">（公章）
年　月　日</td></tr>
<tr><td>院教务处意见</td><td colspan="6">（公章）
年　月　日</td></tr>
</table>

（注：此表复印无效）　　　　学校教务处制

附录 6　教育实习情况统计表

教育实习情况统计表[②]

院系（公章）：　　专业：　　填表人：　　日期：

<table>
<tr><td>实习班级</td><td colspan="2"></td></tr>
<tr><td>实习单位名称</td><td colspan="2"></td></tr>
<tr><td>是否实习基地</td><td>是□</td><td>否□</td></tr>
</table>

① 参照湖北师范学院教务处网站，http://www.jwc.hbnu.edu.cn/onews.asp?id=127（访问时间：2016 年 11 月 12 日）。

② 参照湖北师范学院教务处网站，http://www.jwc.hbnu.edu.cn/onews.asp?id=127（访问时间：2016 年 11 月 12 日）。

（续表）

<table>
<tr><td>实习学生总数</td><td></td><td rowspan="2">指导教师
总　数</td><td rowspan="2"></td><td>高级职称</td><td>中级职称</td><td>初级职称</td></tr>
<tr><td>实际实习学生数</td><td></td><td></td><td></td><td></td></tr>
<tr><td>实习性质</td><td colspan="2">自主实习□
非自主实习□</td><td>专业实习□</td><td>毕业实习□</td><td colspan="2">顶岗实习□
非顶岗实习□</td></tr>
<tr><td>实习周数</td><td colspan="6"></td></tr>
<tr><td colspan="3">是否有实习大纲及指导书</td><td colspan="4"></td></tr>
<tr><td colspan="3">参与实习单位实际工作的学生数</td><td colspan="4"></td></tr>
<tr><td colspan="3">参与实习单位实际工作学生数所占比例</td><td colspan="4"></td></tr>
<tr><td colspan="3">解决实习单位实际问题总数</td><td colspan="4"></td></tr>
<tr><td rowspan="5">解决实习单位
实际问题题目</td><td colspan="6"></td></tr>
<tr><td colspan="6"></td></tr>
<tr><td colspan="6"></td></tr>
<tr><td colspan="6"></td></tr>
<tr><td colspan="6"></td></tr>
<tr><td rowspan="2">学生实习
成绩</td><td>优秀</td><td>良好</td><td colspan="2">中等</td><td>及格</td><td>不及格</td></tr>
<tr><td></td><td></td><td colspan="2"></td><td></td><td></td></tr>
</table>

注：1. 实习基地：指各院系必须与实习单位建立长期的、稳定的合作关系，并且签订协议，至少在一年内有大批量的学生去实习，形成一定的规模，是比较固定的实习单位，这样的实习单位称为实习基地。2. 如果是实习基地，请将协议书复印件交教务处实践教学科。

第十四章　教育实习的调查

第一节　教育实习存在的问题①

为了全面透彻地了解目前我国师范院校教育实习存在的问题，笔者历时三年，采用问卷调查法和访谈法，对湖北省 50 所中小学的实习指导教师和 4 所师范院校的实习学生进行了长期跟踪。调查问卷是笔者在充分研究、借鉴国内外有关教育实习的研究、实验结论的基础上，结合我国师范院校教育实际编制的《师范院校生教育实习情况调查表》（学生用）和《师范院校生教育实习情况调查表》（教师用）两份。调查表经广泛征求专家、在职教师、学生的意见后形成正式问卷。其结构见表 1。

表1　师范院校教育实习情况调查表结构

项目	教师问卷项目数量	学生问卷项目数量
基本情况	5	6
综合评价	5	5
实习内容	2	2
实习管理	1	1
实习时间	2	2
实习经费	1	1
实习形式	1	1
实习评价	2	2
实习基地	1	1
实习地位	1	1

调查中共发放问卷 565 份，收回问卷 506 份，其中有效问卷 498 份。调查了实习学生 380 人，实习学校在职人员 185 人。调查样本具体情况如表 2。

① 邓李梅：《高等师范院校教育实习存在的问题及对策》，《湖北师范学院学报》（哲学社会科学版）2006 年第 5 期。

表2 调查样本基本情况

项目	在职教育工作者	实习生	总计
发放问卷	185	380	565
回收问卷	140	366	506
有效问卷	138	360	498
有效率（%）	75%	94.8%	88%

一、调查结果的统计与分析

（一）对当前师范院校教育实习状况的总体看法

为了能够较客观地了解广大中小学学校教育工作者以及师范院校实习生对目前教育实习现状的评价，笔者在调查问卷中设计了有关问题，经整理、统计结果分别见表3、表4、表5。

表3 教育实习现状评价

	实习生	在职教育工作者
良好	55.6%	45%
一般	37.5%	45%
较差	6.9%	10%

从表3中可以看出，大部分在职教育工作者和师范院校实习生对目前师范院校教育实习的现状评价是良好的。但不容忽视的是有相当比例的被调查者对现状的评价为“一般”甚至“较差”。从中可以反映出目前师范院校实习生的教育实习经过多年来的探索和改革，基本能够得到各方面的认可。同时，也反映出在教育实习的某些环节还存在弊端，需要加以改进。

表4 教育实习与理论学习重要性比较

	实习生	在职教育工作者
教育实习更重要	26.8%	3.4%
理论学习更重要	1.5%	15.2%
二者同样重要	71.7%	81.4%

表5 关于目前教育实习成绩评定方式的看法

	实习生	在职教育工作者
很好	5.2%	17.1%
需要加以改进	66.2%	57.7%
需要重新确定评价体系	28.6%	25.2%

从表 4 中可以看出有 81.4% 的在职教育工作者、71.7% 的实习生认识到教育实习与理论学习同等重要。当然我们也看到一部分师范院校实习生和在职教育工作者，在二者的重要性的认识上也存在着分歧，表现为 26.8% 的实习生看重教育实习，而 15.2% 的在职教育工作者更看重理论的学习。

表 5 反映了被调查对象对当前教育实习成绩评定方式的看法。从统计中可以看出 66.2% 的实习生和 57.7% 的在职教育工作者认为目前教育实习的成绩评定方式需要加以改进。28.6% 的实习生和 25.2% 的在职教育工作者甚至认为需要重新确定评价体系。

（二）关于当前师范院校教育实习中存在的问题

表6　影响教育实习的因素分析（注：多选项）

	时间	形式	指导教师	带队教师	实习生素质	基地	管理	经费
实习生总数	252人	180人	246人	80人	186人	176人	208人	164人
教师总数	62人	58人	80人	40人	105人	39人	104人	31人

表 6 反映出，所有的被调查对象有较为一般的认识，都普遍认为实习指导教师素质、实习生素质与实习管理是影响实习的突出问题。实习时间、实习形式、实习基地中反映出的问题也比较多。而实习带队教师、实习经费的问题，从数据中反映出的较少，但实际上可能也存在一些问题。

（三）关于教育实习的内容

表7　教育实习的内容（注：多选项）

项目	实习生人数	在职教育工作者人数
一堂好的公开课	261人	111人
一次有意义的主题班会	250人	108人
组织一次课外活动	168人	67人
一次有针对性的家访	138人	68人
一个差生的转化工作	182人	83人
模拟一次教研室组织工作	75人	39人
写一篇反映中小学教改状况的调研论文	71人	53人
指导学生出一期壁报、板报	102人	60人
见习或实习一次多媒体组合教学	148人	71人
拟一份合格的诊断型学科情况测试试卷	121人	61人

从以上对实习内容的统计中可以看出来，传统的教育实习内容（教学工作和班主任工作，包括差生的转化工作）受到被调查者的广泛重视，而课外活动、家访、多媒体组合教学等内容不被实习生和在职教育工作者所重视。至于教研

室组织工作、中小学教改调研论文等内容被实习生和在职教育工作者所忽视。

二、教育实习存在的问题

十一届三中全会以来，我国师范院校教育实习被冷落了十年之后，重新恢复、巩固并逐步制度化，获得了较为丰富的成果与经验。特别是近年来，随着我国师范院校教育改革的兴起与推进，师范院校教育实习也日渐成为师范教育理论与实践研究的热点，众多的教育理论与实践工作者就提高师范院校教育实习质量、革新师范院校教育实习管理体制、改革师范院校教育实习模式、改进师范院校教育实习评估等进行了全面的理论研究与实验探索，并取得了可喜的成绩，主要表现在：一是教育实习受到高度重视，已经形成制度化；二是绝大多数学校都设立了教育实习领导机构和实习指导教师队伍；三是各级各类师范院校都制定了一系列的较为完整的实习规章制度；四是实习基地建设得到较大发展；五是对教育实习的研究不断深入，实习形式丰富多样。成绩是主要的，但由于受各种因素的制约，从目前我国师范院校教育实习的整体现状来看，依然存在着不尽如人意之处。教育实习仍然是师范院校教育中的一个相对薄弱的环节，在一定程度上制约了师范院校教育教学质量的进一步提高。

从以上对部分中小学教师和部分师范院校的实习生所做的一些访谈和调查得知，师范院校教育实习工作因兴起较晚，加之缺乏专业的教师科研队伍及受现有的科研队伍研究素质较低等多方面因素的影响，一些学校的教育实习未能达到预期的目的，未能使教育实习在教学中和培养学生能力方面发挥应有的作用。归纳起来，主要存在以下一些问题[①]。

（一）实习目标定位不准，缺乏针对性

教育实习的目标定位将决定实习的内容、构成及管理等一切方面。因此，西方各国都非常重视教育实习目标的合理定位，以确保实习的效果。在美国，教育实习的目标来自学生自己，这可以在对大学毕业班学生的调查问卷中反映出来。美国教育实习目标的有机组成部分是[②]：①熟悉和理解学生；②获得自信；③制订执行教学计划；④获得管理一个班级的可靠经历；⑤验证自己是否适合教师这一职业；⑥理解作为一名教师的责任；⑦更好地理解教师工作；⑧改善自己的教学观；⑨发展个性；⑩与其他教师共事的机会。而且，为了提高实习生的合作态度和对指导的理解与接受程度，美国还制定了 22 条指导原则，对实习指导人员和合作人员、大学指导教师、实习学校指导教师及实习生的要求以

① 郑李梅、刘波：《从比较中看我国高等师范院校教育实习存在的主要问题》，《湖北师范学院学报》（哲学社会科学版）2009 年第 1 期。

② 郑东辉、施莉：《国外教育实习发展概况及其启示》，《师范教育研究》2003 年第 9 期。

及实习学校的选择、实习活动的安排等都做了明确的规定。

对于教育实习，我国也有相关的规定。1957 年 2 月 25 日我国教育部颁发了师范学校教育实习暂行大纲。其中师范学院各系三、四年级教育实习暂行大纲的总纲中规定[①]：教育实习的目的在于使师范生把平时学习中所获得的知识和技能综合地应用于教育和教学实践，使他们基本上具有在中等学校独立从事教学和教育工作的能力。直到目前我国教育实习的目标基本上沿袭了上述规定。这一目标定位与西方国家相比，过于笼统和宽泛，缺乏具体的要求和安排，致使学生在实习中往往难于自觉地、有计划地按照预先规定的任务和要求来做，实习的目标也难以评价和把握。此外，把教育实习定位仅限于应用和检验在课堂中学到的理论与知识，却忽视了教育实践作为实践智慧、缄默知识来源的功能作用，本身就曲解了教育实习的最终目的。且不说检验理论应用到实践的能力并非上几节课所能体现和培养出来。教育实习是为学生在心理、气质、精神状态上向教师和成熟的个体跨越的一个中介和过渡。因此教育实习不只是为了将来的教学做准备，不能仅着眼于培养一位好教师，更要着眼于未来教师的整体成长和终身发展，考虑到教师作为一名个体的最佳成长。

（二）实习前期准备不足，缺乏基础性

教育实习的前期准备包括基本理论和基本教育技能两方面。目前世界各国师资培养机构集中表现出来的特点是在大学期间重视教育类课程，课程门类多，教学时数多。其中美国教育理论占教育总量的（按普通与专业教育、教育理论、教育实践计算）25%，教育专业课程中的 2/3 为教育理论课程，并强调教师教育各部分——教育理论课程、学科专业课程、学科教学法及实践之间的内在联系。[②]英国教育理论占 35%，并突出培训教师技能，提出教师应具备 27 种职业技能并建立教师技能档案。课程门类相应增多，开设应用型较强的教学技能课，充实教学法课程内容，包括表达技巧、评估方法、备课、教学材料的选择和准备等。此外，英美等国还非常注重理论联系实际、改进教学方法，强调大学教师经常深入中小学教育实践，避免教育理论教学与中小学实际脱节的注入式教学方式，更强调师范生在教育实习之前的种种实际锻炼，以提高教育教学技能，提高知识和技能的掌握程度。

但从调查中得知，我国师范院校在教育实习的前期准备方面存在明显不足，主要表现为对实习生素质培养与职业能力培养的基础性比较缺乏。我国师范院

① 教育部颁发：《师范学校教育实习暂行大纲》，《中华人民共和国重要教育文献》1957 年版，第 2 页。

② 陈建华：《西方发达国家教育实习的时间安排及其启示》，《外国中小学教育》2002 年第 3 期。

校在教育理论课程开设方面就存在着一些问题。一是认识上不够重视，存在着重学术性，轻师范性；重学科知识，轻教育知识；重“教什么”，轻“怎么教”。二是课程结构单一。长期以来，课程内容一般仅限于教育学、心理学及学科教学法，所占学时一般也只有160学时左右，在所有课程中所占的比例不到5%，而美国占11%，日本占13%，差距非常显著。三是教育理论课程内容陈旧，枯燥乏味，缺乏对国内外新的教育流派、教育改革新动态的介绍。这样的课程设置直接导致师范院校学生在实习过程中存在突出问题，主要表现为缺乏灵活运用知识、驾驭课堂和与学生沟通的能力，缺乏对新的教学方法的探索和创造能力，缺乏先进教学手段的使用能力，等等。在班主任工作方面更是缺乏基本的技能、技巧，如对班级的组织管理能力、对学生的人际吸引和亲和能力及必要的文体活动能力等。另外，我国在教育技能方面的训练也流于形式，训练机会少，致使许多实习生的普通话、“三字”、教案书写等基本技能都达不到严格的合格标准。没有扎实的理论基础和必要的基本技能，“学术性”“基础性”不强，“师范性”也不突出，势必会影响实习的质量。

（三）实习形式简单划一，缺乏合理性

总的来说，西方各国的整个教育实习大都由模拟实习、教育见习、教育实习三部分组成。[①]模拟实习是教育实习的初始阶段，在美国运用较为广泛，基本上在教育学院或实验室内进行，通常采用微格教学的方法，利用声像手段对师范生应掌握的各种教学方法与技巧进行选择性模拟，对学生的讲授进行录像后由指导教师做出客观的评价与分析，使学生形成清晰的自我图式，并熟练掌握整个教学过程中的各种技能。教育见习是教育实习的前奏、练兵阶段，在英国、德国与日本运用普遍，主要是让学生了解中小学教学实际，协助中小学教学工作并承担一定的工作量。这项活动从大学一年级开始，并贯穿于第二、第三学年。以日本为例，日本将教育实习分成三个步骤，即观察、参与和实习，观察和参与就是见习。观察的目的在于客观地掌握以儿童为中心的整所学校的教育活动，以便找到参与教育实践的途径。参与是指实习生积极投入教育活动，体会教育的意图，作为教师的助手与儿童直接接触，完成“引向”实习的任务。教育实习是在一名校方指派教师的指导下，每个实习生都到校方认可和联系的一所公立中小学开展教学，要求学生在教师的指导下制订出每月和长远的教学计划，开展教学和评定中小学生等，并从中验证和再现已提出的结论，进而形成自身的教学风格。

比较而言，我国的教育实习形式单一。近年来师范院校教育实习从转变观

---

① 郑东辉、施莉：《国外教育实习发展概况及启示》，《师范教育研究》2003年第9期。

念、适应基础教育改革和发展的需要出发，在教育实习形式上进行了一些改革并取得了一定的成效。例如，1998 年河南洛阳师专的全程教育实习模式以及其他学校提出的“院县共育”模式，其宗旨是将教育实习贯穿于大学学习的全过程，加深师范生对实习的认识，提高其实践教学技能；2001 年西南师范大学与香港救助儿童会合作实施的“小松鼠”计划，师范大学学生到西部农村学校顶岗实习一年以及浙江省的“基地式”实习经验等都曾在一定时期内产生了积极的影响，都是对我国师范院校实习进行的有益探索。但从我国师范院校教育实习整体现状来看，大部分师范院校实习模式大同小异，即只有集中的一次性的实习而没有在整个大学期间进行多次教育实习的分散实习、穿插实习等。教育实习更多的是注重单向的课堂教学实习而忽视模拟实习、见习的运用。其典型表现是理论和实践，即实习前的课程准备与具体的中小学教育教学相脱节，更谈不上教育实习形式的创新，从而很难保证师范生尽可能多地在真实的环境中去体验教育教学的真谛，积累教育教学实践知识，形成教育教学技能。这也使得教育实习流于形式，走过场，不能实现预期的教育效果，发挥不了它应有的实践优势。

（四）实习时间短而集中，缺乏连续性

20 世纪 80 年代以来，各国教育实习尤其是主要发达国家更加重视师范教育的改革，其中一个重要的方面就是进一步延长教育实习时间，使教育实习时间在总体上越来越充裕，以便未来的教师在更多的实践中掌握教育理论，养成教育能力和教育技巧。在英国，师范生一般至少要花 15 周的时间在中小学的实际教学环境中进行观摩和实习教学。实习期间，实习教师和正式教师一样，每周在校工作 5 天，每天 8 小时，完全参与学校生活，观摩经验丰富的教师上课，实践教学技能。在其他一些欧美国家，师范生实习时间更长，在 15 周的最低保障时间的基础上，美国多则半年，法国 27 周，德国则多达 72 周共 18 个月。美国各州规定师范生教育实习时间一般为 15 周，教育实践活动平均为 11 学分，占总学分的 11%。美国师范生平时也经常走进课堂，与中小学生共同相处，这样培养出来的教师可以很快进入教师的角色，不需要很长一段时间的适应期。①

除此之外，各国在总体上还表现出把教育实习的时间分割贯穿于整个大学生活的趋势。在英国，承担教师教育的高校在一、二年级，要安排学生每周半天到中小学见习，在三年级或四年级时再进行一次集中顶岗实习，学生以两人为一组，深入一个班级，参加学校的全部活动。美国各个州的情况有所不同，但基本上是分两次，第一次是教育见习，第二次是毕业前集中教育实习。在实

① 杨深坑、欧用生：《各国实习教师制度比较》，（台湾）师大书苑有限公司 1994 年版，第 28、46、99 页。

习时间及安排上，这些国家一改过去那种单一的集中式实习，在整个大学期间采取连续教育实习和多次教育实习，使实习的时间分布贯穿于大学各个学习阶段。在总量上延长实习时间，在安排上突出阶段性和延续性的结合，已成为21世纪世界各国教育实习发展的共同趋势。

从调查中得知，我国教育实习在时间和安排上与世界其他国家相比存在明显不足。我国大多数师范院校的实习时间一般为8～10周（有的仅为6～8周），仅占总课时比例的3%～5%。教育实习大多安排在大学四年级的第一学期，而且是一次性地集中进行，这与西方诸国的差距是非常显著的。在实习过程中，由于时间短，师范院校、实习学校和实习生三方都存在着短期行为现象。作为师范院校，一些领导担心实习时间长了会出乱子，希望早一天结束，以便开展其他工作。作为实习学校，也想早一天结束实习，以便恢复学校的正常教育教学秩序。作为实习生，同样希望早一天结束，以便减轻身心压力。由于三方都存在这种心理，因而实习中往往出现因陋就简、能省且省、得过且过的现象，不利于发挥教育实习在培养合格师资中的作用。而且，由于时间过于仓促，实习任务仅限于讲授特定的内容和充当班主任等规定性活动，学生很难在较短的时间内较全面、系统地熟悉与把握教育教学的步骤和环节，获得教师所应具备的教学能力和德育能力，很难在较短的时间内有自主发挥的余地和创造性地实践自己所学的教育教学理论知识，也很难在短时间内树立爱岗敬业精神。于是，教育实习在内容和形式上也基本上是走过场的“四部曲”，即跟班听课、讲课、组织活动、实习总结。这对实习生一方来说极易引起短期行为，造成马马虎虎蒙混过关的侥幸消极心理，直接导致实习效果低下。而且由于这种一次性的时间安排缺少强化和巩固环节，不利于学生初步掌握教学的基本技能，也易造成理论学习与实践锻炼的脱节。即使实习生发现在实习过程中自身的知识结构、能力素质等方面的缺陷，也难以采取措施加以弥补，因为实习生归校后已面临毕业，要忙于毕业论文的写作、毕业考试的准备和就业的抉择。为了增强教育实习的针对性和有效性，必须增加教育实习时间，还应将理论学习、教育见习和教育实习三个环节密切联结，交替进行，让实习生在实习中进行理论与实践的统合对话，为实现可持续发展的实习目标做好铺垫。

（五）实习内容陈旧单调，缺乏综合性

国外许多国家对于教育实习内容规定得非常丰富、细致、务实，可操作性强。西方各国大都制作实习指导手册，对实习各方面的内容做翔实而周全的规定。在英美教育实习过程中，其内容不限于纯粹的教学实习，还包括其他许多内容。其有关文件中规定，在实习学校实习生和在职教师同等要求，除课堂教学外，还参加校内外一切活动，如帮助准备开放日的教室布置、参加全体教职工会议和在职训练活动、出席家长—教师会议等，以及根据课程委员会的安排去做其他工作。除了这些显性内容外，还包括观察和熟悉实习学校的氛围，学习如何理解学生、如何创设良好的班风等隐性内容。实习教师一年中至少要有两周时间全面负责其所任课班级的全部教学活动的计划、实施和评价工作。实习学校还鼓励实习生掌握多个年级的教学经验，在音乐、艺术、体育和特殊教育等方面有个人专长或兴趣的实习生，也有机会在这些非自身专业的学科进行教学，这样可使实习生有机会接触各种各样的教学技术问题并从中学习，以形成和发展自己的教学风格，让学生在多种教学实践中得到亲身体验，真正培养起师范生在制订教学计划、传授知识以及课堂组织管理等方面的能力，以适应教育教学实际，适当调整自我。

从调查中得知，我国教育实习内容涉及的范围相对狭窄，实习内容也无新意，显得空洞，基本上只是进行所学专业的学科教学以及一些简单的班主任辅助工作两方面的实习。在具体实施中，不少师范院校的教育实习都或多或少地存在着重教学工作实习、轻班主任工作实习，重视知识传授、忽视能力培养，重视课堂教学实习、忽视课外各环节实习等问题。在具体的实施中，往往是学生在六到八周内跟着指定的指导教师见习教学与管理的一些环节，然后对指定要完成的教科书的某个章节的内容进行备课、上课和批改作业，并协助班主任老师管理班级。而且实习生一般只任教一个班级的课，十几个课时。因此，为了得到实习指导教师的好评，实习生大多会机械地、被动地去完成指定的教育教学任务，这种单一的、规定性的实习内容使得实习生无法熟悉学科教学计划和课程标准的要求，更没有机会参与学校的其他一些日常管理和活动，如教研室工作、差生的转化工作和公开课的评比活动等，至于教育见习、教育调查、组织课外活动、协助进行学校管理以及心理辅导等方面的内容开展得更少。这些问题，一方面是单纯传授知识的传统教育思想的反映，另一方面则是教育实习内容要求不够具体明确的表现。所以，有必要在各门教育课程中强化科学教育思想，拓展实习内容，并提出明确要求。

（六）实习经费严重不足，缺乏保障性

兵马未动，粮草先行。教育实习需要有充足的经费做保障。因为教育实习要建设基地并给实习基地指导费，要安置实习生的食宿，要给学校派下去的教师一定费用，这些费用在实习生日益增多的情况下也需不断增加。据我们调查，一个师范院校实习生到中小学去住校实习，按六周计算，没有200元以上的经费是不行的。即使是到师范院校附近的学校实习，实习生不住校，六周的实习开支也在百元以上。而从调查结果来看，全国教育实习经费最高的是人均300元，最少的只有5 ~ 10元。这点经费连付给实习学校教师的指导费尚且不足，何况还有带队教师和实习生的吃、行、住、用以及指导教师的工作补助等一系列支出。为了减少开支，一些师范院校被迫做出“改革”，在高校附近的中小学高度集中实习，不派指导教师或者一个地区只派一名巡视教师等，实习工作很难保证正常运行。由于经费严重不足，很多师范院校无法进行实习基地建设，也无力给接收实习生的中小学以更多的帮助，甚至指导经费也无法付与，实习学校基本上是亏本运作，这样很难调动实习指导教师和实习生的积极性，从而导致实习效果低下。

（七）实习管理松散封闭，缺乏多元性

教育实习是一项综合性强、涉及面广、极为复杂的社会实践活动，它不仅是大学的内部事务，而且与实习学校、教育行政部门有着密切的联系。因此，西方各国培养师资的机构都比较重视对这一过程的管理，在打破传统陈旧的管理体制上，注重建立科学合理的教育实习管理体制。在英美等国教育实习管理中，一般由地方教育行政部门成立教育实习工作领导小组，统一领导师范院校教育实习工作。小组成员是由教育行政部门的官员、师范院校派出的专职教育实习指导教师和实习学校代表所组成的“三位一体”的教育实习领导联合体，共同负责教育实习的计划、组织、督导、考核与评估。小组的任务是制订教育实习计划、分配实习生、组织教育实习和实习评价等工作。每学期师范院校把实习生名单交给地方教育行政部门，由教育实习工作领导小组负责全部工作。通过这样的管理方式，地方教育行政部门、师范院校和实习学校共同参与教育实习的管理工作中来，能提高教育实习的管理水平和教育实习的质量。其中美国20世纪初就开始建立大学与中小学合作培养教师的联合体，即由大学的教师和中小学主讲教师紧密合作，共同制订实施教育实习计划。英国的合作管理形式是由实习学校、地方教育当局和大学教育学院的代表组成“伙伴关系指导小组”，作为领导机构，并为实习制定指导原则和目的。这种师范院校与地方教育行政部门以及中小学协同合作的多元化管理不仅使国家教育行政部门、师范院校和实习学校增强社会意识和责任意识，做到各尽其能、各负其责、各有所为，而且对于加强协作，共同管理，从而促进管理模式多样化和多元化都有着非常重要的意义。在这一过程中，教育行政部门的职责在于协调、统筹教育实习各方面的关系，保证实习经费，并给予实习学校一定的压力和优惠。① 师范院校的使命在于加强教育类课程的管理及模式的探索，并与中小学紧密合作，对实习生进行全程管理，选派优秀实习指导教师，定期研讨以促进实习质量的提高与完善。

① 郑东辉、施莉：《国外教育实习发展概况及其启示》，《师范教育研究》2003年第9期，第73页。

实习学校的任务在于指定优秀的指导教师，加强对实习生教育教学各方面的具体指导，创设良好的教育教学环境，增进与师范院校的联系，与师范院校一起对实习生及其实习情况进行考核与评价。

从调查中得知，我国师范院校对教育实习的管理则较为宽松，缺乏相应的严格与多元化的管理、考核与评价机制。一般来讲，各师范院校独揽教育实习大权，实行的是“一统天下”的管理体制。从教育实习的计划、组织、实施到督导、考核与评价等，都得听凭师范院校“一家之言”说了算，教育行政部门、实习学校、用人单位等根本无法参与对师范院校教育实习的相关管理工作中来，从而影响到彼此关系的融洽与和谐。各师范院校与教育行政部门、实习学校、用人单位等关系不够密切，给师范院校学生的实习带来诸多困难，这一方面导致教育行政部门和中小学教师主观上对师范院校实习缺乏积极性和合作精神，难以给实习生提供较充分的实践锻炼和有效的指导；另一方面由于实习目标和任务比较模糊，对实习内容缺乏细化的考核标准，客观上给实习的组织、管理与评价带来诸多困难和不确定性，不利于实习环节中教师与学生双方的监督与管理，从而导致对实习评价亦不够客观、严格以及师范院校学生对实习态度不端正，抱着“实习好坏与毕业无关”的心态去进行实习，最终导致较差的实习效果。

（八）实习基地建设缓慢，缺乏稳定性

教育实习是师范院校与实习基地学校相互学习、相互交流的有效途径，而教育实习基地是教育实习的物质承担者，合格的实习基地是教育实习成功的重要保证。如果没有数量充足、相对稳定的教育实习基地，靠“打一枪，换一个地方”的游击战术或让学生自由组合，自己去联系实习学校的“放养政策”，是无法保证教育实习质量的。而且，从根本上讲，师范院校师范生的职业素质是“教”不出来的，而只有面向真实教育环境的实践，才是师范生成为未来合格教师的根本道路。因此，建立相对稳定的师范院校教育实习基地，与实习学校建立互惠互利的协作关系已成为各国师范院校教育实习中理论与实践联系的必由之路。如美国许多师范院校就十分重视广泛开辟实习场所开展教育实习，都与附近中小学保持密切的联系并建立稳定的实习基地，对师范生教育实习进行双方的统一领导与管理。一部分高校还建立了一种新型的实习学校，即入门学校（Portal School），这种学校多设在贫民区，易于与师范院校建立较为稳定的互惠互利关系。而且，师范生在入门学校实习，能得到更全面的锻炼。英国主要通过建立中小学实习基地，双方互惠互利，充分调动中小学参与教师培训的积极性。德国建立见习期训练学院和与之挂钩的训练学校（实习学校），实习基地十分稳定。日本高度重视教育实习基地的建立和培养，从法律上明确了各大学附属学校要承担的大学生教育实习任务，其实习机构比较完善，建有许多附属学校作为教育实习和研究基地，有些大学还成立了实习指导中心，下设研究、指导、实践、调查四个部门，推动教育实习研究，并对培养教师教育能力进行科学研究。

重视实习基地的建设与管理，建立稳定的校外教育实习基地历来也是我国各级师范院校十分重视的问题。但毋庸讳言，近年来师范院校的大量扩招导致生源猛增，于是大多数师范院校都将主要精力放到吸引优秀生源、引进优秀教师、扩大校园面积、增设配套设施等大事、难事上，加之高校推进后勤社会化改革，故而实习基地的建设与管理工作与其他各国相比相对缓慢滞后。在教育实习中，对于大多数师范院校来说，最难解决的问题常常是落实实习学校的问题，不少学校每年都要花费大量的时间和精力以及人力与物力去落实学生的实习地点。特别是 1999 年以来，师范院校扩大招生人数后，一所学校每年将会有一两千名学生同时参加教育实习，要寻找一所或少数几所能接纳众多实习生的中小学就更为困难。加上许多学校采取集中实习的方法，在短暂的同一时间内安排数十人甚至几十人到一所中小学实习，给中小学的教学、食宿、管理带来很大的压力，影响了学校的正常工作秩序，致使许多中小学不愿意接纳实习生，很多师范院校迫于无奈每年都不得不更换实习地点。这样一种临时选点和到处寻找实习场所的“游击战”和“运动战”的办法和做法，势必会带来很多问题，以致劳民伤财，事倍功半，并直接影响到教育实习目标的达成。教育实习场所的相对稳定，不仅可以有效地解决选点难、指导力量弱等难题，而且对加强师范院校实践性教学环节，加强与中等教育的密切联系，更好地为基础教育服务，具有深远意义。

总之，我国师范院校教育实习目前虽然已形成制度，并且取得了不少成绩，但与国外相比尚未走向规范化，仍存在不少问题。因此，有必要对此进行认真的探讨和研究，找出问题存在的原因和解决的对策。

第二节　教育实习问题的归因

影响师范院校教育实习的原因是多方面的，其中有教育内部的，也有教育外部的；有教育主体自身缺陷方面的，也有体制缺陷方面的；有教育思想、教育观念失误造成的，也有教育教学手段不当引起的。这里试从以下几方面加以分析。

一、传统教育封闭落后，实习观念过于偏狭

传统教育的基本特征是单纯依靠经验操作，单纯依靠教育内部的物质循环，

其结构是封闭的、单一的，教学手段是落后的、保守的，是“粉笔+黑板”式的。这与现代教育大量增加外部投入，用现代科技手段和现代物质进行教育武装，结构上呈开放式，教学手段上具有先进性和高科技含量以及产业化特质是格格不入的。传统教育的落后性和封闭性，不同程度地反射到师范院校的教育观念、专业设置、课程体系、教学计划和教学方法上，一定程度上使师范院校在当代高等教育的横向联系以及与中小学教育的纵向联系中陷于自我封闭、自我循环的怪圈，难以做到眼观六路，耳听八方，从而阻碍了其管理人员和教师素质的提高，相当时期内也成为师范院校教育实习发展的深层次制约。

另外，在传统的师范院校教育教学理论与实践研究中，人们对师范院校教育实习的认识偏狭，缺乏整体和全面的观念。这种偏狭的认识可用三个“一”来表示，即一种功能、一个教学环节、一所师范院校。[①] 其中，“一种功能”是指传统的师范院校教育实习观把教育实习的功能单一化，认为教育实习仅仅是对师范院校实习生进行教育教学能力和职业技能水平的训练，缺乏对师范院校实习生思想品德、教育科研能力、教育创新能力以及社会服务意识的培养，使教育实习变成了一种纯粹的对“教者”的训练；“一个教学环节”即传统的教育实习观把教育实习从整个师范院校教育过程中剥离出来，认为教育实习是师范院校教育过程中的一个孤立的教学环节，不能很好地将教育实习贯穿于师范院校教育的整个教育教学过程与师范院校的整个学习过程；“一所师范院校”是指师范院校教育实习仅仅局限于师范院校实习生所在的师范院校，由于种种主客观方面的因素，师范院校教育实习的重担和责任全部压在“一所师范院校”身上，而不能面向社会，充分调动地方教育行政部门与实习学校的积极性，从而使得师范院校单枪匹马，孤军作战，以致步履维艰，苦不堪言。

二、教育投入严重不足，师范院校盲目扩招

教育投入不足已成为21世纪初我国高等教育发展中的瓶颈问题，这在自我创收能力特别脆弱的师范院校尤为突出。近十年来，一方面是教育投入不足，另一方面是高等院校合并、兼并之风盛行，学校人头费一步步挤占、“蚕食”各所师范院校的教育教学经费。而人头费长期居高不下导致的直接结果是教学经费的严重不足，其最大受害者是学生。实践性教学环节的削弱直接与教育投入不足、教学经费缺乏相关联。教育投入不足还影响了师范院校指导实习教师的待遇和社会地位，降低了教师职业的自豪感，减弱了教师参加教育实习指导和教育实习改革的热情，致使许多本来不错的教育实习改革计划与目标在具体

---

① 王文静：《关于我国师范院校教育实习的理性思考》，《师范教育研究》2001年第9期，第65页。

实施过程中因为教师行为被扭曲而打折或变形，以致夭折。

此外，连续几年的高校扩招，师范院校生源“火爆”的现象有增无减，致使师范生的数量成倍地增长，师范生数量的成倍增长与教育投入不足之间的落差给教育实习带来了一系列问题。如教学法教师紧缺，不得已动员其他教师仓促上阵，使实习生的试教环节把关不严；实习经费短缺，实习基地建设困难；师范生就业压力过大，教育实习中短期行为明显；现代化教学设备短缺，实习生对现代教学手段掌握不够等。

三、经济体制根深蒂固，人才培养模式滞后

长期以来，计划经济体制下形成的条块分割、部门所有、自成体系的小而全观念及其教育运行机制，造成了师范院校单科性质、小而全、基础学科薄弱、专业面划分过窄的体制。作为师范院校投资主体的教育行政主管部门，习惯于按照产业行政的观念和产品定向途径组织办学，要求师范院校严守自己的服务面向，对超出本行业范围的办学思路和办学趋势往往不予支持。在这样一种体制的约束下，师范院校的课程体系长期停滞在文不像文、理不像理、工不像工、师不像师的畸形状态。这种状态带有很深的部门烙印，造成了师范院校的课程对当代自然科学和社会科学新成就、新成果的吸收过程缓慢而滞后，对教育发展的综合性问题认识不足，在适应区域经济和社会发展方面局限性较大，从而束缚了师范院校学科领域的拓展，丧失了许多良好的发展机遇。

计划经济体制对师范院校的直接影响是其现行人才培养模式上的弊端。概括起来主要有以下四方面：[①]一是培养模式单一，并且多年不变。师范院校的培养模式始终没有完全突破20世纪50年代的框子，没有创新性，没有活力，由此导致师范院校教育的专业设置过窄，其直接后果是致使学生知识结构单一，缺乏综合知识、跨学科知识；注重知识传授，忽视能力培养，特别是教育教学所需各方面能力的培养；教学内容陈旧、教学方法单一影响了教学效率。二是教学和科研缺乏师范特色。大部分师范院校，既无综合大学的水平，又无师范特点。具体表现为：教育学科薄弱，只设教育学、心理学和学科教学法，并仅占必修课总学时的5%左右，师范性不强。在科研方面也是片面追求学术性，轻视基础教育问题的研究。这些造成了师范院校教育与中等学校的教育相脱节。三是重深度，轻广度。目前师范院校各专业都重视自身的纵向发展，而忽视了不同学科之间的横向联系。师范院校学生知识面较窄而中小学普遍要求教师要有广博的知识基础。目前高考实行3+X制度呼吁要扩展教师的知识面，所以要

---

① 袁盾：《对教育实习及实习其他功能与改革走向的探讨》，《云南师范大学学报》（教育科学版）2001年第6期。

全面加强基础知识的教育，使师范院校学生具备广博的基础知识。四是重理论，轻实践。当前师范院校的实践课与理论课相比所占比重微乎其微。专业理论课门类全、课时多、学生负担重，而实践课极其单调、课时极少并不受重视。学生很少开展教育调查、教学观摩、模拟教学等活动，教育实习和教学实习加在一起只有六到八周。我国的这种理论与实践严重失衡的师范院校培养模式所造就的学生往往实践能力不强、动手能力差，学生一般都要在毕业后两到五年才能适应中小学的教育工作，又何谈在教育实习中去满足中小学教育的要求呢？这种人才培养模式滞后，难以跟上时代和社会发展的事实已是目前高等教育界一种司空见惯、见怪不怪的现象。

四、职业特色模糊不清，课程设置单调重复

师范教育培养具有师德、创新意识及自学能力、科研能力的新师资，已成为我国师范教育约定俗成的培养方向。然而这些年来，在培养目标上是注重“师范性”还是“学术性”，一直随着师范院校的发展争论不休。其实，“师范性”和“学术性”并不矛盾。强调“师范性”，并不是中小学开什么课程，师范院校就跟在后面开什么专业。“师范性”指的是在培养师范生的教师基本素质和技能的基础上，指导学生了解当今科技发展的新动态，把握中等教育的趋势和规律，站得高，看得远，走在中等教育的前沿。目前，一些师范院校却忽视了自身的这一职业性特点，一味向综合大学看齐，在课程设置上过于注重专业基础知识，轻视教育科学基础知识，致使学生的教师素质差。长期以来，学科本位论一直占据我国师范院校课程设置的中心地位，强调学科专业知识的系统与专、精、深，学科专业课程所占比例过高，内容庞杂，门类多，缺乏内在逻辑联系，主干课程不突出，选修课程的开设也带有较大的盲目性，因人设课的情况较为普遍。由于过于注重学科专业课程的纵深发展，忽视学科之间的横向联合，从而造成培养的师范生专业性太强，知识结构单一，知识面狭窄，综合能力不强，社会适应能力较差。

师范院校教育类课程偏少带来的一系列问题首先是导致师范生普遍缺乏最基本的教育知识、教学理论和教育技能，缺乏现代化教学手段，难以适应中等教育改革和发展的需要。其次，脱离中小学实际，培养中小学实际需要的理论知识和能力的课程太少，教师基本技能训练不够，学生接触教学实践的机会缺乏。最后，对教育科研、教育理论研究不够深入，教育科研没有体现师范院校的特色，没有把基础教育和高等教育改革、发展中的重大理论和实践问题作为研究重点，有效地指导中等教育的改革和师范院校教育的发展。师范院校的课程设置中尽管开设了教育学、心理学、教学法对学生进行教育学科基础知识的教育，但这

些课程内容陈旧，理论性不强，实践应用性较差。六到八周的教育实习是重要的教学组织形式和活动方式，但有的学校要么疏于指导，要么放开让学生自由实习，有的干脆放学生去参加复习考研或联系工作，对教育实习的检测措施也不完善。因此，这一实践环节往往流于形式，对学生实践能力的培养远远未达到要求。

五、法制建设缺乏保障，依法治教困难重重

“在世界师范教育的发展过程中，政府大部分扮演十分重要的角色，往往通过加强教育立法和采取有力措施来规范和推动师范教育的发展。因此，要保证师范教育的健康发展，就必须坚持依法治教，依法治校。”[①] 法律建设是师范院校教育实习改革的重要保障，健全的法制可以为教育实习改革“保驾护航”。自从《教师法》和《教师资格条例》颁布以来，我国逐步实施教师资格制度。这些措施对提高教师队伍的整体素质，无疑具有特别重要的意义。但是我国现有的教师资格制度与师范院校的教育教学明显脱节，主要表现在对教育专业课程尤其是教育实习重视不够。因此，若不从法律上对教师资格制度加以完善，实行学位制度、教育证书和教师资格证书一体化制度，就不能从根本上确保教育专业课程和教育实习的重要地位，教育实习改革就很难真正落到实处。

六、就业市场压力增加，学生热衷考试拿证

近年来，社会形势发生了巨大的变化。1999 年 6 月，《中共中央、国务院关于深化教育改革全面推进素质教育的决定》中指出：“加强和改革师范教育，大力提高师资质量。调整师范学校的层次和布局，鼓励综合性高等学校和非师范类高等学校参与培养、培训中小学教师的工作，探索在有条件的综合性高校中试办师范学校。”该决定的颁布与实施，标志着我国师范教育体系由封闭走向开放。同时，随着教师资格制度的逐步健全与完善以及师范院校分配制度改革的进一步深化，师范生就业压力大增。也就是说，师范生的就业不仅存在着自身之间的竞争，更面临着综合性大学毕业生和社会在职人员的竞争，师范生已不再独享各级各类教师岗位。于是，在这种形势下，考研和外出应聘成了大四学生的首要任务。许多师范生利用大四期间所开展的教育实习时间参与研究生的复习备考或外出找工作，在教育实习的过程中往往是人在曹营心在汉，对教育实习不专心、不热心、不细心，没有把全部精力放在教育实习这一重要环节上，抱着“实习好坏与毕业就业无关，不如做一天和尚撞一天钟”的心态，得过且过，更不用说做到善始善终，完善地完成教育实习的任务了。

---

① 薛天祥：《高等教育管理学》，广西师范大学出版社 2001 年版，第 115 页。

特别是随着近年来大学校园中出现英语“过级热”和“考研热”“考证热”，一些院校把相当一部分精力集中在学生的“过级”指导和考研、考证指导上，而忽视平时对师范生技能的训练，对实习成绩也不怎么在乎。据笔者调查，目前很多用人单位，主要指中小学校，过于看重师范院校毕业生是否拥有英语四六级证书、计算机等级证书和普通话等级证书而不注重其教育教学、人际交往和班级管理等实际能力，以及过于看重毕业生的专业课成绩而轻视其实习成绩的现象，也是导致师范院校和师范生不重视教育实习而把它当作形式主义来看待的一种逆因。

第三节　促进实习改革的策略

一、教育实习改革的背景

第二次世界大战以来，科学进步和技术革新的瞬息万变、文化知识的急剧更新、人们教育观的深刻变化等因素的作用，使人们的教育需要在质和量上都发生了巨大的变化。相应地，人们对教师在现代社会中的重要作用有了新的认识，对教师的期望也越来越高。国际 21 世纪教育委员会在提交给联合国教科文组织的报告——《教育——财富蕴藏其中》中指出：“教师作为变革的因素，在促进相互理解和宽容方面，其作用的重要性从未像今天这样不容置疑。这一作用在 21 世纪将更具决定意义。”[①] 党的十九大报告指出：坚持强教必先强师，建设高素质专业化教师队伍。基于教师在社会和教育中如此重要的作用，我们必须加强对教师进行高质量的培训。而国际 21 世纪教育委员会指出：“高质量的培训意味着未来的教师应与有经验的教师以及在其各自学科中工作的研究人员进行接触。”[②] 这就是说，教育实习是高质量培训教师的重要方面。观念的变化必然促进制度和行为的变化。随着人们对教师职业的职业化与专业化认识的不断深化，对师范院校教育实习将会越来越重视。

国际教育改革的形式是大势所趋，我国积极应对这一改革。2010 年全国教育工作会议明确提出“必须办好师范教育，让学生在专业知识、专业能力、教学技能和教师气质上全面发展，坚定教育事业信仰”，2011 年教育部则进一步倡导“大力推进教师教育课程改革”。

① 国际 21 世纪教育委员会：《教育——财富蕴藏其中》，教育科学出版社 1996 年版，第 134 页。

② 国际 21 世纪教育委员会：《教育——财富蕴藏其中》，教育科学出版社 1996 年版，第 143 页。

2010年中共中央、国务院颁布实施的《国家中长期教育改革和发展规划纲要（2010—2020年）》中提出了“加强教师队伍建设”的规划，2011年教育部颁布实施的《教师教育课程标准（试行）》提出育人为本、实践取向和终身学习的三大基本理念，以及教育信念与责任、教育知识与能力、教育实践与体验三大职前教师教育课程目标领域，紧接着教育部颁布实施的《中小学教师专业标准（试行）》中再次强调“师德为先、学生为本、能力为重、终身学习”的基本理念，对基础教育专任教师提出了新的更高要求，也为基础教育教师培养明确了方向。

2013年11月党的十八届三中全会中关于深化改革的“60条”中强调教育综合改革。努力培养造就一大批一流教师，不断提高教师队伍整体素质，是当前和今后一段时间我国教育事业发展的紧迫任务。为贯彻落实中共中央、国务院印发的《关于全面深化新时代教师队伍建设改革的意见》《中国教育现代化2035》《关于深化教育教学改革全面提高义务教育质量的意见》以及《教育部关于加快建设高水平本科教育，全面提高人才培养能力的意见》（教高〔2018〕2号）、《普通高等学校师范类专业认证工作指南（试行）》等文件精神，倡导“学生中心、产出导向、持续改进”的基本理念，实现职前培养与职后教育的融合应用，建设高素质专业化创新型教师队伍，师范院校必须创新人才培养模式，实现规模化教育与个性化培养的有机结合，建立促进学生综合素质和个性发展的教育体系。师范院校应以情景实践为主要形式，以师范生的教师职业能力培养为核心，以敬业创新能力、个性特长发展、组织协调能力、社会适应能力、教学实践智慧以及人文科学素养等特质为集合体，构建“教学、研究、实训一体化”的师范生开放式培养模式，由过去的静态知识评价转变为动态能力发展评价，由过去书本的价值观说教转变为特定情境下的价值观构建，从而为基础教育培养出具有开阔的教育视野、丰富的实践智慧、过硬的职业技能的优秀教师。

二、教育实习改革的策略

了解到师范院校教育实习存在的问题和原因后，为了进一步加强教育实习，培养高质量的师资人才，有必要有针对性地采取以下措施。

（一）科学合理定位目标，凸显发展搭建平台

目标是目的的具体化，而教育实习目的是教育实习的出发点和依据，也是教育实习的归宿。因此，参照国外的做法，并结合我国师范院校的特点，我们必须对教育实习的目标进行合理定位，使之具有较强的针对性和可操作性。教育实习的目的主要是检验和培养学生独立工作能力，这也是毕业生找到称心如

意的职业的基本条件。所以，师范院校对实习生的要求以及安排的具体规定都应紧紧围绕这一中心目标，即完全按照对正式教师的要求，在真实的学校环境中通过实习来检验和培养实习生的独立工作能力。因此，在教育实习过程中应强调实习生必须认真贯彻这样两条基本原则：一是要求实习生全面从事一个教师实际应做的工作，按照对一个正式教师的要求来安排实习任务；二是强调学校真实而不是人为的环境，使实习生通过亲身的实践和体验，对学校的实际工作有真实的感受。根据这两条原则，各个地方和学校可针对自己的实际情况采取灵活多样的教育实习形式，从实习的要求和安排到实习的内容与措施都做具体的规定，从而提高未来教师的教育实践能力。

在教育实习目的上，如果仅仅认为教育实习是为了检验学生所学知识，培养其实际工作能力，这种认识不仅是狭隘的，而且有可能阻碍教育实习的顺利进行。笔者认为教育实习的最终目的是完成一个实习生由学生到教师的过渡，这种过渡是一个学生在知识上有了一定的储备、能力上已经有一定的提高之后，在心理、气质、精神状态上向教师和成熟个体跨越的一个中介和过渡，是一位"准教师"的"工作成人"的过程。[①] 通过实习，不仅能给实习生提供一个了解中小学、接触社会的机会，更能在实习的过程中通过从事作为一名中小学教师的工作的亲身体验和感受，提高他们的教育教学能力和社会适应能力，使他们在实习之后，从各方面看都应该像一名教师而不再是一名学生，为他们即将担任的教师角色有一个心理准备。因此，教育实习不能仅着眼于培养一位好教师，更要着眼于未来教师的整体成长和终身发展的需要，制定比较具体的教育实习目的与要求：①在实习中，自行活用及练习教育教学技巧，以求不断加强教育教学信心。②在分科导师与其他有关导师的指导下，吸取良好的教学经验及意见，使教法不断获得改进。③从历练中获得教育教学上的实际效益，并针对体验所得的各项问题，寻求理论参证与解决办法。④通过教育教学实习与实地观察，体验学校组织及教师工作的实质。由此可见，通过教育实习，要使实习教师在认知、能力和情意等方面达到合格教师的基本要求。

此外，教育实习还应为实习生与用人单位的直接相互了解搭建平台，为师范生就业提供优先选择与被选择的机会。因此，教育实习也应是师范生定位自己、推销自己的窗口。[②] 当前高校毕业生就业工作的重要性和紧迫性越来越为人们所重视。尽管师范办学性质和办学特色使其成为教育系统用人单位的首选对

---

① 郑东辉、施莉：《国外教育实习发展概况及启示》，《师范教育研究》2003 年第 9 期，第 70 页。

② 周育国：《注重高师教育实习的"窗口"价值》，《中国教育与经济论坛》2002 年第 2 期，第 50 页。

象，师范生的总体就业形势近几年尚处于较好状态，但在高校毕业生总体就业形势日趋紧张的情况下，在国家已经允许任何符合规定条件的人都可以从事教师职业的局面下，师范院校的大学生也面临着就业竞争。因此，师范生应抓住教育实习所提供的机会，定位自己，展现自己，推销自己。可以说，由于教育实习是学生毕业前夕直接与未来岗位或潜在的用人单位接触的一个重要环节，是一个既能体验成长为教师的实践经验，又能获得在未来岗位或潜在的用人单位展现自己的平台的正式预演，从一定意义上讲，这使师范生获得了优于其他择业者的机会。尤其在市场经济条件下，用人单位有广泛的用人自主权，教育实习就使师范生实际上具有了先于他人的优先自荐权、选择权与被选择权。师范生应该非常清楚地意识到这个优先权，并把握这个机会，使潜在的用人单位变为现实的用人单位。所以说，一定的实习岗位，是每个即将毕业的师范生成功就业的“窗口”，通过这个“窗口”，发现自我，定位自己，实现自我。同时，就师范院校而言，也应抓住这个得天独厚的机会来展现学校的实力，推销自己的学生，以此为传媒，让社会公众和用人单位更多地了解学校，提高学校的知名度，扩大学校的影响力，因此，各师范院校必须高度重视教育实习的“窗口”价值，让社会更多地了解自己，从而更好地提升自己。

总的来说，教育实习的目标定位应尽量将实习活动建立在实习学生的需要和兴趣基础之上，并应对实习生作为一名教师同时作为一名学习者有用。广泛的和各种各样的经历支持着未来教师的发展，这种支持不仅是一名称职的教师意义上的，也是一名有责任心的公民和个体意义上的。也就是说，实习的目的和原则不只是为将来的教学做准备，更考虑到教师作为一名个体的最佳成长。

（二）完善指导教师队伍，加强前期准备工作

师范院校教育实习进行是否顺利和质量的高低，与实习指导教师的个人素质和队伍构成状况有很大的关系。教育实习指导教师队伍一般由两部分人员构成：一是师范院校指派的带队教师，二是实习学校的任课教师。前者主要负责实习过程的督导与管理，后者主要进行专业教学实习的指导与帮助。因此，应该特别重视教育实习指导教师的选拔工作。首先，作为一名优秀的教育实习指导教师，应该做到：①具备较好的专业学术修养。②熟悉所指导学科的教材教法，具备课程设计的能力。③了解中小学校教育教学和管理的实际情况，具有较强的分析问题、解决问题的能力和教育机智。④具备收集、整理、处理教学信息的能力。⑤有充分的时间和充足的精力，并具有较丰富的教学实践经验。[①] 关于

① 王卫东：《提高高等师范院校教育实习质量问题的探讨》，《广州师范学院学报》1998 年第 3 期，第 91 页。

所选派指导教师的条件，我们还可借鉴台湾地区的做法。首先，台湾地区对师范大学五年级实习指导教师的资格明确规定为："除符合教育人员任用条例规定讲师以上之聘任资格外，尚需符合下列条件之一：①曾任中、小学教师二年以上，教学热心且成绩优良；②曾担任过所在学系教材教法或教学实习的教学二年以上。"[①]其次，台湾地区要求公共教育类课程的任课教师必须参与教育实习，成为教育实习指导教师队伍的必要组成部分。公共教育类课程教师在教育实习中的主要职责应该是：①帮助实习生做好教育实习之前的心理准备。②协助实习生做好教学之前的备课、了解学生、钻研教材、选择教法、设计上课的程序等工作，并在此过程中进一步使实习生巩固有关的教育知识。③帮助实习生分析教育实习过程中出现的问题，并给予教育指导。④与其他教师一起指导实习生做好班主任工作实习。⑤通过听课、评课以及其他教育活动，加强教育实习过程中的现场视导工作。[②]最后，台湾地区非常重视实习指导教师的优化组合。合理的实习指导教师队伍应该能够对实习生进行科学的组织，对他们在教育实习过程中出现的各方面问题进行及时有效的指导，并通过现场视导和教学指导帮助实习生巩固已经学过的专业知识和教育知识，形成初步的教育实践技能，从而确保教育实习的高质量和高效率。因此，谨慎地选择教育实习指导教师并进行学科、性别、年龄和能力的优化组合，是教育实习之前必须做好的一项重要工作。

完善指导教师队伍只是教育实习做好充分准备的一方面，除此之外，还应对实习生提出规范和要求，这也是教育实习取得成功的保证之一。师范生应该从入校开始就进入教师角色，进行教育实习的准备。教育实习的准备可大体分为教育实习的前期准备、临界准备及过程准备三个阶段。前期准备着重于"培养"，指从新生入校开始到即将教育实习时，为培养合格的实习生而进行的准备。临界准备侧重于"适用"，指的是在即将进行教育实习时，为成功地进行教育实习所做的组织上、思想上、业务上及财务上的准备。过程准备突出"具体"，是实习生下到实习学校后，为完成教育实习的每一项任务所做的具体准备。

对于师范院校的教育实习而言，做好前期准备最重要的是着眼于夯实基础，切实开好教育教学理论课和实践课。首先，从近年来师范院校教育实习的情况看，如果师范生的教育教学基础理论比较贫弱，就会缺乏对教育和教学规律以及学生的学习特点、心理特点等方面的了解。因此，师范院校必须开齐、开够、开

① 杨深坑、欧用生：《各国实习教师制度比较》，（台湾）师大书苑有限公司 1994 年版，第 19 页。

② 王卫东：《提高高等师范院校教育实习质量问题的探讨》，《广州师范学院学报》1998 年第 3 期，第 92 页。

好教育学、心理学和学科教学法等教育教学基本理论课，加强学生的教育教学理论功底。同时教师教育专业化方向的发展与国际教师教育的经验昭示，改变我国教师教育长期以来存在的重理论轻实践、重知识轻应用、重学术轻师范的观念与传统，加大教育实践课程的比重，强化实践性教学环节和未来教师教育理论、教育方法、教育技能和现代教育技术的掌握与应用，是改革现行教师教育课程、提高未来教师教育实践能力和动手操作能力的必由之路。其次，为改变师范生教育类课程“老三门”内容陈旧、脱离实际的现状，加深和扩展教师教育的内涵和外延，丰富师范生的教育素养，提高从教能力，可以开设“教育研究方法”“师生沟通艺术”等教育类选修课程系列，并规定每位师范生必选门数。这样就构成了教师教育课程的三大板块：基础理论板块、拓宽视野板块和操作技能板块。再次，师范院校要定期组织学生进行各种形式的理论联系实际的活动，包括到中小学去观摩、见习、调查以及开讲座、讨论会和模拟课堂等，以增强学生的理性认识，不要把教育实习准备工作推到高年级才仓促进行。最后，加强微格教学和说课的训练，提高师范生运用现代教育手段的能力。随着信息技术和网络技术的迅猛发展，计算机辅助教学、计算机辅助研究和多媒体教学成为中小学教育手段和教育技术现代化发展的需要。因此，教育实习前的准备充分应着眼于教育类课程的合理设计和教育技能技巧的严格训练，要把专业知识和能力培养有机地结合起来，在夯实基础的同时，注重教师基本技能的培养，加强职业训练，着眼于素质教育和中小学对师范生在“德”和“智”方面的要求，更应着眼于实习教师以后的专业生命的发展，为学生提供更多的培养教师基本技能的机会，提高学生传授知识的能力，实现专业知识与教学能力的统一。

（三）丰富教育实习内容，博采分类实习形式

为了适应人才市场和市场经济的客观需求以及国内外师范院校教育实习改革不断推进的步伐，师范院校教育实习的内容也应不断丰富。各个国家可根据国情的不同创造不同的师范院校教育实习内容，我国不同层次、不同类型的师范院校也应立足现状，依据自身的不同特点制作实习指导手册，对实习各方面内容做翔实周全的规定，以创设各具特色的师范院校教育实习内容。在实习过程中，其内容应不限于纯粹的课堂教学，还应包括其他许多内容，如教育见习、模拟实习、班主任工作实习等，从而使各种实习内容相互结合，通过不同的教育实习内容提高师范院校学生教育、教学实践能力。特别要强调的是，在实习学校，实习生和在职教师应同等要求，除课堂教学外，还应组织与参加校内一切活动，如组织课外活动，协助学生思想政治工作与学生心理辅导，了解或见习教导处、政教处和共青团等各项管理工作，参加全体教职工会议和在职训练活动，出席家长会。实习学校还应鼓励实习生在实习期间掌握多个年级的教学经验，激励那些在音乐、体育和特殊教育等方面有个人专长或兴趣的学生找到在这些非自身专业的学科进行教学的机会。

与此同时，在师范院校教育实习的实践探索中，随着教育实习内容的日益丰富，教育实习的形式也应呈现多样化的发展趋势，除了采取传统的师范院校教育实习形式，如集中蹲点实习、分散实习、全委托实习、顶岗实习等形式外，还可开辟一种能促进师范院校可持续发展的教育实习形式，即分类实习制。其具体分类方式如下。

问题式实习，即带着问题去实习。传统的教育实习往往着眼于讲课技能的传授，忽视了对师范生理论创新能力的培养。但在当前教育改革如火如荼地进行的形势下，特别是基础教育新课程改革的大好时机，随着许多新的理念的提出，如终身教育、过程性目标、建构性学习、研究性学习、活动性教学与发展性评价等，我们更有必要对这些新的理念和观念进行探讨和研究，实习生更应如此。这需要在教育实习的过程中，带着问题去思考，并将这些新的课程改革理念内化为实习生自身的知识，一方面要求实习生把自己固有的教学观念和教学行为与新理念进行比较，改造自己的观念；另一方面也需要实习生从实习对象——学生的实际出发，对新课程的实际运用做进一步的探索。如新课程倡导的“基于学生已有的经验，改变学生的学习方式，促进学生全面发展”，这些崭新的理念只有通过教学实践，才可能深刻地领会并灵活地运用。

研究式或调研式实习，即将教育实习与社会调查或完成某个科研课题相结合的形式。随着经济的发展、社会的进步，师范生的社会接触面也日益广阔。但是真正深入教学第一线，直面学生的机会为数不多。传统的教育实习只从听课、备课、讲课的角度出发，忽视了教育实习实际上是一次绝好的社会调研的机会，使教育实习单一地成了“实习”，没有在单位时间里创造出更高的劳动效率。将教育实习和调研相结合，可以从大学第二学期开始对实习基地的基础教育状况做跟踪调查，可以对实行新课程改革或其他改革的试点学校、试点班级做专题调研，收集一手资料和数据，把握基础教育研究领域的主动权和发言权。通过以上种种措施，才能使教育实习适应基础教育改革的需要，成为师范教育的有机组成部分，使师范生的培养更贴近现实的要求。只有这样，我们才能为基础教育做出更大的贡献。

职业训练式实习。现在师范专业不再由国家统一分配，师范生要加入自主择业的行列。面对自由竞争的人才市场，师范生必须从自我发展的角度出发，主动参与社会竞争才能具备生存能力。职业训练式实习一般可针对那些毕业后有既定去向或有意向的学生，在当地教育行政部门和有关学校的协同作用下，将他们“预分”到学校进行教育实习，接受培训和考察，把教育实习与毕业预分配结合起来。这是一个使实习生由被动实习转向主动实习，调动实习生与实习学校双方的积极性的良好方法。首先是从学生的利益与实际出发，充分利用现有资源，促使实习学校就地取“材”，对学生的综合能力进行实地考察。这一方面可缓解就业的压力，给实习生营造一个竞争的环境；另一方面可使学生安心于自身的教育实习工作，在教育实习中有所收获。其次，已签约的学生，可允许其到签约的学校实习，这有利于实习生明确责任，努力丰富教学理论，虚心学习，完善教学技能，提高自己的专业文化水平和思想道德修养。

服务式实习，即将教育实习与社会服务相结合的一种形式。在当前开放的时代，促进学生个体的社会化和德、智、体全面发展，只凭师范院校的“小气候”是难以奏效的，而必须得到社会的支持和配合，形成一体化的社会环境，尤其是对实习学生来说，更有必要根据社会经济、社会发展对劳动者素质方面的要求来确定教育实习的目标、内容、途径。其具体操作方式是实习生可利用所在学校的办学优势、空间优势及自身的文化优势举办社会或社区群众急需的各种文化补习班、扫盲班、艺术班、家庭教育班、幼儿学习班等和配合社会或社区进行人口普查、职业技术调查、“三下乡”等活动以及参与青年志愿者活动。这对于实习生而言，既可以打破封闭的环境，主动积极地参与社会的活动，又可接触社会，参加社会实践，扩大视野，培养多方面能力。所以，重视并发挥社会或社区在个体教育中的作用，对于培养大学生的多方面能力是非常重要的。

教学案例引导训练式实习。① 即把教育实习分解为不同的教学实践环节，通过开设教学实践课和利用高校与农村中小学寒暑假的时间差，对师范生进行的基本技能培训。其具体做法是把案例教学引入教学实践课，发挥教育调查的作用，让学生以案例收集、整理、分析、研究为主线，进行教学技能演练，使学生亲自从实际教学中发现问题、分析问题、解决问题，提炼课堂教学的方法，省悟教育教学的规律，从而达到教育实习的目的。这一模式所开设的教学实践课，可从新生入校起，就给每人配发一套本专业的中小学教材，固定每周一个下午为教学实践课时间，将学生分成若干实践小组，结合教学案例，创设教学情景，开展案例分析、讨论、演练等，对课堂教学环节进行剖析、实践。

这样师范院校通过开辟教育实习与社会调查相结合、教育实习与社会服务相结合、教育实习与毕业预分配相结合、教育实习与专业实习相结合、教育实习与完成某部门的科研或工作任务相结合的新天地，既可避免传统教育实习中以一种形式代替另一种形式，以一种教育实习内容作为整个教育实习内容的弊

① 余红君：《高师教育实习存在的问题及对策》，《职教论坛》2005 年第 14 期，第 54 ～ 55 页。

端，又可适应人才市场和市场经济的客观需求，全面锻炼学生的专业技能与社交能力，创造出高效能的教育实习效果。而且，这种分类实习的形式，可以使师范院校学生在校学习期间定期或不定期地在中小学或社区开展学习、见习。它既可以克服一次性教育实习的缺陷，从而有利于系统连贯地训练学生的从师技能，增强师范生对中等教育工作的适应性，也可以培养学生的人际交往能力、教育科研能力和社会适应能力。这种改革构想虽然是十分大胆的，但真正照此模式开展实习，效果将是十分显著的。

总之，随着国内外师范院校教育实习改革的不断推进，师范院校教育实习的内容和形式也应不断丰富。我国不同层次、不同类型的师范院校可立足现状，依据本校不同的性质、培养目标、师资状况以及师范生的身心发展特点和适应能力而创设出各具特色的师范院校教育实习内容和形式。

（四）适当延长实习时间，合理分配实习阶段

师范院校毕业生就业面临着来自综合性大学毕业生的严峻挑战，这种挑战既有压力也有动力，这就要求师范院校要不断改革、不断发展，使毕业生的质量和综合素质更高，从教能力和班主任工作能力更强。教师是实践性、创造性很强的职业，需要必要时间的保证，才可能获得良好的效果。在教育实习方面，美、英、法、德、日等发达国家，都改变了过去那种单一的集中实习模式，采取连续性、阶段性教育实习的方式，使实习时间贯穿在大学的各个阶段。因此，我们应该参考和借鉴发达国家教育实习的有关经验与精华，并结合我国实际，适当延长和增加教育实习时间。但究竟延长多少时间为宜，这是值得慎重考虑的。既要考虑到师范院校教学计划的全面实施，又要考虑到实习学校的可接受性。我国师范院校教学计划的总课时量一直居高不下，政治理论课、德育课的地位是不可动摇的，只能加强，不可削弱。外语、计算机属于国家、省统考课程，是未来教师必备的工具性知识，也只能强化，所以只有专业基础课和专业课有改革的余地。也就是说，延长实习时间只能削减专业课，于是实习时间过长势必影响到专业知识的学习。另外，在中小学依然面临升学压力的情况下，实习时间过长也很难得到实习学校的配合。因此，考虑到我国师范院校的实际教学需要以及人力、物力、财力等客观方面的因素，我国师范院校应保证至少 12 周，占总课时比例的 10% 以上这个最起码的教育实习时间。当然，延长教育实习时间也涉及许多问题，如学制要不要延长，教学计划要不要改变，学生毕业后的工龄计算、工资待遇等问题，都需要相应的考虑，而这些问题又不是师范院校所能解决的，这需要教育行政部门做出决断。

除了适当延长教育实习的时间之外，还有一个时间的合理分配问题。从理论上讲，在教育实习时间的配置上应做到使理论学习、教育见习和教育实习三个环节密切联结，交替进行。目前国际师范教育领域流行一种“一体化”理论，其中一点就是在师范教育阶段“从培训一开始，理论教学与实习就交替进行，互相补充，使理论成为活的、产生实效的理论，实践成为在理论指导下摆脱了盲目性和自发性的实践”①。例如，美国的一些大学在师资培育课程中，将理论课程寓于教育实习而施行，专业教育的各科目尽量安排实地实践，提供学生练习专业能力及获得反馈的机会。其教育实习中心的课程设计，从第二学年就开始教育实习，每学期都会有不同的内容。我国师范院校教育实习在适当延长时间之后，也应借鉴这一科学做法，把实习时间尽可能分散在每学期中进行，并且合理分配教育实习的时间以取得应有的实习效果。具体来讲就是第一、二学年每学期都要定期安排三周以上的时间组织学生去中小学见习，旁听学校的一些会议和观赏学校的一些文体活动，包括旁听开学典礼、学生大会、教师例会、教研活动、集体备课活动、主题班会、新班主任培训会等和观赏学校运动会、公开课和示范课等，在这些活动中要求学生认真记录参观的具体情况甚至细节，并撰写心得体会，这样才便于师范院校实习生明确自己将来从事的职业的要求与规范，了解未来的教育对象的年龄特征、学习过程及思想状况等方面的情况。从第三学年起每周或每月要定期安排至少四周的时间组织师范生去中小学，跟随指导教师学习如何分析教材、学生，如何备课与上好一堂课，如何批改学生作业和辅导学生，如何找学生谈心和做好差生的思想工作，如何组织课外活动等，并与指导教师一起研究课程标准，讨论教材的重难点，分析课型特点及教学方法，听评指导教师上课等。第四学年可以定期安排五到六周的时间组织实习生去中小学上实习课和担任班主任，在指导教师指导下组织各种课内课外活动，并定期更换学校和班级，以获得丰富的、具体的教育教学经历。另外，鼓励实习生突破传统的思维模式，大胆尝试一些先进的教学与管理方法。同时，有针对性地开展教育科学研究，完成一份教育调查报告。实习生对每学期的见习、实习都必须认真记录，及时总结，反思自己的不足，主动与指导教师讨论改进的方法。

总之，在教育实习的时间及安排上，我们应该改变过去那种单一的短促的集中式实习，采取连续教育实习和多次教育实习制，使实习时间分布贯穿于大学各个学习阶段，在总量上延长实习时间，在安排上突出阶段性和延续性的结合。

（五）多方筹措实习经费，确保投入稳步增长

① 杨深坑、欧用生：《各国实习教师制度比较》，（台湾）师大书苑有限公司 1994 年版，第 49 页。

实习经费问题是当前实习工作的最大难题，这个问题不解决，实习工作就无法开展。现在有的学校实行实习经费包干的办法，甚至包干到个人，把实习经费发给实习生本人，让实习生“自谋出路”，这虽然有效地杜绝了浪费，但仍然没有从根本上解决实习经费不足的问题。所以，根本出路仍在于增加实习经费投入，多方筹措和尽可能节省实习经费，并实行实习经费单列的法制化管理，才能从政策与制度上保证其有效筹划和使用。具体来说，就是两条途径：一是增加；二是节省。

增加实习经费投入，首先要争取教育行政部门的政策扶持，争取能从财政上划出一块教育实习专项经费。从目前来看，师范院校的招生收费低于非师范院校，而且非师范院校的国家拨款是师范院校的三倍还多，因而，师范院校经费明显不足。为了确保教育实习质量，国家应该在政策上给予扶持。其次，作为师范院校本身，一方面是努力增加教育实习经费在整个学校经费中的比例，并遵循实习经费“统一计划、专款专用、量入为出”的使用原则；另一方面是做到“开源”，实行“国家拨一点，地方给一点，学校出一点，院系自筹一点，社会捐一点，学生个人担负一点”的多方集资办法，充实实习经费，促使实习经费的稳步增长。另外，师范院校还可以组织一些有偿性的社会服务，如家教、教育调查、教育研究等，这些项目本身就属于教育实习内容的一部分，既可以使实习生受到实际锻炼，又可以减轻实习时的经济负担。作为实习生，实习期间食宿校外，学校开支增加，实习生也应该合理分担一部分食宿及效能费用。

另外，就是考虑一种“节流”即节省实习经费的办法。目前师范院校教育实习经费的运行有三种情况。第一种是师范院校向实习学校交费制。中小学校为师范院校的实习工作付出了艰辛和劳作，理应得到适当的补偿。师范院校应充分考虑中小学教师的劳动强度支付适当的实习费，包括中小学教师的劳务费、学校的管理费、实习生的住宿费等，一般人均 100 ~ 300 元不等。但由于许多师范院校实习经费的缺乏和实习生人数的不断增加，师范院校就会将矛盾转嫁给学生，由学生个人分担部分经费。第二种是互惠互利式。实习学校在体谅师范院校困难的前提下，认识到师范院校学生实习是为中小学培养好的教师、为中小学服务的一件互惠互利的事情，应该少向师范院校收取实习费或根本不收费。第三种是实习学校支付工资制。这一般是顶岗实习模式下实习学校给予顶替某位教师的实习生的岗位工资。比较这三种方式的利弊得失，第三种可以提倡，但在目前大多数中小学校师资达到饱和的情况下难以实施，第一种在目前师范院校实习经费缺乏的情况下应尽可能避免。所以，从考虑师范院校和实习学校双方的利益出发，最为有效和可行的方式就是第二种，即互惠互利式。采取这种方式才能节省或减少师范院校教育实习的花费。笔者认为，建立这一运行模式的根本方法一方面是通过深化教育改革，使基层中小学真正认识到教育实习对提高未来教师素质和能力的重要性，是一项直接为他们培养合格教师的工作，是与师范院校共同的事业，也是他们日常工作的重要组成部分；另一方面是师范院校要充分利用自身雄厚的理论实力及在新信息、新知识、新技术等方面所拥有的明显优势，加强与中小学的长期合作，建立师范院校固定的教育实习基地。

（六）改革实习管理方式，分层管理合作共存

教育管理的本质是协调教育系统有限的资源投入与高效益地实现教育总目标的矛盾。① 其具体做法就是发挥系统中各个分散的个体的功能，使整体功能大于个体功能之和，从而提高办事的效率。因此，我们应借鉴国外一些好的做法，从根本上扭转我国过去长期以来所形成的教育实习由师范院校独家包揽的封闭保守局面，教育行政部门、师范院校、实习学校都应该担负各自的责任，互相配合，加强协作，即组成由地方教育行政部门、师范院校、实习学校参加的“三位一体”的教育实习领导联合体或教育实习工作指导委员会，层层管理，合理分工，共同负责，全面指导实习的计划、组织、协调、督导与检查、考核与评估、经验总结等工作，增强各自的社会意识与责任意识。教育行政部门的职责在于协调、统筹教育实习各方面的关系，保证实习经费的到位与有效使用，并给予实习学校一定的压力和优惠。师范院校的使命在于加强教育类课程的管理及模式的探索，并与中小学紧密合作，对实习生进行全程管理，选派优秀实习带队教师，定期研究与讨论实习工作的进展以促进实习质量的提高与完善、实习善后工作的总结与交流。实习学校的任务在于指定优秀的指导教师，加强对实习生教育教学各方面的具体指导，创设良好的教育教学环境，增强与师范院校的联系，与师范院校一起对实习生及其实习情况进行考核与评价。

如何发挥好教育行政部门、师范院校、实习学校等各自的作用并凝聚成合作力量，关键在于师范院校的作为。师范院校有人力的优势，深入中小学，积极探索管理模式，加强与实习学校的科研合作、教学联系，争取地方教育行政部门的支持，努力创建并推行既富有地方特色和地方教育特点又符合学校自身特色的教育实习模式。

（七）拓展稳定实习场所，合作共建固定基地

教育实习是教师教育不可缺少的重要环节，而教育实习基地是教育实习的物质承担者，解决好实习地点落实难和建立稳定的实习基地是保证教育实习顺利进行的前提。

---

① 薛天祥：《高等教育管理学》，广西师范大学出版社 2001 年版，第 115 页。

首先，师范院校、教育行政部门、普通中小学三方应形成共识，即要认识到是为了培养合格的教师，使教育事业后继有人，兴旺发达，认识到搞好教育实习、提高教育实习质量是大家共同的责任。《中华人民共和国教育法》第四十七条规定："国家机关、军队、企事业组织及其他社会组织应当为学校组织的学生实习、社会实践活动提供帮助和便利。"《教育法》关于教育实习的这一原则规定，不仅为教育实习立法工作指明了方向，而且为教育实习基地建设提供了法律保障和奠定了基础。因此，师范院校的任务是进一步将这一原则规定明确化和具体化，建立明确规范的教育实习法律法规体制。要明确规定高校教育实习的具体要求和权利，明确规定中等学校和社会各界在帮助高校搞好教育实习工作中应承担的责任和义务，并通过"红头文件"来协调好高校和中小学的关系，以此来规范高校的教育实习工作，精心选择教育实习基地，使教育实习工作逐步走上规范化和制度化的健康发展道路。要在此基础上共同努力：师范院校要做好实习基地的选择工作，所选择的中小学校一定要具备能使教育实习顺利进行的条件，如学校领导班子比较过硬；办学思想端正；指导力量较强；能容纳一定数量的实习生；交通比较方便；能够克服困难解决实习师生的吃、住问题，特别是提供必要的住宿条件等。而且，作为教育实习基地的中小学要把接受师范院校教育实习作为本校工作的有机组成部分，组织有丰富教学经验和能力的教师配合师范院校带队教师一道做好指导工作，同时还要做好其他服务工作。教育行政部门则要充分发挥其决策、协调功能，对教育实习基地的建立起保证作用。

其次，师范院校、各级教育行政部门必须将教育实习的基地建设列入重要议事日程，真正把实习学校变成名副其实的实习基地。教育实习基地应具备以下条件：一是教育目的明确，正确执行党和国家的教育方针政策；二是物质条件完备，突出示范作用；三是教学秩序良好，教学质量高；四是学校规模大，平行班级多；五是师资队伍结构合理，整体素质高；六是周边环境好，往返交通便利。

最后，要加强教育实习基地的建设。一是办好师范院校附属中小学，建立稳定的实习基地。附属中小学是师范院校的有机组成部分，是师范院校的学生较为理想的教育见习和实习的主战场，它可以随时向实习生提供实习机会，而且便于双方的协调管理和信息反馈，是最佳的实习基地。因此，师范院校要下大力气集中一定的资金改善附属学校的办学条件，使其在基本建设、师资力量、办学条件、招生规模、教育质量等各方面都处在当地学校教育的前列。同时，附属中小学也要及时根据师范院校的有关培养目标、教育内容、教育方法的改革信息调整自己的教育工作。在组织方面加强领导，在物质方面大力支持，并取得当地政府和教育行政部门的合作与支持，多渠道筹措办学经费，力争使附属中小学的物质条件逐步完善。这样才既有利于提高附属学校的教育水平，也有利于师范院校教育实习工作的顺利开展。二是加强定点教育实习基地的建设。目前，师范院校的实习生较多，仅仅以附属中小学作为教育实习基地，是远远不够的，再者由于不少师范院校没有附属中小学，因此，经常联系学校附近甚至在生源广的地区、县建立定点实习基地是非常必要的。而且，教育实习的场所，除了师范院校的附属学校和定期定点的实习场地外，还包括实习生的母校和其他一些挂钩学校，以及学校所在城市的众多的学生活动场所，如夏令营、儿童活动中心、科技馆、博物馆以及社区等。

建立稳定的教育实习基地，还要得到当地教育行政部门和学校的理解和支持，选择那些指导力量强、校风校纪好、师资水平高、交通便利、具有食宿条件的学校做基地；除此之外，师范院校还应端正办学指导思想，克服短期行为，在建立固定的教育实习基地过程中，要注意双向性和互惠性。双向性指在教育行政部门协调下，师范院校与成为实习基地的中小学校应该有一致的愿望和积极性；互惠性指双方应该互相为对方付出一定的代价，也应该使双方都能获得一定的利益。成为实习基地的中小学应该多方筹资改善本校的物质条件，充分保证师范院校教育实习在本校的顺利进行。师范院校应该为实习基地学校提供力所能及的服务。主要通过以下措施调动教育行政部门和实习学校的积极性：[①] ①配合地方教育部门搞好教师的培训提高工作，为实习学校培训教师和学校管理人员。②每年为基地提供适量的建设经费，用于为实习购置必备设施。③允许实习学校从本院校中选择优秀的毕业生充实自己的师资力量。④与实习学校合作进行教育研究、教改试验，推广先进的教育教学经验和方法，努力促进实习学校教育质量的提高。⑤为实习学校提供教育、教学资料和必要的设备等。这是教育实习基地得以不断巩固、长期保存的必要条件，也是把中小学由过去作为师范教育被动的实习场所转变为主动和积极的参与者的必由之路。总之，“以中小学为基地”是师范教育重视师范生实践能力的具体体现，是培养师范生实践能力的具体体现。

为了切实保证教育实习的质量，建立固定的实习基地之后，还应该以此为依托，建立并完善由多方组成的教育实习的行政监督管理机构，从管理上为教育实习的顺利进行提供保证。世界先进国家大多采取这种方式，如德国和日本的“实习教师研习中心”、美国的“专业发展学校”、法国的“地区教育中心”等。

① 赵传江：《我国师范院校教育实习基地建设研究》，《商丘师范学院学报》2002 年第 2 期，第 148 页。

在当前情况下，我国师范院校教育实习的行政监督机构应由师范院校、当地教育行政部门、实习学校三方组成。三方在明确各自职责范围的前提下密切协作，会较好地理顺教育实习中的各种关系，解决教育实习方面遇到的问题，组织管理和监督教育实习的有序实施。

（八）推出后期教育活动，做好实习总结反思

教育实习的总结与交流是一项重要而具体的工作，对实习期间的工作、生活、学习、思想进行全面而系统的回顾、分析和研究，做出鉴定，找出经验教训，认识其规律用以指导以后的工作。首先，对于师范生来说，实习是一个教育实践的过程，也是一个对教育的本质和规律的认识过程。实习中，学生通过上课、当班主任，同学生接触，获得了较丰富的感性材料，只有对这些感性材料进行思考加工，实现认识上质的飞跃，才能认识和逐步掌握教育的本质和规律，也才能找出存在的问题和不足，取长补短，不断完善自己以求更上一层楼。实习总结愈深刻、愈正确，在教育实习之后就愈能向合格的基础教育教师做最后的冲刺，并且能把这些经验传递给低年级的同学，对实习生以后的工作和低年级同学就会愈有帮助，从而形成师范院校教育实习工作的良性循环。其次，对学校和院系来说，做好实习总结不仅有利于改进实习管理，交流实习经验，巩固扩大实习成果，探索搞好实习的新途径、新办法，而且通过总结，可以向领导提供决策情报，推动学校教育、教学改革。

教育实习总结从类别来说包括实习生自我总结、实习队总结及系校总结，从总结的内容来说可分为全面总结和专题总结。无论哪种总结都应该实事求是，做到内容客观充实、有论有据、重点突出、文字简练。要做好教育实习总结工作，还必须做到以下三点：一是实习前师范院校应更新观念，加强对教育实习工作重要性的认识，明确任务、细化目标、落实责任，增强对实习指导教师和实习生的培训与管理，杜绝教法者不懂法与敷衍了事的情况发生，防止学生实习受到错误方式和行为的影响。二是实习中参照英、美、德、日等国的教师技能与能力考核标准，分解细化和制定适合我国国情的实习目标及考核细则，并在校园网上及时反馈、科学评价，提高教育实习的质量和实效。三是实习后将教育实习与毕业论文写作统筹安排。应充分利用教育实习的时间和机会，引导学生深入了解教育实际，学会在真实的教育实境和教学个案中调查研究、发现问题、选择课题、收集数据、形成观点，以培养和发展他们的研究意识、研究能力和分析问题、解决问题的科学态度与方法，促使师范生在对实践经验的科学反思和理性认识分析的循环上升过程中不断获得坚实全面的专业发展。还可通过召开教育实习座谈会、教育实习报告会，组织教育实习汇报课、实习生课堂教学比武、教育实习成果汇报展，编辑《教育实习论文集》等活动以及在校园网上及时发布有关信息等措施来交流教育实习经验。

总之，基础教育对未来教师的素质提出了更高的要求。因此师范院校只有认真研究和解决教育实习工作中存在的问题，完善教育实习环节，提高教育实习质量，才能不断适应时代发展的需要，不负新世纪的历史使命。在当今社会，形势发展之快超乎人们的预料，作为师范院校应响应党中央提出的“与时俱进”的号召，敢于作为，有大作为，尽快发展师范院校。今后，我们应将教育实习工作置于在校四年整体工作中系统思考，通过教育实习带动师范院校“师范性”特色的全面加强，大力增强师范院校毕业生的就业竞争能力。同时，要更广更深范围走出去，通过教育实习广泛而深入地加强与基础教育的联系，寻找改革的方向、动力和源泉，与此同时积极、主动指导基础教育。另外，还要寻求将师范教育实习与非师范教育实习有机结合起来的新途径和新模式。

21 世纪是知识经济日益凸显的时代，科技和人才成为各国竞争的核心。从教育的经济功能上看，知识经济是以教育为基础和保障的经济，科技和人才的竞争归根结底是教育质量的竞争。因此可以说，谁掌握了 21 世纪的教育，谁就能在 21 世纪的竞争中争得主动。国家经济的发展和民族素质的提高，在于人才的培养和科技的进步，而人才的培养和科技的进步在于教育。教师教育（teacher education）或教师培养（teacher training）如果不重视教育实习，那么它培养出来的教师的素质不仅是不全面的，而且不能适应现代教育的要求。师范院校在实施素质教育的过程中，必须强化教育实习，只有这样才能为中小学的素质教育培养素质高而全的教师队伍。总的来说，我国师范教育面临的挑战是严峻的，任务是艰巨的。探索与解决教育实习中存在的问题，改革与完善教育实习的方法是一个牵涉到众多因素的系统工程，也是形势发展的迫切需要。尽管会困难重重、步履维艰，但是，只要我们在科学理论的指导下，经常保持清醒的头脑和探索的热情，转变观念，开动脑筋，加大投入，寻找新思路，探索新方法，创造新经验，就一定能走出一条宽敞的大道来，使我国的教育实习工作跨上一个新的台阶，更好地为国家培养合格的高质量的师资。

参考文献

一、图书类

［1］北京师范大学等编著：《高等师范院校教育实习理论与实践》，西南师范大学出版社1990年版。

［2］陈桂生：《到中小学去研究教育》，华东师范大学出版社2003年版。

［3］陈冀平主编：《高师教育实习新概念》，广东教育出版社2003年版。

［4］成有信主编：《教育学原理》，高等教育出版社1999年版。

［5］成有信：《教育学》，高等教育出版社1999年版。

［6］崔干行：《教育实习》，广东人民教育出版社2000年版。

［7］范丹红主编：《教师专业技能训练与教育实习》，北京师范大学出版社2013年版。

［8］高鸿源等：《师范生教育实习指南》，北京师范大学出版社2013年版。

［9］顾明远主编：《教育大辞典》（第2卷），上海教育出版社1990年版。

［10］［捷克］夸美纽斯：《大教学论》，教育科学出版社1999年版。

［11］金美福：《教师自主发展论》，教育科学出版社2005版。

［12］国际21世纪教育委员会：《教育——财富蕴藏其中》，教育科学出版社1996年版。

［13］韩延明：《大学教育现代化》（第一版），山东教育出版社1999年版。

［14］［美］加里·D.鲍里奇：《有效教学方法》，江苏教育出版社2002年版。

［15］教育部基础教育司编：《走进新课程》，北京师范大学出版社2002年版。

［16］教育实习指导书编写组：《教育实习指导书》，人民教育出版社

1989年版。

［17］刘初生等编著：《教育实习概论》，湖南教育出版社2001年版。

［18］马克思、恩格斯：《马克思恩格斯全集》（第93卷），人民教育出版社1972年版。

［19］（战国）孟轲：《孟子·尽心上》，杨伯峻、杨逢彬注译：《孟子》，岳麓书社2000年版。

［20］沈从文：《从文自传》，重庆出版社1986年版。

［21］盛忠兴主编：《教育实习学》，中南工业大学出版社1990年版。

［22］施良方、崔允漷主编：《教学理论：课堂教学的原理、策略与研究》，华东师范大学出版社1999年版。

［23］石骏：《职业技术院校顶岗实习研究》，浙江大学出版社2013年版。

［24］［苏］B.A.苏霍姆林斯基：《给教师的建议》，教育科学出版社1984年版。

［25］陶仁、杨其勇主编：《顶岗支教实习——地方高校师范人才培养新模式》，云南大学出版社2011年版。

［26］《体育教育实习指导》编写组：《体育教育实习指导》，高等教育出版社1998年版。

［27］王道俊、郭文安主编：《教育学》，人民教育出版社2009年版。

［28］王承绪、赵祥麟编译：《西方现代教育论著选》，人民教育出版社2000年版。

［29］魏书生等主编：《魏书生中学语文教学改革实践研究》，山东教育出版社1997年版。

［30］许高厚主编：《教育实习》，人民教育出版社2001年版。

［31］许高厚主编：《教育实习导论》，北京师范大学出版社1995年版。

［32］张会恩、曾祥芹编：《文章学教程》，上海教育出版社1995年版。

［33］张隆华：《教育实习》，湖南教育出版社1984年版。

［34］张念宏主编：《中国教育百科全书》，海洋出版社1991年版。

［35］张念宏主编：《教育学辞典》，北京出版社1987年版。

［36］张章主编：《说文解字》，中国华侨出版社2012年版。

［37］郑金洲等主编：《学校教育研究方法》，教育科学出版社2003年版。

[38] 郑金洲：《说课的变革》，教育科学出版社2007年版。

[39] 朱慕菊主编：《走进新课程——与课程实施者对话》，北京师范大学出版社2002年版。

[40] 祝智庭主编：《信息教育展望》，华东师范大学出版社2002年版。

二、学位论文类

[41] 陈忻华：《教育实习与师范生专业发展研究》，苏州大学硕士学位论文，2009年。

[42] 戴艳：《课改背景下语文课堂互动教学策略研究》，四川师范大学硕士学位论文，2010年。

[43] 樊睿：《美国职前教师教育实习探析》，西南大学硕士学位论文，2010年。

[44] 高卫东：《"新课改"背景下非重点中学教师教育科研现状的调查与分析》，华东师范大学硕士论文，2005年。

[45] 高月春：《高等师范院校教育实习改革理论与实践研究》，河北师范大学硕士论文，2008年。

[46] 何铸：《泸州高中语文新课改后的课堂教学现状与问题研究》，四川师范大学硕士论文，2013年。

[47] 黄龙：《顶岗实习对师范生专业发展的积极影响》，江西师范大学硕士论文，2013年。

[48] 李伟：《我国高师教育实习政策研究》，浙江师范大学硕士论文，2003年。

[49] 刘思良：《师范生实习中的角色定位及冲突——东北师范大学的个案研究》，东北师范大学博士硕士论文库，2012年。

[50] 罗耀：《中美师范教育实习之比较研究》，南京师范大学硕士论文，2005年。

[51] 经柏龙：《教师专业素质的形成与发展研究》，东北师范大学博士学位论文，2008年。

[52] 彭涛：《说课理论与中学实践研究》，华中师范大学硕士学位论文，2005年。

[53] 王永颜：《顶岗实习支教在教师教育一体化建设中的作用》，河北师范大学博士硕士论文库，2010年。

[54] 王莹：《20世纪80年代以来美国中小学教师职前教育实习改革研究》，辽宁师范大学硕士论文，2013年。

[55] 袁江山：《顶岗实习对师范生专业素养发展影响研究》，西南大学博士硕士论文库，2013年。

[56] 张博伟：《教育实习指导教师角色与指导策略研究》，东北师范大学硕士论文，2013年。

[57] 周利梅：《高中语文课堂有效教学研究》，湖南师范大学硕士学位论文，2012年。

三、期刊文章类

[58] 陈东卿：《杜威“从做中学”教学原则对美国学校教育的影响》，《教育情报参考》2009年第9期。

[59] 陈卉、付婷：《高职院校顶岗实习特点及管理措施的分析》，《湖北成人教育学院学报》2015年第3期。

[60] 陈兰萍：《浅议教育实习中实习生的角色问题》，《渭南师专学报》1995年第10期。

[61] 陈伟：《工学结合：高职学生的实习特点分析》，《学园》2013年第27期。

[62] 陈智慧：《高师教育实习的特点与指导原则》，《高等教育研究》1998年第2期。

[63] 陈维维、李艺：《信息素养的内涵、层次及培养》，《电化教育研究》2002年第11期。

[64] 程存归、朱钢国、杜林存：《高师实习生角色定位及角色冲突的情况调查研究——以浙江师范大学为例》，《教育教学论坛》2015年第4期。

[65] 邓李梅：《高等师范院校教育实习存在的问题及对策》，《湖北师范学院学报》（哲学社会科学版）2006年第5期。

[66] 邓李梅：《论构建高等师范院校可持续发展教育实习新模式》，《黄石理工学院学报》（人文社会科学版）2008年第1期。

[67] 邓李梅：《小学语文课堂教学问题规避策略——对某示范性小学的观察报告》，《湖北师范学院学报》2013年第2期。

[68] 邓李梅、黄莘：《中学生厌学的教师归因分析及其对策》，《基础教育研究》2004年第12期。

[69] 丁志华：《如何创建开放而有活力的高中语文课堂》，《科技创新导报》2013年第32期。

[70] 何新荣、王益玲、黄合婷：《高校扩招大环境下分散实习模式的探讨》，《中国高等医学教育》2008年第11期。

[71] 胡家会、张永忠：《构建面向21世纪高等师范院校教育实习模

式》，《高等理科教育》1999年第56期。

［72］黄冬梅：《小学语文教材创新使用策略探讨》，《厦门广播电视大学学报》2011年第2期。

［73］黄秀琼：《论师范生教育实习中的角色定位》，《四川师范大学学报》（社会科学版）2009年第6期。

［74］黄桂林：《自主的课堂还需必要的讲解——语文课堂教学诊断》，《教学月刊·小学版》2006年第1期。

［75］黄娅、邓李梅：《小学语文教师解读教材的“四化观”》，《基础教育研究》2013年第14期。

［76］黄兆信：《高师实习生实习角色的转变》，《教育发展研究》2006年第11期。

［77］蒋璐敏：《以反思为导向的职前教师教育实习体系探析》，《教育理论与实践》2012年第29期。

［78］蒋艳：《教师的课堂讲解也会成为一种“对话”》，《语文教学之友》2008年第1期。

［79］孔圆：《对美英师范教育实习特点的比较及启示》，《辽宁教育行政学院学报》2009年第7期。

［80］李玲：《高师学生教育实习：沿革、地位、作用》，《遵义师范学院学报》2006年第4期。

［81］李艺、钟柏昌：《信息素养详解》，《课程·教材·教法》2003年第10期。

［82］廖维光：《语文课堂教学的问题设计及过程活化》，《语文教学与研究》2011年第14期。

［83］倪海：《论学生“习得性无助”的心理及教育对策》，《基础教育》2002年第12期。

［84］任雁敏：《大学生职业素养重要性及培养策略研究》，《教育与职业》2010年第17期。

［85］唐国风等：《强化师范生教育实习体系中的教师职业技能训练》，《遵义师范学院学报》2010年第2期。

［86］唐红娟：《心理学教学中师范生教师职业素养培养思路与实践》，《和田师范学院学报》2012年第76期。

［87］万年庆、张本昀：《高校师范生说课技能的建立与培养》，《许昌学院学报》2007年第26期。

［88］王呈斌、李欠强、沈璟璟：《校外实习体系建设与应用型人才培

养——以台州学院经贸管理学院为例》，《台州学院学报》2009年第2期。

[89] 王建萍、褚安娜：《浅析学生的厌学症与辅导策略》，《中国校医》2000年第6期。

[90] 王俊山：《谈集中实习和分散实习的利与弊》，《齐齐哈尔大学学报》（哲学社会科学版）1996年第2期。

[91] 王香平、李学翠：《高师学前教育专业实习生角色特点与适应过程分析》，《幼儿教育（教育科学）》2009年第11期。

[92] 王晓鑫：《试论基础教育新课改的心理学取向——建构主义心理学对新课程改革的影响》，《科教文汇》2008年第1期。

[93] 王宗海：《例说小学单篇语文教材内容的分析与处理》，《南京晓庄学院学报》2011年第1期。

[94] 吴丽君：《教育实习中应重视班主任工作的实习》，《张家口师专学报》（社会科学版）1997年第2期。

[95] 吴秋兰：《中学生厌学情绪及其影响因素分析》，《安徽预防医学》2000年第3期。

[96] 熊金菊：《教育实习指导教师身份认同研究》，《天津师范大学学报》（基础教育版）2007年第4期。

[97] 许东林：《简论课堂教学艺术的科学运用》，《佳木斯大学社会科学学报》2009年第8期。

[98] 徐敏、崔鸿、李娟：《中外教育实习模式的比较研究》，《外国中小学教育》2008年第12期。

[99] 徐银香：《“责任共担”视野下大学生实习法律制度的构建》，《现代教育科学》2014年第2期。

[100] 徐志伟：《高师院校教育实习存在的回顾与展望》，《课程·教材·教法》1999年第2期。

[101] 薛玲：《现代中学生厌学的心理特点及成因》，《能源基地建设》2000年第4期。

[102] 杨凯：《高师学生教师职业技能训练新模式的构建与实践》，《黑龙江高教研究》2008年第1期。

[103] 姚云、李福华、张继华：《我国师范生教育实习改革的路径思考》，《教育研究》2012年第2期。

[104] 余红君：《高师教育实习存在的问题及对策》，《职教论坛》2005年第14期。

[105] 于世文：《谈谈语文课堂教学的讲解和训练方法》，《徐州教

育学院学报》1999年第4期。

[106] 张建文：《关于加强与改进高师院校教育实习的思考》，《云南师大学报》2002年第3期。

[107] 张隆清：《新课程背景下语文课堂讲解教学探讨》，《新课程学习》2011年第5期。

[108] 张美娟、王效芹：《中学语文新课程教师讲解语言的转化》，《读与写·教育教学刊》2008年第5期。

[109] 张莹：《对杜威“从做中学”思想的解读》，《包头职业技术学院学报》2008年第4期。

[110] 赵春：《谈教育实习对提高师范生专业素质的作用》，《徐州教育学院学报》2007年第3期。

[111] 郑东辉、施莉：《国外教育实习发展概况及启示》，《高等师范教育研究》2003年第9期。

[112] 周志太：《集中实习：意义与条件》，《网络财富》2008年第13期。

[113] 周育国：《注重高师教育实习的“窗口”价值》，《中国教育与经济论坛》2002年第2期。

[114] 朱群霞：《“教学内容问题化”的探索与实践》，《教育时报》2010年第5期。

四、电子文献

[115] 郑兴泽：《说课在新课程改革中的作用》，《教育信息报》2004年8月22日。

[116] http://www.ala.org/ala/aerl/aerlpubs/whitepapers/presidential.htm,2008-3-5（访问时间：2016年11月12日）。

[117] http://www.ala.org/aerl/lintro.html.2008-4-5（访问时间：2016年11月12日）。

[118] http://www.jyxy579.com/show.as（访问时间：2016年11月12日）。

[119] http://www.jyxy579.com/show.aspx?id=121&cid=16（访问时间：2016年11月12日）。

[120] http://www.jwc.hbnu.edu.cn/onews.asp?id=127（访问时间：2016年11月12日）。

后 记

教育实习问题是我国社会转型时期大学领域中存在的一个突出的问题。围绕着教育实习问题，理论界进行了长期探究。对于如何进行教育实习改革，不同研究者由于观察问题的角度不同、采用的研究范式各异、运用的方法有别，所获得的结论自然不同。本专著从教育社会学的角度，运用实证调查和逻辑分析的方法，遵循科学研究的一般范式，探究了师范院校教育实习的界说、定位、主体、客体、意义与原则、目的、方法、条件、过程、内容、管理、评价问题，还着重分析了当前我国教育实习的现状与根源，并据此提出了相应的改革措施。遵循上述研究思路，本研究获得了下述几个主要观点和结论。

1.教育实习的本质是师范院校具有综合性的教育教学专业实践活动。研究师范院校教育实习，首先必须弄清教育实习的本质，弄清教育实习的现状是什么。对事物本质的认识，可以依据不同的逻辑规则。依照形式逻辑，事物的本质是一类事物之所以成为该类事物而区别于其他事物的质的规定性，它反映的是事物类的规定性。按照辩证逻辑规则，事物的本质是事物固有矛盾的特殊性，是事物自身和其他事物相异的规定性。本专著主要依据《教育大辞典》对“教育实习”概念的解释来理解，将教育实习理解为教育教学专业实践活动。

2.教育实习的意义与目的重大。师范院校的教育实习虽然只是学校整个教学计划的一部分，是教师教育及其人才培养过程中的一个环节，但是其作用远远超出了学校自身，带有综合性的作用。它对于加强师范生理论与实际的联系、培养师范生实际教育能力以及对学校提高教学质量、培养合格的师资有重要的意义。因此，教育实习无论是对于师范院校还是对于实习学校的教育教学管理、改革和发展，无论是对于大学生的学习与提高、选择与就业，还是对于中小学生的学习与成长，都具有重要的促进和推动作用。教育实习目的是其出发点和依据，也是其归宿。教育实习可以促使师范生达到合格教师的基本要求，搭建实习生与用人单位相互了解的平台。

3.教育实习的方法、内容、管理与评价要完整、规范、科学、严谨。教育实习的方法和内容具有师范性、综合性和实践性特点。在实习过程中，其内容应包括课堂教学、教育见习、模拟实习、班主任工作实习、教育科研实习等，各种实习内容相互结合与协调一致。对这个过程实施严密的组织管理和评价是整个教育实习工作的重要环节。要加强实习工作的统一领导，组织各方面的力量和协调各方面的工作，这样才能保证教育实习各级组织管理机构各司其职，各负其责，人尽其职，才尽其用。教育实习评价对教育实习起着导向、监督、检查、激励、择优、鉴定、改进等多方面作用，它有利于全面提高教育实习的质量，更有助于促进实习生自主地发展自己的教育认识能力，不断建构、优化自己的知识结构，使系统的教育理论和知识转变为实习生真正的思想财富，从而在教育管理实践中发挥作用。

4. 师范院校教育实习存在问题的根源在于有关理论的研究不足和有关制度的供给不足。教育实习操作不规范，既有实习研究者、指导教师与实习生的主体原因，也有外部的社会制度根源。不过，按照马克思的理解，人总是他所生活于其中的社会的产物，也即是说，社会制度的公正优先于个体。基于此，笔者认为，师范院校教育实习的主要根源在于制度的供给不足。社会制度有不同的种类，不同的社会制度对人发挥的制约和激励作用存在着差别。对教育实习而言，最重要的制度是实习制度，实习制度的供给不足是影响师范院校教育实习最主要、最直接的根源。因此，改革师范院校教育实习应加强理论的供给与实践的创新。

5. 完善教育实习的主要举措在于加强制度供给，进行制度创新。由于实习制度的供给不足、社会制度的缺陷是导致教育实习的主要根源，因而，加强实习制度的供给、进行社会制度的创新是促进师范院校教育实习改革的主要策略。实习制度创新包括实习目标、实习内容和形式、实习经费、实习基地、实习管理等方面的创新。但应注意的是，教育实习的制度根源也并不是终极意义上的根源，终极意义上的根源应该是文化传统，因为任何制度的设定，都会受到传统文化所认同的主导价值观的影响。由于受自身研究能力的限制，这个重要的问题在本研究中只好存而不论。对导致教育实习的主体根源和文化根源分析，只好待将来做进一步研究。

致谢

《教育实习的理论与实践研究》，几番构思，数易其稿。当写作画上最后一个句号的时候，喜悦之情难以言表，并有如释重负之感。虽然《教育实习的理论与实践研究》是一个全新的研究课题，涉及面之广远远超出了自己能力可驾驭的范围，现在毕竟是初步画上了一个句号，虽然这个句号画上去多少有些勉强和差强人意。

撰写这本专著的初衷，萌发于20世纪90年代末，由于笔者数次担任师范院校教育实习的指导教师，承担了教育教学指导的任务。在带领师范生奔赴四面八方的中小学校开展教育实习的过程中，笔者展开了大量的问卷调查。从调查数据的统计与分析来看，教育实习无论是软件还是硬件，都问题颇多。而国际21世纪教育委员会向联合国教科文组织提交的报告——《教育——财富蕴藏其中》所提出的“教育的四个支柱”，即学会认知、学会做事、学会共处、学会生存，其中倍加强调的一个理念是：“应把教育作为一个整体加以设计。这种看法应该在制订教学计划和确定新的教育政策方面给未来的教育改革以启示和指导。”因此，笔者把这一正规教育系统的重要环节的研究提上了日程。

在着手撰稿的初期，令人始料未及的是，已经搜寻到的研究资料远远难以满足逻辑思维与分析探寻的需求。本以为经过多次验证的良好的研究结论，落笔时却变得似是而非、模棱两可；有些教育实习研究论著中的结论，因时代的变化而面目全非。研究所涉猎的范围，由于笔者前期对于研究认识的狭隘和浅薄而超乎了想象和能力所及，于是在修改、增删、推敲、润色的循环中甘苦交织，喜忧参半，深感研究的艰辛。

自己能够完成《教育实习的理论与实践研究》这一书稿，得益于诸多师友的指导和帮助、支持与合作，借此机会向他们表示衷心的感谢。

首先，要感谢的是武汉大学教育科学学院硕士生导师和恩师邓和平教授。这一书稿是在笔者硕士学位论文的基础上拓展与延伸的。论文从选题、构思、定稿乃至资料的收集等诸多方面，均得到了先生的悉心指教、关怀鞭策和热情扶持。先生既是“经师”，更是“人师”。多年来，在先生的关心、指导与帮助下，笔者的学业和科研等方面均取得了较大进步。不论是为人处世，还是待人接物，先生都能够做到学高为师、率先垂范，言行一致、为人师表，使笔者领悟了更多的做人和做学问的道理。所有这些，将使笔者受惠终身。师恩难忘，笔者将永铭心中。

其次，要感谢湖北师范大学教育科学学院教务处的领导和全体教师同人以及湖北省黄石市、黄冈市、宜昌市等中小学校横向课题的合作教师。他们的悉心开导、敏锐眼力、严谨学风和敬业精神为书稿拓展了思路并为写作的顺利完成打下了一个良好的基础。

最后，要感谢自己所带的研究生——周颖、马媛、许倩、汤雅黎、刘斯、曹潇华等同学。她们对专著的构思、撰写和校对等方面给予了具体的建议和帮助。

感谢我的家人，是他们的理解、支持和配合使我得以顺利完成这一书稿。

这本专著的出版，应该由衷地感谢湖北省教育学重点学科的经费资助，以及许多有关教育实习方面的研究成果和原始资料，在此一并对这些机构组织和文献作者表示衷心的感谢。

由于本人水平有限，书稿中尚存在不少缺点和错误，恳请各位同人批评指正。一滴水，只有汇入奔腾不息的流水中，才能彰显生命的活力；一张帆，只有踏上高扬起航的征程，才能激活它的动力；一个人，只有在恰如其分的活动中，才能铸造他的能力。在世一生，唯有追求的脚步是不能停止的。

邓李梅

2016 年 10 月于湖北省黄石市凤凰山岭